評伝レヴィナス
生と痕跡

サロモン・マルカ
斎藤慶典
渡名喜庸哲
小手川正二郎 訳

慶應義塾大学出版会

近き者にも遠き者にも、
そして土曜講義の仲間の皆にも

「人間たちが死ぬのではなく、世界が終わりに至るのだ」

エフゲニー・エフトゥシェンコ†

† (Evgueni Evtouchenko, 1932-) ロシアの詩人。ナチス占領下のウクライナで起こったユダヤ人虐殺の告発や、スターリン批判などで知られる。ショスタコーヴィッチの交響曲第一三番『バビ・ヤール』(ウクライナのキエフにある峡谷の名)は、このエフトゥシェンコの詩に基付いて作曲された。

評伝レヴィナス　生と痕跡　◇目次

凡例

一、訳文中の＊印を付した数字は原註を示す。原註は巻末に一括掲載した。
一、訳文中の（ ）は原文の（ ）を示す。
一、訳文中の†印を付した数字は訳註を示す。訳註は側註として掲載した。〔 〕は文章の理解を容易にするために訳者が挿入した補足説明である。
一、人名・地名に関しては、原則として現地音主義に従った。ただし、日本において慣例的な表現が定着しているものはそれを用いた場合がある。

旅立ち

ある冬の朝、パンタン墓地は降りしきる霧雨と風で灰色にけぶっていた。一群の人々が、それぞれに挨拶を交わし、それぞれ別々に散らばりながらいくつかの少人数のグループになって、亡骸が納められた棺の周りをゆっくりと回っていた。

そのまとまりの一つに、彼の第一の共同体だったシナゴーグ〔ユダヤ教の会堂〕の信徒らのグループがあった。毎週のユダヤ教の安息日に彼と共に祈っていたこの小さなサークルの人々は、彼が哲学者としていかなる者であるかについて大したことは知らなかったか、あるいは知っていたとしてもただ伝聞を通してだったのだが、長年にわたり彼と生を分かち合い、晩年まで彼の講義に列席し、彼の近隣で生活し、彼の家族の生活も目の当たりにしてきたのだった。彼らは「学校《シューレ》」で席を並べた、この親しい人物を悼むためにやって来たのだ。「イェヒエル・ハレヴィの息子エマニュエル」の名でトーラーへと昇った†1この人物は、ラビ〔ユダヤ教の宗教的指導者〕のいないこの特殊なシナゴーグの成員だった。そこにおいて彼は、助

†1　ユダヤ教の慣用句で、聖書の啓示に触れること。ここでは転じて天へと昇ることの意。「トーラー」は、『創世記』『出エジプト記』『レビ記』『民数記』『申命記』から成るモーセ五書を指す。

言者でもあれば道標《みちしるべ》でもあり、導き手でもあるという別格の地位を占めていた。佇まいは控えめだったが、すべては彼を中心に回っていた。とりわけ晩年はそうだった。彼は学校の校長――「学校《シューレ》」とはこのことに由来する――の職を辞してはいたが、土曜日の朝、礼拝の後、ラシー講義[†2]は続けていたのだ。

ほかのどんな共同体にも似ていない、誰でもがそこで再会できる共同体。とはいえ、彼はこの共同体に、いくつもの深く、また古い絆によって結び付けられていた。その絆それぞれを象《かたど》る人物たちを彼はよく知っていたし、それらの絆の下で心安らかでいることができたのだ。それは直に触れ合う最も身近な共同体、つまり自分の身内のようなものであり、感情を顕わにすることなく――そこで彼が激した姿を見せることは決してなかった――、慎みを欠くことなく――そこで彼は常に自分の振る舞いや主張を抑えようとしていた――、彼が自分自身でいることができる環境だった。

この一団に続くもう一つのまとまりは、東方イスラエリット師範学校[†3]のかつての生徒たちだ。かつての男子や女子は立派な大人になっていたが、年齢や入学年度にかかわらず、彼らのほとんどは彼と関係を保ち続けていた。彼らにとって、彼は校長であり、教師であり、あるいはもっと単純に言って、師だった。彼は皆のことを憶えており、招待があれば結婚式にも行き、会えば直ちにそれぞれの顔、それぞれの名、それぞれの歴史を見分けることができた。こうして彼のことを知っていた全員が、自分たちを今ある姿にまでしてくれた人物に最後にもう一度付き従って歩こうと、出席の返事をしてきたのだ。

最後のまとまりには、友人、同僚、弟子、ポワチエ大学やパリ大学ナンテール校、ソルボンヌ校でのかつての学生、ラビ、種々のユダヤ教機関の代表者、聖職者がいた。さらには、名前は分からないが、自分の人生を変えてしまった作品の著者に別れを告げに来た読者もいた。

その朝、ジャック・デリダが、風のせいで聞こえにくくなっていたが、ほそぼそとした声で弔辞を述べた。息子のミカエルと娘のシモーヌは、亡骸の前に座ったままだった。式を司っていた大ラビのギュットマンは、こう思い出を打ち明けた。

「ハノーヴァー近郊ファリンクボステルにあったユダヤ人戦争捕虜収容所の森林伐採作業班七〇名の同志たちの中に、私の父が居ました。この収容所は一四九二というユダヤ人のスペイン追放の年と奇しくも同じ番号を付けられていたのですが、父はそれから五年も彼と生活を共にしました……その彼の内に「死者と生者の間」にいた者の姿を認めないことなど、破局《カタストロフ》を経験したその思考が私たちに人間を覚醒として、不眠として、責任として考え直すよう促してやまない者の姿を認めないことなど、どうしてできましょうか」。

冬の灰色の景色の中、大学の総長、政治団体や文化団体の代表といった公的な人物がその場に姿を見せなかったことが、その灰色をいっそう際立たせていた。とはいえ、逝去の報せに接して、『リベラシオン』紙は一面に彼の顔写真を掲げ、テレビ局の『フランス2』は二〇時のニュースでそれを報じ、『ニューヨーク・タイムズ』紙は長い訃報記事を載せたのだった。

一人の哲学者がパリで逝った。一九九五年一二月二五日、キリスト教徒がクリスマスを祝い、ユダヤ教

†2　毎週土曜の午前に開かれていたレヴィナスによる講義。中世シャンパーニュ地方のラビで、そのタルムード註釈が古典となった人物の名を冠し、こう呼ばれていた。本書第Ⅰ部7章も参照。

†3　本書第Ⅰ部6章および同章側註1（一一九頁）を参照。

徒が光の祭りであるハヌカー[†4]を閉じる日だ。以降、エマニュエル・レヴィナスの生には、ただ痕跡だけが続くこととなった。

はじめに

私が『困難な自由』、『全体性と無限』、『存在するとは別の仕方で』といったエマニュエル・レヴィナスの主著を初めて読んでから二〇年が経ち、ようやく私はもう一度彼について書こうと決心した。[†5] 私はこの人物をずっと前から知っていた。東方イスラエリット師範学校の生徒だった一七歳の時からだ。小柄だが、廊下を大股で歩く気力の塊のようなエネルギッシュなその存在は、生徒たちに強い印象を残した。寄宿舎の洗面台を髪の毛で詰まらせた女子学生には、大目玉をくらわせていた。叱責のため、五階に上ってくるようにとの緊急の呼び出し。礼拝に下りて来なかった時の怒り方。金曜の晩、選ばれた者だけが与かれる、家族の食卓を共にするようにとの招待。鶏肉の骨を取り除いたり、ルノートルのケーキについて語る時の、美食家のような振る舞い。ぎこちない小幅での歩き方も、そうだ。文のお終いごとにくっつく「ですよね《ネスパ》?」毎日、昼食の後小脇に挟んで持ってくる『ル・モンド』紙。長年の友人アンリ・ネルソン

†4 ユダヤ教の年中行事の一つで、マカバイ戦争の勝利を記念して行なわれる冬の祭り。本書三六五頁側註8も参照。

†5 著者はすでに概説書『レヴィナスを読む』（内田樹訳、国文社、一九九六年〔原書 Salomon Malka, *Lire Lévinas*, Le Cerf, 1984〕）を著している。

博士のひょろ長いシルエットを見上げる時の人なつっこい眼差しや、共犯者同士のように耳もとで囁き合う内緒話。街角のカフェで私たちがグループになって無駄話をしていたり、小賢しく一区画分回り道する時に背後に感じる彼の視線。実際には何のことか分かりもしないまま浸っていた彼の哲学。若かりし頃の私たちの不安げな問いかけや、注目されたいという願望に対して、そんな素振りも見せずに注意を払ってくれていたこと。第一日目、プラトンについての最初の講義のために入ってきて、哲学を「素朴さの学」と定義したこと。当時私にとってはとても驚きだったが、「ルールを守ってプレーをしなければ！」という表現を何度も繰り返していたこと。なぜかはよく分からなかったが、学校で「サルトルかぶれ」という綽名《あだ》が私に付けられていて、そんな私を当初、彼が訝しんでいたこと。このことは、彼の趣味からすれば私がサルトルをやたらに引用しすぎているのだと当の私が気付いたことで、ようやく解消したのだが。私にとってもほかの多くの者にとっても、こうしたことはもう遠い昔のことのように思えるのだが、思い出は残り続けている。結局それは、むしろ厳格な校長先生の思い出だ。彼のことは、当時私たちの誰も読んでいなかったいくつもの本を書くのに忙しいということのほかには、あまり知らなかったのだ。

私たちのほとんど、いずれにせよ寄宿生のほとんどはモロッコ出身で、レバノンやイランから来た者もいた。勤勉で真面目だが、粗野だった。祈りの言葉も暗記していたし、ラシーの註釈も読み解くことができた。聖書の世界は私たちには親しいものだったから、その話をいまさら私たちにするなんて、釈迦に説法というものだったのだ。

彼が私たちにもたらすことができたもの？　当時それに気付くのは、難しかった。ともかく、その時には誰も気付いていなかったし、そんなことについて話し合うこともなかった。

だが、何年か後に『困難な自由』を読んだ時、ある種の衝撃が走った。伝承的な対象から解き放たれ、私たちの「古《いにしえ》の事柄」を真剣に捉える思想を発見したのだ。これは、マルティン・ハイデガーやポール・クローデル、シモーヌ・ヴェイユ等々を引き合いに出し、私たちユダヤのテクストの最も内奥で彼らに対し評価を下そうとするような思想である。こうした言葉やこうした文章が宿る高みを前にした時の戦慄を、どのように言えばよいだろうか。何しろそれは、もう一度読み返し、強調線を引き、さらにまた立ち戻りたくなるような、澄み切った文章なのだ。

「受け取った教えは、なくてはならない対話相手の顔から切り離すことができない」。レヴィナスはフッサールを思い起こしながら、こう述べた。著作というのは、それが読者を捉えた場所から、つまりそれを読んだ状況から、もはや切り離すことができないということだ。

この眩暈を感じたのは、パリ九区にあるギイ－パタン通りの学生寮の一室においてだった。そこで私は自分の勉強机を前に、初めて『困難な自由』を発見したのだ。その壮麗な頁の一行一行に鉛筆で註を書き込み、下線を引きながらだ。そこに語られていたのは、ユダヤ的存在の大きさ、みじめさ、日常、典礼、力、深みなど、そのあらゆる次元についてである。突如としてユダヤ的生が存在範疇となり、突如として新たな意味を獲得したのだ。突如として起源が生き生きと甦ったのだ。

私は、スラヴ語訛りのフランス語をからかわれる、小言の多い校長の下を去り、驚嘆すべき哲学者に出会ったのだ。本当にそれは同じ人物なのか。そう疑ったことが何度もあった。

何年かが過ぎ、二度目の衝撃がやって来た。『全体性と無限』だ。これには、読書に打ってつけの場所の一つである、モンペリエから遠くない海辺の思い出が、結びついている。どうして『全体性と無限』を浜辺で読むことになったのか。ヴァカンスに出発するに先立って、私はオデオン広場の哲学書を扱う本屋の一つで、マルチヌス・ナイホフ社刊の深い空色の表紙に包まれたこの大判本を買ったのだ。その本は私の奨学金からすればあまりにも高額で、勘定書を見て呆然としてしまうほどのものだった。かくして私は、いつもというわけにはいかないし、すべてを理解できるわけでもないけれど、波に揺られて運ばれるのに身を任せるようにして、熱意を持ってこの本を読むことで、夏を過ごそうとしていたのだ。最終的には、同じ文章の同じ波の流れが、同じ岸に打ち寄せられ、結局のところすべてが示し合わせたかのように一つになって、何もかもはっきりするのではないかと感じながら、である。

こうして、生と痕跡が問題となっていった。哲学的生はどのように形成されるのか。哲学者の生とは、何に似たものなのか。私はもっと知りたいと思い、著作に出会ってから二〇年、その人自身に出会ってから三〇年の間、レヴィナスの下を何度も訪れた。

勝手に自分のものにしてしまったり、自分流に言い換えてしまったりという二重の危険を避けるために、私は彼の作品そのものよりも、さまざまな資料や記録を探ってみることにした。つまり、他者たちの証言、親しかった人々との出会い、彼が過ごした場所の刻印、講義の思い出など、彼の記憶を留め、彼について語ってくれるすべてのものである。

ただ私は、亡くなった人々がその後どうなるのかということにも、関心があった。ガブリエル・マルセルは『人間の尊厳』の中で、七歳か八歳の時、散歩をしながら死者たちはどこに行くのか疑問を持ったと語っているが、それに似たところがある。死とは、そう、生を運命に変えるものだ——こう、考えてみたかったのだ。死が見せかけのものをすべて剥ぎ取り、死者の骨格を顕わにし、あらゆる存在の本当の姿を回復してくれる。死とは、本当の姿を明らかにする試練なのだ。そして死者たちから残されたものといえば、喪失によっても消えることのない深い関わりだけなのである。

そして同時に、常に周知のとおり、死とは遺棄でもある。

どのような伝記も完全なものではない。常に個人的なものであり、そのかぎりで解釈を免れない。死後に出版されたものは、私たちの手から逃れ去る。それは利用可能なものになり、誰もがそれを思いのままにしうる。皆に属しているのであって、誰に属しているのでもない。一つの作品のその後については、何も保証されていないということだ。すべては、もう一度、そして常に、やり直されねばならない。すべては、著作を開いたままにしておく能力にかかっているのだ。

幼年時代

ミケランジュ通り。花を持ってゆくべきか、チョコレートを持ってゆくべきか。迷っていたが、結局手ぶらのまま着いてしまった。いささかどぎまぎして、哲学のことについて話そうか、でも、私がそんな水準にいるなんて示すことができるのか、自問していた。

彼は妻と共に、アパルトマンの戸口の前で私を待っていてくれた。夫の方はいつものように白いポケットチーフが顔を覗かせている軽く皺の寄った背広を着て、妻の方は少し屈んだ姿勢だった。

私たちはテーブルを囲んで腰を下ろした。刺繍入りの小さな敷物が飾られただけのテーブルで、哲学者の妻が時折その敷物を引っぱって直していた。

彼は愛想よく、大いに関心を示してくれ、私自身についていくつも質問をしてきた。何をしているのか。生活はどうか。哲学にはまだ関心があるのか、といった具合だ。

妻の方は、私の声を褒めてくれた。一度、ヨム・キプール[†6]の礼拝の際に私が歌うのを聴いたとのことだ。「音楽家なのですか」と言うので、いえ、歌ったことをとても後悔しています、と答えた。「夫もそうですよ。でも、夫は聴く耳を持ったことがないの。音楽が分かったためしがないんですから」と言って、彼の方を向くと、溜め息まじりにこう言った。「どうしてこんなに、音楽に無感覚でいられるのかしらね」。彼の方は、バツが悪そうにこう打ち明けた。「本当だよ。息子の音楽は別だけどね！」

私は二人に、互いの幼年時代について話をしてもらった。彼らはもちろん、喜んで話をしてくれた。コヴノ[†7]でアパルトマンが隣同士だった二人が、どのように知り合ったのかなどだ。レヴィナスが通りの様子を紙片に鉛筆でおおざっぱに描くと、妻の顔がぱっと明るくなり、「そう、本当にこの絵のとおりだわ。どうしてこんなに正確に覚えているの」と言った。彼の方は、ちょっぴり得意げに笑みを浮かべた。「ご家族は〈ロシア〉革命軍の側でしたか」。「まさか、違います！」と妻は言い放った。「あなたのところはどうでしたか」と私は哲学者の方を向いて、言った。「そういうことは皆、判明ではありませんでした。ご存じのとおり、私がそういうことに関心を持ち始めたのは、物心が付いてからですからね」と、彼は答えた。そして、こうした話題からいささか距離を取るために、こう付け加えた。「そんなことに関心を抱くのは、おそらく、私の生涯に関心を持つなどというばかげた考えを持った歴史家だけでしょう」。

彼らは共に大きくなり、次いで離れ離れになり、パリで再び出会った。偶然に？「どうして偶然ということがあるでしょう。だって私たちは、とても深く結び付けられていたのですから」。

彼は疲れてきたように見えた。休みたがっているのではないか、もうおいとました方がいいのではないか。それが最後の機会となった。

†6　「大贖罪日」とも言われるユダヤ教の最も中心的な祭日。
†7　二人が生まれ育ったリトアニア第二の都市カウナスのロシア名。

Ⅰ　さまざまな場所

第1章　カウナス

エマニュエル・レヴィナスになろうとするならば、リトアニアのカウナス以上に生まれるにふさわしい場所はあるだろうか。この町は、ネムナス川とネリス川（かつてのヴィリア川）とが合流し、ラトヴィアと〔白〕ロシアの国境から等しい距離にある。いわば西洋の末端と東洋の始まりとが交わるところであり、かつては「東のイェルサレム」と呼ばれた〔首都〕ヴィリニュスを窺うことのできる地点だ。

この町も、二〇世紀のいくつもの大激震を免れることはなかった。ナチズム、次いで共産主義を立て続けに経験し、独立の糸口を再びつかんだのは、ベルリンの壁が崩壊した一九八九年以降になってからようやくのことだ。

今日では、ライスヴェス・アレヤ、つまり「自由通り」という名の陽光溢れる素敵な歩行者天国が通り、その両側には街路樹、カフェのテラス、アイスクリーム屋などが立ち並んでいる。突き当りにあるのは、緑に縁どられた聖ミカエル教会だ。

レヴィナスのもともとの痕跡を探しに出かけると、それはそのまま、消え去った世界を描き出すことになる。

住まい

レヴィナスの父は、戦前、この通りの二五番地で書籍と文房具を扱う店を構えていた。だが、この番地は変わってしまった。ソヴィエト時代に、これという理由もなく無秩序に番号の振り方を変えてしまったため、もはやこの店がどこにあったかを見つけることはできない。唯一の手掛かりは、この書店が三階建ての建物の中にあり、戦前にとても有名だったカフェ「コンラッド」に隣接する一画にあったということだ。当地の最高齢者は、二〇年代には、午後になるとほとんど毎日そこにオーケストラがやって来たことを憶えていた。客は皆、ワルツやタンゴ、時にはチャールストンを踊っていたということだ。後にこの場所は、芸術家や知識人らが集う場となった。今日、カフェはやはり同じ場所にあるのだが、看板を変えていた。今は「テュルプ」、つまりチューリップという名前になり、カウナスのほかのところと同様、アメリカ化の流れに乗ることになった。

その左には、女性ものの服を売る小さなブティックがある。おそらく、イェヒエル・レヴィナスの書店の場所を継いだのは、このブティックだろう。

エマニュエルは、フランスに帰化する際、ここの住所を記載することになるが、レヴィナス家はそこに居住していたわけではない。家族が住んでいたのは少し離れた、ネムナス川のほとりのカレイモ通り一番地である。この狭くて短い通りの名は、それに面した刑務所から来ている。レヴィナスの将来の妻は、初めレヴィナスの隣人だったのだが、子どもの時、通行人と政治犯とが格子ごしに話しているのを見て驚いたと語っている。今日では刑務所もなくなり、通りの名前も変わった。現在はスパウステュヴィニンクス通り、すなわち「印刷屋通り」である。だが、通りの奥に行くと、ネムナス川の流れに向かって岬のように突き出たところに聳えていたかつての刑務所の正面に建つ、二つの翼棟のある古い大きな建物に出くわす。その中央には庭があり、そして一本の木がいまもそこにある。

そのうちの一つの翼棟には、所有者であるハイム・ヴォルペとその妻のハヤ・リナ、そして二人の娘のフリダ・ヴォルペ＝レヴィとその夫が住んでいた。彼らはライッサ、後のレヴィナス夫人の両親である。もう一つの翼棟には賃借人の家族が住んでいた。イェヒエル・レヴィナスとその妻ドゥボラ、そして彼らの三人の息子、エマニュエル、ボリス、アミナダブである。

その建物はとても大きく、その真ん中には町中の皆が知っている公衆浴場が造り付けてあった。その名「ネムニアス」は、ネムナス川の名前から付けられたものだ。ヴィリニュス大学の古参教授シュバスは、幼少期にそこに通ったことを憶えていた。男性用の日と女性用の日があり、間違えてはいけなかった。宗教史学科の若い女性教員でレヴィナスの翻訳者でもあるアウシュラ・パジェライテも、自分が幼い頃にもまだこの公衆浴場は残っていて、家族はそれを利用していたと語っている。

カウナスのライスヴェス・アレヤ（自由通り）。ここにレヴィナスの父が営む文房具店があった。

この建物の翼棟の一つは、完全に改築され

ネムナス川のほとり、カレイモ通りのレヴィナス家の住居。2つの翼棟のもう一方には、所有者であるライッサの両親が住んでいた。

た。現在は、県の税務署の堂々たるセンターが入っている現代風の建物である。このセンターを見ると、微笑みを禁じえない。愉快なめぐり合わせだからだ。というのも、カウナスの文書館にはヴォルペ家とその相続人から出された手紙が何十通も委託されているのだが、それらの手紙には、刑務所に近いため賃借人を見つけるのが難しいとか、皆が自宅に浴室を持つようになったため公衆浴場ははやらなくなったといった理由で、不動産税や水道管設置のための税、水道料金などに対しての苦情が綴られているからだ。そのため、一九三〇年代初頭にはライッサの家族は当地を離れ、パリに移ることになった。レヴィナス家の方は、もう少し先の通り、ミケヴィシュス通りに引っ越すことになる。

だからこそ、エマニュエル・レヴィナスがその幼年期や青年期をどのように過ごしていたのかを知るには、カウナスに来てみなければならなかったのだ。狭い小路、一方には刑務所の壁、他方には川に向か

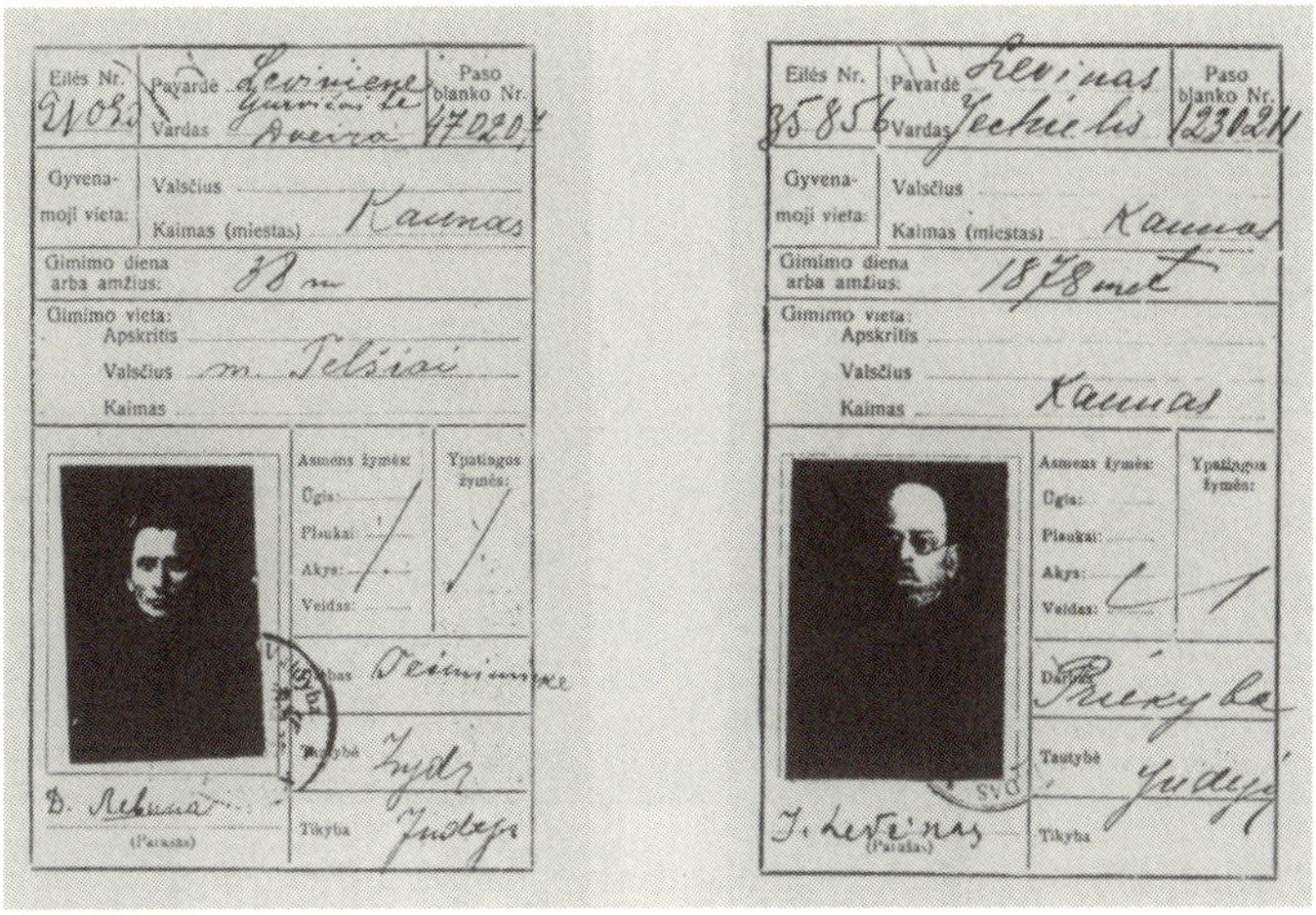
Eilės Nr. 21035 Pavardė Levinienė Vardas Aveira Paso blanko Nr. 47020
Gyvenamoji vieta: Valsčius Kaimas (miestas) Kaunas
Gimimo diena arba amžius: 38 m
Gimimo vieta: Apskritis Valsčius m. Telšiai Kaimas
Asmens žymės: Ūgis: Plaukai: Akys: Veidas: Ypatingos žymės:
Darbas Šeimininkė
Tautybė Žydė
Tikyba Judėjų
D. Левина (Parašas)

Eilės Nr. 35856 Pavardė Levinas Vardas Jechielis Paso blanko Nr. 1230214
Gyvenamoji vieta: Valsčius Kaimas (miestas) Kaunas
Gimimo diena arba amžius: 1878 met
Gimimo vieta: Apskritis Valsčius Kaimas Kaunas
Asmens žymės: Ūgis: Plaukai: Akys: Veidas: Ypatingos žymės:
Darbas Prekyba
Tautybė Judėjų
Tikyba
J. Levinas (Parašas)

エマニュエルの両親、ドゥヴォラ・グルヴィッチとイェヒエル・レヴィナスのリトアニアの身分証明書。カウナスの文書館で発見された。

って開けた公衆浴場、川の流れる緑の風景。さらには、その建物の大家の娘、彼の妻となる女性がすぐ目と鼻の先に住んでいたこともだ。

初恋

エマニュエル・レヴィナスは、当時のロシア帝国領で施行されていたユリウス暦では一九〇五年一二月三〇日に生まれた。グレゴリウス暦では一九〇六年一月一二日である。カウナスはまだ、独立リトアニアの臨時の首都ではなかった。そうなるのは、公式には一九一八年のことである。まだ帝政下のロシアで、この町は県（グベルニア）の県庁所在地でしかなかった。

父のイェヒエルもまた、その両親や祖父母と同じようにカウナスで生まれた。商人であった彼は、先に見たように、当時は「ニコライの眺め」という名で呼ばれていた目抜き通り［今日の「自由通り」］にある文房具売り場を備えた本屋を営んでいた。雇い人はおらず、彼自身で書籍や学校で使う小物類の販売をし、自分の子どもたちには最良の教育を受けさせてやろうと気にかけていた。三人の息子エマニュエル、ボリス、アミナダブには、ごく幼い時からヘブライ語の家庭教師がいた。実際、レヴィナス家は、伝統や宗教の実践を重んじる家庭だったのだ。シナゴーグに行き、カシェルと呼ばれるユダヤの飲食律に従ったものを食べ、安息日《シャバット》を守り、ユダヤ教の祭日を祝った。そこはリトアニアの伝統に育まれた適度な宗教的環境であり、ユダヤ的な生活が日常の生活にめりはりを与えていたのだ。

母は名をドゥヴォラ、旧姓をグルヴィッチといい、七月一四日にリトアニア北西部の町テルシェイの名家に生まれた。ラビ派の重要な中心地であるツァゴールの近くである。写真で見ると、エマニュエルは母に瓜二つだ。細い顔、張り出た頬、太い眉。母はまた、息子に読書や文学への愛情も伝え、彼にプーシキンを読んで聞かせ、ツルゲーネフを発見させ、その『初恋』への情熱を分け与えた。食堂の食器棚には、セルバンテスの『ドン・キホーテ』の翻訳が置かれていた。彼女が子どもの時に通っていたユダヤ人学校——教育はロシア語で行なわれた——で賞として貰った、美しい装丁の本だ。だが、これらは数ある本の内のいくつかにすぎない。それらは、証言によれば驚くばかりの蔵書が自慢の種だった彼の実家の中では、数の内にも入らなかった。ちなみに、イェヒエルの妹にあたる叔母はといえば、コヴノのロシア語の図書館を運営していたのである。

実際、家ではロシア語が話されていた。レヴィナスがその後好んで語ることになるが、小さい頃、朝食に出されるカカオのラベルに書かれた文字をほとんど自分だけで解読することで読み方を覚えたという。書き方を身に付けるのも早かった。それとともに、ロシア文学の発見もだ。もちろん、国民的英雄であるプーシキン。彼は、今日でもまだヴィリニュスに胸像の置かれた公園を有する唯一の作家だ。早くからドストエフスキーも読んでいた。レヴィナスはドストエフスキーにはその後もことあるごとに立ち戻り、晩年まで読み、引用することをやめなかった。さらにトルストイだ。彼に関してレヴィナスは、その訃報をある田舎の小さな駅で聞いた時のことを、子供時代の決定的な思い出として持っている。彼はそれを、まるで家族が亡くなったかのように、近しい者の死として受け取ったのだ。ゴーゴリについては、とりわけ『鼻』や『外套』といった小説を好んでいる。チェーホフやレールモントフもこの教養《ビルドゥング》の中に含まれる。ドイツ語の「ビルドゥング（Bildung）」とは、その者の血となり肉となったもののことにほかならない。

後に彼はこう語っている。「リトアニアとロシアには、言語と文化の一体性があります。ロシア文学は、帝政は不正な体制であり人間の要請に呼応するものではないとみなしていましたし、そこには非常に大きな威光があったのです。私たちはその文化に大きな関心を寄せていましたし、その意味ではほとんどロシアと一体化していたと言っていいかもしれません。とはいえ、そういう好奇心や関心があったからといって、ユダヤ教を犠牲にしたり否定したりすることにはなりませんでした[*1]」。

実際、レヴィナスは六歳の時から、ロシア語と平行して、個人教授に付いて聖書を読みながらヘブライ語を学び始めていたのである。

騒乱と熱狂

二〇世紀初頭のカウナスは、いやむしろそのロシア語読みのコヴノという町は、ドイツ、ポーランド、ロシアの間で引き裂かれていた。解放の希望が次なる従属に至ることもあった。そうこうする内にこの町は、第一次世界大戦と、この町にも影響を及ぼすことになる共産主義革命との万力に挟まれ、締め上げられることになる。

一九一四年、開戦が告げられるとレヴィナス家はカウナスを離れる。ドイツの侵攻が始まると家族はロシアへと移り、転々とした後ウクライナに行き着く。そこにリセ（国立高等中学校）が避難していたため、若きエマニュエルはそこに通うことになった。一一歳の時、当時課せられていた厳しい人数制限[†1]にもかかわらず、彼はハルキウのギムナジウム〔ドイツ式の高等中学校〕に入学する。彼と共に入学を認められたユダヤ人の生徒はほかに四名であり、その時家はお祭り騒ぎだった。だが、この最初の流浪は、すぐさま最初の帰還を迎えることになる。

一九二〇年、家族はすでに独立国家となっていたリトアニアに戻る機会を得た。一九一八年二月、革命の混乱に乗じてリトアニア評議会（タリバ）は、共和国としての独立を宣言していたのだ。父は文房具店を再開し、若きエマニュエルはユダヤ人高等中学校の最終学年に編入した。そこで彼は、バカロレアに相当する大学入学資格証書の取得に備えた。

このヘブライ・ギムナジウムは、とある閉鎖した商業学校のところに一九二〇年に設立され、教育言語としては大教室ではロシア語が、小教室ではヘブライ語が用いられた。一九二五年以降は、全般的にヘブライ語が用いられるようになった。校長はモシェ・シュワブ博士である。彼は後にイスラエルに移住し、イェルサレム・ヘブライ大学で教え、さらに哲学部の学部長、次いで総長に任命された。レヴィナスは後に『師たちを讃えて』という論集で、彼に敬意を捧げている。[*2]ドイツ文化を賞讃し、ゲーテを熱愛していたシュワブは、レヴィナスに大きな影響を与えた。後にレヴィナスは、一九四七年公刊の『実存から実存者へ』を、次のような謎めいた献辞を付して彼に送っている。著者名の表記がない英語の引用で、「ある朝起きてみたら、自分がヨーロッパ人だと気付いた（I woke up one day and I knew I was a European）」とある。おそらく、コヴノのギムナジウムで学んだ頃の思い出に関わるものだろう。

この言い回しは、教養《ビルドゥング》の理想、すなわちユダヤ人を取り巻く厳しい環境の中で教育によって彼らを解放するという理想を範例的に言い表わしたものだ。だがそれは、ヨーロッパ文化に参入せんとするロシア・インテリゲンチャの熱い思いに連なるものでもある。この観点からすれば、一九世紀末は途方もない覚醒の時期を画するものだった。だから、親スラヴ派と西洋主義者が対立するにしても、必然的にそうだったというよりは、このような状況に直面してのものだったのだ。すでに、一八三〇年頃、イワン・キレエフスキー[†2]は、ドイツおよびフランスへの長旅から帰還した時、自分はヨーロッパ的ロシア人だ、いやむしろロシア的ヨーロッパ人だという確信を抱いていた。しかも、シェリングや当時のドイツの大思想家らとの出会いは、彼を失望させた。彼によれば、ロシアは宗教的な志向を哲学の核心へともたらすことをその使命としているのだ。このことは、後にドストエフスキーが自らの小説作品の中で、浮世離れした超越体験の至高性を描き出すことを以って彼なりの仕方で行なうことである。わけても、ニコライ・ベルジャーエフやレフ・シェストフといった宗教哲学者たちがロシア革命の前後に、さらには移住の地パリで成し遂げようと努めたのも、そのことだった。

---

†1　「ヌメルス・クラウズス（numerus clausus）」と呼ばれた、特定の人種や階級に対する入学者の人数制限。
†2　（Ivan Kireïevski, 1806-1856）ロシアの思想家。スラヴ主義者として知られる。

若きエマニュエル・レヴィナスが育った環境はこうした知的企てを有していたのだが、革命の熱狂のみならず、「黄金の世代」の台頭による文学的・芸術的な熱狂もまだ冷めやらぬ中、ウクライナを往還したレヴィナスには、こうした状況に自らがどう応ずべきかが喫緊の課題としていやが上にも差し迫るばかりだった。とはいえ、彼が着想のモティーフを探し求めたのは、彼自身のユダヤの伝統の中にだった。

伝統から現代へ

コヴノは当時、さまざまな潮流の近代的なユダヤ人のあり方が同居し、交差する町だった。そこには同化の企て、伝統への懐古、学びへの情熱、イディッシュ語主義[†3]の飛躍的発展、ヘブライ語の復興、帝政国家の不正への反発、ロシア文化への愛着などを、現在進行形で目にすることができた。こうしたものすべてが、しばしば対立する多様な感性に貫かれたユダヤ人社会の内部で混じり合っていたのだ。そこには、アシュケナジー[†4]のいるところすべてに影響力を及ぼしていたラビの家系の正統派の支持者もいれば、近隣各国の学生たちを惹き付けていたスロボダのように名だたる「イェシヴォート[†5]」もあったし、ハスカラー〔ユダヤ的啓蒙主義[*3]〕の熱烈な愛好者もいた。ハスカラーはドイツから来た啓蒙運動で、リトアニアにも受け容れられていたのだが、これはヘブライ語の復興や、文学、芸術、演劇などの領域の活生化の端緒にもなった。それぞれの立場の間でのいさかいは日常茶飯事だった。「マスキリーム」〔ハスカラーの支持者〕は異端者、不可知論者、罪びとを指すものとして用いられ、正統派の方はといえば、それは無知、蒙昧主義、迷信とみなされるという具合だ。

シオニストとブント主義者との間の抗争も、これらに劣らず活発だった。前者は、シオンへの回帰とパレスチナにおけるユダヤ人社会の再生のために活動する（カウナスでは、ハショメル・ハツァイル[†6]の社会主義シオニストから、普通のシオニストを経て、ミズラヒ[†7]のような宗教的シオニストまで、さまざまな潮流があった）。後者は、とりわけ「ブント[†8]」という一八九七年にヴィリニュスで生まれたユダヤ人労働者の運動を拠点に、社会主義の理念の下でユダヤ人プロレタリアートを組織化しようとしていた。[*4] ブントの周辺には、ユダヤ人の文化的自立を好んだ「民俗派」のような近接した運動もあった。

ハシディームとミトナグディーム[†9]との間の勇壮な戦いについては、語るまでもない。ハシディズムは、「バアル・シェム・トーブ」〔Israel ben Eliezer, 1700-1760〕によって一八世紀のポーランドおよびウクライナで打ち立てられた宗教的、神秘主義的な復興を説く敬虔主義の運動である。この運動は、長い間、ヴィルナのガオン[†10]の時代以来、恍惚や熱狂や感情的な崇拝に抗して学びと厳密さと戒律遵守を重視するユダヤ教の擁護者たらんとする人々の断固として精力的な立場と、対立してきたのだった。

ハシディズムに対抗する「リトワック文化」と呼ばれるものは――リトワキートとは、ポーランド・リト

---

†3 東欧のユダヤ人が用いていた、ドイツ語にヘブライ語の表現が加わったイディッシュ語を称揚する運動。
†4 離散したユダヤ人の内、ドイツ語圏や東欧諸国に定住した人々およびその子孫。
†5 タルムードの研究・教育を行なう伝統的なラビ養成機関。
†6 一九一三年に設立された社会主義系の青年シオニスト組織。
†7 一九〇二年に設立された宗教系シオニスト組織で、独自の労働者運動も展開した。
†8 リトアニア・ポーランド・ロシア・ユダヤ人労働者総同盟。
†9 反対派を意味し、ハシディズムに反対した人々を指す。
†10 一八世紀にリトアニアで活躍したラビ、タルムード学者でミトナグディームの代表。

アニア共和国の時代から、この大公国の領土の全域を含んだ領域のことである——、知への愛、テクストの正確な認識、またある種の厳格さに結び付いていた。それがどんな形のもので、どんなやり方をしていたか、またどんな考え方をしていたかといったことは、ほぼ世界中に散らばったタルムード学校に見ることができる。

この世紀転換期において議論の中心にあったのは、言語、宗教、民族問題だった。そこでは解放の淡い望みだったものがくっきりと姿を現わし、文化的な高揚がコヴノをはじめリトアニア全土で人々を鼓舞し、さまざまな潮流の者たち皆を交錯させていた。その反映は学校組織に見て取ることができる。宗教的な組織から、シオニズム系の組織、イディッシュ主義的な組織を経て、非宗教的な組織まであったのだ。こうした幅を持ったさまざまな感性ゆえに、コヴノの町にもリトアニア全体にも、イヴ・プラセロー[†11]をして次のように言わしめた独特の風格があった。「リトワックは、外部の文化が最も深く浸透していると同時に、内部のユダヤ文化も最も深く浸透しているようなユダヤ人集団の典型だった[*5]」。

リトワック

二〇世紀初頭、エマニュエル・レヴィナスが生まれる頃には、リトアニア社会は開かれた多様な社会だった。ユダヤ人も非ユダヤ人もほどよく共存していた。コヴノにはゲットー〔ユダヤ人強制居住区〕もなければユダヤ人街すらなかった。若きエマニュエルは穏やかな環境の下、温かい家庭で幸せな幼年時代を過ごしていた。そこには反ユダヤ主義を示すような記憶や、リトアニアでのポグロム[†12]の記憶などを彼に残すものは、何もなかった。

ゼーヴ・ビルジェは、イェルサレムの国際書籍見本市の館長だが、彼はある回想録で類似の幼年時代のことを語っている。彼は通りで「ジダー！」、つまり「ユダヤ人！」という声を聞くことがあったのだが、「リトアニアの反ユダヤ主義は政治的な性格のものでも扇動的なものでもなく、市井の問題でした。リトアニアの公的な場面では否定的な態度はまったく見られませんでしたし、政府もユダヤ人の少数派に対し本当にリベラルでした」*6。

一九〇五年は哲学者の生まれた年だが、このときロシア当局に対し正統派のユダヤ教徒とキリスト教の共同の代表による申し入れがあったということが、コヴノの県の記録簿に記載されている。町にはポグロムの噂が流れていたため——ちょうどロシアのキシナウ〔モルドヴァの首都〕のポグロムの少し後のことだった——、こうした宗派一致の運動は人々の心を落ち着かせると同時に、反ユダヤ主義の勃発を避けるという結果を生んだ。

もう少し時代を遡ると、編年史には次のような記述がある。一八八六年八月に、コヴノの公営公園で——一世紀後、一九歳の若い学生がソヴィエト体制に抗議するために焼身自殺したのと同じ場所だ——、「オヘル・ヤーコブ」シナゴーグの聖歌隊の一員で、祭式を司っていたラビノヴィッチの発案で、ヘンデルのオラトリオ「マカバイのユダ」〔ユダス・マカベウス〕を組み込んだ公開コンサートが開かれた。聴衆にはユダヤ教徒もキリスト教徒もいたが、コンサートが終わると一人の聴衆が立ち上がって、反ユダヤ主

†11 （Yves Plasseraud, 1939-）フランスのエストニア・リトアニアの研究者。
†12 一九世紀後半にロシアで生じたユダヤ人虐殺。

義的な歌の一節を歌い出した。その後小競り合いが起きたのだが、翌日、この騒動を起こした者は三日以内に町から退去するよう促され、彼の味方をした警官の一人はその職を解かれた。*7

さらに遡ると、一七六一年にコヴノでユダヤ人に対するポグロムがあったとの記録がある。住人たちがユダヤ人の家や学びの場である「ベイト・ハミドラッシュ」に火を放ったのだ。生存者の多くは、スロボダの郊外に避難した。

スロボダのユダヤ人共同体は団結して、コヴノ市長に対する訴訟を起こした。二〇年が経って、ついに彼らの主張が認められ、法廷は判決を言い渡した。ユダヤ人住民らはかつての町に戻ることを認められ、財産は返還され、市長は訴訟費用および被害者への賠償金を――二年の分割払いで――支払うよう命じられた。さらに市長は、二週間の拘留も命じられたのだ。この事件は、「コヴノのメギラー〔巻物〕」にも記載されている。これを書いたのはラビの小シュムエル†13――その控え目さゆえにこう呼ばれている――だが、毎年、町の古いシナゴーグではプーリムの祭りの翌日がその記念日となっている。*8

この寛容の伝統は、長い歴史から出てきたものだ。最初のリトワックのユダヤ人は、タタールに対する戦いの後、ヴィータウタス大公（一三九二年–一四三〇年）によってクリミアから連れてこられた捕虜だったと言われる。捕虜の中には、彼がリトアニアで商業を発展させる目的で連れてきたユダヤ教徒やカライ派ユダヤ教徒†14がいた。彼らには、直接の保護や国内での事業についての完全な自律権などの特権が与えられた。その名に恥じないこの真の特許状が、その後、リトアニアのユダヤ人の地位を決定づけるものとなり、こうして西洋、とりわけドイツからやって来る数千の移住者たちを受け容れることになったのだ。もちろん、運の向き不向きはあった。とはいえ、暗黒時代――とりわけボフダン・フメリニツキーのコサックによる虐殺の時期〔一七世紀中葉〕――から大戦の開始まで、リトアニア大公国の多文化的な伝統は生きながらえていたのである。

第一次世界大戦前夜には、ユダヤ人共同体は四万人のユダヤ人を擁していたが、彼らはきわめて文化的な生活を送り、ヘブライ語やイディッシュ語でのさまざまな演劇団があることを自慢にしてもいた。民族誌《エスノグラフィ》の対象になるような社会があることも、だ。彼らは、いくつも独自の日刊紙を持っていた。「紙葉」という意味の『ブラッター』紙、「橋」を意味する『ブリカー』紙、さらにはリトアニアの独立を掲げるリトアニア語の新聞『アプスヴェルガ』(「パノラマ」)すらあった……ユダヤ人たちは社会のあらゆる傾向を反映していた。一部には、共産主義に与する者もいた。ブントは活発に活動することでその競合者を出し続け、一八九八年の第二回大会はコヴノで開かれた。ハスカラーはユダヤ人学校に行きわたり、全体として、教育カリキュラムもユダヤ史と聖書を教えること以外はほかの学校施設と同様のものになった。アブラハム・マプーは直にヘブライ語で書かれた歴史小説を公刊した最初の作家だが、旧市街で彼の名前を冠した通りは、エスペラント語の創始者の名を採ったザメンホフ通りのちょうど向かいにある。シオニズム[†15]も、あらゆる形態において、非常に活発だった。ヘルツル[†16]にはたくさんの崇拝者がおり、一九〇三年に

---

†13 ユダヤ教の年中行事の一つで『エステル記』に因んで行なわれる春の祭り。

†14 ユダヤ教の一派で、ラビ派ユダヤ教に対立する派。

†15 一九世紀末に起こった、パレスチナの地にユダヤ人の故郷を再建しようという運動。

†16 (Theodor Herzl, 1860-1904) オーストリア生まれのユダヤ人著述家で、シオニズム運動の創始者として知られる。

は彼を乗せたヴィリニュス発ウィーン行きの列車がコヴノを通過した際、真夜中ではあったが、二〇〇〇人もの人がこの髭面の預言者の横顔を一目見ようと駅のホームで待ち構えたのだった。さらにコヴノは、かねてからそうだったのだが、ラビ、タルムード学者、教育者の無尽蔵の宝庫だった。これはとりわけ、リトワックのユダヤ教の栄光たるヴィルナのガオンの系譜に連なるものである。その彫像はヴィリニュスの自宅前に設置され、公営墓地に置かれたその墓はいまも見学や巡礼の地となっている。

こうした影響は、いまも意識されているのだろうか。私がカウナスおよび文書館を訪れた際に案内してくれたアウシュラ・パジェライテ氏は、とりわけムーサール文献に関心を寄せている。ムーサール運動とは、彼女によればリトアニアのユダヤ教の最も深い特性の一つであり、一九世紀中葉にラビのイスラエル・サランテルを中心にして生まれたものである。これは、正統派の只中で生じつつ正統派を内部から刷新することを目ざしたもので、ハシディズムへの逸脱に対してもハスカラーの誘惑に対しても等しく対抗する近代における知的かつ宗教的現象としては、稀なものの一つだった。

サランテルの遺産

ムーサールは、ヘブライ語で道徳、倫理、教育、啓発、説教、講話など、さまざまな意味がある言葉である。サランテルの書いたものではこの言葉は、倫理的・宗教的な感性、つまり慎み深さ、禁欲、内的規律を達成するための努力やそれにふさわしい心の持ち方を描くために用いられている。

サランテルの名で知られているイスラエル・リプキンは、一八一〇年にコヴノの一地方であるザゴールという町で、ミトナグディームの環境の下、ラビの家に生まれた。当時の宗教的拠点であったサラントで学び、そこでヨセフ・ツンデルと出会う。ツンデルは、ヴォロズィン〔現在のベラルーシにある町〕のラビ・ハイームの弟子の一人だった。そして、このラビ・ハイーム自身も、ヴィルナのガオンの下で学んだのだった。ここに見られる系譜については、イマニュエル・エトケスによるイスラエル・サランテルについての伝記的著作の中に、詳しい記述がある。*9 エトケスはこれらの四人の人物の関係を、各人が各弟子に対し伝統を裁ち直しつつもあらためてそれを身に纏わせるようにして伝える連鎖的関係だとしている。

ヴィルナのガオン（一七二〇年－一七九七年）はリトアニアのユダヤ教の中心人物であり、ハシディズム運動に対する厳しい反対で知られている。ヴィリニュスがミトナグディームの拠点となったのは、彼の影響によるものである。彼は、〔ハシディズムの言う〕デヴェクート、つまり神との交感や敬虔主義に対し、学び、つまり知的な厳密さ、精神の鍛練を至高の価値として擁護した。彼は、ポーランドのタルムード学校イェシヴォートで用いられるピルプル、つまり「決疑論」†17に反対し、文字通りの解釈にいっそう近い、より内容豊かなアプローチの道を拓いた。慎み深さや厳格な生活様式で名を馳せていた彼は、穏健な仕方で禁欲主義や世間からの隠遁の奥義を極め、神への務めが次の三つの柱に基づくべきだと考えた。一つは「律法」たるトーラー、†18もう一つは「戒律」のミツヴァー、そして「人間的徳性」であるミドートである。彼なりの仕方でのカバラー主義者でもあったが、教育にも力を入れ、ヴォロズィンのイェシヴォートを始

†17 スコラ哲学で用いられたような、一般的な規範の個別的適用を定める判定法。
†18 カバラーとは「伝承」の意で、ユダヤ教の伝統に基付いた創造論、終末論、メシア論を伴う神秘主義思想のこと。

ヴィリニュスにあるヴィルナのガオン――リトワックのユダヤ教の栄光――の家

めとして、みずからのイェシヴォートをいくつも創設した。

ヴォロズィンのラビ・ハイーム（一七五九年―一八二一年）は、同時代の人々からヴィルナのガオンに最も近い弟子だと考えられていた人物である。彼の主著である『生命の魂』はハシディームに対する返答を試みていたが、この返答は単なる論争的な告発の形ではなく、一個の思想体系として表現されたものだった。ハイームは、教義については師と同様、譲るところがなかったが、その適用についてはずっと柔軟だった。彼はガオンの精神に倣って、ハシディズムはユダヤ教の枠組みをはみ出し、伝統を揺るがしかねない異端にほかならず、全力で戦わなければならない相手だとしていた。ヴォロズィンのラビ・ハイームにとって、当時いっそう拡大していたこの運動は、その意図はともかくとして、おのれを欺くものであり、誤ったものだったのだ。

サラントのラビ・ツンデル（一七八六年―一八六六年）は、過渡期の人物である。彼は、イェツェル・ハラー、すなわち「悪しき性向」と、イェツェル・ハトーヴ、「良き性向」という考えを発展させた。この二つは文献上でいくばくかの成果を見ることになる。「ピルプル」[†19]を捨て、真実を追及するためにトーラーを学ぶことを奨励すること、そのようにして個人の鍛練を目指すことである。これらによって彼は、次の三つの決断を為すに至った。すなわち、祭司の職に仕えないこと、書物を書かないこと、そしてカバラーを学ばないことである。

ラビ・イスラエル・サランテルの貢献はどのようなものか。彼に帰すべきは、一つの運動そのものを創始したことだ。彼はムーサールの体系を打ち立て、それを書物の外に出して日常の生活の中に組み込み、社会化したのである。彼の先行者たちにとって、ムーサールは「神に対する畏敬」から生じるものだった。だが、そこから出発して、私たちはいかに生きるべきなのか。何を為すべきなのか。ヴィルナのガオンはたった一人で、もっぱら学びに向かった。サランテルは、もっと社会に開かれていることを望んだのだ。彼はこうして体系を拡張し、その世代の精神に、その場所と時代の条件に、いっそう適した道を新たに拓いた。ハスカラーの教え、「家ではユダヤ人、外では人間であれ」に対し、ムーサールの理論家は「どこにおいてもユダヤ人かつ人間であれ」と応答しようとしたのである。

いったい彼は、どんな人々に依拠していたのか。イブン・ガビーロール[20]、バフヤ・イブン・パクダ[21]、モーゼス・ハイム・ルッツァット[22]である。彼のアプローチは、どのようなものか。正統派のユダヤ人たちが、道徳的な関心と人間的徳性の向上を自らの行動の中心に据えるようにすることである。その目的は何か。

† 19 タルムード解釈の方法論の一つで、見かけ上の矛盾を解消させるような論証を目指すもの。

† 20 (Ibn Gabirol, c.1021-c.1058) 一一世紀スペインのユダヤ人哲学者。新プラトン主義に立つ。アヴィケブロンとも言う。

† 21 (Bahya Ibn Paquda 生没年不詳) 一一世紀スペインのユダヤ人哲学者。道徳論で知られる。

† 22 (Moshé-Haïm Luzzato, 1707-1746) 一八世紀イタリア生まれのユダヤ人哲学者・ラビ。

学びと同様に、このような道徳的な次元を重視した教育を促進することである。もちろん、トーラーだ。ただし、真実における、真実のためのトーラーだ。

彼の主著たる『オール・イスラエル』、つまり「イスラエルの光」はムーサール運動の古典だが、これが彼の弟子であるラビ・イツハク・ブラゼルの尽力で公刊されたのは彼の死後、一九〇〇年になってからにすぎない。まず以ってサランテルの名が結び付けられるのは、教育の分野である。彼は初めに、ヴィルナ郊外のウズイスに学校を設立した。一八四八年、コレラの流行により彼はヴィルナを離れなければならず、コヴノにやって来た。この地で彼はもう一度学校を設立し、町の四方に配置した学び場にバアレ・バティーム、つまり労働者、職人、庶民といった「家の主たち」を集めた。そこに来る者を誰でも招いて我が家で一緒に学ぶというそのやり方は、この運動の特徴の一つとなった。こうしてムーサール運動は真の躍進を示し始めたのだが、しかし、サランテルは突然リトアニアを離れ、ドイツで生活することを決断する。この突然の出立の理由については、挫折感、健康状態の悪化、意気消沈などさまざまな解釈がある。ただし、彼自身が一つ説明をしている。彼は、伝統主義的ではあるがハスカラーからの攻撃に身を委ねたリトアニアのユダヤ教を、勾配に差し掛かってから馬具を外して解放された馬になぞらえていたのだ。彼はケーニヒスベルク〔ドイツ北東部の都市〕の医者たちの下に足繁く通い、その地で学校用の資金を集め、最終的にそこに二五年もの間留まることになる。「ムーサール」の新聞を創刊すること、タルムードをアラム語からヘブライ語やヨーロッパの諸言語に翻訳すること、タルムードの学びのための方法論的な原則を練り上げることなど、いくつもの企てを温めていたが、実現はしなかった。ある時は、タルムードの教育を大学に持ち込もうと試みたが、拒絶された。パリに二年を過ごし、ロシアやポーランドからの移民のために尽力することも試みたが、そこに根を下ろすことに成功したわけではない。彼が亡くなったのは一八八三年、ケーニヒスベルクにおいてだ。家族もなく、弟子ももうおらず、ユダヤ人共同体が雇った召使いが一人いただけだった。伝記作家の一人ヒレル・ゴルドバーグは、この敬うべきラビが晩年、家政婦を慰めようとして、亡骸つまり自分の遺体と一夜を過ごすからといって怖がらなくてもいいと言って聞かせた話を伝えている。*10

ゴルドバーグは、このムーサールの運動が正統派の潮流の再建と再生の試みだったとともに、失敗を物語るものでもあったとしている。実際、一八四〇年代および五〇年代のサランテルの活動は、直ちに大きな影響をもたらしたわけではない。その影響が現われるのは、もっと後のことである。一八七〇年に、彼の弟子たちはコヴノにコレル、すなわちムーサールの指導者を養成するための学校を創設した。一八八一年にはコヴノ郊外に、ムーサール運動に基づいた学校であるスロボダのイェシバが誕生した。

この忘れられた思想潮流は、とはいえ、見かけをはるかに超えて、二〇世紀初頭には東ヨーロッパおよびそれ以外の地域の正統派ユダヤ教に対して影響を与えた。そのことを、レヴィナスの伝記を書くにあたっての指標とする必要はあるだろうか。レヴィナスの倫理はムーサール学派からは非常に隔たっているし、道徳的な教化活動に対するラビ・イスラエル・サランテル特有の関心は、この哲学者のその後の作品とはほとんど関係がない。しかし、アウシュラ・パジェライテが、世界市民的な環境と開かれたアイデンティティの追求との間の動的な緊張関係を強調するのは、もっともである。当時の雰囲気を見定めようとするならば、倫理を神学の領域から引き離し、それを、思考しつつ内面的に生きんとする次元に、端的に言って生きることとそのものの次元に組み入れようとしたこの運動が、伝統的なユダヤ教に対して与えた深い衝撃を無視することはできない。そこからすると、イスラエル・サランテルも、ヴォロズィンのラビ・ハイームと同様、レヴィナスの生および作品における意義深い参照項となるだろうし、またそうであり続けるだろう。

第2章　ストラスブール

一九二三年、エマニュエル・レヴィナスはストラスブールに到着した。なぜ、ストラスブールなのか。一つは、フランス語の威光のためである。だが、それはまた、そこがリトアニアに最も近いフランスの町だったからだ。

長きにわたりフランスとドイツの対立の象徴として世に知られたこの町がフランスに復帰したのは、第一次世界大戦後のことだ。アルザス・ロレーヌ地方は、強い愛国心に満ちてはいるものの、自分たちの文化的特殊性を守っていた。フランス共和国に編入されてからも、法で認められた宗教やその学校に公的施設における一定の地位を保証するという、かねてからのコンコルダート（宗教協約）体制の恩恵に浴していたのだ。ユダヤ人共同体も相当の規模を有し、ずいぶん前からそこに根付いていた。啓蒙の都パリへの途上にある地方都市ストラスブールは、第二次大戦以降身に帯びることになるヨーロッパ規模での威信ある地位を、いまだ得てはいなかった。だが、若きエマニュエル・レヴィナスにとってこの町は、初めてとなる異郷での生活に順応するにあたって、素晴らしい窓口となった。とはいえ、この生活が決定的なものとなることを、彼はまだ知る由もなかったのだが。

文学から哲学へ

こうして、故郷の我が家から遠く離れて、一学生の日常生活が始まった。レヴィナスは町中《まちなか》に単室アパルトマンを探し、住む地区を頻繁に変えている。父は、彼が勉学を続ける期間、家賃と生活費を定期的に送った。

彼はまず、フランス語に磨きをかけることから始め——孫のダヴィッドは、「彼にとって言語はまったく問題ありませんでした」と述べている——、さらに哲学科に登録をした。この選択は、驚くべきもののように見えるかもしれない。だがこれは、一切の物質的な懸念を埒外においた、ただ知的魅力にのみ基づくものである。この選択は何らかの命法に従ったものだった、と言ってよいかもしれない。

哲学の何が、彼を惹き付けたのか。レヴィナスはフランソワ・ポワリエにこう語っている。「第一に挙げるべきは、ロシア語で読んだものの影響だと思います。すなわち、プーシキン、レールモントフにドストエフスキー、とりわけドストエフスキーです。私の眼には、ロシアの小説、ドストエフスキーとトルストイの小説は、根本的な問題に心を奪われているように見えました。不安、本質的なもの、つまり宗教的不安に貫かれた書物、とはいえ、生の意味の探求としても読みうる書物です」[*1]。ポワリエの質問に対する返答からは、文学から哲学への移行、つまりレヴィナスが一方を通じて他方へと至ったことが読み取れる。ミリアム・アニシモフに対しては、はっきりこう述べている。「ロシア語の小説はお読みになりましたか」というアニシモフの質問に対し、レヴィナスは「ロシア語の小説は、私にとって哲学への準備過程となりました」と答えているのだ[*2]。

当時のフランス哲学界には、このような準備過程に相当するものはほとんど存在しなかった。とはいえ、それに類似した興奮があった。ひょっとするとドイツ的な大きなシステムに比してある種の脆弱さがあるためなのかもしれないが、パリは多様な潮流や影響関係に開かれていた。オーギュスト・コントの実証主義、クールノーの科学認識論などの一九世紀の遺産はいまだ健在であり、大学で指導的立場にいたレオン・ブランシュヴィックが新カント派の〈法則と秩序の思考〉を以って共和国の思想を再活性化させようとしていたし、他方で新たな関心がいくつも姿を現わしていた。

一方では、フロイトの著作が初めてフランス語に翻訳されることで活発な議論が闘わされるようになった心理学の領域や、デュルケムがソルボンヌの教壇から方法論上の革命を提示していた社会学の領域、あるいは同様にして知のあり方を新たに鋳直そうとしていたソシュールの言語学やモースの民俗学の領域において、人文学が然るべき場を要求するようになっていた。他方では、宗教や霊性の問題が、再び理論的な省察や歴史的な研究の対象となっていた。この点では、ベルクソンの影響は否定し難い。しかし、忘れてならないのは、ジャック・マリタンのような思弁的なものから、トマス・アクィナスの『神学大全』を通じて中世思想を再発見したエティエンヌ・ジルソンのような学術的なものまでを含む、キリスト教哲学の再生である。

学の領域をこのように区分けすることに関してはイデオロギー的な争点もなくはないが、その中でストラスブール大学は独自の立場を選択することになった。ストラスブールにあって哲学は古典的な地位を保ち、まずは哲学史の研究に専念すべきとされたのだ。このような禁欲的な伝承、巨匠たちへの敬意、基本的なテクストの反芻、そこにこそ若きレヴィナスを惹き付けるものがあった。彼はピアノやタルムードを習うように伝統という名の学校へ赴き、まずは音階練習を何度も繰り返し、ようやくその次に演奏、すなわち解釈に進むことになる。

教授陣

まずはモーリス・プラディーヌだ。彼は哲学概論を教え、講義では道徳と政治の関係に説き及ぶことを常とした。かなり淡泊な人物だったが、若きリトアニアの学生に深い感銘を与えることになった。ドレフュス事件[†1]を例に挙げ、これを倫理が政治的なものに勝《まさ》ったことの例証としたからだ。彼はその後自伝を公刊することになるが、『美しき旅路　パリからイェルサレムの国境までの道程』[*3]というタイトルは、カウナスの子どものお気に召さないはずはなかった。

シャルル・ブロンデルは心理学の教授で、反フロイト派であり、ブランシュヴィックの弟子だったが、精神分析に対して皮肉を弄するのが常だった。彼は書いている。「宗教学から言語学や民俗学を経て美術史に至るまで、精神分析が言うべき言葉を持っているような、あるいは最後に発言しなければならないと思い込んだりするような道徳科学などない……私の義務は、然るべき時が来たら、多弁を弄さず、とはいえ恐れることなく、次の点を指摘することだろう。すなわち、精神分析は詩人に続いて、どんな人間の心にも眠っている豚を見い出し、おまけにこれを悲しむべき豚にしてしまう風変わりな空想力を持っているのだ」[*4]。社会学を教えていたモーリス・アルバックスの名も、挙げないわけにはいかない。彼はコレージュ・ド・フランスの教授に任命されることになるが、その数か月後にブーヘンヴァルト強制収容所に強制移送され、そこで一九四五年に命を落とす。さらには、アンリ・カルテロンがいた。彼は古代哲学の教授で、一九二七年に夭折する。その後任としてやって来たのが、デカルトとスピノザの専門家であるマルシャル・ゲルーである。

レヴィナスはその後、折りに触れて、ストラスブールでの師たちに讃辞を送ることになる。とりわけ、自分自身が退職をすることになる一九七六年のソルボンヌでの最終講義がそうだ。なるほど、彼が師たちの足跡に付き従ったとは言えまい。しかし彼は、ストラスブールで「アンリ・カルテロンの教えに触れたカトリックの同輩たちが中世研究に傾注していた情熱のお蔭で、私自身も、もう一度聖書の重要性に引き戻された」と述べ、さらにこう付け加えているのだ。「私のユダヤ研究に対する関心は、ユダヤ教に対してまったくもって外在的な立場に立って研究を行なおうとすることで、甦ったのです」[*5]。レヴィナスがフッサールについての自らの最初の著作の献辞に名を挙げているのは、このカルテロンである。

こうした絆が持つ象徴的な価値は、減ずることがないだろう。自らの宗教的なアイデンティティと、哲学が要求する厳密な概念的思考のどちらにも忠実であることは可能である。レヴィナスは、ロシア語の小説をモデルにし、新カトリック主義者たちの研究を手本とするようになる。とはいえ、彼が自らの着想の最初の源泉を見い出すのは、彼らとはまた別の著作において、すなわちアンリ・ベルクソンとエドムント・フッサールにおいてである。

---

†1 一八九四年にフランスで起きた、ユダヤ人でフランス陸軍大尉のアルフレッド・ドレフュスがスパイ容疑で逮捕された冤罪事件。

目覚めをもたらした二人

ベルクソンは当時、指導的立場を占めていた。大学入学資格試験《バカロレア》の答案で彼からの引用を詰め込まない者はいないほどだったが、同時に、フッサールについても語られ始めていた。

アンリ・ベルクソンが若きレヴィナスに影響を与えたのは、根源的直観、精神の自由、記憶と持続、生の跳躍《エラン・ヴィタル》といったその著作の大テーマ以上に、その姿勢ないし態度だった。そこには、当時支配的だった唯物論に抗って、プロティノスの形而上学やラヴェッソンのスピリチュアリズムを引き合いに出すことを臆さず、さらにはプルーストやペギーといった作家にまで影響を及ぼすような哲学者がいたのだ。若きリトアニア人は、この将来のノーベル文学賞受賞者がカトリックに惹かれていたにもかかわらず、ユダヤ教に対して潜在的な負い目を持っていたと予感していたのではないか。ベルクソンは一九三七年に、次のように書いている。「私は、反ユダヤ主義のすさまじい波がここ数年の内に生じ、世界を席巻するようになるのを目の当たりにすることがなければ、〔ユダヤ教からカトリックに〕改宗していただろう。私は、明日迫害されることになる人々と共にありたかったのだ」[*6]。レヴィナスは、ベルクソンの強固な愛国主義に親近感を抱いていたのだろうか。ベルクソンはフランスへの愛ゆえに、一九三九年にはこう書くことになる。「私たちはフランスのために戦うよう呼び求められている。私には、それに見合うどんなことができようか！　私はこの国にすべてを負っているのだから、その内のいくばくかを国に返すにはどうしたらいいだろうかと、生涯にわたって自問してきたのだ」。

いずれにせよ、レヴィナスはベルクソンの『意識に直接与えられたものについての試論』を発見し、常にそれを賞賛することになる。同書を哲学史における主要著作五点ないし六点の内の一つとして挙げることもしばしばであり、『全体性と無限』のドイツ語版への序文においては「アンリ・ベルクソンの刷新的な業績への忠実さ」を進んで引き受けることにもなる。

フッサールに関しては、その著作がごくわずかの学生の間で出回っているにすぎなかった。そこでもまた、レヴィナスにとってはフッサールの態度が決定的だったのだが、ベルクソンの場合と並行的に考えることが役に立つ。フッサールもまたプラトンの読者であり、意識を精神に開き直し、志向性を介しての本質の観想を復権させる一方で、哲学を厳密な学として基礎づけ直そうとしていた。この現象学の創始者も、もともとユダヤ人でプロテスタントに改宗をしていたのだが、彼もまた迫害された者たちの側に身を置くことになる。彼は、ナチスによって大学を追われ、未刊の著作(『ヨーロッパ諸学の危機と超越論的現象学』)も、焚書の間際にかろうじて救い出されたのだ。レヴィナスは、単にフッサールの翻訳者、あるいはフランスへのその導入者となるばかりではない。ある意味でレヴィナスの著作活動は、フライブルクの師のそれに対する応答となるだろう。

痩せとずんぐりの二人組

二〇年代のストラスブール大学周辺の雰囲気は、いささかもったいぶったものだった。互いに敬語で会話をしていたし、ネクタイをしていた。カムロ・デュ・ロワ[†2]の真似をして、あるいは単なる伊達《だて》好みで、

†2　フランス王党派のナショナリズム団体であるアクション・フランセーズの戦闘的な実働部隊。

ストラスブールで学んでいた頃のモーリス・ブランショとエマニュエル・レヴィナス。この写真の裏に、誰かが「痩せとずんぐりの２人組」と書き入れている。

握りが銀でできたステッキを見せびらかして歩く者たちすらいた。彼らの中でも際立っていたのが、哲学とドイツ語を学んでいたモーリス・ブランショなる人物だった。すでに寡黙であったこの若者は教育には向いておらず、やがてジャーナリズムを好むようになる。レヴィナスより二歳年上だった。まだ何も書いていなかったが、魅惑的な男だった。

　すぐさまこの二人は親しくなった。だが、彼らの友情はありそうもないもののように見える。一方はドレフュス大尉とグレゴワール師[†3]のフランスを愛し、ユダヤ文化に培われたロシア系移民である。もう一方はブルジョワ家庭の息子で、モーラス派[†4]のサークルにも顔を出し、遠からず極右の雑誌に協力するようになる。彼らの間には、これ以上ないくらい距離があるのだ。では、何が彼らを互いに惹き付けたのか。

　当時撮られた写真の一葉に、二人が並んで映っているものがある。ブランショは青白く、痩せ形で、しゃちこばっている。レヴィナスは丸顔で、笑みを浮かべ、髪も逆立っている。レヴィナスの筆跡でもブランショの筆跡でもないが、写真の裏に誰かがこうなぐり書きをしている。「痩せとずんぐりの二人組[†5]」。「二人は切り離すことができないが、だからといって取り違えられる恐れもない」ということか。おそらく、そこに付け加えるべきものは何もない。

「きわめて知的で、貴族主義的に見える考えを持った人物というのが、私の第一印象でした。彼は当時、政治的には私とかなりの距離がありました。王党派だったからです。しかし、私たちはすぐさま互いに近しくなりました」[*7]。レヴィナスは後にこのようにして、彼の若き友人との出会いを語ることになる。ブランショはレヴィナスに、プルーストやヴァレリーを読ませた。ロシア文学においてもフランス文学においても、レヴィナスの文学への関わりは伝統的だったし、彼の個人的嗜好や参照先は古典的だった。文学に言及する際、レヴィナスはたいていはコルネイユやラシーヌのことを考えている。絵画について語る際にモナリザのことを考えているのと同様だ。ブランショを通じて、レヴィナスはより現代的な作品に通じることになる。このストラスブールの相棒なしに、彼がプルーストを見い出し、好むことがあっただろうか。あまりありそうにない。レヴィナスの方はと言えば、ブランショにドストエフスキーやトルストイを読ませ、フッサールやハイデガーについて話したのだが、後に彼自身が彼らの講義をドイツのフライブルクに聴きに行くことになる。ブランショの側でも、与えられた影響は持続的なものとなるだろう。

二人はあらゆる点で反対だったが、二人の間には深い友情と知的な共謀関係が生まれた。

---

†3 (Henri Grégoire, 1750-1831) フランスのカトリックの神父で、革命期の国民議会では奴隷制廃止やユダヤ人解放に尽力した。

†4 フランスの作家シャルル・モーラスが主催した王党派ナショナリズム団体アクション・フランセーズのこと。

†5 Double Patte et Patachon. 無声映画で活躍したデンマークの喜劇役者コンビの名前。

モーリス・ブランショは『ラルシュ（*L'Arche*）』誌への手紙で、ストラスブール時代を思い起こしながらこう書いている。「今日、私の最も古い友人であるエマニュエル・レヴィナスに私があらゆることを負っているということは、よく知られていると思います。私に「君僕」で話すことを認めてくれたのは、彼だけです。私たちがストラスブールで出会ったのが一九二六年であることも、ご存じだと思います。かの地で偉大な教師たちは、凡庸な哲学を伝えるようなことはしていませんでした。この出会いは偶然によるものだったのでしょうか。そう言えるかもしれません。しかし、友情は運任せのものでも偶発的なものでもありませんでした。何か深いものが私たちを互いに導いていたのです。それがすでにユダヤ教だったとは言いませんが、彼の陽気さは別にしても、いささかも衒学的になることなく生を深めながら生に向かい合うことがどれほど厳かで美しいものだったか分からないほどです」[*8]。この時期に立ち戻っているもう一つの手紙では、「すぐに、友情ははっきりしました」としてブランショはこう語っている。「人としての友情、知的友情です。そうこうする内に、あるいはもしかするとすでに行っていたのかもしれませんが、エマニュエル・レヴィナスはドイツに行き、フッサールの講義を聴きました。彼の名前、あるいはその名が表わすもの、そしてもう少し後になるとハイデガーの名前が、来る日も来る日も私たちの会話に登場しました。フランス哲学がフッサール理解に真に開かれたのは、フッサールの直観概念について書かれたレヴィナスの博士論文によってだということを、忘れないようにしましょう。私たちはパリで再会しました。それ以上の何も付け加えようとは思いません」[*9]。また別のところでブランショは、レヴィナスの下に「生そのもの、若さそのもの」であるような哲学を見つけた、とも語っている[*10]。

生涯の友情。おそらく、そう言っていいだろう。互いに参照し合い、著作にも通じ合うものがある。主題や概念が互いに行き来しあうさまは、それらが互いに相手を延長し合い、応答し合っているかのようだ。類縁性があるのは、スタイルというよりも、抑揚のつけ方や、常に最も切り立った山稜へと赴く仕方、譲ることなく現代の真っ只中に身を持し続ける仕方である。彼らは、互いの眼差しの下で書くのをやめることはなかった。互いについて書くこともだ。だが、二人して歩んだ創造の道の火床《ほど》だったストラスブール時代が過ぎ去った後、関係は続くものの、二人が出会う機会は次第に間遠になってゆく。

断層

レヴィナスは、一九二七年に学士号を取得すると第三課程博士論文の準備に入り、これを一九三〇年に提出する。パリに出た後は、ソルボンヌでブランシュヴィックの講義を聴き、世界イスラエリット連盟の学校の学監となる。ブランショも同年にパリに居を構え、ソルボンヌにおいて懐疑主義に関する高等研究資格免状を取得するが、その後はきっぱりとアカデミズムを去ってジャーナリズムの道に進む。

彼ら二人は、以前より会うことは少なくなる。当時、ブランショは極右の関係筋に関わっていた。彼はアクション・フランセーズに近く、定期的に『論争（*Journal des Débats*）』紙に寄稿し、その編集も務め、また『叛徒（*L'Insurgé*）』誌や、日刊紙の『オー・ゼクット』、『ランパール』にも執筆するようになる。

ブランショは当時、ある種のファシズム的「ロマン主義」の気質に染まっていた。ほかの多くの知的な青年たちと同様、旧世界は終わり新たな人間が生まれつつあるという確信を持った彼は、「大いなる夕べ」のために熱心に働いた。『叛徒』誌での執筆活動は、この点で格好の一例だ。ロベール・ブラジヤック†6やティエリ・モーニエ†7がそこでの兄貴分である。またそこでは、リュシアン・ルバテ†8やクロード・ロワ†9にも出くわした。彼らはみな、モーラスの日和見主義に失望し、ソレル[†10]の暴力の神話にすがり、民族革命を夢見ていたのだ。

一九三四年一一月、レヴィナスの方は『エスプリ』誌に「ヒトラー主義の哲学についての若干の考察」を載せ、こう書くことになる。「問いに付されているのは、民主主義や議会制度や独裁制や宗教的政治やのあれこれの教義ではなく、人間の人間性そのものだ[*11]」。

こうした二人の関係をうまく言い表わすのに、断層という言葉以上のものはあるまい。ブランショは当時、民主主義、議会制度、資本主義、共産主義に対する嫌悪を叫んでいた。これらについて彼は、暴力的と言っていいレトリックを展開している。一九三六年以降、筆はますます激しくなり、その敵意は、民主主義者の典型にして人民戦線の象徴であり「世界市民主義者《コスモポリタン》のユダヤ人」のリーダー格だったレオン・ブルムに向けられるようになる。

ブランショの伝記を出版したクリストフ・ビダンは、『叛徒』誌でのブルムに対する容赦ない攻撃を喚起しつつも、次のように書いている。「その言説に反ユダヤ主義が介入してくるのは、人の心を動かそうとしたことのついでにでしかない。それはブルムを非難する時の安易な手口であり、滅多に用いられないが操作された書き損じであって、エマニュエル・レヴィナス、ポール・レヴィ、ジョルジュ・マンデルといった人々の友人である彼の当惑をうまく隠しおおせるものではない。彼は、間もなく脱退するこの極右サークルの中で、自分自身の内的葛藤と戦っているのだ[*12]」。

とはいえ、「友人レヴィナス」がこの「レトリック」をどのように体験したのかは、分からない。レヴィナスにとってこの「レトリック」は、いずれにしても耐え難いものだったはずだからだ。

一九三八年以降、つまりパリに到着してから四年後、そして戦争が始まる一年前以降、ブランショは『論争』や『オー・ゼクット』の文芸時評欄への協力は続けるが、論争的に関与することはやめる。その時以降の政治的なテクストは見つかっていない。オーストリア併合についても、ミュンヘン会談についても、切迫する抗争についても、何も見つかっていない。

モーラスその人は、自身の行き過ぎに疲れ、『叛徒』誌を休刊した。彼の目からしても、そのもともとの考え方からあまりに逸脱したためだ。彼に煽られた若者たち皆には、敗戦と占領とがカードを配り直すことになる。リュシアン・ルバテは対独協力を選び、クロード・ロワはレジスタンスと共産主義運動に参入する。

脱出《エクソダス》[11]と和解

モーリス・ブランショが戦時中、レヴィナスの家族が身を隠せるよう手を貸したというのは事実である。

---

†6 (Robert Brasillach, 1909-1945) 対独協力派として知られるフランスの作家。
†7 (Thierry Maulnier, 1909-1988) フランスの右派の作家。
†8 (Lucien Rebatet, 1903-1972) 対独協力派として知られるフランスの作家。
†9 (Claude Roy, 1915-1997) フランスの詩人、作家。
†10 (Georges Sorel, 1847-1922)『暴力論』で知られるフランスの思想家。
†11 古代においてユダヤ民族がエジプトの地を追われて流浪の生活に入った「出エジプト」と、一九四〇年五月から六月にかけてのドイツ軍によるフランス侵攻に伴うフランス市民の生活の両方が、この言葉に重ね合わされているだろう。

「私たちは、ほとんど同時にストラスブールを離れパリに移りました。連絡が途切れることはなかったのですが、私たちの友情――これが緩むことはもちろんありえたのです――、これが再び緊密になるには、惨憺たる戦争という不幸が必要でした。彼は捕虜となってまずはフランスで拘留されていましたが、何ということか、忌むべき政治によって彼の大切な近親者たちが生命の危険に脅かされていたのです。そこで彼は、ある種の秘密の請願ルートを通して、彼らの面倒を見てくれるよう、私に託してきたのです」[*13]。もう一つの徴《しるし》がある。ブランショは、一九四二年に公刊された彼の二作目の小説に「アミナダブ」という名前を付けているが、これはエマニュエル・レヴィナスの弟の名前なのだ。

　ここには、時代のイデオロギーに対する友情の勝利がはっきりと見てとれる。だが、それだけが、時代の騒乱や熱狂に対してブランショがますます自発的に身を退くことになる局面ではない。五〇年代の初頭から、彼は断続的にしか破られることのない長い沈黙期間に入る。病、孤独への意志、作家としては消え去るという決断、匿名性を求める戦い、内的冒険としてのエクリチュール、逃げ場としての書物など、その理由を挙げてみることはできるが、そのどれも完全に十分な理由であるようには見えない。この自発的な引退は、出たり入ったりの形を取るようになる。ブランショは、公刊物、論文、その時々の個別的な問題に対しての明確な態度表明などによって、自らの時代との接触を維持する。「一二一人声明」[†12]に署名し、六八年五月には「学生‐作家委員会」[†13]に加わる。とりわけ、ロベール・アンテルム[†14]と出会った後には、アウシュヴィッツについての最初のテクスト群やユダヤ教についての問いかけに加え、『終わりなき対話』、『災厄のエクリチュール』という二つの著作が書かれる。これらは、レヴィナスの徴の下で、あるいはその足跡や痕跡の内で、書かれたものだろう。

二人の著作群のこのような共応関係は、初期に書かれたものにはほとんど明白な形で読み取ることができる。一九四七年からすでに、ジョルジュ・バタイユが『実存から実存者へ』についての批判的註記の中で、「イリヤ〔ある〕」の観念をめぐって両者の間にかなりの近さがあることを指摘していたし、[*14]後にはクリストフ・ビダンが「二人の共同作業」について語ることにもなる。[*15]この共同作業は、その後もやむことなく続く。両者も互いにこの関係を強調し続けるが、しかしそれほど豊かな内実を持つものではなくなってゆき、二人を内奥から鼓舞するものというよりは、いくつかの共通の直観に対する信頼や共通の青春時代に由るものになってゆく。

友情は続くものの、いっそう距離を隔てたものになる。二人は変わらず書簡上のやり取りを続け、しばしば電話もしている。レヴィナスとの電話での会話に特有の不測の事態、話の途切れ、パニックもあった〔五三頁参照〕。しかし、実際に会うことは稀れになる。きわめて稀れになる。

あの痩せとずんぐりの二人組が、である。いずれにせよ、ストラスブールで彼らを近付けていたのは、文学や哲学に対する共通の嗜好など、あらゆるものに対する似通った美的感性だった。

だが、友情が育まれるのは、友情それ自体から、出会いと青春時代の思い出からでもあるのではないか。当時の特徴的な写真がもう一葉ある。シトロエンのボンネットに跨ったエマニュエル・レヴィナスが写っ

†12　一九六〇年にフランスの知識人らが表明した「アルジェリア戦争における服従拒否の権利についての声明」。
†13　一九六八年のいわゆる「五月革命」の際に、学生や労働者の運動を支持するために作家らが結成した団体。
†14　(Robert Antelme, 1917-1990) フランスの作家。マルグリット・デュラスとの交際や自身の強制収容所体験を踏まえた著作『人類』で知られる。

シャルル・ブロンデル邸に向かう「五人組」。中央レヴィナス。右端ブランショ。

ている。マリー＝アンヌ・レスクーレが、この写真の来歴を伝えている。*16 「五人組」――ブランショ、ロンチェウスキー、マドレーヌ・ゲリー、スザンヌ・パンティル、そしてレヴィナス――が、彼らの教師であるシャルル・ブロンデルの住まいに向かう前に、車のボンネットに乗っかってポーズを取っている。この五名の学生は、晩餐に招待されたのだ。若きリトアニア人は、子どもの時からずっと守ってきた飲食律の規定に背かずに出されたものを食べることができるだろうかと自問していた。ブランショと彼は、並んで写っている。レヴィナスはこの時すでに、白ハンカチ入りの胸ポケットが片側についたダブルのスーツを着て、微笑みながら眼を細め、地平線の方を見ている。ブランショは、一方の手にステッキを持ち、もう一方の手を頬に添え、眼を半分閉じ、物思いに耽った様子で、苦々しげに口を尖らせている。

もしもし

　もしもし?　レヴィナスの「もしもし」は、まるで一つのお題目のようだった。近況を聞くために電話をかけると、電話線の向こうから、せかすような、息を切らした、途切れ途切れの「もしもし」が聞こえてくる。この「もしもし」は、単に会話を始めるために発されるものではない。それは、対話が性質を変えてはいないことを、ずっと電話でのやり取りなのだということを確認するためであるかのように、定期的な間隔で、話題を区切るようにやって来る。それは、対話相手に聞いてくれるよう懇願したり、相手が常にそこにいること、電話が途切れていないこと、伝達に不具合がないことを確かめたりするためであるかのように、不安げな口調で繰り返される……技術が有するさまざまな利点について賞賛すべき文章を書いたこの人物は、電話、録音機、カメラといったわずかな媒介装置を前にしても完全にパニックになる……理解されないこと、聞き取られないこと、突然切られることへの不安があったのだ。

　しばしば驚かされるのは、彼の弟子の口からレヴィナスの好んだ表現が繰り返されるのを聞く時だ。「星に涙を流させるほど美しい」という表現がそうだし、普通だったら「ある仕方で（*d'une certaine façon*）」と言う時に、「ある遣り方で（*en quelque manière*）」と言うのもそうだ。「あたかも（*comme si*）」も、そうだ。あたかも、事柄を語るのに最もふさわしいやり方は隠喩であるかのように、なのだ。

「もしもし」は彼にしかないもので、誰もその真似ができない。「ですよね《ネスパ》?!」もそうだ。講義の中でも、私的な会話の中でも、三、四語話すと賛意を求めるために「よね《スパ》?!」がやって来る。よね《スパ》?!　よね《スパ》?!　という具合だ。論を先へと進めたり、的確な語やぴったりの表現を探すために、それが必要だったのだ。それは生まれ故郷ロシアの遺産なのだろうか、あるいはもしかすると、リトアニアからストラスブールにやって来て、フランス語を自分の哲学の言語とすることにした若き日の自分の思い出なのだろうか。

第3章　フライブルク・イム・ブライスガウ

ドイツのフライブルク・イム・ブライスガウで過ごした一九二八年夏および二八－二九年冬の二学期について、レヴィナスはしばしばこう語っている。「私はフッサールに会いに来て、ハイデガーに会った」。二〇世紀の哲学史上の——あるいはいっそう深いところでは、端的に言って歴史上の——決定的な交差を、これ以上にうまく描くことはできまい。実際、形而上学の終焉、その批判、その刷新は、ナチズムの台頭を地《じ》にして、その上で演じられることになる。さしあたり、フッサールはまだ大学から追われておらず、ハイデガーはまだ例の総長演説を行なってはいない。それどころか、前者は後者の師であり、これら二人の思想家の考え方の上での断絶も、少なくとも公的には果たされていない。ここで重要なのは、若きレヴィナスの眼には、彼らのそれぞれがもはや変更不可能な仕方でそれぞれの観念の宇宙を呈示しているように見えたということである。彼は、哲学を自ら生きることで実践する同時代の師の下に赴き、進んで弟子となり、両者の解釈者となる。だがそうしつつも、レヴィナスはすでに、自分でも知らない内に、自らに固有の思想に狙いを定めていた。というのも、かくも早い内に世紀を画す重大な出会いの一つに居合わせたことで、時代の矛盾した運命の真っ只中に一挙に身を置くことになったからである。

フランスへのフッサールの紹介者

レヴィナスがスイス国境から数キロのバーデン地方のこの町にやって来たのは、ストラスブール大学に提出することになっていた博士論文『フッサール現象学における直観の理論』の準備のためだった。彼は二三歳の若さだったが、すでにストラスブールでフッサールの革命的業績について聞き及んでいた。彼が大学の哲学研究所で出会った若い女性研究者ガブリエル・パイファー[†1]——レヴィナスは彼女のことをいつも「パイファー嬢」と呼んでいた——が、彼にフッサールを読むよう勧め、ドイツ語の『論理学研究』を貸してくれたのだ。ストラスブール大学の神学部の教授には、ジャン・ヘーリンクもいた。彼は一九二五年に、フランス語で書かれた最初の現象学紹介書『現象学と宗教哲学』を公刊していた。彼の直観は、注目に値する。ヘーリンクは、それ以来盛んに論じられることになり、一九九〇年代のフランスでは論争的な成り行きを見せるまでになる議論が、本来どのような次元に由来するものであるかを理解していたのだ。その議論とはすなわち、フッサールが提示した改革は根底的な学の樹立に至るのか、あるいは逆に、神学に権利を回復させることになるのか、というものだ。レヴィナス自身はこの問いに答えることはなく、これを迂回して別な仕方で乗り越えることになるが、当時学生だった彼が、〈聖書の遺産〉と〈概念の探求〉を結び付ける可能性がこうして開かれたことに無関心でいられなかったのは、疑いない。だがヘーリンクは、レヴィナスにフッサールを勧めたのと同じ身振りでもって、彼をハイデガーへと導いたのだ。ゲッティンゲンでフッサールに学んだヘーリンクは、ある日、この若きリトアニア人に『存在と時間』を一部差し出した。「しかし、この中にフッサールはいません」と叫ぶレヴィナスに対し、ヘーリンクはこう答えた。「これはフッサールよりも、もっと先に進んでいるのです」[*1]。

両大戦間、啓蒙をモデルに哲学的交流を行なっていたヨーロッパは、共同体的な夢想を持っていた。交流、旅行、会合などが頻繁に開催されていた。だからレヴィナスも、このバーデン地方での滞在について、しばしば興奮して語っている。しかし、フライブルクの町それ自体や、その周囲の風景については、それほど印象を受けていないように見える。一度、若き日の思い出に触れて、「通りの往来は、それ自体としてはほとんど注意を惹かなかった」と語っている。[*2] 当時の出来事と言えば、現象学だけだったかのようなのだ。とはいえその町は、歩行者専用の路地の真ん中にばら色の大聖堂《カテドラル》が聳え、周りには緑の景色が広がる、とても快適なところだ。だが、レヴィナスは大学からかなり離れた、コルマール通りというもっと陰気な感じのする界隈の、小さな部屋に住んでいたのだった。

彼がフライブルクで勉強を始めた時、フッサールは退職を間近に控えていた。彼が講義を担当した、ちょうど最後の学期だった。彼の権威は陰りを見せ始めており、前年に主著『存在と時間』を公刊したハイデガーが脚光を浴びつつあった。

この一九二八年の夏、レヴィナスはまだフッサールの講義およびゼミナールの自由聴講生にすぎなかったが、老師は彼を大切に扱ってくれた。七月一三日付のインガルデン[†2]への手紙の中でフッサールは、「へ

---

†1 (Gabrielle Pfeiffer 生年不詳) フッサール『デカルト的省察』の仏訳者の一人でもある。

†2 (Roman Witold Ingarden, 1893-1970) ポーランド生まれの哲学者で、ゲッティンゲン時代の初期のフッサールの弟子として知られる。

エトムント・フッサール　レヴィナスに最初の決定的な影響を与えた人物。レヴィナスがその下を訪れた1928年頃の撮影。

ーリンクがとても才能のある若いリトアニア人を私の下に送ってくれた」と書いている。*[3] フッサールはしばしばレヴィナスをロレット通り四〇番地の自宅に迎え入れ、哲学について語り合った。そして、パリのソルボンヌでの連続講演の招待を受けた際――これは後の『デカルト的省察』となるものだ――、フッサールはレヴィナスに対し、フッサール夫人のフランス語の個人指導を依頼する。大事なものになると考えていた旅行に先立って、夫人のフランス語の知識に磨きをかけるためである。このレッスンは会話形式で行なわれたが、かつてのフライブルクの下宿生には、意気消沈させる思い出を残すことになる。後にレヴィナスは、脚註という目立たぬ形で、彼のフランス語の生徒――つまりマルヴィーネ・フッサール――が発した反ユダヤ主義すれすれの余談に心を痛めたこと、そしてすぐさま、それにばつの悪い思いをした夫が取りなしてくれたことについて、語っている。「気にしないでくれたまえ、レヴィナス君。私自身も〔君と同じユダヤ系〕商人の家の出だから……」*[4]。

フランスでの一件

フランスに戻ったレヴィナスは、『フランス内外哲学雑誌』に「フッサール氏の『イデーン』について」という論文を発表する。これは判明しているものの中では、彼の最初の論文である。ジャック・ロランが教えてくれるところによれば、おそらくそれ以前にもいくつかの詩があったということだが、哲学に関するものはほかにない。その次に来るのが、フッサールの『デカルト的省察』の翻訳である。

驚くべき進取の気性《イニシアティヴ》だ。ストラスブールに着いた時、エマニュエル・レヴィナスはまだ一八歳で、フランス語をまったく、あるいはほとんど喋らなかった。知っていたのはロシア語、ドイツ語、ヘブライ語である。それが六年後には、容易に読めるものではないとみなされている著者の翻訳をすることになるのだ。翻訳はガブリエル・パイファーと共に為され、全体をアレクサンドル・コイレが監修した。ちなみに「パイファー嬢」は、レヴィナスの意見ではいささか過度に、自分がこの仕事の主導者だと主張するようになる。だが本質的な部分、つまりフッサールの思考を発見し、その考え方を把握し、それをフランス語に移したのはまさしく、彼である。

いずれにせよ、この翻訳、次いでそれを理解するために不可欠の入門書の体裁を取って公刊された『フッサールの現象学における直観の理論』によって、レヴィナスはフランスの知的舞台《シーン》へのデビューを果たす。それればかりではない。これら二つの書物によって、サルトル、メルロ＝ポンティ、リクール、あるいはデリダといった人たちが、ある一つの思想の運動と初めて接触することになるのだ。この思想運動は、単にフランスで人気を博すだけでなく、その最も実り豊かな花々のいくつかを、当地で花開かせることになる。

ジャン＝リュック・マリオンはエマニュエル・レヴィナスの近くにいた友人であり、まずポワチエ、次いでナンテール、最後はソルボンヌでレヴィナスの後任になるという、珍しい仕方でレヴィナスの足跡を辿ることになった人物だが、彼はこう述べている。「忘れてならないことは、もしレヴィナスが第二次世界大戦で亡くなっていたとしても、彼は間違いなく非常に重要な哲学者の一人として哲学史に名を残しただろうということです。一九三〇年に、彼はまったく例外的な二つのことを為しとげたからです。一つは、フッサールの『デカルト的省察』の翻訳です。これはドイツで公刊される二〇年も前にフランスで出たのです。もう一つは、同じ年に、直観の理論についての書物を彼自身の名で発表したことです。これは、フッサールにおける志向性概念についての、そして実のところは現象学全体についてのきわめて鋭敏で、深遠な導入です」。

実際、一九二九年にフッサールは、『デカルト的省察』のもととなる連続講演をソルボンヌで行なった。ドイツ語の原稿は、その後パリからフライブルクに帰る途上でフッサールによって手直しをされ、いっそう展開された上で、翻訳のためレヴィナスに送られた。フッサールは、その全体はドイツでも早々に公刊されるものと考えていたのだが、そのようにはならなかった。著作は彼の死後も陽の目を見ることはなく、ようやく戦後になって『フッサール全集』の中の一冊として公刊されたのである。

したがって、『デカルト的省察』がフランスで非常に早く出版されたのは、エマニュエル・レヴィナスのお蔭ということになる。とはいえ、そうした出版上の出来事をはるかに超えて、現象学それ自体が、彼のお蔭で避けて通ることができない重要な哲学運動として認められることになったのだ。

マリオンはさらにこう述べている、「次のことは頭に入れておかなければなりません。レヴィナスは現象学を、ほとんど同じ時、それが生成するのとほとんど同時にフランスに持ち込み、その知的風土に馴染ませたのです。今や現象学は、私の見るところほかのどの国よりも、おそらくはドイツ本国よりも、このフランスにおいていっそう活力に満ちた哲学運動になっているわけですが、このきわめて例外的な移植の根源にいるのは、したがってレヴィナスなのです。この運動が今に至るまで活力に満ちたものであり続けている点に鑑みれば、量的にも時期的にも、それはドイツのものであるのと少なくとも同じ程度に、フランスのものでもあるのです。そしてこのことを、私たちはレヴィナスに負っているのです」。

したがって、この一九二八年から一九二九年にかけてのフライブルク滞在でレヴィナスに最初の影響を与えたのは、フッサールだった。彼が受け継いだ現象学的方法は、フッサールに由来するものだ。志向性、構成、還元といった根本的概念の使用法をレヴィナスが負っているのも、フッサールに対してである。フッサールを師としていたハイデガーとまったく同様に、レヴィナスも「フッサールが私の眼を開いた」と述べることができるだろう。

ところで、彼がフライブルクに着いた時期は、ちょうどこれら二人の思想家間の移行期だった。ハイデガーがマールブルク――彼が初めて教授職に就いたところだ――からやって来て、師の後を襲うことになる。秋以降、大学の大講堂は学生で溢れ、講義には人が殺到した。朝から座席を確保しておかねばならなかったほどだ。レヴィナスは衝撃を受けると共に、その魅力の虜となった。彼にとって『存在と時間』は一つの記念碑のようなものであり、以後哲学をするにはここを通らねばならなくなったのだ。彼がこの最初の熱狂を否定することはないだろう。この黒い森トートナウベルクの哲学者が後にナチスに関与していたことが明らかになってからもそうだったし、この関与について最も激しい論争が戦わされていた最中にも、そうだった。

このハイデガーの受容という件もまた、それなりの仕方で、フランス版を持っている。フッサールの場合と同様、ハイデガーがパリで得た僥倖、つまり大学の内外でのその受容は、ドイツで彼に与えられた運を超え出ることになる。これもフッサールの場合と同様、レヴィナスはこうした道程の交差する地点に居合わせている。ところで、一九二八年から二九年当時、ハイデガーがレヴィナスに開いたのは、どのような見地だったのか。もちろんそれは、哲学の新たな出発点としての存在の啓示という見地であり、――レヴィナスが後にしばしば語るように――「ある」という動詞の響きが丸まる一つの世代を育てることになる。だが、それだけではない。遠く隔たったものだとはいえ、レヴィナスとハイデガーの道程にある種の類似性のようなものもあるということは、述べておかねばならない。マルティン・ハイデガーも、一つの宗教世界に出自を持っている点だ。彼の場合、それは、一九世紀の自由主義的な傾向に抗して踏ん張っていたドイツの伝統的なカトリックだった。彼はまず神学を学び、神学校にも通い、最初の博士論文は、無限について思索した中世フランチェスコ会の修道士ドゥンス・スコトゥスについてのものだ。だが、ハイデガーは自ら乗った船を焼き払う。一九一九年に、彼はこう書いている。「私は、自分の内的な使命が哲学にあると思います。そして、内的人間の永遠の目的のために、できるかぎりのことをしたいと思います。そ私が自分の哲学研究や教育の中でこの使命に邁進するのは、ただこの永遠の目的のためだけなのです。そのようにすることが、神の前で私の生涯と私の活動を正当化してくれると思うのです[*5]」。こうした自己規定は、レヴィナスのそれでもありえただろう。レヴィナスも同様にして、神については語らないという「無神論的な」判断中止をする権利を哲学がア・プリオリに有していることを受け容れるのだ――ただし、それは神を否認するためではなく、神について語ることの自由を確保するための条件としてなのだが。したがって、ハイデガーに関して、彼は聖書に「思いがけない借り」があると述べることもできる。[*6]だが、それと異なり、レヴィナスの場合は、その道程の途上で、超越の問いを哲学の中に再発見することになる。この問いもまた、続く数十年にわたってフランス哲学界の争点となる。

こうして、フッサールとハイデガーがいた。だが、さまざまな挑戦をふんだんに受け容れていたフライブルクは、レヴィナスのためにもう一人の人物を取って置いたのだ。もちろん彼はそこでフランツ・ローゼンツヴァイクに会うことはなかったが、その影はこの町を彷徨っていたし、彼にとってフッサールやハイデガーと同じくらい決定的な存在であることが、やがて明らかになる。

星と十字架

今日《こんにち》のフライブルク、風の強い春の朝。町は当時からあまり変わっていない。大聖堂《カテドラル》はあいかわらずバラ色だ。レヴィナスが住んでいたコルマール通りの角は、いまも薄暗い。だが町は、その歴史的、神話的な重みを伝え続けている。遠くに見えるフェルトベルクの頂は、とりわけベルンハルト・カスパー邸のテラスから眺めると、惚れ惚れせずにはいられない。ハイデガーが住んだトートナウベルクの山小屋もここから遠くないが、今はその息子が使っている。最近黒い森にデリダが「巡礼」に来たと、誰かが知らせてくれた。レヴィナスの友人だったカスパーがこの町に住んでおり、彼はローゼンツヴァイクの専門家だ。彼は、『贖いの星』[†3]がフライブルクで書かれたことを、私たちに教えてくれた。カッセル[†4]出身の哲学者ロー

†3　ローゼンツヴァイクの主著（邦訳は『救済の星』としてみすず書房から出ている）。

ローゼンツヴァイク　レヴィナスにとっての先駆者。

ゼンツヴァイクは〔第一次世界大戦の際、自ら志願して行った〕マケドニアの前線から離れる際にマラリアに罹《かか》り、制服姿のまま近くの兵舎に療養のために送られたのだが、その際しばしの間をフライブルクのホテルで過ごしていた。同書は、まずそこで執筆されたのだ。兵舎もホテルも寒さが居座っていたため、彼はノートを脇に抱えて町のあちこちの安食堂に避難し、ついには町中の噂になる。至るところのビストロに居合わせる軍服を着たこの青白い顔の青年を前に、人はこう繰り返し述べるほどだった。「彼は戦争についての本を書いてるんだ！」　これは必ずしも誤りではなかった。この青年は、一九一八年八月から一九一九年三月までの七か月間で『贖いの星』を一気に書き上げることになる。同じ時期、彼は恋人にも一日一通手紙を送っていた。

こうして、一〇年の歳月を隔てて、レヴィナスとローゼンツヴァイクの二人は同じ町の二つの片隅で、言わば擦れ違っていた。ローゼンツヴァイクはホテルを出た後、有名な大聖堂の前の家に住んだが（表示板が掲げてある）、レヴィナスはそこから一〇分のところで暮らしていたのだ。両者は、それぞれの著作が交差しているように、生活も交差していたことになる。時を隔てて、とはいえある種の一体感の中での交差である。

レヴィナスは、フライブルクではローゼンツヴァイクの名を耳にすることすらなかった。後になってパリで、彼は『贖いの星』(ドイツで一九二一年に公刊)を読むことになる。彼にそれを薦めたのは、ストラスブール出身の友人マルキュス・コーンである。彼はヴォクラン通りにある神学校「ラビ派セミナー」で教えていたが、「ローゼンツヴァイクを読んだことこそが、レヴィナスを伝統の下に押しとどめた」と後に述べている。

ドイツ文化に育まれ、宗教的な感性からはかなり疎遠となった家族の下に生まれ育ったこのカッセルの哲学者の幼少期の歩み、彼を信仰へと導いた道程、まずはキリスト教に感じていた魅力、さらに改宗の前夜、贖罪日[†5]の夜に、ベルリンの小さなシナゴーグで彼をユダヤ教という「父祖の伝統」へと連れ戻すことになった「ダマスコへの道[†6]」——これらのすべてに、リトアニア出身の若い学生は無関心でいられなかっただろう。

因みに、こうした経験についてローゼンツヴァイクは、はっきりとしたことは何も語っていない。しかし、それは彼の主著である『贖いの星』の中核に位置している。同著で彼はユダヤ教とキリスト教の関係を理論化し、双方とも「同じ真理に従事するもの」としつつ、それぞれに固有の使命を割り当てているのである。

---

†4　ドイツ中部ヘッセン州のフルダ河畔の中心都市。
†5　ヨム・キプールとも呼ばれるユダヤ教の祭日。
†6　キリスト教の迫害者サウロがダマスコ(ダマスカス)へ向かう途上で劇的な回心を遂げた故事に因んで、こう呼ばれる。

現在イェルサレムのフランツ・ローゼンツヴァイク研究所の所長を務め、何年にもわたり伝記のための仕事を続けているポール・メンデス＝フロアは、こう述べている。「ローゼンツヴァイクのユダヤ人としてのアイデンティティは幼少期から認められますが、彼はそれをどうしたらよいか正確には分かりませんでした。それをどう表現したらよいのか、それをどの方向に向けたらよいのか、よく分からなかったのです。彼はそれを持て余していたのですが、このアイデンティティゆえに、友人たちのようにキリスト教に加わることには躊躇《ためら》いを覚えていました。改宗しないための方策、理由、口実を探していたのです。そしてまさにその時、贖罪日に、ユダヤ教は空虚なものではなく、ブルジョワ化や同化にもかかわらず、そこに何か強いもの、生きたもの、根本的なものが保存されていることを発見する経験を持ったのです。改宗はもはや必要でないばかりか、可能ですらありませんでした。彼にあった宗教的・精神的な欲求と、自らのユダヤ人としてのアイデンティティを保つ必要性とが重なり合ったのです」。

レヴィナスの方は、その出自や子どもの時に受け取った強固なユダヤ文化ゆえに、この種の変転からは守られていた。とはいえ、テクストの秘められた最内奥を目指しつつも普遍的なものや人間的なものに源泉を汲むこの厳密な思考、ユダヤ教を真理の道とみなすこの新たな仕方は、ほかの何よりも深くレヴィナスの特徴を成すはずのものである。まったく同様に、ユダヤ教とキリスト教が正面から向かい合うというローゼンツヴァイクの洞察も、レヴィナスを深く揺り動かすことになる。この向かい合いは、二つの並行する道が、それにもかかわらず収斂してゆくような向かい合いであり、総合ではなく共存、共通の生、歩むべき道を真に経験することとしての共生である。レヴィナスは、自らのユダヤ教に忠実に、だがキリスト教とも譲歩なき、要求度の高い対話を通じて、この共生の問題をしばしば再発見するはずなのだ。

だが、こうしたことは、いずれもその後のことである。フライブルクでさしあたり重要なこと、支配的なこと、それは、現象学とそれが秘めるあらゆる可能性を発見したことだった。

ほかの何よりもこの時期を特徴付ける一つのエピソードがある。それは、マルティン・ハイデガーがダヴォスで成し遂げた「権力奪取」である。

ダヴォスでのハイデガー

スイスのグリゾン州にあるヴァカンス向けの小さな村ダヴォスは、国際的に著名な経済学者たちの会合の場としてグローバリゼーションの象徴となるはるか以前に、哲学史のひとコマに結び付いていた。一九二九年の三月中旬、前年にアルバート・アインシュタインの開講講演を以って創始された大学人の会合の第二回目が開催された。この催しは、冬と夏の間の閑散期となる季節にこの保養地を活性化させようとした地元の事業家やホテル業者らの団体の出資で行なわれた。そして、この会合の目的の一つは、スイスという中立地において、ロカルノ条約[†7]の精神に則り、フランスとドイツの知識人を引き合わせることにあった。ちなみに、招待されたフランスの師範学校生《ノルマリアン》たちの団体のリーダーだったジャン・カヴァイエス[†8]は、その報告書で、「ロカルノ精神の有益な影響」に言及し、さらには「ロカルノの知性」とすら述べている。

---

†7　一九二五年にヨーロッパの七カ国間で締結された相互安全保障条約。

†8　(Jean Cavaillès, 1903-1944) フランスの数理哲学者で、第二次大戦中レジスタンスに参加し、捕らえられて銃殺された。

マルティン・ハイデガー　なくてはならない、だが同時に許すことのできない人物。1949年頃撮影。

フランス、ドイツ、スイスから、一〇〇名もの参加者があった。彼らは村のいくつもの宿に分かれ、そしてこれらの小グループが、全体会議と講演の際にはグランド・ホテルの大広間に集まることになっていた。三月一七日から四月六日まで三週間にわたったこのシンポジウムの長さは、この企てがいかに真剣に為されたかを示している。そのことは、代表団の質を見ても確かめられる。フランス側からの参加者にはブランシュヴィック、シュウォブ、ボアヴァン、カヴァイエス、シュール、ガンディヤック、そしてストラスブールからやって来た若きリトアニア人のエマニュエル・レヴィナスがいた。ドイツ側は、カッシーラーとハイデガーという二枚看板を押し立てて来た。全体の主題である「人間とは何か」は開かれたテーマとして設定されたが、第一次大戦を惹き起こしてしまったヨーロッパが人間性に対して抱かざるを得なかった不安に満ちた問いの数々を取り上げ直すものでもあった。

新カント派の哲学者であるエルンスト・カッシーラーは、マールブルク学派[†9]の著名な代表者であるヘルマン・コーエンの弟子にして後継者で、当時はハンブルク大学総長に任命されたばかりだったが、ドイツで同種の地位に就いたユダヤ人はその後長らく彼一人だった。彼は「哲学的人間学の根本諸問題」について話すことになっていた。ハイデガーの方は、『存在と時間』を公刊したばかりで、カントの『純粋理性批判』を引き合いに出しつつ「形而上学の基礎付けという課題」に取り組むことになっていた。

これら二つの講演は、全体のプログラムの一部にすぎない。だが、会合全体の関心はすぐさまこの二人の哲学者の対話と二つの思想の対決に集中することになった。この二人の立役者はそれぞれ他方の業績について意見を表明することになっており、カント主義についての解釈をめぐる議論がそこでの頂点《クライマックス》となる予定だった。

このシンポジウムについての報告は、きわめて数が少ない。おまけに、ハイデガー家は文書へのアクセスをすべて禁じている。しかし、ダヴォスでの議論を収めた記録文書の序文において、ピエール・オーバンクは次のように語っている。「したがって、奇妙な対話だったと言うことができる。一方は和協派、他方は新参者にして偶像破壊的な激情の塊りである。一方は、人との交際の術《すべ》を弁え、弁論に長《た》け、都会的でブルジョワ的な出自を持つ世界市民的な文化の継承者、居合わせた者が「オリュンポスの神」と呼んだ人物であり、他方は、まだ若いがすでに著名な、とはいえ内気かつ頑固で、緊張した地方出身者、カッシーラー夫人の譬えによれば、お城の中に無理やり連れて来られた農家の息子のような人物である」[*7]。

議論では、二人の間はどんなふうだったのか。ピエール・オーバンクによれば、まさに二つの哲学がそこで対峙していた。「一方は、啓蒙の哲学というヨーロッパ的伝統を後ろ盾にし、他方は、これまで西洋形而上学の基盤だったもの〈精神、ロゴス、〈理性〉〉を破壊することすら辞さない、新たな始まりの宣告

---

†9　二〇世紀初頭のマールブルク大学教授ヘルマン・コーエンを中心とした新カント派の一潮流。

1929年、ダヴォスでのエマニュエル・レヴィナス。向かって左はオイゲン・フィンク、右はオットー・フリードリッヒ・ボルノウ。

者だった」。

マールブルクの哲学者の妻トーニ・カッシーラーは、戦後に編集された回想録において、ダヴォスでの会合を苦《にが》い思い出として描いており、一九二九年のハイデガーの講演の粗暴さは、この『存在と時間』の著者が一九三三年以降に示すことになる態度を予告するものにほかならなかったと戸惑うことなく述べている。「この男がその後どちらの方向に舵を切るかが、はっきり見えた[*8]」。

ダヴォス会議の参加者の一人であるモーリス・ド・ガンディヤック[†10]は、カッシーラーとハイデガーの間で交わされた議論について、別な見方を持っている。彼は、少なくともフランスでは、両者の対決の最後の証人の一人である。その痕跡を辿り直そうと当時を思い起こしながら、彼は、両者の対峙は言われているよりはずっと穏やかなものだったと述べている。

「とはいえ対話は、人間主義的で自由主義的な伝統を象徴する洗練された教授と、まったく新たな見方を持ち込むハイデガーとの間で交わされた誠実なものでした。カッシーラー夫人が語ったことは、実際に二人の間で起こったことです。何かがあったのだとしても、その反響はまったく聞こえてきませんでした。学生たちは、聖人中の〈聖人〉からは遠く離れたところにいたのです。私たちの指導役だったカヴァイエスがそのセッションについての全体報告を書きましたが、彼は二人の関係についてきわめて肯定的です。私たちの多く、そして私自身もそうだと言わねばなりませんが、私たちはカッシーラーの方に近いと感じていました。けれども、ハイデガーにも何か新しいものがある、と興味を抱きました。とはいえ、もう一度言いますが、論争の調子はきわめて礼儀正しいものでした。取り立てて何らかの緊張関係に驚かされたということはありません。もし大きな緊張があったとすれば、レヴィナスがそれを通訳してくれたでしょう」。

だが、当時のレヴィナスはどのような者だったのか。ダヴォスのシンポジウムの最中、彼はどのように振る舞ったのか。二人のドイツ人哲学者の対決にどのように反応したのか。

当時撮られた写真に、彼が写っている。雪に覆われた山を背景にし、隣にはフッサールの助手だったオイゲン・フィンクとオットー・フリードリッヒ・ボルノウ[†11]がいる。繊細な顔をし、この時にはもう白いポ

†10 (Maurice de Gandillac, 1906-2006) フランスの哲学者、哲学史家。
†11 (Otto Friedrich Bollnow, 1903-1991) ハイデガーに影響を受けた教育哲学者。

ケットチーフを胸に飾ったダブルのスーツを着て、一方の手を背に廻し真っ直ぐの姿勢で立っている。もう一方の手には細いステッキがあるが、これはモーリス・ブランショに借りたものかもしれない。ガンディヤックは、こう語っている。「私たちはその青年に魅了されました。そのフランス語のためです。彼はとても寛いでいました。すでに態度を決めていたのです」。

カッシーラーとハイデガーの対決の当日、グランド・ホテルでの午前の講演と全討論を締めくくる夜の会議との間の午後は、自由時間だった。集まった人々は皆、ダヴォス湖を見下ろす斜面に散って行った。フランス人グループは、エマニュエル・レヴィナスの周りに集った。レヴィナスが『存在と時間』に何を見い出したか、語ってくれたのだ。ガンディヤックはその回想録の中で、この場面をこう描いている。「彼が何人かのフランス人たちに『存在と時間』の数頁を翻訳し、それに註釈を加えているあの美しい午後の一時を、どうしたら忘れることができるだろうか。外行《よそ》きの服装に身を包み、雪で滑らないよう踵《かかと》の低い靴にゴム製のオーバーシューズを着けたエマニュエルが腰掛けていた雪の塊を、太陽の日差しが少しずつ溶かしていた。彼は私たちに「現存在」や「気遣い」について語ってくれたのだが、彼が立ち上がるとそれは聖書のヨブよろしく――ただし、ここでは神に呼びかけるモティーフはないのだが――、堆肥にする寝藁の山の上からだったことが判明した*9」。

ガンディヤックにとって、この時のレヴィナスがシュワーベン地方出身の哲学者ハイデガーの熱烈な弟子だったことに疑いを差し挟む余地はなかった。「彼は私たちに畏敬の念を以ってハイデガーについて語ってくれたし、彼がすでに親しんでいたハイデガーの思想の紆余曲折をすべて明らかにしてくれた。彼がその後抱かざるを得なくなる類の不信は、その時にはまだなかったのだ」。さらにガンディヤックは、急いでこう付け加えている。レヴィナスは、ハイデガーが政治的には非難すべきであることが判明してからも、その人柄や作品を哲学的に過小評価するような――たとえばコイレのような――党派的な態度には、その生涯の最期に至るまで、恐るべきことがすべて明らかになった後にも、与することがなかった、と。だが、当時は確かに、ガンディヤックがレヴィナスの内に、ハイデガーに対するいささかの留保も見て取ることはなかったのだ。

こうしたガンディヤックの証言は、当時レヴィナスが抱いていた本当の感情に一致するものだろうか。ほかの証言によれば、レヴィナスは初めから、ハイデガーの作品を最も強く賞賛していた時期にあってすら、その虜になっていたわけではなかった。「彼はハイデガーを、常に反ユダヤ主義者とみなしていました」と、娘のシモーヌはあからさまに述べている。だが、当時のダヴォスをそのまま復元すべきだろう。ガンディヤックはこう語っている。「一九二九年のダヴォスは、三二年や三三年や三五年、水晶の夜や最初にシナゴーグが攻撃されるようになった時期に見られるようになる雰囲気からは、はるかに遠いものでした。その前年、私はドイツを旅行しましたが、ナチスの党員を眼にすることはありませんでした。縦列行進や収奪のことすら耳に入っては来ましたが、私が会ったドイツ人たちは皆、それはたわいもない小集団だと言っていました。何が生じようとしているかに気付いている者は、いなかったのです。ファシズムというのはムッソリーニのことだと、まだ思われていました。まだ誰も、ヒトラーの『我が闘争』を読んでいませんでした。ハイデガーは、とりわけその妻を介してすでにナチズムに関わっていたのですが、そのことを私たちは知りませんでした。しかも、ダヴォスでのセミナーの間にハイデガー夫人を眼にすることはありませんでした。ハイデガーはほとんどの場合、スキー服を着て一人でいました」。

ジャン＝リュック・マリオンはもっと若い世代に属し、ダヴォス会議のことは書物やレヴィナスとのいくらかの会話を通じてしか知らないが、次のように述べている。「それは、そこに参加した者皆にとって痛ましく、すっきりしない挿話になりました。それはとても両義的な会合だったのです。レヴィナスもそのように体験したと思います。しかし、私が思うに、単に政治的な両義性のみならず、形而上学の終わりが持つことになる両義性の内に入り込むことなしに、二〇世紀の哲学を生きることはできないでしょう。それなりの理由があって——その理由はしばしば合理的で、あれこれ論じ合うことも可能なものなのですが——、いくつかの基準座標が失われてゆくような、そういう瞬間があるのです。しかし、こうした基準座標が何らかの瞬間に失われる時、そこには支払うべき勘定のようなものがあり、全員が両義性の内に身を置くことになります。レヴィナスにとってすら、すっきりした、ないしはっきりした態度を取ることは容易でなかったのです」。

笑いと涙

ダヴォスでは、レヴィナスとハイデガーの間で個別的な対話はあったのだろうか。ガンディヤックは、なかっただろうと言っている。そしてレヴィナス自身も、そうした事実があったとは述べていない。しかし、いくつかの証言から察するに、レヴィナスが当時講義を聴いていたハイデガーこそが、レヴィナスにダヴォスのシンポジウムのことを知らせ、さらには招待状を得るのに便宜をはかったのである。レヴィナスは、ストラスブール大学が派遣した二人の学生の内の一人だったのだ。レヴィナスがハイデガーと当地で会う条件は揃っていたが、見たところこの出会いは実現しなかったようだ。だが、このフライブルクの教授が、集団とは親しく付き合わなかったことも事実である。だから、対決の翌日、全参加者がグリゾン州の遠足に招待され、フランス人たちと、カッシーラーを含む幾人かのドイツ人たちが列車でシルス・マリアのニーチェの別荘を訪問した時も、ハイデガーはそこに加わらなかった。彼はいつもどおり、一人で別行動をしていたのだ。

滞在の終わりには、高等師範学校恒例の風刺劇風の出し物に倣った有名な締めくくりの寸劇があった。教授陣を学生らが風刺する、誰も免除されず、皆が参加する劇だ。ボアヴァンが演じたブランシュヴィックはフランス国旗色の青白赤の鉢巻を締めて平和主義者の演説をし、「私の脳は三色ではない！」と叫んだ。ハイデガーを茶化す役回りは、将来の教授であるボルノウに委ねられた。レヴィナスはと言えば、フランス側で最もドイツ語に秀でていたため、エルンスト・カッシーラーを真似る役目が回って来た。彼は当時黒髪がふさふさしていたため、仲間たちは彼の頭にチョークの粉を振りかけて、新カント主義の敬愛すべき守護者に似せたのだった。

ガンディヤックはこう続けている。「カッシーラーを茶化すのは、簡単ではありませんでした。彼は申し分のない、優雅な人物でした。私は、彼ほど純粋で明晰な言語を話す人を見たことがありません。レヴィナスは、できるかぎり役目を果たしました。ハイデガーはもっと簡単です。ボルノウが、私たちに強い印象を与えたあの少し粗野で、少し農夫風の声をしていたかどうかは、思い出せません。私は戦後『レ・タン・モデルヌ』誌に寄稿したある論考で、それはヒトラーの声を思い起こさせると書きました。でも、それはあまり正しくありませんでした。そういう風に言うのは間違ってました。おそらくは両者が共に蓄えていた髭のせいで、いささか主観的なことを言ってしまったのです。しかし、声は同じではありませんでした」。彼自身が暗黙の内に示すことになったように、それぞれの時期の違いははっきりしているように思われる。つまり、まずは両大戦間期に見られる青年時代のような無頓着さ、次いでパリ解放の際の論難するような憤激、そして今日私たちの下で見られるような、真に批判的な仕方で事態に立ち返ろうとする動きだ。

ガンディヤックはこう続けている。「私たちは、自分たちが歴史的な出来事を体験しているとは思ってもみませんでした。単に、カッシーラーと共にいるのは認識の国であるのに対し、ハイデガーは何か物珍しいことを言う興味津々な存在だと感じていたにすぎません」。当時いったい誰が、ダヴォス湖畔で繰り広げられた無邪気な知的戯れの中で、たった四年後、エルンスト・カッシーラーがハンブルク大学の総長職を棄ててスウェーデンに亡命し、その対話相手の方はフライブルク大学総長を引き受けてナチスの権力に利するような演説をするなどということを予想しえただろうか。

レヴィナスは、ダヴォスについてほとんど語ることがなかった。締めくくりの寸劇については尚更だ。彼がそれに言及する時には、常に悲しみが伴なっていた。私自身、彼と一緒にいる時に何度かその話をしたので証言するが、彼にとってそのすべてが痛ましい思い出となっていた。

とりわけ彼に重くのしかかっていたもの、それは、亡くなったカッシーラー夫人に対し、自分がダヴォスでカッシーラーよりもハイデガーを好む素振《そぶ》りを見せたことや、災禍が近付いているのも知らずに無頓着な役を演じたことについて後悔の念を直接伝えられなかったこと、しかも彼女がそれを欲しているのを知っていたにもかかわらずできなかったことだった。[*10]

ローゼンツヴァイクはダヴォスにはいなかった。すでに病は重く、肺結核に冒され、あと数ヶ月の命だったが、それでも『フランクフルター・ツァイトゥンク』紙の記事でカッシーラーとハイデガーの対決についてはは知っていた。彼はそれに、「取り換えられた前線」と題した短い論稿で反応している。その中で、興味深いことに彼もまた、ヘルマン・コーエンの一番弟子よりも、マールブルク大学の哲学講座をヘルマン・コーエンから引き継いだ者の方を留保なく支持している。[*11] つまり、レヴィナス同様、哲学の新たな曙光と思われたもののために、カッシーラーではなくハイデガーを支持したのだ。この光はまもなく歴史によって埋め合わされ、ダヴォスの笑い声には不幸の涙が重ねられることになる。

第4章　パリ

二つの大戦の間の時期、フランスは、単にヨーロッパのほかの地域からの経済的、政治的移民や知識人の移民を受け容れる避難所という使命を有しているばかりではなかった。その威光は、文化的なものに限られなかった。とりわけユダヤ人の移民にとって、フランスは解放のモデルと統合の理念を体現していた。フランス人になること、それは当時まだ完《まった》きヒューマニズムの要請によって支えられていた〈共和国〉が具現する言語、文明、価値と契約を結ぶことだった。エマニュエル・レヴィナスもその例に洩れず、グレゴワール師からナポレオンのユダヤ人長老会議を経てクレミュー法に至る〔フランスにおけるユダヤ人解放の〕遺産に自ら進んで帰依した。彼はそうした遺産に絶えず気を配り、それらにきわめて倫理的な重要性を与えさえした。フランス人かつユダヤ人として彼はこの国の市民になろうと欲し、そこに新たに根付き、結婚を経験し、親となっただけでなく、ドイツ語に劣らず哲学的な言語、デカルトとパスカルの言語をそこに見い出した。今度は彼自身が、父祖から受け継いだユダヤの遺産が持つ閃きや響きや色彩をそこに持ち込むことで、この言語にいっそうの輝きを加えることになるだろう。

登録手数料免除

「法務大臣閣下。フランス国籍取得について、貴下の格別のお取り計らいをいただきたく、ここに謹んでお願い申し上げます。私は名をエマニュエル・レヴィナスといい、一九〇五年一二月三〇日にカウナス（リトアニア）で生まれました。フランスには二年間継続して居住しております。その前には、一九二三年一二月から一九二八年五月まで居住しておりました。ストラスブール大学の文学学士号と博士号を所持しており、哲学の教授資格を得たいと願っています。住所はパリ、オトゥイユ通り五九番地、独身です。資金不足のため、登録手数料については免除を申請いたします」。

エマニュエル・レヴィナスの直筆で書かれたこの申請書は、一九三〇年一〇月一八日の日付を持っている。ストラスブールでの勉学を終え、ドイツのフライブルクに二学期間滞在した後、この若者は、一九三〇年六月にパリに着いた。その後三ケ月の間、リトアニアに休暇のため戻っている。リトアニアから帰るにあたって彼はフランスに帰化する決心を固め、首都への引越しがこの決心を確証するはずだった。

大学の博士号を持ち、優の評価を得たきわめて華々しい博士論文を書き、独身で子どもはおらず、フランスを愛している――「生まれながらの根付きによるのと同じくらい、精神および心情でもって結び付くことのできる国」と彼は書くことになる[*1]――、そんな彼も、しかしながら、フランス国籍の取得にあたっては、特別の請願をしなければならなかった。当時フランスは移民や亡命者で溢れ返っており、一九三九年までその数は増え続けることになるのだが、そのため第三共和国は絶えず受け容れの手続きを複雑化していたのだった。

ストラスブール大学の学部長は、その職務に忠実に、法務大臣に宛てて熱烈な推薦文を書き送った。「レヴィナス氏が非常に立派で規則正しい活動をし、非常に生き生きとした知性の持ち主であったことは、彼を教えた教授たち皆の記憶に残っています。その知性は、とりわけ哲学的な問題に向けられ、そこで素晴らしい闊達さを発揮しました。レヴィナス氏には哲学の領域で輝かしい未来が約束されていると申し上げることは、私どもの喜びとするところです」。そして彼は、こう続けている。「したがって、私見によれば、この若者を帰化させることはフランスの国益に適ったことでもあります。ただし、もしかすると申し上げるのは余計なことかもしれませんが、一つの条件がありましょう。レヴィナス氏は、哲学の教授資格を得るための困難な試験を受けようとしています。したがって、彼の競争相手となる人々に課されるべき義務はすべて彼にも課され、また彼らが満たすべき兵役の義務も免れないことを望まねばなりません」。これは当時の典型的な様式であり、共和国の規律に関わる件には例外規定を求めず、申請者の特質が強調される形になっている。

国籍取得のための書類には、ほかの推薦状も多く含まれていた。[*2] その内の一つは、当時の世界イスラエリット連盟総裁シルヴァン・レヴィによるものだ。彼はフランス会館の副総裁およびコレージュ・ド・フランス教授の肩書で署名している。ＥＮＩＯというレターヘッド付きの手紙もあり、東方イスラエリット師範学校（ＥＮＩＯ）校長のナヴォン氏が、レヴィナス氏が同校の施設に住居を定め、学監の役を担っていることを証明している。また、県の文書からは、該当者が実際に学監として働いていること、食費と住居費とは別に月に五〇〇フランを稼いでいること、彼に関しては最良の情報が提供されていることが確認される。

カウナスの「フランス公使」も答申を求められたために——国籍取得の手続きは当時、単に長くややこしいだけでなく、些細なことにこだわり、また国家の安全に関わるものであった——、一九三一年二月二日付の文書でこう述べている。

「該当者は、フライブルク・イム・ブライスガウに一〇ヶ月滞在したことを除けば、七年以上にわたって常にフランスに居住し、勉学に専念しています。彼についての私の見解はストラスブール大学教授のトロンション氏に基づくものですが、彼はレヴィナス氏を高く評価し、非常に才能のある勤勉な若者だとみなしています。トロンション氏は法務大臣閣下に対し、レヴィナス氏に関して私に述べた賞讃をすべてもう一度話されることを厭わないはずだと、私は確信しております。レヴィナス氏は、ストラスブール大学にて見事な成績で哲学の博士号の試験に合格し、リトアニアにしばらく戻りました。しかし、リトアニアには馴染めないと感じ、ほどなく当地では彼の意に適う仕事を見付けることができないと理解するに至りました。それゆえフランスに戻り、哲学教授資格試験に挑戦しようと決心したわけです」。そして、こう結論付けている。「結論として、私がレヴィナス氏について持っている情報はどれも素晴らしいものであり、この若者がわれわれにとって素晴らしい新規加入者であることは疑いありません。彼の両親はカウナスにて、本屋ではありませんが文房具と事務用品を扱う小さな店を営んでいます。彼らは慎ましい商売人で、顧客用の雇人も持たず、自分たちの息子の勉学の成功のために多大の犠牲を払わねばなりませんでした。したがって、国籍取得のための費用を全額支払うことは、彼らにとってきわめて重い負担になると考えます」。

手数料は実際に高価だった。手数料の減免や免除が与えられるケースはほとんどなく、例外は優れた新規加入者に限られていた。レヴィナスの場合も、事情は同様だった。

だが、寄せられた所見はどれも好意的なものばかりだった。国籍登録に関わる部局に宛てられた、該当者に関して得られた情報の一覧を記した申請起案書が示すとおりである。「書類ならびに教授たちから寄せられたレヴィナス氏についての口頭の情報から、彼は特筆すべき人物であると結論付けられる。こうした状況に鑑み、レヴィナス氏の国籍取得はフランスにとって確かな利益をもたらすと認定する」。

普通なら「不都合は見られない」とか「望ましく思われる」……といった表現で済まされるだけに、ここで用いられている表現が尋常ではないものであることが分かる。

それでも、こうした書類の中に、法務省の国籍登録に関わる部局の次のような——おそらく当時にあっては、これでもきちんとした——文書があった。これを読むと、微笑を禁じえまい。「レヴィナス氏は自国で中等教育を終え、フランス史はルイ一一世から知っていると申告しています。彼はフランス文学についても、中世以降はすべて知っています。これに対し、彼はフランスの地理は知りません」。ただ、この文書係はこう付け加えている。「レヴィナス氏は裏表のない、真面目な人物のようです」。

ライッサ

タルムードは、「家を建て、ブドウを植え、結婚をせよ」と語っている。若き哲学博士は、フランス市民になった。一九三二年、新しいパスポートを手にした彼は、隣人の娘だったライッサ・レヴィと結婚をするためリトアニアに戻った。

ライッサのことは、子どもの時から知っていた。彼女は、カウナスのカレイモ通りでレヴィナスの家からわずか二歩のところに住んでいたのだ。音楽家の彼女は、祖父のサミュエル・レヴィに育てられた。素晴らしい声の持ち主だった音楽好きの祖父が、彼女をピアノに向かわせたのだ。家族が語るところによれば、彼女は一三歳の時ある若い天才ピアニストの演奏を聴いて感極まり、泣き出してしまったという。家族は彼女をまずはウィーンに、次いでパリに留学させ、パリではコンセルヴァトワール〔国立高等音楽院〕でラザール・レヴィに師事した。久しく会うことのなかった二人の若者が再会したのは、このパリにおいてである。

高い頬骨と透き通った青い眼の思慮深い眼差しを持ち、趣のあるスラヴ風のアクセントで、rを巻き舌で発音する――ライッサは、レヴィナスより数歳年下だった。彼らは二人の時はロシア語で話し、彼らと親しくした者なら皆証言するように、互いに相手を深く尊敬し、理解し合うのに多言を要しなかった。ライッサは、レヴィナスが移動する時にはいつも一緒だった。控え目ではあるが常に細やかな気配りを忘れない彼女がそばに居てくれるお蔭で、彼の心は安らかだった。東方イスラエリット師範学校で彼女と一緒に働いていた者たちは、人の話を聴く時の彼女の態度、些細なことでもよく憶えていること、互いの家族を思い遣る様子などについて、賞讃の言葉を惜しまない。温かく、分け隔てない性格の彼女は、滅多に怒ることがなかった。皆が知るかぎり、彼女が唯一不機嫌になったのは、戦争直後、あの伝説的人物シュシャーニ師がオトゥイユ通りを訪れた時だ。彼女は、家も夫も奪われたと感じたのである。

彼女が情熱を燃やしたのは、音楽だけではない。確かに彼女は音楽を何より重視していたが、子どもたち、とりわけ息子の教育には全精力を注いだ。息子の才能を伸ばすべく励ましを惜しまず、一日一日の成長に気を配り、見守り続けた。彼女は文学にも関心があり、小説を読み、何にでも興味を持ったが、自分の教養を表に出さないことを誇りとし、いつでも哲学者の慎み深く気配りに満ちた妻にとどまろうとしていた。

二人が再会し、結婚した時、ライッサはまだドビュッシーを発見したばかりで音楽に情熱を燃やす、快活で屈託のない少女だった。輝かしい未来を約束されていた若者の傍らで過ごすこれからのパリでの生活を胸に、期待ではち切れんばかりだったのだ。

世界イスラエリット連盟

その後、エマニュエル・レヴィナスは兵役義務を果たす。トゥール・ドーヴェルニュの第四六歩兵連隊に配属され、そこで新兵教育を受け、伍長になった後、ロシア語の通訳の選抜試験にも合格し、ついに主任曹長となった。

フランスに着きストラスブール大学で勉強を始めてから一一年後の一九三四年、彼は世界イスラエリット連盟の学校部門に勤めることになる。その総裁のシルヴァン・レヴィはインド学者であり、コレージュ・ド・フランスの教授だった。

世界イスラエリット連盟の学校は、一八六二年に初めてモロッコのテトゥアンで誕生して以降、フランス文化を普及させるという目的で、地中海沿岸地域および中近東の全域に展開していた。フランス、モロッコ、ブルガリア、ギリシア、シリア、パレスチナ、イラク、エジプト、トルコ、イラン、アルジェリアに四万人以上もの就学児童を抱えていた。生徒たちはそこでしっかりとした基礎教育と宗教教育を受け、またフランス語でフランス式の教育プログラムの恩恵を被っていた。世界イスラエリット連盟は、志願制

軍服姿のレヴィナス。ロシア語通訳実習生にして主任曹長。

で中近東の学校から最良の生徒たちを東方イスラエリット師範学校に送り、将来の教師たちを育成していた。レヴィナスはそこで、世界イスラエリット連盟の事務局長ハルフ氏の補佐を務めることになったのだ。彼の主な任務は、学生と教師との間を調整する仕事だった。ただ、実際のところは、彼は副次的な役割しか持ってはいなかった。彼は事務部門に隔離されていたのだ。彼は自分用の執務室を持っており、これから生徒となる学生や教員の応対はそこでしていた。現在の世界イスラエリット連盟総裁のアディ・ステッグは、当時を振り返って次のように述べている。「彼は高く評価され、尊敬されていました。しかし、私はそれでもある種の苦々しく悲しい思いをずっと持ち続けていました。私たちは、彼がそこで果たしていた仕事に十分見合うだけの敬意を払っていなかったのです。世界イスラエリット連盟中央委員会の当時の書類をご覧になれば、議事録には参加者がすべて記載されているわけですが、そこには付け足りのように「エマニュエル・レヴィナスも出席していた」とあるだけなのです。私はこのことを、とても心苦しく思います。彼の人格や、彼が果たしていた数々の責任を考えれば、彼の名を先頭に置くべきだったのです。しかし、そんなものだったのです。それが習わしでしたから。彼がそのことを苦にしていたとは思いません」。

彼の文筆も大いに活用され、世界イスラエリット連盟の月刊機関誌『平和と法』のためにいくつかの文章や書評が書かれた。同誌は一九三五年四月、マイモニデス†1の生誕八〇〇年記念号を公刊する。スペイン政府も、コルドバで公式の記念式典を執り行なったところだった。パリの大ラビ、ジュリアン・ヴェイユがその式典で説話を行なったが、それもこの号に採録された。それに続いて、エマニュエル・レヴィナスという署名の入った初めての文章である「マイモニデスの現代性」が掲載されている。彼はこのタイトルに忠実に、次のように書いた。「一つの哲学の真に哲学的な側面は、その現代性を尺度に測られる。それが私たちの目下の懸念に応ずるさまを示すことが、それに捧げうる最大の賛辞となる。私たちの時代の懸念は、とりわけ胸を締め付けるような調子を帯びている。それが関わっているのは、ユダヤ人としての、そして人間としての私たちの実存の本質そのものなのだ。ユダヤ・キリスト教文明が、ヨーロッパの中心

---

†1　(Moses Maimonides, 1135-1204)　アリストテレスとユダヤ教を調停しようとした中世スペインのユダヤ人哲学者。

に居座った傲慢な野蛮によって問い質されている」。そして彼は、こう付け加えている。「迷える者たちの数がこれほど多いことは、かつてなかった」。このような方向性がこの号全体を裏打ちしているのだが、それは次のような胸を打つ予告と対になるものでもあった。「これは、中傷者たちに対してユダヤの精髄が為した応答なのだ。それはまた、目下の混乱の最中《さなか》にあってさえ人類が無傷のまま保ってきた希求を呼び戻すものであり、真に偉大なものだけが持つ明晰さ、炯眼、洞察でもある」*3。

数か月後、レヴィナスは同誌に二本目の文章を寄せる。「世界イスラエリット連盟が与えるべき宗教的霊感」と題されたこの文章には、当時の不安がやはり姿を見せている。「人種主義は、解決しなければならない問題というよりは、乗り越えなければならない試練をなしている。それは反駁するに値しない」*4。

マリタンとローゼンツヴァイク

当時の『平和と法』誌の頁《ページ》をめくってみると、迫り来る危機に対してフランスのユダヤ人たちが何もできずに手をこまねいていたとか、危険を見ないようにしていたとか、あるいはまた砂の中に頭だけ隠そうとしていたなどというのは、実状に即していないことが分かる。とはいえ、彼らがとりわけキリスト教徒との近しさに期待をかけ続けていたということ、キリスト教徒を信じ続けていたということは、確かである。ことにレヴィナスの場合は、そうだった。

一九三六年、フラマリオン社から公刊されたジョゼフ・ボンシルヴァン†2の『ユダヤ人とキリスト教徒』の書評を書いたレヴィナスは、こう書き始めている。「一神教の諸宗教の間の対立は、ヒトラー主義がその共通財産を脅かして以降、和らぐことになった」*5。

一九三八年五月、レヴィナスはジャック・マリタンに関する論稿の中で、ユダヤ教とキリスト教がヒトラーの企てにおいては同様に標的となっていると書いている。[*6]その一年後、一九三九年三月には、ローマ教皇ピウス十一世の死についての論稿の中で、彼の歩んだ道のりを「人間の良心のひと時」として辿り直し、戦争の前夜にあって躊躇わずにこう書いている。「鉤十字に覆われてますます敵対的となる世界にあって私たちがたびたび見上げるのは、真っ直ぐで純潔な腕木に支えられた十字架である」[*7]。

ジャック・マリタンとの出会いには、意義深いものがある。当初はベルクソンに熱中し、後にこの師と袂を分かったこの哲学者は、シャルル・ペギー[†3]、さらにはとりわけ、彼の洗礼に際しての代父をも務めることになるレオン・ブロワ[†4]との出会いを経て、若くしてカトリックへの改宗を経験する。その著書『ユダヤ人による救済』に見られるような苛まれた良心を持ったこの一九世紀末の大風刺作家ブロワに、マリタンはその後の歩みにおいても両義的な仕方で後押しされることになる。反唯物論者であったマリタンは、アクション・フランセーズに足繁く通い、一九二六年にローマで〔教皇によって〕シャルル・モーラスと王党派運動が糾弾されるに至るまで、『レヴュ・ユニヴェルセル』[†5]に参加する。こうした経緯を経て政治的な結び付きよりも宗教的な繋がりを重視するようになったマリタンは、中世キリスト教会最大の神学者トマス・アクィナスに向き直ることを決意し、社会的カトリック主義についての考察を始め、こうしてエマ

---

†2　(Joseph Bonsirven,1880-1958)　フランスのイエズス会の神学者。
†3　(Charles Péguy, 1873-1914)　フランスの詩人、思想家。
†4　(Léon Bloy, 1846-1917)　フランスの小説家。
†5　アクション・フランセーズに近い王党派やナショナリストの雑誌。

ニュエル・ムーニエ[†6]に近づくことになった。一九三三年という運命的な年に公刊された『キリスト教的哲学について』においてマリタンは、人間主義《ヒューマニズム》に基づく実存主義をトマス・アクィナスの神学から導出しようと試みたのだった。

このように見てくると、レヴィナスがマリタンと対話を交わす機会が何度もあっただろうことは明らかである。こんな逸話もある。ジャック・マリタンもまた、もともとはロシア系のユダヤ人で彼同様にカトリックに改宗した妻と生涯にわたって連れ添ったのだが、この妻の名前もまたライッサだったのだ。

同じ時期、一九三五年頃に、エマニュエル・レヴィナスはすでに言及したドイツのユダヤ人哲学者、フランツ・ローゼンツヴァイクを発見する。彼がその後どのように述べているかは別にしても、レヴィナスのその後の歩みにとってローゼンツヴァイクが決定的な意義を持つことは明らかだろう。

レヴィナスの著作の初期の展開過程においては、この先達への明白な言及はほとんどないし、直接の引用もほとんどない。このことは、『全体性と無限』においても変わらない。同書は明らかにこのカッセル出身の哲学者の影響下にあるにもかかわらず、である。ステファヌ・モーゼス[†7]が指摘したように、『全体性と無限』序文と『贖いの星』序文の類似性および照応関係には奥深いものがあり、互いに一つの変奏のようにして呼応し合いながら一つの主題に応えている。とはいえ、レヴィナスは、ライン川の向こう側にいた自らのこの先駆者に敬意を表するにあたって、「あらためて引用する必要もないほど本書に頻繁に姿を現わしている」と述べるにとどめている。[*8]まるで、手っ取り早い紹介の仕方を探している時や主題が繊細な時に、「紹介するにはあまりにもよく知られている」と言ってお茶を濁す場合のようなのだ。

ローゼンツヴァイクの運命は、逆説的なものだった。西洋とユダヤ人の解放という二つの啓蒙を同時に受け継いだローゼンツヴァイクは、離散《ディアスポラ》の時代にふさわしいユダヤ的倫理の普遍的な構想を展開した。こうして、彼の不安の哲学は、ユダヤ的な探求の核心にあらためて関わり直すことになる。すなわち、万人に向けられたギリシア哲学を前にしたとき、イスラエルのメッセージとはどのようなものなのか。非ユダヤ人には結んだ覚えがないにしても、もはや無視することもできないような一つの契約に照らした場合、イスラエルのメッセージとはどのようなものなのか。彼の運命もまた、ブーバーやレヴィナスが被ったそれと異なるとはいえ、悲劇的なものだった。彼の思想が概念的なレヴェルで要求するものを裏打ちしているその実存的な次元こそ、彼が再発見される所以なのだ。フッサールの読者だった若きレヴィナスがそこから自らのユダヤ性の肯定を、何にも増して人間の歴史にとってユダヤ性が有している意味の肯定を汲み取ったことは、疑いない。この人物をどう扱ったらいいのか分かりかねているかのように、一般化された当たり障りのない言い方で為されるのが常であるとはいえ、ローゼンツヴァイクに対する借りは常に言及されている。もっとも、この借りを隠すのに、彼は大いに苦労したことだろう。レヴィナス自身の哲学のその後の展開、その著作の中で哲学と宗教が取り結ぶ関係、ユダヤ教へのアプローチ、ユダヤ教とキリスト教との関係についての見方――これらの上には、その後の彼の著作活動の内的な原動力となるもののす

---

†6 (Emmanuel Mounier, 1905-1950) 人格主義を提唱したフランスのカトリックの哲学者。『エスプリ』誌の創刊者としても知られる。

†7 (Stéphane Mosès, 1931-2007) ローゼンツヴァイク、ベンヤミン、ショーレム、カフカ、ツェランなどのドイツ語系の哲学者・作家の研究者で、フランスとイスラエルで教鞭を執った。レヴィナスは彼の著書に序文を寄せている。

べてを内に蔵した『贖いの星』が、燦然と輝いていたからだ。

いずれにしても、この著作が当時まだ若かったレヴィナスに深い痕跡を残したことに、いささかの疑いの余地もない。彼は、当時のフランスにおいて同書をドイツ語原本で読むことのできた最初の人物の内の一人だった。それがフランス語に訳されるのは、ドイツで公刊されてから六〇年も経ってからなのだ。[*9] この本は死を喚起することから、つまり一九一四年に兵士ローゼンツヴァイクがマケドニアの戦線で切迫した死を前にして上げた不安の叫びから始まり、「生」という語で閉じられるのだが、それをレヴィナスが発見した時には、もう一つの戦争、いっそう苛酷でいっそうの荒廃をもたらすことになる戦争の兆しが姿を現わしていた。

第5章　捕囚生活

ヨーロッパ、とりわけフランスがヴェルサイユ条約の下で惰眠を貪っている内に、あちこちで災禍が現実のものとなっていた。ミュンヘン[†1]はミュンヘンなりの仕方でヒトラーを是認し、その結果として、それに続く底知れぬ狂気を是認することになった。パリを避難場所として選んだエマニュエル・レヴィナスに対しては、いくつもの教訓が積み重ねられることになる。どんな世代も自分たちが流血事と無縁だとは思えなくなっていたが、彼の世代が経験することになるのは絶対的な恐怖である。自分では自由を選んだつもりかもしれないが、彼が自分自身のこととして目の当たりにすることになるのは、収容所での経験——彼が拘留されたのは絶滅収容所ではなく捕虜収容所だが——なのだ。拘禁や野蛮は、彼の哲学の中で語られない陰の部分となるが、しかし実際に体験されていたのである。自らの身に降りかかった宿命的な災禍を根絶せんとする果敢な努力こそが、ある意味では、爾余のすべてにとっての黙した源泉であり続けるだろう。

---

†1　ミュンヘン会談のこと。一九三八年にイギリス、フランス、イタリア、ドイツがチェコスロヴァキアのズデーテン地方帰属問題について議論をするために行なった国際会議。開催地の名を取ってこう呼ばれる。

戦時中のエマニュエル・レヴィナスの日々について調査すること、それを描き、書き起こすこと、この作業は次のような二重の障壁に遭遇する。一つは、収容所の経験をしなかった者はそれをうまく捉えられないということであり、もう一つは、それを体験した者はそれについてうまく語れないということである。この二つの障壁に挟まれるようにして、さまざまな証言と痕跡——それはしばしばまったく眼につかず、あるいはほとんど眼につかないが、それでも彼の著作に取り憑いて離れることがない——がある。

パリに着いてから一〇年後、予備役の下士官だったエマニュエル・レヴィナスは召集され、好き好んではないにせよ自らの義務を果たすという堅固な意志を以って、ほかの皆と同じように前線へと出立した。その前線で彼は属する連隊ごとドイツ兵の手に落ち、野営地から野営地へとドイツ第三帝国との国境まで連行され、最終的にはドイツ国内に移送されて捕虜収容所に収容された何十万人ものフランス兵の内の一人となる。フランス軍潰走の犠牲となったのである。

一九四〇年六月五日のソンム県での戦いは、二日間で敗北に終わる。ロンメル将軍は六月九日にはルーアンにまで達し、主任曹長だったエマニュエル・レヴィナスのいた第一〇軍は包囲され、一九四〇年六月一八日には降伏せねばならなかった。

その前日、ペタン元帥は休戦を願い出、ラジオ放送で次のように述べた。「戦闘をやめなければならないと諸君らに伝えるのは、胸が締め付けられる思いだ」。ドイツはこの休戦の申し出にまだ回答を与えていなかったが、それでもフランス軍に降伏を強いるためにこの声明を利用することになる。

その四か月後、モントワールにおいてペタンはヒトラーと握手をし、対独協力を受け容れた。彼は、フランス人の戦争捕虜をアメリカの保護下に置く要求を取り下げ、ドイツの要請に従って、その代わりにヴイシー政権の支援の下で保護することにしたのだ。

ライッサの手紙

一九四〇年一〇月二四日、レヴィナス夫人は国籍取得再審査委員会の委員長に一通の手紙を書いた。この手紙は、とりわけ一九三五年から三九年にかけての伝記的事実のまとめとなるだろう。

委員長殿。一九二七年の法律以降に認定された外国人のフランス国籍取得に関する再審査について定めた法令がこのたび施行されるにあたって、夫エマニュエル・レヴィナスに関して好意的な配慮をお願いしたく、お手紙差し上げます。夫は、一九三一年四月八日に国籍を取得し、現在はレンヌのマルヌにある移送捕虜収容所一三三番に戦争捕虜として収容されております。夫は、一九〇五年一二月三〇日にカウナス（リトアニア）に生まれ、フランスには一九二三年に来て、ストラスブール大学で哲学を学びました。ストラスブールではまず文学学士号を、次いで博士号を取得し、一九三一年四月八日にフランス人としての資格を取得しました。一九三一年から三三年にかけて歩兵第四六連隊にて一年間の兵役に服し、一九三五年には予備役の軍事通訳団の採用試験を受験し、一九三五年七月一二日の省決定により曹長相当の通訳実習生に任命されました。この資格で一九三七年と一九三九年の二度にわたって演習に参加しております。〔一九三九年〕八月二七日に召集されてからは、一九四〇年五月、ソンム県に駐留している第一〇軍の参謀本部第二課に配属され、六月一八日にレンヌにて捕虜となりました。私たちは一九三二年九月一一日に結婚し、一九三五年二月二八日にはパリで娘をもうけました。夫は現代ドイツ哲学を専攻し、その問題について一冊の著作を刊行し（これは一九三二年に研究所から賞を授けられました）、哲学の専門誌にいくつかの論文を書いております。
ストラスブール大学教授のモーリス・アルバックス氏は学生時代の夫をよく知っており、今回の件についても紹介文を書くことを喜んでお引き受け下さいました。したがいまして、夫に関する書類にこの紹介文およびこの手紙も加えていただきますよう、是非ともご高配のほどお願い申し上げます。国籍取得再審査委員会におかれましては、夫が常にその名に値する者であろうと気を配っていたフランス人の資格を再度認定して下さいますよう、切に願っております。敬具。

彼女はライッサ・レヴィナスと署名し、その後に自分の住所としてパリ市一七区ルメルシエ通り二九番地と書いている。この手紙は、国立文書館に保存されていたその夫の国籍取得に関する書類の中から見つかったものだが、彼女の不安げな奔走ぶりをよく表わしている。当時、実際に危険があったのだろうか。レヴィナスは、一〇年前に取得したフランス国籍を失う恐れがあったのだろうか。それは、あまりありそうにないことだ。戦争捕虜は、ユダヤ人であってもジュネーヴ条約によって保護されていたからだ。だが、レヴィナス夫人は、国籍取得再審査の通達があると聞いて恐れをなし、夫が国外追放者たちと運命を共にすることがないよう、ユダヤ人であっても彼もまたジュネーヴ条約が適用されるという確信を持ちたかったのだ。というのも、召集後、一九四〇年六月一八日にレンヌの第一〇軍で捕虜となったエマニュエル・レヴィナスは、まずは数ヶ月フランス国内に収容された後、ドイツに移送され、ハノーヴァー地方にある捕虜収容所XIBに拘留されることになるからだ。そこから彼が出ることができたのは、ようやく戦争が終わった時だった。

捕虜収容所にて

潰走から数か月後、レヴィナスは同僚たちと共に第三帝国の国境まで連れて行かれた。捕虜たちはドイツ国防軍の指揮の下、列車に詰め込まれ、ソ連およびイギリスを制圧した暁にはドイツの労働者および農民として彼らを動員すべく、ヒトラーのドイツに引き渡された。ドイツには一六〇万人のフランス人戦争捕虜（人口の四パーセント）がおり、ドイツ国内全域にわたる六〇以上の下士官向け捕虜収容所《スタラグ》と二〇以上の士官向け捕虜収容所《オフラグ》に分散させられていた。

レヴィナスは、ブレーメンとハノーヴァーの間にあるファリンクボステルの収容所に収容された。入口の鉄格子の上にはXIBという文字が刻まれていた。これがこの収容所の名前だった。そして、一四九二という数字も記されていた。レヴィナスはこの数字を忘れることがなかった。それは、スペインからユダヤ人が追放された年だったのだ。

写真を見ると、この収容所は両側にいくつもの木製のバラックが立ち並ぶ、大きな中央広場のように見える。

ドイツ兵は、拘留者の一人ひとりに数字の書かれた木片を渡した。それは、捕囚生活の全期間にわたって捕虜の識別番号となるものだ。細紐が付いており、常にその木片を首に掛けておけるようになっていた。さらに、軍帽と軍服は残して、各々から革ベルトを取り上げた。それから体と衣服の虱《しらみ》を取り、髪の毛と腋毛を剃り、シャワーを浴びせる作業に取りかかった。捕虜はその間、ずっと裸だった。

それからレヴィナスは、中央の通路を挟んで両側に共同寝室のあるバラックに移された。戸口の両側に五室ずつ配された各々の共同寝室には三段ベッドが備え付けられており、一つのバラックに三〇人ほどが拘留されていた。バラックの前ではドイツの鷲の紋章が、時には鉤十字が、眼を光らせていた。そこにはドイツ兵が毎日、夜も朝も配備され、有刺鉄線や監視塔、収容所の周りに立つ武装した歩哨兵たちと相俟って、閉塞感をいっそう高めていた。

収容所XIBには、三万二〇〇〇人のフランス兵捕虜が収容されていた。「それはロンシャン競馬場くらい大きかった」。私がインタヴューをすることのできたかつての収容所の証言者の内の一人ジャック・ロランは、こう述べた。

中心基地と捕虜作業班があった。中心基地の下に一〇〇もの捕虜作業班があり、それぞれが工場や農場へ配置され、ハノーヴァーの全地域にわたり、半径五〇キロメートルもの範囲に分散していた。

農場については、エヴァリスト＝プロメ・セザリュス氏がこう述べている。彼は、一九四〇年六月一二日にアルデンヌ県スダンの近くにあるボーモンという村の付近で捕虜になった人物である。「捕虜たちは皆識別番号を持っていたのですが、それぞれの番号を書き入れた紙切れをまとめて帽子の中に入れます。そうして、各農夫に、何人の捕虜を使いたいかと尋ねます。たとえばこんな風です。「あなたは、何人欲しいですか」。それに対して、「二人」と答えがあります。そうすると、帽子から二つ番号を引くのです。そして、くじで引かれた二つの番号が呼ばれ、呼ばれた番号の捕虜は新たな主人と共に出発する、というわけです」。

フランス軍の軍服に守られ、ジュネーヴ条約によって庇護されていたフランスのユダヤ人戦争捕虜たちは、民間人の境遇を知ることはなかった。全体として、彼らの兵士としての資格は尊重されていた。だが、固有の差別がないわけではなかった。ユダヤ人たちは個別のバラック、個別の捕虜作業班に入れられていたのだ。レヴィナスの場合も、そうだった。七〇人ほどのユダヤ人拘留者のグループに入れられ、二つのバラックに分かれ、同胞らと共に森林伐採を強要されたのだ。

収容所の一日

レヴィナスは捕囚の五年間を、日々どのように耐え忍んでいたのか。その生活はどのようなものだったのか。空腹の苦しみをどのように感じたのか。自由の剥奪、専横への従属、家族との別れ、単調な日夜、解放への期待、最後の数ヶ月の爆撃を、どう感じたのか。

『収容所の生活』の著者であるイヴ・デュランは、大戦中の収容所XIBでの森林伐採の日々がどのようなものだったかについて、こう描いている。「森での作業は、時にとても厳しいものだった。ドイツの大陸性の冬の寒波に襲われた時には、とりわけそうだった……朝は六時半に荒々しく起こされ、七時半に集合する。斧と鋸が配られる。それから一～二時間、冬の暗がりを行進し、作業現場に着く。そこで少々の火を熾《おこ》し、体を温めて陽が登るのを待つ。かすかな陽の光を合図に、しゃがれた怒号が響き渡る。号令を出すのは現場監督だ。毎日、同じことが繰り返される。木を切り倒し、鋸で挽き、板にする。手袋の中で手はかじかみ、指を凍傷で失いたくなかったら、夜寝室で入念に繕っておかねばならなかった[*1]」。

現在はプティ・クヴィイに住んでいるアンドレ・ムニエは、終戦まで収容所XIBに収容され、当初は労働基地（キャンプ）に、次いで国営農場に移された人物である。彼は、こう思い出を語っている。「日々の食事は全く変わりませんでした。七人の捕虜に対し、一日にボール一杯分のスープとおよそ一・五キロの丸パン一塊《かたま》り。それからソーセージ二本とマーガリン一欠《か》けです。農場で見つけた野菜屑があれば、メニューも豪華になりました。もちろん、赤十字から送られてくる食糧小包は大歓迎でした」。

拘留者たちは、検閲を受けるとはいえ、月に一通手紙を書く権利があった。当局からは二つ折りの便箋が一枚支給され、片面は捕虜が手紙を書くためのもの、もう片面は返信用となっていた。さらに捕虜たちは、小包に加え、赤十字の運ぶ「K」と書かれたアメリカ軍の一日分の配給食の包みを受け取ることができた。いずれにせよ、「ノルマンディー」上陸作戦まではそうだった。それ以降、小包は来なくなり、手紙もずっと回数が減った。

イヴ・デュランはこう記している。「収容所XIBで、班の集まりの時、ポケットから手を出すのを拒否した反抗的な下士官がいた。歩哨兵に脅されると、彼は薄笑いを浮かべた。彼はドイツの下士官に至近距離からピストルで撃たれ、殺された」[*2]。デュランはまた、最初のロシア人戦争捕虜がやって来てからチフスの感染が広まった時、ユダヤ人の医師たちが、予防のワクチン接種もされないまま、否応なくその治療に当たらされたことも報告している。さらに、五〇人ものフランス軍の下士官や兵士らが、制服に一五センチもの大きさの「ユダヤ人（Jude）」という語を、消えないよう油性ペンで書き込まれたことに対して抗議したという、赤十字の代表者の一人が行なった証言を引き合いに出している。実際、それは収容所XIAで起こったことで、特殊なケースではあった。

起床、点呼、森への移動。帰りは一八時半で、また点呼。そしてようやく各人は、自分たちの活動に時間を使えるようになる。読書をする者もいれば――レヴィナスはヘーゲルなどの哲学書、プルースト、ディドロ、ルソーを読んだ――、カードゲーム、日曜大工やお喋りをする者もいた。消灯の二一時半までだ。禁止されているにもかかわらず、油やマーガリンに芯を浸して、消灯後にランプを灯す者もいた。

この時期について書くことはほとんどなかったのだが、あるテクストでレヴィナスは、「心の中で哀れに呟く」[*3]しかなかったこの生活に迷い込んで来た一匹の犬との友情について、語っている。わずか数週間の間だったが、歩哨兵たちが収容所から追い出すことを決めるまで、ボビーとその嬉しそうな吠え声が、労働作業で疲れ切って帰ってくる拘留者たちを迎えたのだ。このことは、多くの拘留者たちの思い出に残っている。収容所にいた一人、ベルトラン・ル・バリイエックは、レヴィナス同様レンヌ近郊のロスポルダンで捕まった人物だが、この一時の気晴らしについてこう語っている。「朝、ドイツ人の歩哨あるいは使用主が森林作業班の捕虜たちを迎えに来て、夜、収容所に連れて帰ります。その時、レヴィナスはボビーを見つけたはずです。鉄条網の外側、監視兵らのバラックのところで、あるドイツ兵が飼っていた犬です。ご存じのように、犬はすぐに人と仲良しになります。殺伐とした毎日の中で捕虜たちは皆、こうした愛情に飢えていたのです。それに、ドイツの犬だったけれど、ナチではありませんでした」。

レヴィナスはこの犬について、別の仕方で語っている。「ナチス・ドイツの最後のカント主義者」と呼んで、ボビーに敬意を表したのだ。[*4]

抵抗

時折、作業班の捕虜たちは中心基地に行き、医師や歯科医の診察を受けたり、相談員に会ったりした。収容所XIBの相談員は、ピエール神父と呼ばれていた。彼は、エマウス[†2]の創始者とは関係がなく、その後労働司祭†3になった人物である。レヴィナスも後に、家族や友人の間で、常に恩義や感謝の念を込めて何度かその名に言及することになる。同じく、収容所付きの司祭だったカトリックの司祭シェスネ神父にも、讃辞を捧げている。彼はある日、ナチスが犬のように埋めようとしたユダヤ人同僚の墓の前で、祈りを捧げていたのだ。レヴィナスはこう言っている。「それは語の絶対的な意味における祈り、セム民族の祈りだった*5」。

元拘留者たちの証言は、すべて一致している。ピエール神父は、ユダヤ人同僚たちからとても尊敬されていた。彼は初め捕虜作業班にいて、次いで中央基地に移り、そこでドイツ人の監督の下、戦争捕虜たちの対話相手を務めていた。みな彼の下の名前《ファーストネーム》しか知らない。彼は心優しく、また堅実な気質で、ドイツ人にも毅然と反抗することのできた人物である。だが、直《じき》に好ましからざる者とされ、結局別の収容所に移されることになった。

サン＝ブリユー〔ブルターニュ地方の都市〕のレイモン・メリルは、こう想起している。「捕囚生活の初めには、確かに髭を生やしたピエール神父がいました。皆、彼を「ドイツ人食い（Deutsch Fresser）」と呼んでいました。というのも、ドイツ人たちは彼を収容所の相談員として遇していたのですが、彼は捕虜たちを熱烈に擁護したからです。彼は実際、かなり早くに収容所から追い出され、その職から離れたと記憶しています」。

ベルトラン・ル・バリイェックは、はっきり述べている。「収容所には、敵に対して自暴自棄になったり全面的に身を委ねてしまったりといった気持ちとできるかぎり戦おうと決意していた人たちがいました。その筆頭がピエール神父です。ジュネーヴの国際赤十字から資格を得た相談員の第一人者で、彼があらゆる捕虜作業班にこうした意志を次々と吹き込むことになりました」。そして、彼はこう続けている。「レヴィナスがグループの中での通訳になることができたのは、彼のことを知ったからではないでしょうか」。

実際、多くの証言によると、全体として収容所XIBはレジスタンス運動家たちの養成所だった。アンドレ・ユルマン、シャルル・ボネ、ミシェル・カイヨーらを中心に、「奇人クラブ」という綽名のクラブが誕生したのもそこだ。このクラブはもともとは哲学や文学の問題に関心を持っていた戦争捕虜を集めたものだが、「戦争捕虜・国外移送者抵抗運動（MRPGD）」の母体となった。

ミシェル・カイヨーはド・ゴール将軍の甥にあたり、収容所の医務室でドイツ人医師の秘書兼通訳をしていた人物だが、彼はこの運動の歴史をこう語っている。この運動は、「まさしくドイツにおいて、敵の只中で、ブレーメンとハノーヴァーの間のファリンクボステルの収容所XIBで、三人のフランス人戦争捕虜によって」始められた[*6]。彼が語るところによれば、ファリンクボステルでは、基地でも捕虜作業班でも、徴用されていたのが猛者たちばかりだったため、ほとんどペタン派はいなかった。ヴィシー政権のプロパガンダは行き渡っておらず、脱走も多く、三〇〇〇件以上あり、また拘留者のほとんどが「一九四〇年六月の敗北とその原因に対して、停戦によってドイツへの抵抗を断念したことに対して、捕囚生活に対して、対独協力に走ったペタンと裏切り者たちの政権に対して、敵国ドイツとナチズムに対して」反抗的だった。

イヴ・デュランもまた、収容所XIBでは脱走の試みが頻繁にあったと記している。

---

†2　キリスト教の慈善団体で、一九四九年にピエール神父という同名の神父が設立。
†3　労働者階級を教化するため、労働を共にする司祭。

だが結局のところこうした捕虜たちもドイツの真っ只中に生きていたわけであり、現地の人々とも接触しているのだから、一九四〇年から四五年の間に何が起きたかの証人でもある。彼らは相対的には保護されていたとはいえ、とりわけナチスが対ソ戦での捕虜に対して戦争遂行の上でどのような扱いをしていたかを調べてみることはできた。彼らは別の場所で、そこから五〇キロメートル先のベルゲン＝ベルゼンの収容所で、あるいはもう少し遠くのポーランドの収容所で、何が繰り広げられていたかを知っていたのだろうか。

ジャック・ロランは、はっきり述べている。「私たちは死体焼却炉の存在を知っていました。脂の付いた食糧がありましたが、この脂がいったいどこから来たのかについて趣味の悪い冗談が飛ばされてもいました」。

被収容者たちの共同体

何人かの元拘留者の証言によると、捕囚生活は、捕虜収容所においても作業班においても、捕虜にとって精神的・宗教的な生活を深めるきっかけとなった。このことはカトリックにとってもプロテスタントにとってもそうだったが、おそらくユダヤ人にとってもそうだっただろう。ただし、ユダヤ人にとって宗教の実践は、ナチスの管理下では完全に禁止されていた。時折そこに居合わせている司祭が礼拝を執り行なったり、野外でミサが開かれることがあったが、拘留者たちは当然ながら礼拝のための場所も道具も持っていなかった。ユダヤ人の捕虜たちに関しては、問題外だった。

エルネスト・グッゲンハイムは、一九四五年秋、自らが校長を務めていたフランス・イスラエリット神学校の新学期始業式での式辞で、自らの「捕虜収容所でのラビ」の経験を語っている。「戦争も捕囚生活も、生活の流れを中断したりひっくり返したりすることはありませんでした。私たちの振る舞いは、新たな原則には全く従っていません。習慣や文明化のニスによって少しずつ消えかかっていたいくつかのものだけが、はっとするような明瞭さでもって顕わになりました。最も美しく、しかし同時に最も下部にあった感情が、隠れたままでいることをやめたのです。物質的な懸念が必然的に圧倒的な優位を占めるような生活にあっては、しばしばエゴイズムが連帯や献身の行為と衝突するでしょう。そうすると、ユダヤ人の捕虜作業班とは、捕囚生活の場面にユダヤ人共同体が移し置かれたものにほかならないということもお分かりいただけるでしょう。どのような人間社会でも同じような生活の条件に置かれたら似たようなものになるでしょうが、ただしそこユダヤ人共同体においてはおそらくのところ、なかなか鈍くならないとても鋭い感受性と、なかなか消え去らない知的な好奇心が伴うことになるでしょう。それはまた、その類い稀れな特質とその欠点のすべてを併せ持ったユダヤ人共同体の道徳的なイメージともなるでしょう」。にもかかわらず、彼はこう付け加えている。「しばしば、熱心な祈りがユダヤ人の捕虜作業班からイスラエルの神へと捧げられました。そして、ますます多くの信者たちが安息日を大事にし、少なくともタバコを吸うのをやめるのを見ることができたことは、ラビの心にとって、貴重ではあるが些細な思い出の一つに留まるものではありません。それは信仰と英雄的な意志からの行為だ、と言う方もおられるでしょう……飲食律も、皆にとって廃《すた》れてはいませんでした。とはいえ、私がとりわけ感慨を以って思い出すのは、私たちの長い捕囚生活の闇夜を光の点のように照らし出した祭典のすべてです。東プロシアの劣悪な捕虜収容所の薄暗いバラックで、断食と涙と祈りの中で一〇〇人以上もの捕虜たちが集ったあの最初のヨム・キプールのことは、忘れられません。まさにこのヨム・キプールで、つらい労働が断食と供犠の意義をますます大きなものとしたのです。捕囚生活の最も暗い日々においても、看守たちの眼をものともせず灯していた銅製のメノラー〔燭台〕の上のハヌカーの灯火も、眼に浮かびます。さらには、私たちの祖先が奴隷の国から解放された時を甦らせる最後のセデル〔晩餐〕のことも考えます。そこでは私たち自身の解放の兆しも、朧《おぼろ》げながら手の届くところにすでに見え始めていたのです*7」。

ルネ・ギュットマンは、ストラスブールの大ラビである。彼の父は一九四〇年に捕らえられ、エマニュエル・レヴィナスと同じ捕虜収容所に拘留されていた。彼は、父から貰った鉛筆書きの一枚の紙片を、今も持っている。彼はある日その写しをレヴィナスに送り、そこに添えた手紙でレヴィナスにこう問うた。「これが悪の顔だったのでしょうか」。哲学者の、いかにも彼らしい返答はこうだ。「悪は顔を持たないのです！」

ルネ・ギュットマンの父も、ほかの人々と同じように、ほかの人々すべてと同じように、収容所での生活についてはほとんど語らなかった。例外は、囚われる悪夢、常に追われているような感覚について語ってくれたことだ（彼は一、二度、脱出を試みていた）。「ハガダー†4」の中で人々が「ハレル†5」の「貧しい者を灰の中から起こし、不幸な者を塵の中から持ち上げる*8」という詩句を思い起こす、ペサハの夜のことについて、短く暗示的に語ったことがある。ヨム・キプールの恐ろしい思い出もある。その日、拘留者たちは四つん這いで歩かされ、猪狩りをさせられたのだ。こうした精も根も尽き果てるような生活の様子は、決して語られはしなかったものの、細部から読み取ることができる。捕虜たちは、医務室で歯を一本抜くと一日の休みを貰う権利があった。彼の父が帰還した時、彼の歯は一本も残っていなかったのだ。

こういう証言もある。拘留されていた者の中には、宗教的伝統に対するある種の忠誠をずっと保ち続けることになった者たちもいる。彼の父は、パンを食べる前には手を洗うよう心掛けていたということだ。レヴィナスについて唯一語られている詳細は、時折二人で一緒にタルムードの数節を学ぶことがあったということだ。そう語られてはいるが、それを支持する証拠はない。どういう形でこうした学びが可能であったかは、分からない。

カミーユ・アジャンスタンは戦前、ベルヴィル〔パリ二〇区にある地区〕で床屋を営んでいた。そして収容所XI Bでは、彼は皆にとっての「フィガロ」〔床屋兼何でも屋〕だった。五年の捕囚生活の間（彼は、四〇年にダンケルクで捕らえられている）、彼はレヴィナスと同じバラックで寝台を並べていたのだ。

彼の息子ドミニク・ローリは、こう語っている。「私の父は、レヴィナスやほかの拘留者と同様、木の伐採に従事していました。ただ、父はイディッシュ[†6]が混じったおおまかなドイツ語を話したので、一時は通訳も務めました。彼はなかなか機転が利いたので、スイスの本や新聞を貰い受け、新聞を持ってトイレに入れるよううまくやり繰りしたのです。こうして彼はトイレに何時間もいることができましたが、これが彼にとっては作業班から抜け出す方法だったのです」。

アジャンスタンはいっそう「インテリ」に、いっそう哲学者になって帰って来た。レヴィナスの影響が

---

†4　過ぎ越しの祭りペサハの晩餐（セデル）の際に読まれる文書。
†5　旧約聖書の『詩篇』。
†6　東欧で話されるヘブライ語の混じったドイツ語の方言。

ファリンクボステルの捕虜収容所《スタラグ》XI Bにて。レヴィナスは後列中央。

あったのだろうか。いずれにせよ、二人は芝居を一緒にやったことがあった。一方が台本を書き、他方が舞台で演じたのだ。

息子のドミニク・ローリはジャーナリストである。彼は長いこと『フランス2』局の政治部にいた。ジャン＝マリ・リュスティジェールがパリの大司教に指名された際、同局の情報部門の責任者だったジャン＝ピエール・エルカバックは、ローリに「フランスにおけるアシュケナジーとセファルディ[†7]」というルポルタージュ特集をやらせた。そこでローリはミケランジュ通りのレヴィナスの家へ赴いたが、かなり冷淡に迎え入れられたことを記憶している。その特集の主題は明らかにレヴィナスの関心を惹くものではなく、レヴィナスはこの奇妙な訪問者を丁重に追い返すための方法を探っていたのだ。カメラを前にして文字通りパニックになっていただけに、尚更である。ただそれも、このリポーターが自分の素性を明かす時までだった。このリポーターは、収容所XI Bの捕囚生活の伴侶だったカミーユ・アジャンスタンの息子だったのだ。すぐさまレヴィナスの顔色は明るくなり、この哲学者は妻を呼んでこう言った。「ライッサ、フィガロの息子だよ！」

インタヴューはやらなかったが、夫妻は写真を探しに行き、お菓子を出した。「もう私は『フランス2』局のジャーナリストではなく、フィガロの息子でした。そして、祝宴を催してくれたのです」。

収容所時代、「フィガロ」は家族に何通も手紙を送り、収容のことを「病気」と表現していた。「病気が君たちを襲わないことを祈る」という風に言っていたのだ。だが、ある朝、彼はほとんど徒歩でドイツから帰って来た。痔を患っていた。

レオン・ジャクボヴィッツは、私が会った時には九〇歳を迎えたばかりだった。彼はレヴィナスのバラックの仲間で、当時生きていた唯一の直接の証言者である。私はパリ二〇区にある養老院に、彼を訪ねて行った。彼は、ブルターニュ地方のコエトキダンの近くで捕らえられた。外国人部隊の砲兵隊の兵士で、彼もまた収容所XIBで五年を過ごした。

思い出はぼやけ、記憶力も低下し、人々の顔も混同するようになってはいたが、当時の光景はしっかり残っていた。「夜明けと共に起き、木々から虫やら皮やら小枝やらを剝ぎ取るための小刀と、木を切り倒すための斧を持って出かけました。五名が一緒のグループでした。ヴィルヘルムという年取ったドイツ人が、引率者でした」。

正午には捕虜のグループは休憩を取り、パンを一欠け受け取って、そしてまた晩の六時頃まで任務に就

---

†7　スペイン、ポルトガルから北アフリカにかけての地中海地方の西方ユダヤ人。

いた。その後には、一杯のスープが待っていた。「夜は仕事はありませんでした。何もしませんでした」。彼は、グループにいた一人の靴屋がレヴィナスにくっ付いて歩いていたことを覚えている。いつも、レヴィナスの後を追いかけていたのだ。レヴィナスは小さい手帳を持っていて、時折そこに何やら走り書きをしていた。書いたものを何度か彼らに読んでくれたことがあったが、たいして理解はできなかったとのことだ。彼によれば、レヴィナスはどちらかというと無口で、皆からは少し距離を置いていた。

戦後、彼らが再会する機会はほとんどなかった。例外が一度だけある。レオン・ジャクボヴィッツの息子が大ラビのシュールの娘ダニエル・シュールと結婚した時、大ラビのいとこで哲学者のピエール＝マキシム・シュールが結婚の証人となった。そこでレオン・ジャクボヴィッツは、同じく哲学者だった収容所時代の仲間を思い出し、第二の証人になってくれるよう頼んだのだ。そして式を司ったのは、もう一人の仲間だった大ラビのギュットマンだった。

どうして彼らは、五年もの間雑居生活を共に過ごし、ひたすら自分たちの悲惨さを語り合った仲間だというのに、その後関係を保たなかったのか。

ルネ・ギュットマンが言うには、それはもしかすると、立ち直りたいという思いのためかもしれない。当時を忘れるということだ。

深淵の光景

長年の捕囚生活の間に、レヴィナスは何通もの手紙を受け取っていた。そのため、オルレアン近郊のサン＝ヴァンサン・ド・ポール修道院が、娘の、次いで妻の救出にあたって果たした役割は知っていた。

パリに残ったライッサは、最初はモーリス・ブランショが貸してくれたアパルトマンに、次いでルーアンの薬剤師であるポワリエ夫妻の下で、しばらく時を過ごした。彼女はパリから娘のシモーヌに宛てて定期的に絵葉書を送り、こう書いていた。「パパからとても良い知らせが来たわよ。あなたをとっても愛しているって伝えてくれって。お利口にしていてね。すぐに会いに行くから」。

ライッサは娘と一九四三年に合流することになっており、二人とも、それぞれマルグリットおよびシモーヌ・ドゥヴォスという名前で修道院に匿われていた。母方の祖母フリーダ・レヴィは、幸運に恵まれなかった。彼女は密告があって収容所に入れられ、ドランシー〔収容所〕から娘に一枚の絵葉書を送ることができたにすぎない。「私は今日しか、あなたに手紙を書くことができません。目的地は知りませんが、私たちは国外に追放になると言われました……私はとてもしっかりしています……あなたもまた強く、しっかりとしていて下さい」。これが彼女の最後の手紙となった。

一九四四年。ノルマンディーおよびプロヴァンス地方で、連合軍の上陸作戦が始まった。この最後の時期に、戦争初期の意気消沈や落胆がもう一度戻ってきた。連合軍による爆撃、食糧小包が突然届かなくなって空腹がまた戻り、連絡も取れなくなり、手紙も止まった。ドイツは、しばしば戦争捕虜を爆撃から保護せずに放置した（防空壕はドイツ人専用だった）。

一九四五年四月一八日、イギリス第二軍（デンプシー中将）の前衛部隊がキルヒヴァルゼーデの村に到達した。連合軍の戦車が侵攻し、ドイツ兵は敗走を始めた。ドイツの士官たちは軍司令部に白旗を掲げ、イギリス兵がファリンクボステルの収容所に入場した。鉄条網が倒されたのだ。ドイツ軍の潰走。解放。流浪の終わりだ。

戦争捕虜たちは通りに投げ出されたり、ワゴン車に詰め込まれたりした。連合軍戦闘機からの機銃掃射にあいながら、また食糧補給もままならない中で、空爆下の憔悴しきった行進が続けられた。故国や家族の下に戻ることのできた戦争捕虜たちには、試練の時は終わりを告げた。通常の生活が始まり、再会の歓びが弾けた。

レヴィナスにとって捕囚生活からの帰還は、恐るべきことの発見でもあった。リトアニアに残った家族は、皆殺されていた。父、母、二人の弟。皆カウナスで、軽機関銃によって処刑されていたのだ。

レヴィナスはそのことについて、何も語らなかった。一九七四年に公刊された『存在するとは別の仕方で』の献辞に置かれた控え目な数行が、言葉にならない苦しみ、慰めの不在、癒えることのない傷を物語ることになる。「他人に対する憎しみ、反ユダヤ主義の犠牲となったあらゆる宗教の、あらゆる民族の、何百万もの人々と並んで、国家社会主義者たちによって殺害された六〇〇万人の中でも最も近しい者たちの思い出に」。その下に、彼の近親者たちが持つことのなかった墓の銘のように、ヘブライ語でこう書かれている。「わが父にして師、アブラハム・ハレヴィの息子ラビ・イェヒル、わが母にして導き手、ラビ・モシェの娘ドゥヴォラ、我が兄弟、ラビ・イェヒル・ハレヴィの息子ドヴとラビ・イェヒル・ハレヴィの息子アミナダブ、我が義父、ラビ・ゲルション・ハレヴィの息子ラビ・シュムエル、我が義母、ラビ・ハイムの娘マルカの思い出に」。そしてその下に、伝統的な頭文字で慣用の宗教表現が置かれている。「彼らの魂が生の絆の下に繋がれますように[*9]」。

しかし、捕囚の経験はレヴィナスにとって決定的だった。最もつましい人々との出会い、自由の喪失の試練、時間の感覚、退廃、悲惨、絶対的な受動性、脆さ、不安定さ……彼の著作に絶えず付き纏うことになるすべてが、そこにあった。

「日々、労働に明け暮れた私たちは、実存する者ではもはやなく、ただ生きる者だった」とミュンスター〔ドイツ西部の都市〕の収容所の元捕虜は書いていた。*10 戦争が終わってすぐに公刊されたレヴィナスの第一の著作は、『実存から実存者へ』と名付けられることになる。その一部は、捕囚生活の中で書かれたものだ。そこには「イリヤ〔ある〕」についての魅力的な頁と共に、存在〔実存〕を前にした不安、存在〔実存〕することに対する嫌悪についての頁がある。

あたかも啓示のように

レヴィナスと捕囚生活の関係を明らかにするには更に、この哲学者を直接知ることがなかった一人の人物に触れるという迂路を経る必要がある。この人物は収容所XIBとは何の関係もないが、その証言にははっとさせられる。

ヴァーツラフ・ハヴェルは劇作家で随筆家であり、七七年憲章†8の代表であり、「市民フォーラム」を設立し、一九八九年の革命以降はチェコ共和国の大統領となった人物である。

一九七九年一〇月、プラハ市の裁判所は七七年憲章の署名者たちに対し、裁判所が有害とみなす文書を流布することで国家転覆を諮ったとして有罪の判決を下した。ヴァーツラフ・ハヴェル自身も、四年六か月の禁固刑を受けることになった。

---

†8　一九七七年に、チェコスロバキアの知識人たちが当時の政府の人権抑圧に抗議するため署名した宣言。

一九七九年六月から一九八二年九月まで、ハヴェルは監獄の中から妻のオルガに宛てて手紙を書き送っていた。その手紙の中で彼は、友人のイヴァンに——コピーで——送って貰ったレヴィナスのエッセイを読んだことに何度も言及し、「まるで啓示のように素晴らしいエッセイだ」と書いている。彼は、こう続けている。「レヴィナスの中に私は、単にユダヤ民族の何千年にもわたる経験や精神的な伝統だけでなく、監獄を実地に体験した一人の人間の経験をも見て取る。それは、どの行からも感じ取られる。おそらくは、それだからこそこのエッセイは、こんなにも私の心を打つのだと思う[*11]」。

ハヴェルはどのエッセイを読んだのかを語っていないが、しかしどこから彼はレヴィナスが実際に拘留されていたことを見て取ったのだろうか。そのことを彼に強く感じさせたものは、何だったのか。ルズィニエ、ヘルシマニツェ、プルゼニ近郊のボリーなどの監獄に囚われていた者が即座に馴染み深い経験だと見なすほどに、いったいどの点で彼の作品は監獄の刻印を帯びていたのだろうか。ハヴェルはその後、オルガにこう書いている、「レヴィナスの次のような考え、たとえば〈何かが始まらなければならない〉とか、〈責任が打ち立てる倫理的状況においては、私と相手との関係は非対称的だ〉とか、〈これは説き伝えることはできず、ただ耐えられるだけだ〉といった考えは、あらゆる点で私の経験や私の意見と一致している。言い換えると、私は世界が現にこうであることに関して責任を負っているということだ[*12]」。

「無名」と題されたテクストは、レヴィナスの友人や近しい人々、あるいは彼が親近感を感じていたり対話的な関係にあると感じていた人々（アグノン、ブーバー、ツェラン、デリダ、ブランショ、ジャベス等）への讃辞《オマージュ》を集めた著書を締め括るものだが、そこでレヴィナスはこう書いている。「教化や同化が避け難く繰り返される中にあって、今後私たちが新たな世代に対し教えなければならないのは、孤立していても自らを支えて強くいられるための力であり、脆い意識＝良心に対して、おのれを持ち堪えるよう呼びかけることのできるすべてである。ユダヤ人であろうとなかろうと、自分にそんなことができるとも思わずに、全くの混沌状態の中であたかも世界が崩壊することなどなかったかのように振る舞うことができた人々のことを思い返しながら、また、対独レジスタンス、つまりまさしく自分自身の確信、自分の内心のほかには汲むべきいかなる源泉も持っていなかった人々のことを思い返しながら、私たちがこうした思い出を通じて為さねばならないのは、ユダヤ教のテクストへの新たな通路を切り拓くことであり、内的生に新たな特権を与え返すことである」。

このテクストは、深淵の底からの恐ろしい叫びのようにして口を開き――そこにはプリモ・レーヴィ[†9]のそれに比すべき口調を聴き取ることができる――、「内的法廷」への、「人間の全人間性を、四方に開かれた良心という粗末な小屋の中に匿うことの義務」への、熱烈な呼びかけで閉じられている。[*13]

[†9] （Primo Lévi, 1919-1987）イタリアの作家で強制収容所に捕らえられ、そこから生還した。『これが人間か』で知られる。

痕跡

彼に分かち難く結びついている語が、いくつかある。それらに言及しようとすると、もう彼の領域をあちこち彷徨《さまよ》い、その世界に全身を浸し、その作品の風土にすっぽり包まれているような気持ちになる語だ。「痕跡」がそうである。この語は形而上学的なものと推理小説的なものの間のどこかに位置しているだけに、いっそう魅惑的だ。誰かが通り過ぎ、痕跡を残し、姿を消した。誰かが、あるいは何かが、あるいはまさしく無が。それは、到来したことのないものの痕跡にほかならない。何かが通り過ぎたことの徴《しるし》なのだが、そんなことは一度も起こったことがないのだ。常に「すでにそこにあり」、思い出す力からは逃れ、どんな想起であってもその裏を掻き、その本体にまで遡ろうとするあらゆる企てを免れる、そういう刻印だ。

どこから来たのか分からない痕跡。過去なき痕跡。そうだとするとこの痕跡は、過去が現在を目覚めさせるといったことが決してなく、ただ、決して語りえぬものを証言することしかできないものなのだ。退引としての痕跡。古い約束としての痕跡。私たちに常に欠けているものを感じさせてくれるだけでしかない痕跡。

彼は、このようなかくも奇妙で、かくも美しい観念を、どこから汲み取ったのだろうか。

ひょっとすると、忘却の思い出それ自体が苦痛となるというプルーストの「消え去ったアルベルチーヌ」の一節だろうか。

あるいはまた、周知の旧約聖書『出エジプト記』三三章の、神が自らの痕跡を通じてしか姿を現わさなかったという箇所だろうか。「どうか、あなたの栄光をお示しください」とモーセが問うと、神はこう答えたのだった。「お前は私の痕跡を見るだろう。だが、私の顔を見ることはできない」。

第６章　東方イスラエリット師範学校の日々

「アウシュヴィッツの直後、私は、自分が東方イスラエリット[†1]師範学校（以下、本章ではＥＮＩＯと略記）で校長の職務を遂行するにあたり、歴史的な使命に応えているかのような印象を持ちました。それは私の秘密です……。おそらく、若さゆえの素朴さでしょう。私はそのことをいまも意識していますし、今日も誇りに思っています」。

エマニュエル・レヴィナスは、一度だけこのような打ち明け話（彼は告白と言うだろう）をしたことがある。それは、一九八六年にこの哲学者の八〇歳を祝う夕食会がパリの〔ユダヤ人〕コミュニティ・センターで催された時のことだ。そこには、エドモン・エラルフが呼びかけたＥＮＩＯのかつての生徒たちのグループがいた。主賓は壇上席の中央に寛いで、幸せそうに座り、ちょっぴり懐かしそうだった。彼はＥＮＩＯの校長時代の最初の数年について初めて言及し、自分がそこに何をもたらそうとしたのか、どのよ

†1　イスラエリット（israélite）とは、古代のヘブライ人（イスラエルびと）でも、現代のイスラエル国民でもなく、革命以降のフランスにおいて市民権を認められたユダヤ教徒のフランス人を指す呼称として一九世紀以降に用いられたものである。

うな空間を創り上げようとしたのか、どのような生活を持ち込もうと試みたのかを話してくれた。後に彼が言うところでは、「ユダヤ人であること。それは、ユダヤ人であることの慢心や虚栄ではありません。そんなものは、どうでもいいのです。そうではなく、おのれの存在を脱‐凡庸化する並外れた特権意識です。人類に属するに先立って人間的であるような、そういう一つの民族に属するという特権です」。

参加者たちは皆、とりわけ彼の話のお終《しま》いのところをよく憶えている。しばしば彼の学校でもそうだったのだが、四つ折りになった小さな紙片から、この話は出てきた。それは「ありがとう」という語をめぐる、タルムードの解釈に基づいた見事な変奏曲だった。

タルムードの博士の一人がこう尋ねた[*1]。(日々の祈りの「一八祈祷文」にある感謝の行為である)「モディーム」という次の有名な祈りを祭司が唱えている間、公衆は何と言うのか。「私たちはあなたに感謝します。なぜなら、あなたは永遠にして私たちの神、常に私たちの父祖の神であり、私たちの生の岩、私たちを守る盾だからです。何世代にもわたって、私たちは私たちの生があなたの御手の下にあることを、私たちの魂があなたに捧げられることを、あなたに感謝し、あなたを讃えます」。

「ハッザーン[*2]」がこの感謝の言葉を読み上げ、身を屈《かが》めている間、信者たちは祭司の言葉に似た「小モディーム」を唱えねばならない(それは、眼の前に置かれた祈りの書に書かれている)。だが、その文面は祭司のものとは異なっている。前者にあっては意図が明らかで感謝の対象もはっきりしているのに対して、後者にあっては実際には対象が存在しない。すべてが明らかになるにはテクストの終わりまで行かねばならない、というラヴの意見に従うのであれば、話は別だが。〔後者の言葉では、こう言われている。〕「おお、永遠なる私たちの神よ。……私たちは、あなたに感謝できることを感謝します」。

結局これは、感謝の言葉を発することができるというただそれだけのために感謝をするという営みだ。わが神よ、ありがとうと言うことのできる可能性を私に与えてくれて、ありがとう。あなたの下で、感謝をすることができる関係にあることができて、ありがとう。結局のところ、あたかも、自分に自分で感謝しなければありがとうと言うことができないかのように。かつての校長が自分の生徒たちに捧げたこの賛辞を、そこに出席していた者は皆、記憶に留めたのだった。

ある追悼の集い

ギイ・プティドゥマンジュは、こういう話をしてくれた。彼がソルボンヌでレヴィナスを追悼する会合――レヴィナスが亡くなって一月後に統一ユダヤ社会基金[†2]が主催した会合――に参加した翌日、パリのムフタール通り界隈の行きつけの床屋に行った時のことだ。床屋が、この会合でのプティドゥマンジュの活躍を称賛したのだ。「そうですか、あなたもそこにいらしたのですか」――「もちろん、いましたよ！」――「しかし、どうしてレヴィナスをご存じで？」――「なぜ彼を知ってるかって？　彼は、私と同じモロッコのユダヤ人なんですよ！」

レヴィナスの死の五年後、二〇〇〇年にラファイエット大通りにあるパリの〔ユダヤ・〕コミュニティ・センターにおいて、エドモン・エラルフの周りに、私たちＥＮＩＯのかつての生徒たちが再び集った。そこには中年の男女が三〇人ほどいたが、その大部分はまさしくモロッコ出身であって、レヴィナスの校

†2　一九五〇年に設立された、戦後フランスのユダヤ人共同体の復興を目的とした連合団体。

長時代に机を並べていた者たちだ。彼らはそこに集まり、皆が付き従い、尊敬し、恐れ、讃え、愛しもした人物をめぐって思い出を語り合ったり、逸話を交わしたりした。

「ムッシュー・レヴィナス」、生徒たちは彼をこう呼んでいた。彼らの思い出の中のレヴィナスは、一方で無骨で、厳しく、いかめしく、他方で慈父のような、愛情に満ちた、時におどけた人物だった。包み隠すところがないと同時に、不可解な存在だ。何人かにとっては、捉え難い人物だった。

その晩に出席していた者たちの多くは、戦後すぐの最初期の入学組だ。レヴィナスの最初の時代でもある。その当時、まだ学校はオトゥイユ通りにあった。女子生徒たちは同じ建物には住んでいなかった。彼女たちはヴェルサイユに住み、バスで朝出発し夜帰るということをしなければならなかった。このことは、その後伝説にもなったことだが、校門の前で腕を揺すって待機していたこの校長の心配の種だった。だが、各々の思い出を通じて驚かされたのは、結局のところ、一九四六年から最後まで、年を経ても、学校の佇まいは変わっていなかったということだ。最初から、すべてがそこにあった。変わらぬものの方が勝っていたということだ。土曜のラシー講義、金曜の晩に行なわれていたが土曜の午後に移されることになった現代社会についての講演（さらにレヴィナス夫人の監修の下でブルム嬢が準備した「ケーキ」まで）、どこにでもいるネルソン博士、安息日には校長室に生徒が呼び出されること……。

すべてと言ったが、とはいえ最初の数年は修行の年月だった。これは、彼にとってもそうだった。彼は実際、教育者だったわけではなかったから、教育者となることを学ばねばならなかったのだ。彼が校長の任に就いたのは、偶然によるものだった。偶然によって、あるいはむしろ、そこに集っていた者ならば、ある種の摂理によって、と言うかもしれない。

最初からいたのは彼とその妻、そして会計係のブルム嬢だけだった。秘書も事務員もいなかったから彼はすべての面倒を見なければならず、そのためにかなり生徒たちにも近しかったのだ。実際、最初の入学年には、三〇名ほどの登録者しかいなかった。

このリトアニアのユダヤ人と、彼がほとんど知らない地方からやって来た褐色の顔付きの生徒たちとの出会いがどのようなものだったのか、想像してみなければなるまい。レヴィナスは、一九三八年から三九年にかけて世界イスラエリット連盟にいた時、モロッコ出身のユダヤ人数名と出会ってはいる。だが、戦前に入学した者たちは、一九四六年以降の入学組とは異なっている。後者の若者たちは単に熱心なだけではなく、あらゆる領域のユダヤ教の実践に熱中していた。レヴィナスはとりわけ、彼らの内の誰であっても祭式を執り行なうことができるということに感銘を受けていた。彼らは『詩篇』をすべて暗記し、「セフェル・トーラー」[*3]を読むことができ、ロッシュ・ハシャナー〔ユダヤ暦の新年の祭り〕やヨム・キプールの礼拝を四、五人で分担することもできた。そこには、祈りを行なう、またその術《すべ》を心得た信徒集団があったということだ。彼らが朗唱を長引かせたり、時間をかけたりすることにレヴィナスがある種の苛立ちを覚えたり、彼なしで礼拝が為されている間彼が研究に没頭するということもしばしばあったほどだ。

セファルディ〔西方ユダヤ人〕の只中のアシュケナジー〔東方ユダヤ人〕、宗教系学校の哲学者校長、若者たちの只中にあって成熟期に向かいつつある一人の男性。そこには謎のようなものがあった。セファルディ的なユダヤ教の永続性を保ちつつ、それに対し現代に立ち向かう手段を与えようというこの学校が担った役割を以ってしても、この謎が完全に消え去ることはなかった。とはいえ、エマニュエル・レヴィナスがそこに完全に身を投じていたことに変わりはない。

レヴィナス夫妻は、しばしばENIOの卒業生のお祝い事に立ち会った。

エドモン・エラルフは、こう語っている。「レヴィナスが校長の仕事柄持っていた、生徒を庇護する父のような次元とは別に、彼は自分がモロッコのユダヤ人共同体の未来の中心メンバーを育成する手助けをしているということを意識していたと思います。私たちは通常の学生や生徒だったのではなく、世界イスラエリット連盟が運営する学校の将来の教育者だったのです。だから彼は、私たちの気質をどう育成するか、つまり、私たちモロッコから来た者たちがこのパリの世界や西洋の文化にどう開かれるかに、とても注意を払っていました」。

プロスペル・エルクビは後にＥＮＩＯの舎監になるが、彼もまた最初の入学組だ。メクネス〔モロッコの都市〕出身の彼は、とりわけ土曜午前のラシー講義に感動したことを憶えている。「それは、講演が私たちの眼の前で構築されてゆくという感覚でした。彼が語るにつれて、彼の思考が増幅していったのです。私はと言えば、ユダヤ教の伝統を祖父から学びましたが、しかし反抗期でした。私たちはテクストの文字面《づら》に拘泥し、そこから先に行くことがなかったのです。それがここでは、別の時代のものだと思っていたこの知が突如として価値あるもの、現代的なものとされたわけです。いずれにせよ、それが私に語りかけてきたのです。時間はかかりました。ただ、自分たちの先生に対してはより積極的な眼差しを持っていたために、和解が成し遂げられました。私たちの歴史が促進されたのです。レヴィナスはとても重要な役を担いました。彼のお蔭で、私たちは糸を結び直すことができたのです」。

しかし、それでもレヴィナスを教育者ないし教育家と呼ぶことはできたのだろうか。この点に関しては、評価が分かれるようだ。

一九四八年-五二年組のシモン・エルバズはかつて不動産業を営み、現在は退職したが、彼によれば、この点に関する師の天分は確かなものだった。「私ははっきり憶えています。彼は、まだ何か真剣なものを書いていないという不安を持っていました。しかし彼は、しばしば私たちに未来の企てについて語ってくれました。そして、彼の企てというのは、師範学校の管理・運営ではなく、教育機関を創設することでした。彼はこう言っていました。学校の管理・運営にはそれほど関心はないが、理念を掲げて教育機関を率いるというのは、今後やりたいことだ、と。つまり彼は、自分の教育家としての適性を確信していたのです」。一九四六年-五〇年組の弁護士ロジェ・コーエンのこの点についての思い出は、もう少し曖昧である。「彼が戦前に舎監をしていたことは皆知っていましたので、学校が再開されるとこの仕事を彼に任せました。したがって、おそらくは自分がそのための訓練を受けてこなかった役柄を、無理やりにでも作り上げたわけです。私が憶えているのは、彼がまだ芽が出ていない哲学者だったということです。カントは四〇歳で有名になったのに、自分はまだそうなっていないことを悔やんでいました。ただし、彼は慰めとして、カントが『純粋理性批判』を書いたのは七〇歳になってからだと付け加えていました。[†3] それまでなら、まだ何年もあったからです」。もう少し後年の一九六三年-六五年組の情報処理技術者であるシモン・アザンによれば、先の二人とは時代もずれているせいだろうか、レヴィナスが教育者でないことははっきりしていた。「私にとっては、彼は真に偉大な思想家、哲学者でした。彼が戦争直後、世界イスラエリット連盟によって学校の長にさせられたのは、全くの偶然によるものだと思っています。ただ、彼が管理にまったく向いていないということは皆が知っていましたから、彼のことを教育者のように語るのはどういうわけなのかと思ってしまいます」。

規則

哲学者と教育者が常にうまく両立するわけではないというのは、確かにそうだ。実際のところ、エマニュエル・レヴィナスは生徒たちとも舎監たちとも、意思疎通の面で困難を抱えていた。彼はしばしば抑制を欠き、すぐ怒り出した。寮生が礼拝のために降りて来ないと、「何某は外泊した！」と思い込んだ。遅刻してくる者がいると立腹して息が詰まり、少しも言葉を発することができなくなったりもした。

彼は、生徒たちの反抗を危惧してもいた。ある時、風変りなチーズ入りスープが出されたせいで、ちょっとした転覆風が食堂に吹き荒れた。子どもたちが『インターナショナル』を歌い出すと、レヴィナスは降りていって逆上したのだ。当時舎監だったプロスペル・エルクビはレヴィナスを宥《なだ》めねばならず、こう言った。「しかしムッシュー・レヴィナス、嗜好は教えられるもので、押し付けられるものではありません」。エルクビはこう付け加えている。「それは少人数のグループだったので、たいしたことにはなりませんでした。ただ、大きい施設であれば、彼のように指導することはできなかったというのは確かでしょう」。

また別の時、水で煮ただけの全く味気ないクスクスが出されたために——また食べ物の反乱だ——、生徒たちは立ち上がった。請願書が回され、一人の生徒を除いて、皆がそれに署名した。レヴィナスはそれに激怒し、校長室の机の前を行ったり来たりした。その後、寮生の中で請願書に署名しなかった者と擦れ違った時には、彼に向かって「おや、Eさん、連帯というものを知らないんですか」と言い放った。

元生徒の中には、彼を長いこと嫌う者もいた。彼らは後々まで、彼の厳しさ、気質や、気紛れな側面などを非難していた。彼は、少年を退学処分にしたこともある。ある日、オトゥイユ通りのスーパーマーケットで、盗品のレコードが少年の所持品の中から見つかって取り押さえられたのだ。彼は再犯だったが、しかし一六歳だった。皆が校長にその決定を見直してくれるよう試みたが、その甲斐もなくこの青年は、タンジェへの帰りの切符を買う破目になった。レヴィナスにとって、規律は眼こぼしを許さないものだったのだ。

とはいえレヴィナスは、ユダヤ教関係でも一般の教科でも最良の教師を集めるよう心掛けていた。ギリシア語、ラテン語やイタリア語をやりたいという希望を示す生徒がいたら、その者だけのために教師を雇うこともできた。こうしたことは、何回もあった。彼の目には、純粋に知的な任務と、より広い意味での教育的な任務との違いは、見紛う方もなかった。一方は創造的なものであり、他方は規律《しつけ》だったのだ。

宗教的実践、典礼、礼拝への参加などに関しては、この追悼の機会に集まった者たちは皆、レヴィナス

---

†3　正しくは、彼が同書初版を出したのは五七歳の時。

学監のジャン・ハイマンと、校舎の前で。

が自分に対してもほかの人々に対しても要求が多かったという点で、意見を同じくしている。規則だから、従いなさい。あなたは信仰するよう命じられているのではなく、皆と同じようにするよう命じられているのだ、というわけである。ロジェ・コーエンはこう述べている。「規則や伝統の順守という点を除けば、彼は常に、彼の前で行なわれている礼拝、祈り、跪拝などに対してはある種の距離を保っているような感じがしました――ひょっとすると間違った印象かもしれませんが。彼はこうしたことに対しては、いささか異質であるように思えたのです」。一九四六年―四八年組の大学教授エミール・アムザラグもやはり、こうした「距離」に気付いていた。「私は、礼拝の間聖書やタルムードを開いているエマニュエル・レヴィナスの姿を憶えています。私たちが典礼の読唱をしている間、彼は研究に没頭していました。彼の下では、宗教的な実践よりも研究への愛の方が勝っていたのではないかと言うこともできるでしょう」。

シモン・シッソは最初の入学組で、すでに退職しているが、アンダルシア音楽とハイキングの愛好家で、パリ郊外のシナゴーグを管理していた。彼はむしろ、研究の真面目さと対照をなす祝祭的な歓喜の表現の方を憶えている。「ペサハー〔過ぎ越しの祭り〕は素晴らしい祭りです。二、三日前に知らせておけば、誰でも招待することができました。スコット〔仮庵の祭り〕もそうです。一緒に仮庵を作りました。晴れやかな顔で、本当に幸せそうなレヴィナスが眼の前にいました。礼拝の後や安息日など、テーブルに就いて　キドゥーシュの祈り〔安息日のブドウ酒を飲む際に唱える祈り〕をし、パン切れをカフェオレのカップに浸す時なども、全く同じように幸せそうでした。レヴィナス夫人が彼に「気を付けて下さい。ダイエット中ですよ！」と言うと、彼は「はいはい」とぶつぶつ呟いていましたが、あちこちでつまみ食いをしていました。ダイエットで決められているものを呑み込むと、それとは別にまた食べていたのです」。おそらくこれは、かつての舎監で現在は運動療法士をしているガブリエル・コーエンの次のような要約的な判断と合致した意見だろう。「レヴィナスは宗教的であると同時に、宗教的ではありませんでした。それが興味深いのは、彼が一度も礼拝を欠かすことはなかったからです。彼がどこにいても、ちょうど五時にはミンハーやアルビートの祈りにいたのです。[*4] それと同時に、彼はしばしば人を面食らわせるような行動もしていました」。というのも、校長と生徒たちとでは、礼拝に関しても文化に関しても間違いなく振る舞いに違いがあったわけだが、しかしそれを超えてこの校長は自由に振る舞わずにはいられなかったようなのだ。

プロスペル・エルクビはこう回想している。「彼は、礼拝以外では頭に被りものをしていませんでした。彼がセファルディだったら、それは重要なことではなかったでしょう。しかしアシュケナジーにとって、それは基本中の基本だったのです」。

これに補足しておくべきは、いつもの悪い癖だが、エマニュエル・レヴィナスは安息日にエレベーターを使い、食事規定に反してワインを飲んでいたということだ。ただ、ワインについて彼は、規定は「ガルート」、つまり〔ユダヤの民の〕捕囚期に関わる戒律とみなしていた。ところで、こうした些細な態度がどのようなものであれ、典礼のやり方および典礼の重要性について、彼の見解は変わることがなかった。ENIOの教育部門の責任者のファビアン・デュランに対し、彼はある日「ご存じのとおり、トーラーとはこれのことなのです!」と当然のごとくに述べ、聖句箱を腕に巻く仕草をしたのだった。

家庭の父

これに劣らず重要なのは、お人好しでおふざけが大好きな、家庭の父のような校長先生という、もう一人のレヴィナスだ。とりわけ、物真似だ。これは彼を喜ばせた。無礼すれすれになる時でも眉を顰《ひそ》めることもなく、物真似をおねだりした。

シモン・シッソはこう語っている。「私はたくさん、先生たちの物真似をしました。とりわけハヌカーやプーリムの祭りの時が、そうでした。彼はそれを、たいそう気に入ってくれました。私の物真似を通して、普段の学校生活を垣間見ることができたからです。祭りの日々をよく憶えています。息子のミカエルは当時二歳か三歳で、いつも私たちと食事を共にしていました。父のレヴィナスがシッソ! シッソ!

と言わせるので、ミカエルの方も覚束ない口調で、シッソ！　シッソ！　と発音したのです。私もそれをやってみるほかありませんでした。そんな時、彼はとても幸せそうでした。ある時、生徒たちの前で寸劇をやってみようということになりました。レヴィナスは試験を受けていて、カントについて話します。そこで試験官はこう言うのです。カントについては、もう結構。あなたにとって、カントは聖書なのかもしれませんが！　彼はこう答えます。はい、先生。それは私にとって聖書です。カント（Kant）を逆向きにお読み下さい。するとそれはタナハー（Tanakh）、聖書になります！　私は、一番前の席でレヴィナスが笑い転げているところを見ました」。

シモン・シッソは、レヴィナスのユーモアのセンスを明らかにしてくれるような逸話をもう一つ話してくれた。また別の日、レヴィナスは共同寝室に上がっていくと、通りしなに「くそっ」という言葉を聞いた。彼が、当時舎監だったジルベール・マルカのところに向かうと、マルカは赤くなって、どぎまぎしながら言い訳を言った。するとレヴィナスは、こう言ったのだ。「いや、いや。あなたは滅多にそんな汚い言葉は使われませんし、使われる時にはいつも引用符付きです」。ただ、部屋を出る前にこう付け加えた。「残念なことに、引用符は聞こえませんでしたがね！」

オトゥイユ通り五九番地にいた男子生徒たちとヴェルサイユに居住していた女子生徒たちとの間に起こりうる関係に注意を怠らなかったこと、彼らに反対したり、禁止したりしないように配慮していたこと、心配しながらも注意深く見守っていたこと、こうしたレヴィナスの愛情深い側面こそ、むしろロジェ・コーエンにとっては驚きだった。「私が憶えているのは取るに足らない逸話ですが、それは私にはとても印象深いものでした。私たちは一七、八歳位でした。私は通りで若い女性と知り合い、日曜日に落ち合うことになったのです。当時は理由なく外出することなどできませんでしたから、家族の招待があるという偽の手紙を彼女に書いて貰いました。でも、それは青い便箋で、しかも香水の匂いもしていたと思います。そこに彼女は、ぜひあなたをお招きしたいと思います云々と書いたわけです。レヴィナスは騙されていませんでしたが、半ば笑みを浮かべて、「よろしい、行ってらっしゃい……」と言ってくれました。こうして外出の許可を得ることができたのです」。

人々に対するこの種の思い遣りは、ありきたりの、むしろ取るに足らない事柄の中に顔を出す、彼なりの伝え方の一部だった。このことについては、エドモン・エラルフも似たような思い出を持っている。「師範学校が開校した最初の年、レヴィナスは大ラビのメイエル・ジャイス[†4]にユダヤ史の教授職への就任を依頼しました。大ラビのジャイスは、こう答えました。「私はお引き受けできませんが、あなたもご存じのこういう人物にやって貰うことはできましょう」。この答えは、レヴィナスを文字通り激高させました。彼はこう言ったのです。「分かりますか。彼は自分が断っただけでなく、別の人の名前を挙げて私に提案してきたのです。それは私が頼んだことではありません。これは私の立場を悪くするものです。というのも、私が採用を拒んだなどということをもしその人が明日知ったとすれば、その人は憤慨するでしょうから」。これには心を打たれました。こうした発言、このような反応を、私たちは何度も眼にしました。私は他者性に関してより、こうした点でレヴィナスの生徒です。根底において両者は同じだと考えるなら、話は別ですが」。

ヴィヴィアーヌ・ベンシモンがエマニュエル・レヴィナスと付き合いがあったのは、わずか一年にすぎない。彼女がパリにやって来たのは、当時の言葉で「教育課程」ないし「予備教育課程」を受けるためだった。彼女は「高等教育終了免状」の取得のためモリトール通りにある学校で講義を受け、ヴェルサイユに住みつつ、週日の毎朝と安息日にはオトゥイユ通りの校舎に通った。彼女はこう述べている。

「私にとってレヴィナスは哲学の教授ではなく、学校の校長でした。私は彼のことが大好きでしたし、とても尊敬していました。モロッコから師範学校にやって来た時、私はまだ我が儘な若い娘でした。打ち解けることがとても難しかったのです。ムッシュー・レヴィナスはそのことにすぐに気付いてくれ、校長室にもたびたび呼んでくれました。彼と何度も会ったことを憶えています。特に憶えているのは、初めて暖炉を見た時です。校長室にあったものですが、私は暖炉がどういうものか知らなかったのです。彼は私にとって父のような存在でした。私が困っていると見ると、たくさん励ましてくれました。どんな種類の、どんな小さな心配事でも、彼には多くのことを打ち明けました」。

アリエル・ヴィズマンは現在、テレビ局のプロデューサーや司会をしているが、一九七八年から七九年にかけてＥＮＩＯで二年を過ごした。彼は最後の入学組であり、有名になりかけの頃のレヴィナスを知っている世代である。ずっと寛いだ、もはや不安げなところのないレヴィナスは、哲学の才能があるがいささか反抗的なこの若者に対しても、打ち明け話ではないにせよ、たくさんの会話に応じた。

「私たちは若く、悪さもしました。モロッコから来た若者や、私のような何か指標を求めていた若者たちは、彼に父のような側面を見ていたのです」。

レヴィナスは当時ソルボンヌの教授だったが、師範学校での彼の存在感は相変わらず強いものだった。

---

†4 (Meyer Jaïs, 1907-1993) アルジェリア出身でセファルディ系として初めてパリの大ラビになった人物。

年長の者たち同様、若きアリエル・ヴィズマンをも驚かせたのは、レヴィナスの厳格さ、手厳しさと言ってもいいほどの厳しさだったが、それは同時に要求の高さでもあり、また常に対話を可能にしてくれる彼のユーモアや感性の豊かさでもあった。「彼は、軽々しく語るということがありませんでした。対話相手が誰であれ、彼は返答のハードルを高いところに置いていたのです。ですから彼は、カッシーラーに対して返答するのとまったく同じように生徒にも返答していました」。

正確な表現を探し求めて息を切らした声。作動の真っ最中であることが分かる思考の動き。これはいつも一連のぎこちなさと閃きからなり、光の差し込む林間の空き地への通路のようなものとなる。あたかも物質的なアプローチを通じて精神に接近することが可能であるかのように、精神を具体的に、ありありと看て取ること。どんな傲慢さの表われに対しても即座に、かつ容赦なく黙り込むこと――こうしたことのすべてが一挙に、表われていたのだ。アリエルはこう言っている。「彼を前にして高慢で自惚《うぬぼ》れた態度を取ることなど、どんな時でも無理でした。彼がそこにいることが、そうした態度を取ることを全く不可能にしたのです。彼自身も、そうした態度を示すことは決してありませんでした。名声を求める渇望など、全く心を掠めたこともない人だったのです」。

とはいえ、校長は規律や社会的な問題についても熱心だった。相変わらず自分の使命が、総体的な育成にあると考えていたのだ。パリでテロ行為が起きていた時期で、機動隊（CRS）がユダヤ人学校の警護をし始めていた。ENIOも、ミケランジュ通りとオトゥユ通りの二つの入り口に警官が配置された。窓から何名かの生徒が、時間潰しのために「CRS－SS」と叫び始めた。これには、レヴィナスは逆上した。フランス国家の代表をナチスのヒトラー親衛隊〔SS〕のように扱ったことに、激怒したのだ。

逆に、そこからこちこちの保守主義のようなものを引き出すとすれば、それは誤りだろう。彼の心を捕らえていたのは囚人の置かれた状況であり、社会がそこから排除された者たちにどのような境遇を用意すべきかに関して、独自の意見を持っていた。厳しく罰し、愛を以って取り扱わねばならない、と彼は語っていた。たとえば、拘留された者が真っ当な部屋を利用でき、書物を手に取ることができ、テレビを見ることができるのでなければならない、と考えていた。考慮すべきは自由が剝奪されているということであって、それ自体が制裁となっているということだ。「このような会話は強く印象に残っています。というのも、そこに一つの思想全体を関連付けることができると思うからです。そこには行為に対する制裁と意図における善良さという、一つの真の道徳の骨組みがあるのです」。アリエル・ヴィズマンはこう結論付けている。

すでに見たようなすべての人に対する思い遣り――女子生徒に対しても男子生徒に対しても――と、しかし同時に彼らの関係に対する配慮があったのだ。学校で机を並べた者たちの中から、多くのカップルが生まれている。ちなみにレヴィナスは、このような廊下での一時《いっとき》の恋を見守っていたのだが、そこに楽しみがなかったわけではない。こうした恋はしばしばいっそう真剣なものとなったが、レヴィナスはよく結婚式の証人にもなったのだ。いずれにせよ、結婚式に招待されるたびに、レヴィナスはそれへの出席を一つの名誉としていた。後にラビになるクロード・シュルタンがＥＮＩＯの女子学生の一人との結婚の身支度をしている――これは当時の言い回しだ――と知った時、レヴィナスは安息日に彼を学校に招いて力説した。「私たちの女子学生の一人の未来の配偶者を知っておくことは、私たちの義務ですからね」。

ボーイスカウトとタルムード

ユダヤ教関係の団体の長を務めているラフィ・ベンシモンは、ヴィヴィアーヌとENIOで知り合ったのではないが、その後彼女と結婚することになった。彼は学校での最初の安息日について、次のように語っている。

彼は大学入学資格を持って、モロッコからやって来た。彼もまた、教育課程の準備をしていた。最初の週、彼は校長に――この校長が哲学者だと、当時の彼は知らなかった――学校の外で安息日を過ごす許可を求めた。レヴィナスは彼に何も質問することなく、許可を与えた。この若者はオルセーの、マニトーと呼ばれていたレオン・アシュケナジーの下に行こうとしていたのだ。彼の言葉では、自分が「大逆罪」を犯そうとしていることなど少しも気に掛けずに、だ。戻って来ると、月曜日に彼は五階に呼ばれた。「パリに家族がいるのですか。安息日はどこで過ごしたのですか」。彼はこう答えた。「オルセーの学校で安息日を過ごしました」。すぐさま、レヴィナスが青ざめるのが分かった。「オルセーで何をしていたのですか」。若者は早口でこう答えた。「オルセーの校長をよく知っていて、しかも友人も何人もいて、ですからそういう打ち解けた雰囲気で安息日を過ごしに行ったのです」。ラフィ・ベンシモンは、次のように語っている。「私は自分がどこまで破壊的なことを言っているのか、知りもしませんでした。彼は私にこう言ったのです。「あなたは合理主義者ですか、神秘主義者ですか」。何のことか、さっぱり分かりませんでした。だから、こう言いました。「いえいえ、どちらでもありません。私は快適な雰囲気を求めてそこに行っただけで、マニトーのことも好きですし、それに――ここで私は完全に自壊しました――その週のシドラー[†5]についての彼の釈義を聴くのも好きです」。彼はこう言いました。「あぁ、そうですか。来週は私の釈義を聴きに来てくれたらいいのですが」。私は「あなたも釈義をしているとは知りませんでした」と答えました。こうして、次の安息日にはラシー講義を聴きに行ったのですが、それ以降毎週彼の講義を聴くという恩恵に与かったわけです」。

こうした悲惨な出だしの後、ベンシモンはもう一つの障害に出くわす。「彼が私について理解してくれなかったことが、一つあります。彼は私に何度も共感を示してくれていましたが、ある日こう言ってきたのです。「一つ、説明してほしいことがあります。あなたは愚かなところがあるようには見えません。ただ、あなたがボーイスカウト活動をしていると聞きました。なぜあなたのような人がボーイスカウトに携わるのか、説明してくれませんか」。そこで私はボーイスカウトの教育的な価値やその効用について、彼と長く話をしましたが、彼を説得できたようには思えませんでした」。

実のところ、ボーイスカウトはレヴィナスの好むところではなかった。それはどちらかと言えば、ヴェルサイユの女子学校の校長をしていたマルグリット・クラインの領分だった。医学の教育を受けた彼女は大ラビのクラインと結婚するが、夫は大戦中にドイツ人に殺害されることになる。未亡人となった彼女は残りの人生を信仰に忠実に身を捧げて生きる決意をし、信仰に基付く行為として、夫が生きていたら行なっただろうと思われることすべてを行なうことにした。彼女はこうしてヴェルサイユの女子生徒らへの教育と、それからボーイスカウト活動に専心し、七年にわたってイスラエリット・スカウト[†6]の代表も務めて

†5　聖書の内、週ごとに読む箇所。

いたのだ。だが、まさしくこの「スカウト」という点が、レヴィナスには全く受け容れられなかったのだ。「善行」、山歩き、ベーデン＝パウエル[†7]、肩たたき、君・僕で呼び合うこと……、彼がこうしたことに関心を示すにはもっと時間がかかった。ヴァカンスの度に何度もマルグリット・クラインは、ハイキングに参加したい若い女子生徒たちのための予算を獲得すべく、レヴィナスと戦わねばならなかった。とはいえ、レヴィナスもついには妥協し、何度かは娘のシモーヌをそこに送り込むまでになった。

「タルムード・グループ」については私もしばしば聞いたことがある。これは六〇年代の初めに生まれたものだ。モロッコのユダヤ人学校では、高等中学《リセ》の最終学年にヘブライ語を教えることのできる幹部教員が足りなくなっていた。そのため世界イスラエリット連盟は少数の教員を選抜し、特別課程を受けさせることにした。この講義は、リヴリー・ガルガン〔パリ北東部の地区〕のラビであるエプスタン氏の家の簡素な東屋で行なわれた。教育プログラムは一貫したもので、二年にわたりもっぱらタルムードおよびその釈義に時間が割かれていた。因みに、この中核的なグループが学校全体に活力を与えているとみなされていたのだ。そこに参加していたガブリエル・コーエンは、こう述べている。「当時、レヴィナスは土曜にラシー講義を、火曜の夕方にネルソン博士とタルムード講義を行なうことにしていました。そこには自由聴講者や、エリー・タンステット博士のような常連のほか、タルムード・グループの学生たちも来ていました。因みに、この火曜日夕方の講義が生まれたのは、私たちによるところも少しあったように思います。というのも、彼は私たちがラビ・エプスタン氏のところに行くのを見ていたのですが、私たちを自分とも結び付けたいと思ったのです。もちろんそこには、タルムードについてまったく別の見方がありました。レヴィナスが表現し、レヴィナスが説明する世界は、また別の世界だったのです。その点について異議を唱える者は、誰もいないと思います。彼は比類なき師でした」。

シモン・アザンもその講義を聴講した者の一人だったが、彼にとって敬意が向けられるのは、何よりもレヴィナスその人自身に対してだった。「私はタルムードについての勉強を終えると、カサブランカに戻るか、イスラエルに留学するかのどちらかを選ばなければなりませんでした。家庭の事情で両親はもうモロッコにいませんでしたから、私としてはパリで続けて勉強をしたかったのですが、どこにも行き場所がなく、またお金もありませんでした。叔父も叔母もいませんでした。一人ぼっちだったのです。そのことをレヴィナスに打ち明けると、彼は親切にも、私がパリの数学科にいた一年目の時ですが、ENIOの一室を私のために貸してくれ、その代わりに第二学年〔日本の高校一年〕の聖書の授業を担当するよう求めました。私はそれを引き受けました。食べるものも住まいも得て、洗濯もし、少額の奨学金を受ける権利さえも得ました。それが彼の人間的な側面なのです。彼は哲学の大きな観念を操ることもできましたが、それとは別に、とても身近にいる人たちのつらい状況を何とかすることもできたのです。それが彼の偉大な資質の一つでした」。

レヴィナスがボーイスカウト運動の内に見て取っていたのは、タルムードのようないっそう重要な任務から生徒たちを遠ざけてしまうということに加えて、結局のところ、奉仕という彼にとっては全く別の次元を形作るものを人工的なものにしてしまう、その考え方なのだった。

---

†6　一九二三年に設立されたフランスのユダヤ人のためのボーイスカウト団体。

†7　ボーイスカウト運動の創立者のイギリス人、ロバート・ベーデン＝パウエルのこと。

テレーズ夫人

誰も本当の名前はよく憶えていないが、かつての師範学校の生徒たちなら皆、憶えている人がいる。その人は「テレーズ夫人」と呼ばれていた。その人はレヴィナスの傍らにおり、彼女なしには何も為されなかった。学校の事務は、すべて彼女が担っていたのだ。一九五三年一〇月から最後まで、つまりレヴィナスと彼女が同時に学校を去るまで、彼女はレヴィナスの傍らで働き、最初の数年は同じ部屋を共有していた。「私には部屋がありませんでしたが、だとすると彼もまた持っていなかったということだとは、当時は考えてもみませんでした」。彼女は今日、こう述べている。

最初の数年は困難続きだった。彼らは二人だけで、すべての面倒を見なければならなかった。シャワーの故障、生徒の外出、女子生徒が男子生徒のところに行きはしないか、あるいは逆のことがないかの見張りなど、さまざまな問題があった。二四時間、七日間ずっとだ。寄宿生もいたため、レヴィナスは日曜の午後に家族と散歩に出かけることもなかった。安息日には、生徒たちと食事を共にするため、階下に降りて来ていた。彼は完全に学校に身を浸し、学校を自らの存在で包んでいたのだ。

テレーズ・ゴルドスタンはこう言っている。「彼がそうしたことを受け容れていたのは、若いユダヤ人の子どもたちに囲まれ、その渦中に入って、彼らに何かを伝えたかったからです。それは、彼に何もほかにすべきことがなかったからということでは、まったくありません。彼には世界イスラエリット連盟での立場もすでにありましたし、そこに留まることもできたでしょう。ブリュイエール通りの〔世界イスラエリット連盟の〕事務所に残ったならば、いっそう多くのものを書くことができたでしょう。彼には彼自身

オランダで休暇《ヴァカンス》を過ごすレヴィナス一家。

の関与の仕方があったことは疑いないことですし、それに彼もそう言っていました」。

今日、彼女がレヴィナスのことを振り返ると、彼はいつもエネルギーの塊りのようだった。当時レヴィナスは、フィルターなしのゴロワーズ〔フランスの一般的なタバコ〕を愛好するヘビー・スモーカーで、いつもタバコの葉切れを吐き出していた。「彼はいつも沸騰していました。脳みそが沸騰で泡立っていたのです。哲学の講義を一コマしただけで、大汗をかいていました。休むことなく働いて、いつもぐつぐつ言っていました。彼には驚嘆すべき仕事力があったと言わねばなりません。肉体的にもとても頑丈な人で、いつも走っていたのです。生徒たちがそのことを知っていたかどうか、分かりませんが。話すのも速かったですし、考えるのはもっと速く、口に出すのが追い付かないほどでした。彼はいつも発熱しているタービンのような人です。私にはそのように見えました。たくさんのことを、たった一日で片付けてしまいました」。

ある日、レヴィナスが書類を忘れたため、彼女は通りに出て彼に追い付こうとした。レヴィナスが外に出たばかりだったので、彼を追って彼女は走った。レヴィナスはいつものように小股で、しかしとても早足で歩いていた。若いテレーズは走り、レヴィナスは歩いていた。しかし彼女は、レヴィナスに追い付くことはできなかったのだ。「彼は並外れたエネルギーと、いつも健康な体と、強い耐久力を持っていました」。

彼女が一九五三年に学校にやって来た時、シュシャーニ師[†8]はパリを離れたばかりで、レヴィナスは再び執筆を始めていた。彼はすでに、『全体性と無限』の執筆に取り掛かっていた。当時の彼に、社交的な生活はなかった。家族の結び付きはまるではんだ付けされたかのように固く（一日に一〇回も電話をし合い、ENIOの四方を探し回った）、ネルソン家のほかにはほとんど人を招かず、ヴァカンスも時折スイスかノルマンディに行く程度だった。ただ、ヴァカンス先は常にピアノのある場所だった。というのも、それは「聖なるもの」だったからだ。それ以外の部分、レヴィナスの生活の哲学者の側面は、「テレーズ夫人」の知るところではなかった。彼女が友人として彼の論文や著作の数章をタイプライターで打つということもあったが、彼女はとりわけ彼の事務仕事の負担を軽くするよう手筈を整えていたのだった。

彼女は次のように語っている。「私は彼自身が進展していることは見えていましたが、その広がりがどれほどのものかは分かっていませんでした。実際、私は若く、それに足るほど成熟してはいなかったのです。彼自身、そのことは意識していませんでした。彼は自分の生が世の中で認められるかどうかなど、まったく意中になかったのです。ジャン・ヴァールが頻繁に来てくれ、そうした彼との友好関係からもムッシュー・レヴィナスの身に何か名誉なことが生じたりしたことはありましたが、私の印象では、ムッシュー・レヴィナスが名声を求めたということはまったくありません。彼は働き、自分で沸騰していましたが、しかし最後まで、なぜ自分の仕事が賞賛を受けるか分からず、驚いていました。ご存じのように、彼はいつもとても控え目だったのです」。

一九五三年から一九六一年まで、彼はＥＮＩＯでただ一人の哲学教師だった。唯一のヘブライ語教師でもあった。一九六一年に国家博士論文の口頭試問を受けた後、彼はポワチエ大学で教え始めたが、一九七三年まで師範学校の正規の校長に留まり続けた。この年、師範学校は国家との簡単な契約協定を交わしたのだが、これにより、レヴィナスの高等教育機関での公務員としての役割ゆえに、私立学校で校長を務めることが不可能になったのだ。そのため、当時英語を教えていたピカール夫人に、学校の責任者の仕事が委ねられることになった。とはいえレヴィナスは、一九七九年に退職するまで、事実上ＥＮＩＯの中心的な存在であり続けたのである。

テレーズ・ゴルドスタンはさらにこう述べている。「私は哲学者はあまり知りませんが、彼は毎日の生活の中で自分の哲学を生きるような人でした。その態度も、変わることはありません。彼はヒューマニズムを、あるいは、何と言うべきかは分かりませんが、とても注目すべき人間性を持っていたのです。他者たちの生を、生きていました。職員や生徒の中に問題が生ずると、彼は自分もその当事者だと感じ、その人を助けたり困難から脱出させたりするためなら、何でもしました。たとえば、ちょっとした仕事を頼ん

†8　(Mordechai Chouchani, 1895-1968) ユダヤ人の賢者で、レヴィナスにユダヤ思想の手ほどきをした人物。第Ⅰ部8章、第Ⅱ部1章を参照。

だ職員の給料計算をしなければならなかった時も、彼は私にこう言うのです。「いつもその人に一番得になるように、計算して下さい」。これが彼の口癖でした」。

生徒と弟子

一九七九年にレヴィナスは、師範学校の運営から離れた。彼を引き継いだのは、モロッコ出身の教師ダヴィッド・セルファティだった。だがレヴィナスは、オトゥイユ通りのサン・クルー門に近い方の、師範学校とは反対側にあるアパルトマンに居を構えるまでは、しばらくそこに住まいを置き続けていた。寄宿舎の責任者だったジョゼ・ガルゾンは毎週彼に会いに行き、彼宛ての郵便物を渡したり、伝統となっているラシー講義のために生徒たちに配布しておくべき聖書のその週の節を書き留めたりしていた。この講義は最晩年まで、つまりレヴィナスの死の原因となった病が始まるまで、続けられた。ガルゾンはこうして何年も、毎週火曜日の朝にレヴィナス宅を訪問していたのだ。しばしば、この元校長が朝の祈りを終え、聖句箱を片付けるのを待たねばならないこともあった。元校長はＥＮＩＯの様子に関心を寄せ続け、あれこれと質問した。この学校はこうして、最後まで彼の家庭だったのだ。おそらく、この学校のためにレヴィナスの哲学者としての生が制限されたと言う者も、いるだろう。だが、ひょっとしたらこの学校こそ、彼に力を与えたと言えるかもしれない。いずれにしても彼は、今日では世界中に散らばった数千の生徒たち、「元師範学校生」の星雲の如き一群との絆を育み続けたのだ。その内の多くの者が、折に触れて挨拶に来たり、伝統となった土曜講義に参加しに来た。師の手紙を大切に保管している者たちもいる。それらの手紙でレヴィナスは消息を尋ねたり、家族の様子を聞いたり、求められた場合には助言をしたり、あるいは単に彼らがどうなったかに関心を抱いたりしているのだ。

そうした者たちの中に、弟子というものはいたのか。これは難しい問題で、私がこれをパリの〔ユダヤ・〕コミュニティ・センターに集まったかつての生徒たちに尋ねた際には、気まずい反応が返ってきた。彼らの多くが、哲学の講義であれ、ラシー講義であれ、レヴィナスの教え方にいささか戸惑ったことを思い出していたのだ。この問題は、議論を惹き起こした。

ガブリエル・コーエンの反応はこうだ。「彼の前では、発言権は独り占めされていました。話すのは彼なのです。誰かが質問をすると、彼は途端に居心地悪そうになりました。まさに不安定になり、思考の導線を見失うのです。それは驚くべきことでしたし、このことがもしかすると彼に弟子がいなかったことを説明してくれるかもしれません」。彼は懐かしそうに、こう付け加えている。「彼はイスラエリット師範学校のことを常に考え、愛情を注いでくれましたが、私が思うに、彼はある意味でこの学校に収まりきらない人でした。四二サイズのところに四八サイズの彼が居たようなものです」。

メイエル・シッソは教師で、オルネイ・スー・ボワ〔パリ北東の都市〕のユダヤ人コミュニティに携わっているが、彼が憶えているのは講義の取り散らかり方だ。「ショックを与えてしまうかもしれませんが、彼は良い教師ではなかったかもしれません。彼の哲学の講義はとても内容豊かなものでしたが、しかし秩序立ってはおらず、ごちゃごちゃしていました。生徒たちも、彼が言っていることを常に理解できていたわけではありません。話が脱線して、そのままになってしまうこともありました。後になってノートを読み返してみて初めて、話の筋道がちょっぴり見えてきて、彼が語っていたことをようやく整理できたということもありました。生徒が自分で教えたというわけです。なるほどこれこそが大先生の講義というものなのだな、と思ったものです。生徒との意見の交換はほとんどありませんでした」。この見方に異論を唱えたのが、ジャン・エルクだ。最初の入学組で技師となった彼は、レヴィナス信奉者の一員であることを自任していた。彼はこう反論した。「私は、哲学においてレヴィナスの生徒でした。よく耳にすることとはまったく異なり、私は彼ととても個別的な関係を持っていました。今となってはそれが向こう見ずなことだったと分かりますが、当時は彼と対等に議論をさせて貰っていたのです。哲学の講義とは別に、たまたま土曜日に彼とＥＮＩＯの庭を散歩したことがあります。ミケランジェロのモーゼの彫像の複製があるところです。その周りを回りながら、雑談をしたのです。哲学について、現象学について、心理学について。私はそれらの学問に感銘を受け、当時はその道に進もうかと思ったほどです。実際には別の道に進んだわけですが、ともかく、彼と接触するのは容易で、彼は議論も反論も受け容れてくれました。大先生の一方的な講義だけだったわけではないのです。自由に発言もできました」。

　互いに矛盾し合わんばかりの多数の証言である。もしかしたら、跡を引き継ぐ者がいないほど多数に分散した証言と言ってもいいかもしれない。だがこの見方を退けるのは、熱心なタルムード学者となったシモン・アザンである。彼は毎晩就寝前に「ゲマラー」[†9]を一頁読み、ここ数年はＥＮＩＯのシナゴーグの小さなサークルで、レヴィナスによって伝統となった安息日の朝のラシー講義の精神を彼なりの仕方で引き継いでいる。彼は熟慮の上、こう結論付けた。「タルムードでは、こういう問いがあります。「私たちはどのようにして、死者たちが現に復活することを知るのか」。ラビたちはさまざまな論拠、引用、示唆を以って、一〇頁にもわたってこれについて議論をしています。その示唆の内の一つに、『雅歌』の「死者の唇を動かしたる者」について問うている一節への言及があります。これは、死者が甦ることの証拠として引き合いに出されています。しかし、そういうことが起こるのはどのような時でしょうか。それは、死者を引き合いに出す時、その名の下で何事かを言う時、彼が述べたことを語る時です。レヴィナスは弟子を残さなかったのかもしれません。しかし彼は、今も彼の唇を動かすことのできるかつての生徒たちを何千人と残したのです」。

†9　タルムードの内、口伝律法（ミシュナー）に対しそれを解釈した部分。

第7章　ラシー講義

ラシーはシャンパーニュ地方のラビで、中世に聖書やタルムードの解釈で名を上げ、彼の書いた註釈は古典となり、原典についてのその省察がさらなる原典となった人物である。リトアニアに生まれてフランスに定住したユダヤ人であるエマニュエル・レヴィナスは、その痕跡の中に痕跡を刻み、その足跡に自らの足跡を残し、釈義の術を刷新することになるだろう。その技巧《メチエ》――詩人ルネ・シャールであればこう言うことができただろうが――、それによってさまざまな人々が四方八方から、だが皆その意味《サ》=方向《ンス》に気を配りながら、彼の下へ惹き付けられたのだ。

どのような報告も、レヴィナスによる読解が体現していた語るという出来事を実感させることはできない。しかしここでは補足的な痕跡として、聖書の各節をめぐる解釈の速記録からの抜粋と、オトゥイユ通りの安息日の光景と思い出を呈示しておこう。

毎週恒例の典礼

一一時が近づくと常連たちは自分の本を取りに行き、教卓に近い一列目の座席に押し寄せる。実際、前列の集団から遠ざかってしまうと、熟練の聴覚を持っていたり読唇術を心得ていないかぎり、声が聞こえにくくなるのだ。レヴィナスらしい、生彩に富んだ言葉が漏らされる絶好の機会は、いつも小声で呟かれるか、かろうじて仄めかされるにすぎない。だから後の方の席からはいつも、「何ですって?」とか「彼は何と言ったのですか?」といった声が次々に湧き上がってきた。その結果として、レヴィナスが述べたことを受け取って発せられた賛意の溜息が、相次ぐ波をなすようにして後方へと広がっていくのだ。

講義の常連の中でも最も古くからいる者が記憶するところによれば、最初の数年、この講義は土曜日に二回に分けて行なわれた。一つめの講義は午前中で、ラシーについてのもの、もう一つは午後、とりわけ学校の生徒たちに向けた、文学に関するものだった。トルストイ、ドストエフスキー、プルースト、アグノンといった、彼の好んだ作家たちが採り上げられた。レヴィナスはこれらの作家たちにもラシーを読む時と同じ規則を適用することで、生徒たちに彼らを好きになって貰おうとしたのだ。同じ規則というのはすなわち、語の深い意味を呼び覚ますこと、テクストが各々の生を生きるようにすること、最も理解困難な節、最も無味乾燥な節であっても、常に想像力を以って読むことである。「偉大な本はすべて、聖なる本なのです」、彼はこう述べていた。

「そして、これを語り聞かせなさい」

この表現は朝と晩の祈りで毎日唱えられる一節から採られたもので、『申命記』六章にある。

「聞け、イスラエルよ。我らの神、主は、唯一の主である。あなたは心を尽くし、魂を尽くし、力を尽くして、あなたの神、主を愛しなさい。今日、私が命じるこれらの言葉を心に留め、子どもたちに教え、そして、これを語り聞かせなさい」。ラシーは、こう説明をしている。「あなたの話の本質的な事柄がそこに認められるように、それを付随的なものでなく本質的なものとするようにしなさい」。

だが、どこまで語らなければならないのか。師はこう問う。いつからヨッツェ、[†1]つまり自らの義務を成し遂げ、命ぜられた事柄を果たしたことになるのか。レヴィナスが思い起こすには、彼はかつてイスラエルのある大学で名誉博士号を授与された際、彼を賞賛する講演に応答するために聖書およびヘレニズムに言及した。この応答で彼はこの表現に踏み込んで解釈を加えることにし、おそらく「これを語り聞かせる」というのは、そのことをギリシア語で語り聞かせるに至るまで、つまりこの教えを哲学の言語に翻訳するに至るまで、言い換えれば、結局のところは万人がアクセスしうるものにするに至るまでそうしなければならないということだ、と説明した。さらに彼は、少人数のグループに向かって、笑みを浮かべてこう付け加えた。「しかし、ご安心ください。ギリシア語で話を始めても、さらに語るべきことがたくさん残っていますから」。

「我ここに」

講義では、ごくわずかだが演出のようなものがあった。字義通りの読解、テクストの莢《さや》を一つずつ剝き、一語一語翻訳し、語源、文法ないし論理的な関係を説明し、あるいは単に話を先へと進めるといった、骨の折れる作業がある。そうした作業を担うのは生徒の方で、特に師範学校の生徒たちはこれを真面目に、

†1　ヘブライ語で「負債を返す」の意。

場合によってはいささか深刻にすら行なった。そうこうしていると、師が笑みを浮かべ、ひらりと突然テクストを離れ、生徒のことを忘れ、自分が得意とする解釈の一つを披露し始めるのだ。そうすると、さまざまな考えが湧き出してくる待望の甘美な時間がやって来る。皆がこの煌《きら》めきの瞬間を待ち構えていて、それがやって来ると、一種の満足感のようなものが部屋に満ち溢れるのだ。

その週は、『創世記』の数節に註釈を加えていた。神の呼びかけに対し、アブラハムが「ヒネニ」、つまり対格〔受身形〕で「我ここに」と答える場面である。ラシーは、「これは慎みと柔軟さの徴である」と註釈を付けている。

哲学者レヴィナスは自分にとって馴染み深い主題に出会って、嬉しそうにこう説明する。「ここで自我の肯定が、自我の主権性が乗り越えられるのです。この「我ここに」は、「私をお望みのものにして下さい」ということなのです」。さらに、こう付け加えた。「こうした聖なる形象がなければ、トーラーは雄弁な頁にすぎないでしょう！」

彼はそこで本を閉じ、腕時計を見て、常連の生徒たちにこう尋ねる。「まだ数分、時間がありますか」。聴衆は熱烈に「もちろん」と答える。こうして、もちろん聴衆は皆そのことをよく心得ているのだが、その日に読んだ聖書の節、あるいは、いずれにせよ常にその週の一節との関連で選ばれたタルムードの教訓話の時間が始まるのだ。

その回は『ヨマ篇』（二〇B、二一A）だった。なぜ、昼より夜の方が声が聞こえやすいのか。それは、玩具の「がらがら」のように空をこする太陽の動きのせいだ。世界の端から端まで聞こえる音は何か。それは太陽の響き、ローマの群衆が立てる騒音、空へと飛び立つ魂の音である。

部屋に沈黙が走る。一列目の、一回も欠席したことがないような常連たちは、了解したと言わんばかりに深々と頷いたり、気持ちが通じたとばかりに目配せし合う。かくして講義は、この「空へと飛び立つ魂の音」でクライマックスを迎えるのだ。

「行きなさい」

「主はアブラ〔ハ〕[†2]ムに言われた。「あなたは生まれ故郷、父の家を離れて、私が示す地に行きなさい」」(『創世記』一二章〔一節〕)。

「自らの下へと行きなさい」というのが、最も字義通りの訳だろう。レヴィナスは「行きなさい」が内面的な意味を持つロシア語の似たような表現を引用して、こう尋ねた。「ロシア語を話す方はいますか」。少し悔しそうな様子だった。

「そうすれば、あなたは祝福を受けるだろう」〔同二節〕。ラシー曰く、「あなたはあらゆる祝福の源となるだろう」「あらゆる祝福の尺度となるだろう」。師レヴィナスは、こう説明する。「このテクストで素晴らしいのは、抽象的な概念ではありません。それは、アブラハムのような人間のありようによって示されています」。

「私が示す地に行きなさい」。ラシーによればこれは、その地をいっそう愛するようにさせようとして、その地の名前を挙げて指示しているのではない。

†2　この時点では「アブラハム」に改称する以前だが、便宜上「ハ」を補う。以下同。

神がアブラハムに対し、その息子、彼の愛する一人息子を捧げるよう命じた、イサク奉献の逸話においても同様だ。彼の息子、しかしどちらの？　私には二人いる。一人息子《ユニーク》？　しかし二人とも、その母にとっては独自《ユニーク》だ！　愛している方か？　しかし、私は二人とも愛している……。

「アブラ〔ハ〕ムは妻のサライ、甥のロトを連れ、蓄えた財産のすべてと、ハランで加わった人々を従えた」〔同五節〕。

ラシーの註釈はこうだ。「アブラ〔ハ〕ムは男たちを、サライは女たちを改宗させた。そしてこのテクストは、この改宗とは出産のことだと考えている。あたかも彼らが、そうした人々を形作り、作り上げたがごとくである」。

講義に続いて、タルムードの節に移る。一度だけ、説教師レヴィナスが学校の図書館から「シュタインザルツ」――ヘブライ語訳の添えられたアラム語のタルムード――を持って来たことがある（丁寧に四つ折りにした、いつもの小紙片は持って来なかった）。『ベラホート篇』（三四B）である。

メシアの時を、現在の時から区別するものは何か。「諸々の王国が隷属すること」、すなわち――師によれば――政治にほかならない。未来の世界について、エデンの園については、タルムードのテクストによれば、「それを見た眼はない」。

アダムでさえも、見たことがないのか――こう、問う者がいる。タルムードのラビたちは、こう答える。そうだ、アダムでさえも見たことはない。というのも、ギホン川によって地は分けられ、エデンの園は孤立させられたのだから。

しかし、「それを見た眼はない」という表現は何を意味するのか――こう、さらに問う者がいる。それを見た眼がないなどと言うことができるような類のものとは、いったいどのようなものなのか。あぁ――哲学者は両手を上げ、美食家のような仕草で唇をもぐもぐと動かし、崇高かつ見事な返答に感じ入った態で、こう叫ぶ――「創造の最初の七日の間、ブドウの中に含まれていたワインがそうですよ」。

預言

シャツの襟元で首を揺り動かすという顕著な特徴を見せながら、校長は講義を始めるべく教卓の後ろに座ろうとしている。だがその前に、立ったまま、「ハフタ―ラ―」の最後の節、つまり礼拝の終わり際に、ト―ラ―の読解の後に読まれる預言者の書の一節が彼の内に惹き起こした興奮を、取り巻きの数人に打ち明ける。『アモス書』だ。「神が口をお開きになった。誰が預言せずにいられようか」。そうだ、と説教師レヴィナスは恍惚の表情を浮かべる。誰が預言者とならずにいられるというのか。

人間の条件の契機としての、霊感としての預言。人間的なるものの根本的な事柄とされた預言。全宇宙を支える私。

こうして私たちは、毎週の「パラシャ」[†3]に移る。「ヤコブは、父がかつて滞在していた国、カナンの地に身を置いた」(『創世記』三七章)。ラシ―の註釈は、こうだ。「ヤコブは平穏を知ろう、休息しようと欲したが、そこでヨセフとのいざこざが始まった」。師の方は、こう強調する。義人は休息してはならない、寝てはならない……正しくあるということ、それは見張っていることだ。

---

†3 ト―ラ―の内、週ごとに読む箇所。

だが、明らかにその朝、彼に着想を与えていたのは、ヨセフの人柄だった。「私は、また夢を見ました。太陽と月と一一の星々が、私にひれ伏しているのです」〔『創世記』三七章九節〕。師によれば、これは、すべてが彼に微笑みかけているという意味に取るべきだ。彼にはある種の恩寵があったのだ……父は、彼をこう咎める。「何という夢だ。私もお母さんも兄さんたちも、皆お前の足元にひれ伏すというのか」。ラシーは「しかし、彼の母は死んだのではないか」と驚きつつ、こう答えている。「そこから分かるのは、どんな夢においても、取るに足らないことがあるということだ」。

我が説教師の方は、こう説明する。「夢においては、どんなものも純粋な思想にはなりません。タルムードの一頁一頁のようには、いかないのです。夢に基付いてユダヤ教を構築することは、できません」。

石

「そしてヤコブはベエルシェバを出て、ハランへ向かった」（『創世記』二八章〔一〇節〕）。ラシーはこう問う。これはなぜ、ヤコブはベエルシェバからハランに行った、と言われていないのか。答えはこうだ。というのも、義人が出てゆくときはいつも、その地に空虚が残るからだ。彼がそこにいる内は、町には栄光と、輝きと、威厳があるが、彼がそこから出てゆくや否や、栄光も、輝きも、威厳も失せてしまうのだ。

哲学者の顔に、活気が漲る。「パリとは、ネオンや通りや往来ではありません。それはベルクソンであり……」。聴衆は続きを待ったが、続きは語られなかった。パリとは、ベルクソンなのだ。

二つ目の聖句はこれだ。「とある場所に来た」〔二八章一一節〕。ラシーはこう説明する。「大地が彼の足下で進み、彼の下へとやって来た」。「その時、日が沈んだので、そこで一夜を過ごすことにした」という続く句に対しては、ラシーは「その時間になる前に、太陽が突然沈んだため、彼は眠ることができた」と説明する。「彼はその場所にあった石をいくつか取って、枕にした」に対しては、ラシーはこう言う。「石たちは、互いに諍いを始めた。私たちの内のどれの上に、この義人は頭を乗せるだろうか、と。……その諍いの果てに、神はそれらをすべてまとめ、ただ一つの石にした。だから、もう少し先に「彼は、枕にしていたその一つの石を取った」とされているのだ」。

聖句はこう続く。「そして彼は、その場所で寝た」。ラシーによれば、「それは縮減、排除を語る言葉だ。それまで彼は寝ていなかった。ハムとエヴァの家にいた一四年もの間、一睡もせずにトーラーを学んでいた」。

師の方は、こう註釈を付ける。「義人が眼を閉じることができるというのは、突飛な考えなのです！」

聖句はこう続く。「あなたが今横たわっているこの土地を、あなたとあなたの子孫に与える」〔二八章一三節〕。ラシー曰く、「神はイスラエルの土地を折り畳み、獲得しやすいようにしたのだ」。

師は、このようなとても独特な空間と時間の使い方を強調する。地面は族長と出会うために自ら進んでいき、石は彼の頭の支えとなるように一つに集められ、土地は彼の任務を容易にするよう折り畳まれ、太陽は彼が休めるように沈む……。

ちょっとおどけて見せた後——「時間はありますか」に対して、少人数の常連が「もちろん！」と叫ぶ——、師はある一節を続ける。とはいえタルムードではなく、『ミドラッシュ・ラバ』[†4]（六五・九）の一節

†4　聖書を解説するユダヤ教の書物。

だ。

ミドラッシュが告げるところでは、アブラハムは神に対し、歳を取らせて下さいと懇願した。「というのも、ある男とその息子がどこかに行ってしまうと、どちらを讃えていいか分からなくなるから」だ。だからこそ、「アブラハムは多くの日を重ね、老人になった」と語られているのだ。

イサクは苦しみを求めた。「もし一人の男が苦しまずに死ぬならば、あの世で彼に為される仕打ちはいっそう厳しくなるから」だ。だから、「イサクの眼は霞んで見えなくなってきた」とされているのだ。

ヤコブは、病を神に懇願した。「知らされることなく死んでしまうのは、良いことではないから」だ。だからヨセフには、「あなたのお父様は、ご病気です」と告げられるのだ。

講義に集う面々

彼は背が低く、がっしりとし、饒舌だった。エジプトの出身だ。彼はいつも中央のテーブルの後に座っていたため、説教師の後ろ姿しか見えなかった。彼はぼんやりと聴いていた。あるいは少なくとも、哲学的な脱線や小声の省察といったものは、彼の関心を惹かないように見えた。彼の興味を惹いたもの、彼が耳をぴんとそば立て聴こうと身構えた時というのは、説教師が引用を指示しようとする時、もっと正確に言えば引用を探そうとする時である。その時、我らの小男は身を乗り出し、全身で集中する。すると、その節が魔法に掛けられたかのように、湧き出てくるのだ。このコーエン氏は、すべてを頭に入れていたということだ。誰かが『詩篇』や預言者の書や典礼書の一節の出だしを引用するや否や、彼はすぐさまその末尾を述べたり、典拠先を示したりする。これこそ彼がこの講義の中で演じることにした役割であって、それが彼の喜びとなっていたのだ。

だからしばしば、師は――彼に答えさせるのが嬉しくて――コーエン氏を探したり、あるいは探すふりをしたりする。軽く彼の方に顔を向けたり、彼に声を掛けたりすると、すぐさま奇跡のようにして言葉が返ってくる。その後、説教師がそれについて解釈を始めると、彼の方は興味を失ってしまう。もう、彼の問題ではなくなるからだ。だが、自分が求められていると感じるまさにその瞬間、彼は幸せそうに満足の笑みを浮かべるのだ。

結局のところ、出席者たちがレヴィナスの講義で好んでいたのは、こうしたことだったのだろうか。それが出席者たちを生き返らせるのだろうか。そうなのだ。知識を共有することで感じられる喜びだ。一冊の書物をめぐる交感だ。この書物を読解可能なものとし、それとの生き生きとした繋がりを保持することだ。

その週の主題は、エジプト脱出の逸話だった。「苦い水」(『出エジプト記』一五章)について語られる節を、生徒が読んだ。神はモーセに木を示す。モーセが木を水の中に投げ入れると、水が甘くなる、という話だ。哲学者はこの教えの意味を、こう説明する。時には堅い木の修業時代、つまりつらい修業時代を耐えねばならないが、それは最終的に角が取れて滑らかになる〔甘くなる〕ためなのだ、と。

ここにはレヴィナスの自身に対する態度、つまり、厳格であると同時に喜びを以ってテクストに接近しようとするその仕方もまた仄めかされていることに、みな気付いている。ざらついた木と、水の甘美さだ。

愛着

縦にも横にも大きくて、薄い青色の眼をし、白髪まじりの頭の男は、美男子で、気品があり、いささか謎めいたところもあった。音楽家で、ピアノで作曲も行なったが、ある時神に出会って以来、その神が彼の心を四六時中捉えて放さなくなった。以後、彼は数々のシナゴーグを巡り歩いては駆け込み、出会う人たち皆に「(旧約聖書の文句が書かれた) お守り」を着けさせ、パリの至るところで福音を説いた。

彼は礼拝の後もその場を立ち去りかね、とはいえ講義の常連たちの集団に加わることもできず、出たり入ったりしていた。当初、馴染みの聴講者たちは彼のことで愚痴をこぼしてもいたが、何年か経つ内に、何度も出たり入ったりを繰り返すその小芝居を面白がって眺めるようになった。彼らの集団は、年老いた師を取り囲むようにして座る。生徒がラシーの註釈が添えられた最初の数句を読み始めると、彼の引き摺るような足取りが聞こえてくる。彼は空いていた二つの椅子のどちらに座るか躊躇し、結局立っていたが、気を取り直して一瞬腰を掛けるとまた取って返し、シナゴーグの戸口から外に出たかと思うと再び廊下から姿を現わし、そうしてようやくすっかりいなくなった。

彼は、本当にレヴィナスに惹かれていたわけではない。レヴィナスは、彼の好みからすれば合理主義的すぎた。彼はレヴィナスに対して、ただほんのわずかの愛着を抱いていただけなのだ。

雲

講義に「たむろする人々」には、奇妙なカップルがいた。女性の方は盲目で、いつも鮮かな色の服を着て、頭には白いヴェールを巻いていた。礼拝の間は女性席の一列目に座り、点字で書かれた大きな本を追っていた。彼女の唇が動いたり、指が祈りのリズムに合わせて動くのを目にすることもあった。礼拝が終わると彼女は師の近くに座り、その隣に連れ合いが座った。彼女は一番いい席を選び、寛いで、まるで祝宴に備えるかのようだった。講義が始まると、彼女は周りを静かにさせ、極度の注意を払って耳を傾ける。顔は完全に説教師の方を向いているが、話題をじっくり味わうためであるかのように口は開いたままである。居ても立ってもいられなくなって隣に座っている人々に語られたことを註釈したり、時折アラブ系ユダヤの祝福の言葉を滑り込ませたり、神の加護を祈ったりもした。

連れ合いの男は喋らなかった。赤ら顔の厳かな顔立ちで、ごま塩のいささか粗野な顎鬚《あごひげ》が顔を長く見せていた。長い黒のフロックコートを着てフェルトの帽子を被り、腰には太い紐を巻き、「ハシディーム」〔ハシディズムを信奉する人々〕のような服装だった。彼らは互いに手で支え合い、ぴったりと寄り添っていた。彼女の方は時折近くの女性たちに話し掛けたりしていたが、彼の方は一言も発しなかった。

レヴィナスは、よく彼女の方を見た。彼女に対して語り掛けている、あるいは自分の議論の証人ないし宛先として皆の中から彼女を選んだ、という印象を受けることすらあった。彼が彼女に対して語り掛けると、興味深いことにその時には、あたかもよく聴き取れなかったかのように彼女は顔を軽く上げ、次いで分かったとでもいうように頷いてみせるのだ。

何度か、この講義は彼女のためになされているのではないかという気がしたこともあった。その週の一節の、最後の句が言う通りだ。「モーセが雲の中に入って行くと、神は雲の中にモーセのために一本の道を整えた」(『出エジプト記』二四章)。

釈義の美、こう哲学者は強調した。雲の只中に小道を見つけ出さねばならないのだが、いつも少しばかりの雲は保っておかねばならないのだ。

戒律

その週は、十戒についての一節だった（『出エジプト記』一八‐二〇章）。たいていそうなのだが、また毎年そうなのだが、師は、伝承では前半の五つの戒律を後半の五つの戒律と対にして置くよう命じられていることに、好んで注意を喚起する。すると、第一の戒律は六つ目の戒律と向い合わせになる。「私を措いてほかに、神はいない」には、それにこだます る、もしくはそれをさらに展開するかのように、「汝、殺すなかれ」が応ずることになる。神が到来する仕方とは、他人の顔に、それに危害を加えることの禁止のようなものが刻まれることである。他者のために恐れること以外に、神を恐れる仕方はない、というわけだ。

ここには、二重になった気遣いがある。こう哲学者は註釈する。あなたが「犬を恐れる（avoir peur du chien）」と言う時、これが意味するのは「あなたのことを心配して（avoir peur pour vous）〔犬を〕恐れる＝犬があなたに危害を加えないかと心配する」ということだ、というのだ。聴衆の中の若い女性が、隣の女性にこう耳打ちした。「私のお父さんたら、可笑しいのよ。宗教なんて全く信じてなかったけど、私に加護がありますようにって言う時だけ、神様を引き合いに出すんだから！」

師は、週の一節の最後の一句、「そして民全員は、音を見た」〔『出エジプト記』二〇章一八節〕を採り上げた。ラシーによれば、「彼らは耳で聴くことしかできないはずのものを、自分の眼で見たのだ」となる。

部屋にいた音楽家は、勝ち誇ってこう叫んだ。「音楽の場合もそうですよ。楽譜を目で見て、耳で音を聴くのですから」。

「そしてモーセは、神のいます密雲に近付いていった」(『出エジプト記』二〇章二一節)。ユダヤ教では、こんな感じになります。こう哲学者は説明した。神の持つ煌《きらめ》きを見出すために、闇を追い払わねばならないのです。

講義の終わりに、彼は周りにいる何名かの常連の聴衆と会話を交わし、彼の生地リトアニアで公刊されたばかりの本について話していた。それは共著本で、戦前の頃の師の一人について、彼自身が賛辞を捧げたものだった。「そう、彼にとって、ヨーロッパのほかには何も存在しなかったのです。そしてヨーロッパとは、ゲーテやシラーのドイツでした。ベルクソンのフランスは、物の数にも入らなかったのです」。

貧しき者

「あなたの敵のろばが荷物の下に倒れ伏しているのを見たなら、それを捨てておいてはならない。必ず、彼と共に助けなさい」(『出エジプト記』二三章(五節))。すべては具体的な事例に引き戻される、説教師はこう説明する。キリスト教の「汝の敵を愛せ」とはどういう意味か。まさしくこのこと、つまり荷物の重みに屈したろばを助けることなのだ。

あるいはまた、「訴訟において、貧しき者のために偏《かたよ》ってはならない」とある(『出エジプト記』二三章六節)。ラシーの解釈はこうだ。「訴訟においては、彼は貧しき者だ、だから優遇しなければならないという理由で、彼に有利にことを運んではならない」。これに続けて、哲学者はこう註釈する。「プロレタリアは、人間の条件から排除されてはならないのです」。

その週のために選ばれたタルムードの節は、『ベラホート篇』冒頭から採られた。それは古典的な節で——初心者のための篇だからだ——、聴衆も安心している。

朝の「シェーマ」（朝晩の礼拝の中心的な祈りである「聞け、イスラエルよ」）は、いつから読むことが認められているか。返答はこうだ。十分夜が明けてから。だが、日が昇ったことは、どうやって知るのか。こう答えられる。青緑と白を区別できる時からだ。だが、タルムードの賢者らは、もっとよい基準を持っている。四クデ[†5]離れたところにいる通行人の顔を見分けることができるようになってからだ。

儀礼、戒律、典礼——こうしたものの指標を日の光の下での顔の現われに求めることができて、哲学者もご満悦だ。

「言うために」

師は、その週の一節の真ん中にある、ベツァルエルによる祭壇の建設の逸話を採り上げた。「そして主はモーセに、こうした表現で仰せになった」（『出エジプト記』三一章一節）。生徒がフランスの律法博士たちによる古典的な翻訳に従って訳すように、「レモール」という語は「こうした表現で」と翻訳することができる。しかしそれは、この言葉の多くの可能性の内の一つにすぎない。文字通りには、それは「言うために」を意味する。あぁ、この「レモール」！　たっぷり余力があった時には、哲学者は、自分自身もその師から学んだ、この——おそらく聖書で最も頻繁に見かける——句について可能な解釈を、五つも六つも提示してくれた。その回では、その内の一つに留め、こう解釈した。「神はモーセに、繰り返し言うために仰せになった」。

その続きを生徒が読む。「見よ、私はユダ族のフルの孫、ウリの子ベツァルエルを名指しで呼び、彼に神の霊を満たし、知恵と英知と知識を持たせた……」。

ラシーは、こうした表現の各々について説明を加えてゆく。知恵とは、「人間がほかの者たちから聞き、学ぶもの」。英知とは、「人間が、自分が学んだことから出発して、自らの力で理解するもの」。知識とは、「聖霊」である。

哲学者の註釈によれば、これら三つの理解の仕方を結び付けねばならない。単なる感性ないし霊感は、英知によって働かされることがなければ、それだけでは力を発揮しえない。英知自身も、学びが伴なわなければ展開されえない。これら三つの調和こそが感情を鼓舞し、感嘆の念を抱かせる。真の芸術作品は、これら三つの構成要素を汲まねばならないのだ。

こうして、戒律の刻まれた石板の破壊に言及する句まで進んでゆくのだろうか。この件《くだり》に差し掛かると、彼はいつも、前半の戒律が刻まれた石板の破片は、幕屋の内側にある後半の戒律の傍らに恭しく保存されていることを強調した。散逸した破片から成る石版の全体を運ぶ祭壇、というイメージだ。成就と破砕、同意と疑い、確立と亀裂だ。

†5　二メートル程度。一クデはおよそ四五～五二センチメートルとされる。

節制

「主はアロンに仰せになった。あなたであれ、あなたの子らであれ、臨在の幕屋に入る時は、ぶどう酒や強い酒を飲んではならない」(『レビ記』一〇章八－九節)。

神のこの命令はイスラエルの祭司に宛てられた節制の勧めであるが、これはアロンの息子ナダブとアビフの死の逸話のすぐ後に出てくる。彼らは「主の前に、主が命じられたものではない、別の火を持って来た」からだ。

ラシーはこの「別の火」が何を意味するかについて、彼らは「臨在の幕屋に酔って入って来たのだ」と説明する。

哲学者の註釈によれば、そこにあるのは感情の吐露や激情、恍惚の拒否である。ユダヤ教は、酔いから醒めた成年者の宗教なのだ。神への接近は、決して神秘的な同化によっては為されない。それは至高者に自ら服することであって、交感《コムニオン》ではないのだ。

悪口

「主はモーセとアロンに仰せになった。もし、皮膚に腫れ物あるいは斑紋が生じて、癩病の疑いがある場合、その人を祭司アロンのところか、彼の家系の祭司の一人のところに連れて行きなさい」(『レビ記』一三章一－二節)。

ラシーはこう言う。そのような者は、彼自身が中傷、悪意、「悪口」によって自分自身で孤立を招いたのと同じように、孤立させられねばならない。

哲学者は、このシャンパーニュ地方出身の註釈者が「悪口」と癩病の間に立てた関係に、とりわけこだわる。耳元で囁かれるこれらの「うわさ」は顔面に突如出現し、顔面を覆い、全身を苛み、ついには衣服や周囲にまで及ぶというのだ。あたかも、人目を避けて発せられる腹黒い当てこすりそれ自体が、癩病の始まりであるかのようにだ。

さらにレヴィナスは、ユダヤ教の伝統においては、悪しきことを言うこと、「悪口」の咎があるとされること、それは同時に三人の人間に過ちを惹き起こすとされていることに、注意を喚起する。すなわち、その発言をした者、その発言を聞いている相手、そして発言の中で問題になっている者である。三人とも、責任がある、咎があると宣告されるのだ。対話相手に関して言えば、話し手に迎合して耳を貸すことなどしないこともできたからであり、いずれにせよその駄弁を止《と》めることはしなかったからである。だが、悪意の主題となっている者も、咎を免れない。当人がそこに不在だとしても、もしその人が図らずも「悪口」の原因を作ってしまったり、それを呼び起こしてしまったのだとすれば、無実ではないとみなされるだろう。この件でまったく無垢な者は、いないのだ。

売春

説教師は、ある女性を話題にした、その週の一節の最後の部分を採り上げた。ラシーが売春婦だったと言う、シェロミト・バト＝ディヴリの話である。

「イスラエルの人々の間に、イスラエル人を母とし、エジプト人を父に持つ男がいた。この男が宿営において、一人の生粋のイスラエル人と争った。イスラエル人を母に持つこの男は、主の御名を口にして冒瀆した。人々は、彼をモーセのところに連行した。母の名はシェロミトといい、ダン族のディヴリの娘だった」(『レビ記』二四章〔一〇-一一節〕)。

彼女が売春婦であったことは、どこから分かるのか。ラシーは、それを彼女の名前から引き出す。シュロミトは「シャローム(今日《こんにち》は)」から、ディヴリは「ダヴァール(言葉)」から来るからだ。このフランス生まれの釈義家は、こう説明している。「彼女は一人に「今日は」、別の人にも「今日は」、皆に「今日は」と、絶えずお喋りをしている……」。

哲学者は註釈する。ラシーはこうして、誰にでも無責任に話し掛けるこの多弁を嘲っている。冗長な言葉、安売りの、あるいは過度の言葉は、売春の始まりだというのだ。

モーセ

週の一節で、モーセの死への言及があった。「モーセは全イスラエルの前に歩み出てこれらの言葉を告げた後、こう言った。「私は今日《こんにち》、すでに一二〇歳であり、もはや入ったり出たりすることはできない」」(『申命記』三一章一-二節)。

ラシーはこう述べる。「私はもはや、トーラーの言葉の内に入ったり、そこから出たりすることはできない、ということだ。伝統と知恵の源泉が、彼には見通せないものとなったのだ」。

哲学者は、モーセはもはや自分自身の源泉への通路を持たなくなった、と註釈する。ミドラッシュ〔聖書の註釈書〕はさらに、夢の中でモーセは、タルムードの学校でラビ・アキバと自分が一緒にいるところを見た、と付け加えている。そして不思議なことに、彼はそこで語られていることについて何一つ理解しなかった、と。

ミドラッシュはさらに、聖書の続く部分――「誰も彼の墓の場所を知らない」〔三四章六節〕――に言及しつつ、モーセ自身も自分がどこに葬られるかを知らなかった、と語る。彼自身が、自分の営為の行きつく先を知ることがなかったということだ。「註釈とは、常に忠誠であると同時に裏切りである」ということを原理に掲げる、驚くべきミドラッシュだ。

哲学者が毎週土曜日の講義で試みていたのは、多少ともそのようなものではなかっただろうか。註釈すると同時に転覆すること。註釈の伝統に身を滑り込ませつつ、テクストに新たな活力を吹き込むことではなかっただろうか。

子孫

その時の講義は、とても短かった。聴衆たちは、初めから彼の調子がよくないと感じていた。講義室の傍らにある学校の食堂で皆がコーヒーを飲んでいる間も、彼は講義室で書物を開いて座ったままだった。若い女性が、彼が好むからと、一語一語を区切ってはっきりと音読をした。ほかの場合であれば彼女を熱烈に褒めただろうが、しかしその時の彼は、そこにいないかのような、弱々しい感じだった。一五分ほど続けると、退室してもいいかと皆に尋ねた。

「アロンとモーセの子孫は以下の通りである」(『民数記』一三章)。ラシーはこう註釈する。「なぜ、モーセの子孫については言及されていないのか(アロンの子孫だけなのか)。トーラーを隣人の子に教える場合、それは自分自身がこの子を産んだかのようになる。真の子孫、それは生徒、つまり自分が教えた相手である」。

哲学者はこう述べた。「私が残ったのは、まさにこれを言うためです。ユダヤ教の真の親子関係、それは教えを受けた民であるということなのです」。

第8章　タルムード講話

ラビのダニエル・エプスタンは『タルムード講話』のヘブライ語への翻訳者だが、レヴィナスについて、タルムードの「現象学的読解」、一種の「現象学的ミドラッシュ」だと述べている。その読解は、各々の節を「スギアー」[*1]のいっそう全般的な文脈の中に組み入れながら読み、忘れられたもの、無視されたもの、曇らされたものなど、テクストの隠された地平を顕わにする。

実際、彼の仕方はこのようなものだった。これはおそらく、彼が現象学の教育を受けた点に負うと同時に——彼のタルムード講話は、その主著『全体性と無限』が書き終えられた時期に始められた——、おそるべき人物シュシャーニ師との交流に負うものである。

タルムードは理論や概念を嫌い、日々の生活、人々の間のやり取り、家族関係、誕生や死……を採り上げる。「事象そのものへ」——現象学者なら、そう言うだろう。「崇高な凡庸さ」——ある日レヴィナスは、こう述べることになる。[*2]

これらのテクストは、全く著作らしいところが見当たらない。少なくとも、文体には関心が置かれていない。もともとは口承であった教えの痕跡を留めており、その対話という位置付けゆえに、開かれたままになっている。各々の読者は、自分の唯一性を持ったまま、また自らの読解のかけがえのない性格を保ったまま、そこに入り込み、参加する。註釈に対しさらに註釈が付け加わることで、歴史を通じて各時代に各人が為した貢献が、この作品の生そのものを織り上げてゆくのだ。

彼がシュシャーニから学んだのも、そのことだった。タルムードの内に時代遅れなものを見ることを拒否し、あるいはまた軽々しくタルムードに近付いてゆくことを拒否する。孔を開けたり、裏返したり、逆さにしたりしながらそこに入り込み、そこから養分を得るようなアプローチだ。全く敬虔でないばかりか、敬虔であることを自らに禁じさえし、自由を勝ち取ることを求めるような、転覆的な読解だ。初期のタルムード講義を収めた最初の著作の序文で、レヴィナスはこう書いている。「タルムードは、ほかの探求者たちをこの自由へ誘おうとしている。この自由を欠くと、タルムードの頁に刻まれている知性の最上の行使それ自体が、あらかじめ得られた合意の下でのくだくだしい祈りや恭しい呟きに変わってしまうかもしれない。タルムード学者たちがタルムードの頁に親しんでいることはなるほど羨むべきことだが、彼らのこうした合意は非難されうるものだ」。この序文は、こう締めくくられている。「以下に読まれる四つの講話が示そうとしているのは、まったく言い表わしようのない偉大な教えを願い求めることでしかない*3」。

ユダヤ知識人会議

一九五七年、エドモン・フレッグとレオン・アルガシを中心にして、フランスユダヤ知識人会議の構想が生まれた。これは、世界ユダヤ会議の後援を受けて毎年開かれることになる。彼ら二人は初めからエマニュエル・レヴィナスに参加を求め、彼もそれを受諾した。

初年度、彼は議論には参加したが、正式の発表者ではなかった。

二回目の会議は一九五九年九月に行なわれたが、そこで彼はフランツ・ローゼンツヴァイクについての講演を行なった。そして、一九六〇年九月の第三回会議で初めて、彼は「タルムード講話」――まだ、そうは呼ばれていなかったが――を行なった。会の司会はウラディミール・ジャンケレヴィッチ[†1]が務め、主題は「『サンヘドリン篇』におけるメシア的時間と歴史的時間」だった。

この年、すなわち一九六〇年以降、それが恒例となる。知識人会議はアンドレ・ネヘルの聖書講話で幕を開け、エマニュエル・レヴィナスのタルムード講話で閉じられることになるのだ。哲学者は、後に自らが行なった講話を五冊の書籍にまとめるが、その最後のものは自身の死の一年後に公刊された。

「私たちは、もしかすると読み方を忘れたのかもしれない。もはや聖書と文献資料の違いも分からなくなっている。両者を区別するのは、あらゆる波乱や、そのきっかけとなったあらゆる「経験」から純化され、聖書に結実する霊感である。聖書において各人の魂は、釈義へと呼び覚まされる。テクストの厳密な読解と同時に、テクストと魂が取り結ぶ関係の唯一性――全くの永遠性において唯一つの――とを指針とする釈義だ。この釈義はテクストを発見することでもあり、この発見がその不可欠の部分でもある。私たちは一人の偉大な師から、「我らがトーラーの中で占める部分を我らに与えたまえ」という典礼の文句の読み方を教わったのだが、それはこのような意味においてである」[*4]。

レヴィナスがここで言及している「偉大な師」とは、彼にタルムードへの手ほどきをしたシュシャーニ

†1 (Vladimir Jankélévitch, 1903-1985) フランスのユダヤ人哲学者。ベルクソンやシェリングの研究から出発し、独自の形而上学・道徳哲学を展開した。

である。彼がレヴィナスに、これらの古い論議をどのように読むべきかを教えたのだ。

シュシャーニのもう一人の弟子であるシャロム・ローゼンベルクは、そのことを彼なりにこう述べている。「これらのテクストは私たちにとって、遠くにいる愛する人の手紙のようなものです。その人の気持ちに反してでも保存し、信じつつ接吻し、何千回と読み返す手紙、私たちの魂の内に刻まれ、私たちの魂を作り上げ、私たちの魂が太古の昔から格闘しているテクストです」。

泌尿器科の専門医でありながら世界イスラエリット連盟の総裁を務めるアディ・ステッグ教授は、こう回想する。「私は、戦後に世界ユダヤ会議が組織していたユダヤ知識人会議を通じて、世界イスラエリット連盟以前からレヴィナスのことをよく知っていたと言っていいと思います。この会議は一つの事件でした。というのも、戦後間もない頃は知識人たちも悲嘆の中で虚脱状態に陥っていたのですが、この会議は彼らを再び生き生きとさせる働きをしたのです。これは、一種の挑戦ないし巻き返しのようなものでした。タルムード講話は独特のスタイルを持っていて、その意味で、ユダヤ教をそのような形で提示することはまったく新しいことだったのです。それは、テクストを根拠として、そこから出発する学び、テクストへの回帰という、ユダヤ教にとって根本的なことだったのです。レヴィナスは註釈するタルムードの一節のヘブライ語とフランス語のタイプ謄写版印刷稿を配布していたので、ヘブライ語を解さない人たちも眼の前にそのテクストを置いていました。このことが重要だったのは、エマニュエル・レヴィナスの講演は、テクストについての研究ではなく、テクストそれ自体の研究だったからです。アンドレ・ネヘルの聖書講話はもっと伝統的なものでした。彼は聖書を引用していましたが、知的な層では、またユダヤ人でない層でもそうですが、聖書は知られていました。ところが、タルムードはまったく知られておらず、ポーランドやモロッコ近辺の長い顎鬚を蓄えた純朴なユダヤ人だけのものでした。タルムードをフランス語で、公的な場で、しかもこうした東ヨーロッパやマグレブ地域の古いユダヤ人たちと同じ仕方で学ぶことができるという考え《アイデア》は、並外れたものだったのです。私がこの講演を初めて聴いた時、本当に衝撃を受け、感動しました。私は馴染みの国に、しかも別の言語で戻って来たのです。講演は、哲学者でもある人によってまったく聴いたこともない仕方で語られたのですが、とはいえ私が知っていたタルムードの教えを決して裏切ることはありませんでした。まったく以って巨大な事件でした。もう一つ私が驚いたのは、レヴィナスがタルムードの学校に居るように教えたということです。つまり、護教論をしようとするのでも、道徳を説こうとするのでもなく、「イェシュ・オムリン」*5の伝統に従って教えたのです。そこから何を導き出すかは、聴き手に委ねられていました。もちろんそれは、構造や筋道のしっかりした知的な講演でしたが、自分の解釈を押し付けるようなことは一切ありませんでした。その数年の間中ずっと、彼の教えは革命的なものでしたし、同時にかなりの反響も呼び起こしました」。

知識人会議はたいていの場合、東方イスラエリット師範学校で開催されていたが、何度かラシー・センターでも行なわれたし、後にはパリの教室やソルボンヌでも行なわれた。そこには、多くの人が詰めかけた。ある時など、司会を務めていたラビのジョシー・エイセンベルクがこう述べたほどだ。「司会を務めることができて、光栄です。私にとってこれは、自分に場所があるということを確信する唯一のことでしたから！」

タルムード講話は、いささか壮大なミサのようだった。講話は省察にリズムを与え、それをテクストの中に植えつける。また講話は、独自の規則、独自の演出を持った一種のショーのようでもあった。ヘブライ語のタルムードの一頁が、フランス語訳と共に配布される。説教師はまずテクストを小部分に分類し、その後それぞれについて註釈を加えてゆく。ある時など、テクストを配布した後、聴衆に向けてこう言ったこともあった。「テクストは持ち帰らないで下さい！」書かれたテクストと口頭の註釈を分離してはいけない、ということだ。「釈義家の声が聴こえなくなると、その自分の声が聴衆の耳に長く響き続けると信じたい人もいるかもしれませんが、その時テクストは不動のものに反転し、再び謎めいたもの、よそよそしいものに、あるいは場合によっては突飛な擬古主義にすらなってしまうのです*6」。

因みに説教師は、配布されたテクストの無味乾燥さに不満ではなかった。フランス語訳によってこの無味乾燥さがいっそう増した時には、喜んでさえいた。というのも、そうした訳によって、「砂漠のようなテクストから一滴の水を汲み出すこと」が可能になったからだ。わけても彼は、「岩を打ち砕き、そこから火花を湧き出させるハンマーのような」という隠喩を用いていた。あるいは、こういうものもあった──それを私は、レヴィナスによってこの隠喩がヴォロズィンのラビ・ハイームによるものだと教えてもらう以前に、私自身の父が行なったラビ説教の中で耳にしたことがある。「息を吹きかけることで火が点くが、息があまりに少ないと灰のままである熾《おき》のような」という隠喩である。

註釈は、さまざまな時代、文脈、場所を行き来した。まるで釈義というのは、ある時間がほかの時間との関係で意味を持つ可能性にほかならないかのようだった。

彼は、歴史学者や文献学者の意見、あるいはそのテクストが書かれた時代のことなど、意に介さなかった。テクストの中に知性、繊細さ、精神性を認めれば、それで十分だったのだ。場合によっては、一〇〇〇年も前の古いテクストとテレビで見たその日のニュースとの繋がりをいきなり指摘し、現実問題に不意に結び付けることも厭わなかった。

二三回の講話

一九五七年の第一回知識人会議の際、レヴィナスの発表はなかったが、彼が口頭で述べたことの記録がジャン・アルプランによって大切に保存されている。アルプランは何十年にもわたり一連の会議を作り上げた第一人者にして開拓者であり、レヴィナスの最も近しい友人の一人だった。「ユダヤ教は宗教ではありません。宗教という語はヘブライ語には存在せず、はるかにそれ以上のもの、存在の理解の仕方なのです。ユダヤ人は、歴史の中に希望という観念、未来という観念をもたらしました。プラトンは私たちに理想的な都市国家の構想を示しましたが、それをどう実現するかについてはほとんど何の指示も残していません。さらに、ユダヤ人には、他人に対する自らの義務は神に対する義務の前に来る、あるいはより正確に言えば、他人とは至高の場、聖なるものとすら言っていいかもしれませんが、そうした場からの声だという感覚があります。倫理とは神を見る一つの見方なのであり、神に敬意を表わす唯一の道は隣人に対する敬意という道なのです」。これについて、アルプランはこう述べている。「これこそ、レヴィナスが捧げ持つ紋章のようなものです。というのも、今引いたレヴィナスの言葉には彼がユダヤ教を見る見方のすべて、彼がユダヤ教をどれほど真剣に捉えているか、また神との関係や他人との関係についての見方の要約のようなものがあるからです。この引用ですでに、すべてが告げられているのです。その次のセッションでは、とはいえまだ一九五七年の会議でのことですが、彼は、今日どのように生きるべきかとか、正義はどこにあるかといったことを示してくれる声がイスラエルから聞こえてくるのを私たちが期待していること、そして私たちが正統的なユダヤ思想を求めていることに言及しています。あたかもそこにすでに、それに続く四〇年にわたって生じることのすべてについての意図が宣言されているかのようです」。

臆病さと大胆さ。道徳と政治。メシアニズムと歴史の終わり。赦し。誘惑。イスラエル。世界はユダヤ人を必要としているか。ユダヤ教と革命。イスラエルの若さ。ユダヤ人と世俗化された社会。安息日。イスラエルの孤独。戦争。西洋というモデル。イスラム共同体。宗教と政治。共同体。現在形の聖書。イスラエル、ユダヤ教とヨーロッパ。偶像崇拝。記憶と歴史。七〇の国民。貨幣。国家の問題。他人事《ひとごと》……。

以上は、一九五七年から一九八九年まで引き続いて行なわれた知識人会議の主題《テーマ》である。レヴィナスは、二、三の例外を除いて、そのすべてに参加した。そこで二三回の講話を行ない、準備委員会にもほとんど途切れることなく参加し、また主題《テーマ》が練られる会合にも最後まで、体力が衰えてきた時期にも出席した。

ジャン・アルプランはこう語っている。「こう言わねばなりません。私たちが三六回目の知識人会議の主題《テーマ》をレヴィナスにすることにし、その標題を「困難な正義、エマニュエル・レヴィナスの痕跡の中で」とした時、私たちは単に彼が私たちと共に居たことを記念し讃えることだけを望んでいたのではなく、彼が私たちに伝えてくれたこと、彼の思想が私たちに根本的な仕方で示してくれたことの中に彼自身を置き直そうとしたのです。私はレヴィナスと知識人会議についての発表をし、彼の二三回の講話を採り上げました。私たちの要求に応えようとする彼の方法、熟練の技、配慮を毎回のように前にして、眼も眩むほどでした。彼は、知識人会議がそのつど掲げた問いを例証するために自らが選んだタルムードの頁について、何か月も何週間も熟考を重ねただけでなく、自分が註釈を付ける節に自分自身で翻訳を準備していました。速記録や磁気テープに記録された講話の内容を文字に起こしたものを見せられた時など、彼は、自分が表明した思想ではなく、発せられた言葉が繰り返されることに、全く比類ない躊躇いを示しました。彼にとって、その生涯においても作品においても、これらの講話にあてがわれた位置は非常に大きなものだったのです。私としては、レヴィナスの思想のユダヤ的な側面において、これらの講話は中心的な場を占めていると言いうると思います」。

彼はタルムードの節を、どのように選んでいたのだろうか。ある日彼は、理工科大学校教授で知識人会議の準備委員会の委員でもあったクロード・リヴリーヌに対し、マイモニデスの『ミシュネ・トーラー』[*7]の中に知識人会議の主題に最も近いものがあると当たりを付け、それをマイモニデスの源泉に遡って探しているんだと打ち明けたことがあった。こうして、初めは斜めからの、間接的な、遠い関係にあったものが、講話が進むにつれて次第にはっきりと姿を現わしてくるのだった。

一九六六年の「世界にとってユダヤ教は必要か」を主題《テーマ》とする知識人会議では、レヴィナスは『サンヘドリン篇』の一節を採り上げた。[*8] ミシュナー[†2]では、最高法廷《サンヘドリン》の判事たちについて、彼らがどのように座らなければならないかが語られている。「最高法廷は、全員が互いを見ることができるよう、半円形になっている」。これに対しゲマラーは、[*9] 聖書のどの句からそのことが引き出されるのか、と問う。「それは『雅歌』から学ぶことができる。「秘められたところは丸い杯、馨《かぐわ》しい酒に満ちている。腹は百合に囲まれた小麦の山」〔七章二節〕」。

エロス的なテクストが法廷と正義を基礎付けるとは、どういうことか。これが哲学者の最初の問いかけ

†2　タルムードに含まれる口伝律法を纏めた部分。

であり、これが機縁となってそこから「諸々の顔の集まり」としての社会についての議論が展開されるのだ。

知識人会議が「西洋というモデル」を主題にした時、彼は『メナホート篇』に取り組んだ。[*10] そこでは神殿の調度品や、祭壇に「常に」置かれなければならない「供え物のパン」が問題となっている。哲学者がこだわるのは、この「常に」が何を意味するのか、「常に」と同じ性質を持ち得るもののカテゴリーは何か、ということだった……。

読解は学びであり、努力であり、言葉に課せられる暴力である。一九六四年の「誘惑」を主題とする知識人会議で註釈された『シャバト篇』のテクストの場合が、そうだ。[*11] そこでは、「あるサドカイ派の人は、ラッパ[†3]が研究に打ち込み、自分の指を踏みしだいて地面に擦りつけていたが、あまりに強く足を踏みしだいたため血が噴き出したのを見た」と言われている。レヴィナスの註釈はこうである。「血が噴き出るまで踏みしだくというのは、おそらく、テクストに潜む生に到達するにはテクストを「踏みしだく」必要があるということだろう」。

読解とは開かれた対話であり、生きた学びと切り離すことができないのだ。テクストは、解決策を提示するというよりはむしろ、問題を揺さぶり、煽る。テクストは隠された学知の一切を蔵し、それを踏みしだく術を持った者だけがそこに接近することができるのだ。

革命とカフェ

知識人会議の主題は、しばしば現実情勢に合わせて設定された。一九六九年は「ユダヤ教と革命」だった。このテーマに応ずるためレヴィナスは、開口一番に「この部屋には、私よりもタルムードをもっとよく知っている人がいるのではないかと恐れます」と述べ、次いで「加えて今年は、ユダヤ教への「異議申し立て」をする者をも恐れなければなりません」と述べた。そうして彼は、悪戯《いたずら》っぽくこう付け加えた。「まったく明らかなように、両者は同じではありません。恐れるべき人はほかにもたくさんいますからね」。

哲学者は『ババ・メツィア篇』から一節を採り上げた。[*12] ミシュナーは告げている。雇い主は、当地の慣例に従ってでなければ、賃金労働者を朝早くから夜遅くまで拘束してはならない、と。ゲマラーは、雇われ人が働きに出かけて帰って来るまでに必要な時間を問題にしている。そして、『詩篇』の一節に依拠して、行きの時間は雇い主の時間に合わせねばならず、帰りの時間は自分自身の時間に合わせるべきだ、と明記している。

同じ節についてレヴィナスは、盗人を捕える任務を負った役人とラビ・エレアザル・バール・ラビ・シモンとの間で交わされた突飛な対話を引き合いに出し、こう続ける。「ラビ・エレアザルは言う。来たまえ。どうしたらよいか、教えてあげよう。四時ごろ旅籠屋に来なさい。もし、ワインを飲んで手にグラスを持ったままうとうとしている者に会ったなら、調べなさい。もし、それが学者だったら、それは学びのためにあまりに早く起きたためだ。もし、それが日雇い労働者だったら、朝早くから仕事に行ったためだ。夜間労働者だったら、彼は針を作っていたのかもしれない。もし、それがこのいずれでもなければ、それは盗人だから捕まえてよい」。

---

†3 (Raba) 三世紀後半から四世紀前半にかけてのバビロニアの賢者。

この突飛な会話をきっかけに、哲学者はカフェについて、次のように雄弁かつ驚くべきことを述べたのだった。カフェとは、「通りと同じ高さで、安易に人々と交際でき、お互いに責任を持たなくてよい、開かれた家のようなものです。必要もないのに入って、疲れてもいないのに座り、喉が渇かずとも飲む……カフェは〔地に足を着けた者たちのための〕場ではなく、交際なき者のための、連帯も共通の利害もなき者のための、つまりは戯れの社会のための非‐場所《ユートピア》なのです。戯れの館であるカフェは、生活の中に戯れが入り込み、生活を解体してしまうような地点です。昨日も明日もなく、責任も真剣なものもない社会、気晴らしと退廃です」。

『講話』の一頁全体に及ぶこの完膚なきこきおろしは、六八年五月[†4]に対する彼の返答なのだろうか。あの「カルチェ・ラタン」が、公然と侮辱されたということなのだろうか。彼は戦後のサルトルのこと、サンジェルマン・デ・プレ街の実存主義者の一群のことを、念頭に置いているのだろうか。

実際のところ、そこは彼の世界でも、彼の場でも、彼の流儀でもなかった。彼がカフェのテラスに一人座っている姿は、一度も目撃されたことがない。東方イスラエリット師範学校の時期からすでに、レヴィナスはカフェで時間を潰しに行く人々を不信の眼で見ていた。とはいっても、彼の揶揄は、そうした当時の時代状況に向けられていたわけではない。「私は町のカフェに戦いを挑んでいるわけではありませんし、パリのカフェ経営者皆を敵に回したいわけでもありません。そうではなく、カフェは一つの生活様式の具体化なのであって、ある存在論的な範疇に由来すると言いたいのです。そしてその範疇を、ラビ・エレアザル・ベン・ラビ・シモンはその時代の原始的な旅籠屋に見出したのです。それは、西洋的な存在様態に本質的な範疇です。ひょっとしたら、それは東洋的でもあるかもしれませんが、とはいえユダヤ的な存在様態はこれを拒否するのです」。

存在論的範疇でもあるとすると、採り上げられた篇は異様なものに見えてくる。聖書の多くの舞台、とりわけ族長の内の何人かの逢い引きの場面では舞台装置として泉が出てくるだけに、なおさらだ。泉はおそらくカフェや居酒屋よりは詩的だろうし、もしかすると旅籠屋ほどには無為徒食や悪癖に似つかわしくないかもしれないが、それにしてもだ……。

ついでに言い添えれば、この同じ知識人会議でエマニュエル・レヴィナスは、ある相手からの手紙を読むことになっていた。彼はその相手の名前は言わずに――とはいえ、皆それがモーリス・ブランショだとすぐに分かった――、この相手は文学の世界で卓越した位置を占めていて、六八年五月の運動にも完全に参加していたとのみ、説明した。この高名な書簡文作者は、いくつかの左翼運動のセクトに対して、彼らがイスラエルに対して明白な敵意を示しているがゆえに、自分は距離を取ってきたと打ち明け、友人であるレヴィナスにそのことを知らせたいと望んだのだ。

戦争

一九七五年一一月、血生臭いヨム・キプール戦争〔第四次中東戦争〕から二年後、知識人会議は「戦争に直面して」を主題《テーマ》とした。レヴィナスが註釈に選んだテクストは、直接この主題に触れるものではなかった。『ババ・カマ篇』から採られたこのテクストは、火が原因で惹き起こされた損害に関するものだっ

†4　五月革命。自治と民主化を求める学生運動に端を発した反体制運動と、それに伴う政府の政策転換。

た。[*13] このテクストの特殊性は以下の点にある。それはハラカー、つまりどのような振る舞いをすべきかを教える法、戒律、規則を対象にしていた。だが、ハラカーはすぐさまアガダー、つまり説教を述べる節へと変化する。アガダーとは、レヴィナスによれば「タルムードの思想の中で哲学的な見方が、つまりイスラエルのまさしく宗教的な思想が示される様態」である。さらに彼は括弧を付けて――ただし、多くの場合そうであるように、そこに彼は本質的なことを滑り込ませるのだが――、こう付け加えている。「私にとって哲学は、宗教から派生したものです。哲学は、おのれがそこから派生した宗教によって呼び求められているのです。そしておそらく宗教は、絶えず流れ出してやまないものなのです」。哲学は神秘の中に入ってゆくことはできず、その戸口に私たちを連れてゆくだけだという考えは、さまざまな形で彼の下に見られる。

　ゲマラーはこう述べていた。「ラヴ・アッシとラヴ・アミは、鍛冶屋のラビ・イツハクの前に座っていた。一方は彼に対しハラカーを論ずるよう、他方はアガダーを論ずるよう、頼んだ。そこで彼がハラカーを論じ始めると、後者がそれを邪魔した。そこで今度はアガダーを論じ始めると、前者がそれを妨げた。そこで彼は、二人にこう述べた。これからあなた方に、一つの寓話をお話しします。この寓話は、二人の女性、一人は若く一人は老いた女性のいるある男を喩えに引きます。若い方の女性は彼から白い髪を抜き、老いた方の女性は彼から黒い髪を抜きます。そうして彼は、両方から禿になっていきました」。

　レヴィナスはこの寓話が気に入っていた。「禿頭が品位を下げるものでないことは知ってます。それは、ただ頭部を、つまり知性を顕わにすることなのです」。彼は根底的な問題に進む前に、こうしたユーモアを込めて――これは彼のほかのテクストには見られない、この知識人会議向けのものだ――こう言った。

問題はつまり、伝統と現代の間の抗争、掟が色褪せた時ですらそれから離れまいとする者たちと、流され、漂う恐れがあったとしても刷新を尊ぶ者たちの間の抗争だ。レヴィナスはこう断言する。「若者と老人のこうした分割、革命主義者と伝統主義者の断絶が、糾弾されているのです。伝統的なものの崇拝も、現代性の崇拝も、共に糾弾されています。そうした崇拝において、精神はその主権性を失ってしまうからです」。

レヴィナスは発表のたびごとに、自分がタルムードに取り組んだのは後年になってからであり、ある師の指導の下でだったこと、一介の愛好者《アマチュア》にすぎず「日曜タルムード学者」であることに、わざわざ注意を喚起している。しばしば、名を挙げてシュシャーニに敬意を示したりもした。別の時には、ネルソン博士がいてくれると安心する、と述べたこともある。

ある時には「若者」（華々しい、常に華々しい者）に向けて、パリ（これは彼にあっては常に、流行という意味だった）に向けて、「パリの知識人」（苛立たしさの徴《しるし》である）に向けて、あるいは『ル・モンド』紙の「コラム」（臆見である）に向けて、レヴィナスが批判の矢を放つこともあった。しかしその批判は、いつもユーモアのある表現で和らげられていた。

またある時には、懐疑主義者や嘲笑家、煙たがられるような人を非難することもあった。こうした場合には、しばしばウラディミール・ラビ[†5]が槍玉に上げられた。彼は反体制派の役割を務めることとなったが、同時にこの知識人会議には欠かせない対話相手でもあった。

弁護士で文学批評家、気が向けばスキー選手でもあった彼は、口喧しいが人の心を奮い立たせもし、会

---

†5　(Wladimir Rabi, 1906-1981) リトアニア生まれのユダヤ人で、フランスで活躍した著述家。

議を揺さぶるために計算尽くで相手を「罵倒する」才能もあった。彼の標的はとりわけ、彼にとって正統的なエスタブリッシュメントの象徴だったアンドレ・ネヘルだ。レヴィナスには敬意を払い、正面から攻撃することはなかったが、揶揄や嘲弄を好む性《さが》だったため、彼がいつその怒りを爆発させるかを、人々は期待もすれば恐れてもいた。晩年にはもう情け容赦なく、ユダヤ共同体に現にあったネヘル崇拝を、マニトー[†6]崇拝やヴィーゼル[†7]崇拝と、さらにはレヴィナス崇拝とさえごちゃまぜにして、非難していた。

　したがって、ラビとの激しいやり取りは避けがたいものだった。だが、レヴィナスは彼をずいぶんと気に入っていた。この優しき扇動家は、レヴィナスに刺激を与えていたのだ。テクストの「不明瞭さ」に不満を述べ、テクストの釈義よりも歴史的な成立過程に関心を抱く人々を引き合いに出す必要が生ずると、レヴィナスはいくらかの愛情を込めて、ラビに意見を求めた。彼はそうした思想潮流の象徴だったのだ。レヴィナスは選択肢を持っており、アルベール・メンミやロベール・ミズライといった知識人会議の常連に意見を聞くこともできた。しかし、レヴィナスにとって説得すべきは、この懐疑的ないし敵対的な対話相手にして友好的な検閲官であるラビだったのだ。

　知識人会議の主題《テーマ》の選択について決定権があったのは準備委員会だったが、しばしばレヴィナスの助言が聞き容れられた。たとえば、もう彼が準備委員会に姿を現わすのも最後の時期になっていたが、ベルリンの壁の崩壊の後がそうだった。クロード・リヴリーヌはこう回想する。「共産主義の崩壊と共に、進歩という観念は取り返しのつかない損害を受けました。彼は、こういううまい言い回しを用いていました。「私たちは時計を持っていたけれど、それが狂ってしまった。時間はその方向《オリエント》を失った」。因みに、レヴィナスが提案したのは「何の時か」というものでした。これは彼の好んだ言い回しです。そして私たちは最終的に、「方向を失った時間」という主題にすることにしたのです」。

レヴィナスが参加した最後の知識人会議は一九八九年だったが、「記憶と歴史」を主題《テーマ》としていた。そこでレヴィナスは、講演の半分をワシーリー・グロスマンに割いた。〔ソ連の〕反体制派の作家で、記念碑的な作品『人生と運命』の著者である。レヴィナスがこの本を発見したのは遅く、晩年になってからだが、これを直接ロシア語で読み、深く感銘を受けた。以後、同書は彼の内で重きをなし、多くの刺激を与えるものとなった。

ジャン・アルプランはこう述べる。「これらの知識人会議を通じてこそ、彼は自分のユダヤ教を最も見事に言い表わし、それを理解させ、反響させたのです。さまざまな枠組みで、レヴィナスに対し自分がユダヤ人思想家であることを語らせようとするテクストが、いくつも公刊されました。しかし、彼はこうしたレッテルはあまり好みませんでした。信仰告白的な思想に閉じ込められたままであることを望まなかったのです。彼は端的に一人の思想家と見なされ、理解されることを望んでいました。とはいえ、それでもやはり、端的な彼の思想が、実際上はしばしばユダヤ思想として読まれていたということはあります。というのも、その思想は隅から隅まで、彼が常に護持していたユダヤの教え、「アハヴァット・イスラエル」〔イスラエルの愛〕、ユダヤの知識から着想を得たものだったからです。ですから、『全体性と無限』や『存

---

†6　レオン・アシュケナジー。(Léon Ashkenazi, 1922-1996) のこと。アルジェリアに生まれ、フランスで活躍したラビ、思想家。本書第I部6章も参照。

†7　(Elie Wiesel, 1928-) ルーマニア生まれのアメリカ人作家。自らの強制収容所体験を記した自伝的作品でノーベル平和賞を受賞。

在するとは別の仕方で』や『他者のヒューマニズム』を開く時、いくつかの節ないし段落で、参照もされていなければ脚註も付いていない場合でも、それを読めば、まさしくレヴィナスが自らの哲学的な作品の中で根本的にユダヤ的な思想を提示していることが感じとれるはずです」。

ある出会い

ある日曜のことだった。ラビのアディン・シュタインザルツ[†8]は、自分の著作が公刊されるためパリにいた。私は、彼をエマニュエル・レヴィナスに会わせようと思い付いた。驚くべきことだと思われるかもしれないが、彼ら二人は知り合いではなかった。彼らは互いのものを読み、相互に評価しあっていたが、一度も会ったことはなかったのだ。

会談は私の自宅で行なわれた。気を利かせてロジエ通り〔パリのユダヤ人街〕のケーキ屋グラット・カシェルで買い込んだケーキと、紅茶を出した。雰囲気はかなり他人行儀なものだった。シュタインザルツは対話相手を眼の片隅で窺いながら、パイプを吹かしていた。レヴィナスの方は礼儀正しく、注意深く振る舞いながら、聖書の魅力的なヘブライ語の言葉を念入りに選んでは、会話にそれらを散りばめていた。とある日曜の午後、パリのアパルトマンで、初めて会った二人のタルムード学者が何について語りうるだろうか。口火を切るためには、どんな話題を選ぶのか。お分かりの通り、それは週のパラシャ〔その週に読む聖書の一節〕である。

もともと辛辣で挑発的なシュタインザルツは、お得意のこと、つまり逆説を仕掛けた。「パラシャを探索する者、それは知識人ですよ!」 いささか落ち着き払ってこうした断定を、〔ドイツロマン派の〕「美し

---

†8 (Adin Steinsaltz, 1937-) イェルサレム生まれのタルムード学者で、タルムードの編集(シュタインザルツ版)やそのヘブライ語、英語、ロシア語訳等に携わる。

き魂たち」の情熱を変奏させて例示しながら突き付けたのだが、これは不運にも哲学者からあまり熱い反応を引き出すことなく終わった。ほんの愛想笑いを浮かべただけだった。手の内を探り合うラウンドだ。明らかに、私の二人の招待客は互いの値踏みをしていた。

「ケーキはいかがですか」。こう私は言ってみた。そしてシュタインザルツの方を向いて、こう付け加えた。「ご存じでしょうか。このケーキは、ご滞在のホテルから遠くないケーキ屋で買いました。もちろんケーキ屋はあなたのことを知っていて、このケーキもあなた用に特別に作ったものなんですよ！」弾けるように返事が返ってきた。「今ちょうど食べようとしたところです。因みにご存じのように、私は飲食律に従っていない食べ物を食べることよりも、あなたに恥をかかせることの方がいっそう大きな罪だと考えております」。私はその後長いこと、この素晴らしい返事を記憶に留めている。ついでに言えば、それは信仰ある人間の礼儀作法に関わる教訓であって、器の小さな師であればこの範例について熟考しなければならなかっただろう。

シュタインザルツは自分自身について話し始めた。彼の受けた教育、数学の勉強、とりわけヒルベルトについてだ。「ヒルベルトは、応用数学と純粋数学は区別されること、そしてこの二つの世界は互いに何ら関わりを持たないと主張していました」。レヴィナスの返事はこうだ。「その立場は擁護しうるものです。フッサールもそんなふうでした」。

会話はシュシャーニの方に逸れた。この神秘的な人物はレヴィナスをタルムードに導いた師だったが、数学に夢中になってもいたからだ。シュタインザルツも幼少期に、シュシャーニのことを少し知っていた（「私も彼のことを見分けることができたでしょう。彼の風貌を知っていましたから」とレヴィナスは叫んだ）。シユタインザルツがシュシャーニに会ったのは、イスラエルでだった。シュシャーニは五〇年代にイスラエルに行っていたが、そこで彼は長いことシュタインザルツの父と知り合いだったのだ。「私は長いこと、シュシャーニが育む神秘的な側面はショアー〈第二次大戦におけるユダヤ人大虐殺〉から来ているのだと考えていました。私の父が言うには、それはまったく関係ないということです。父は彼を戦前から知っていたのです」。

レヴィナスは自分の師に話が及んだので活気付き、こんな風変りなことを話し始めた。「四世紀にラヴ・アシーによってタルムードに順番が付けられ筆記されるまで、人々はシャス〈タルムードの三六篇のこと〉を頭の中に、完全に頭の中に入れておくことができました。何世紀にもわたり記憶されてきた知の大洋の特異な経験です。それがついに書き留められることになりました。後にそれは、ラシーの註解によって照明を当てられることになります。結局それが、今私たちの眼の前にいるパイプを持った人物によって入念にヘブライ語に翻訳され、註釈を付けられることになったのです」。

シュタインザルツはこう言った。「大学では、古いことを新しいこととして呈示することに皆夢中になっていますね。私は自分の註釈では、新しいことを言う時にも、それを古いこととして呈示しようと心掛けています」。

レヴィナスはこう答えた。「大学にはいくつもの段階があります。いくつかの段階では、仰ったようなことがあります」。

シュタインザルツは、アメリカでの講演旅行から戻って来たばかりだった。「もう、へとへとになりました。一三回も講演をしなければならなかったのです。しかも、似たようなことを話してはならなかったのです！」レヴィナスは答えた。「そこにも、シュシャーニの刻印があります！」

その日の午後、ある友人から私のところに電話があり、こう言われたのを憶えている。「それじゃ、これで。君は二つの山の間にいるからね」。タルムードにもありそうな表現だ。妙技と知性の序列に、タルムードはバキすなわち「智者」や、ハリムすなわち「鋭い者」などの区別を設けている。その階層の頂点にあるのは「オケル・ハリム」、すなわち「山々を動かす者」だ。

私が客間に戻ってみると、二人の客人は文法の効能やその多様さについての非常にレヴィナス的なやり取りを交わしていた。たとえば、フランス語の「あなた」と「きみ」の働き、英語のyouの持つ距離、ドイツ語やしばしばヘブライ語にもある格式ばった「彼」についてだ。

シュタインザルツはいささか皮肉を込めて、こう言った。「フランス人は文章好きですよね。言説で溢れ返らんばかりです！」レヴィナスはこう答えた。「同化ユダヤ人のように話してしまい、済みません。ただ、フランス語には驚嘆すべき「ヘン」、つまり特有の優雅さがあるのです」。

シュタインザルツはこう述べた。「私はある時、ユダヤ人たちはそれぞれが生活をする国において、自分たちの民族文化の精髄を再興している、と論文に書いたことがあります。それは、個々のレヴェルでどれがどれに似ているということではありません。その民族の精神全体を、それ自体として結集しなければならないということです」。レヴィナスの顔が明るくなった。「そう、デカルトとパスカル〈の国〉はまさにそれなのです！」

この出会いの中では、タルムードのフランス語訳出版の話題は出なかった。その計画は、まだ着手されていなかったのだ。とはいえ、二人は翻訳にあたって問題となる事柄にも言及していた――「シュタインザルツ版」はアメリカで顕著な成功を収めていたのだ。

タルムードの翻訳？　フランスにおけるタルムードの再生《ルネサンス》に私たち皆が多くのものを負っている人物が、どうしてシュタインザルツの歩みに無関心でありえよう。レヴィナスは「偉大な業績です」と言った後、こう付け加えた。「タルムードの翻訳の困難は、不明瞭なものを開かれたままにしておくこと、明晰さが靄を完全に晴らしてしまわない術《すべ》を知ることにあります」。

パイプを持った人物は頷いた。おそらく、いつかそのことを一つひとつ確かめることになると考えていたのだろう。

Ⅱ　さまざまな顔

第1章　水先案内人と流れ星——ヴァールとシュシャーニ

先達たちのさまざまな顔ぶれ、名前、姿。レヴィナスの行き先は、そうした人々との出会いや対話、議論に導かれるようにしてもまた、定められてゆくことになる。当時はまだ業績も持たず、大学からも離れたところにいたこの哲学者を取り巻く人々の中でも二人の人物、ともに自由かつ謎めいた二人の人物が、異なる形でではあるが決定的な役割を果たすことになる。形而上学者ジャン・ヴァール[†1]とタルムード学者モルデカイ・シュシャーニである。彼らはそれぞれ、レヴィナスの人柄と著作に異なる形で影響を与え、その影響の大きさは、控え目にではあってもレヴィナス自身が彼らへの恩義を躊躇うことなく強調してやまないほどだった。この二人の人物との関係の深みに立ち入ること、それは言ってみれば、後にエマニュエル・レヴィナスの、もちろん彼独自の思想となるものが、当時練り上げられていたその仕事場に足を踏み入れることである。

一九四七年、『実存から実存者へ』が公刊された時、ジャン・ヴァールはレヴィナスを哲学コレージュでの連続講演に招いた。当時はまだ戦争直後であり、レヴィナスはすでに東方イスラエリット師範学校の

---

†1　(Jean Wahl, 1888-1974)　戦後フランス哲学会の会長を務めた哲学者・詩人。

戦前のライッサとエマニュエル。娘のシモーヌと共に。

校長職に就いていたが、事実上は大学でのキャリアを諦めた形になっていた。結婚して、一九三五年生まれの幼い娘シモーヌの父親でもあった彼は、生計を立てていかねばならなかったのだ。ソルボンヌで権勢を振るっていたレオン・ブランシュヴィック[†2]の講義にレヴィナスも一時出ていたのだが、とりわけこのブランシュヴィックがレヴィナスに教授資格試験の受験を思いとどまるよう言ったのだ。ダヴォスに共に行ったモーリス・ド・ガンデイヤックが伝えるところでは、ブランシュヴィックは若きレヴィナスに対して、「あなたの発音では、とうてい口頭試験に通ることはできないでしょう」と言ったという。そのため、試験を受けることは叶わなかった。それでもなおレヴィナスは執筆を続け、哲学雑誌に論文を発表し続けた。『形而上学日記』の著者ガブリエル・マルセル[†3]が毎週金曜夜に自宅で開いていたセミナーにも、頻繁に通った。演劇から絵画に至るまで、次々に取り組んでいたこのキリスト教哲学者は、当時、サルトルの向こうを張って、信仰を蔑《ないがし》ろにすることのない実存主義を代表する人物だった。この点ではマルティン・ブーバー[†4]と近いと言えるだろうが、マルセルが展開したのは関係性、とりわけ相互関係性についての哲学であり、それにはレヴィナスも無関心ではいられなかったのだ。東方師範学校の若き校長だったレヴィナスがトゥーロン通りにあった老師マルセルのサロンに見出したのは、まさしく、時流に流されず、大学の重苦しさからも離れ、哲学の自由なアプローチを何よりも大事にする環境だったに違いない。

レヴィナスは、高等研究院でのアレクサンドル・コジェーヴ[†5]の講義にも出ていた。そこでは、関心の対象が異なっていた。ロシア出身でありながら、ドイツを経た後にフランスに帰化したこの思想家は、当時パリの名だたる人々を虜にしていた。ヘーゲルの新たな読解への入門をなす彼の講義は、レイモン・クノ

---

†2 (Léon Brunschvicg, 1869-1944) 二〇世紀前半フランスの講壇哲学界で主導的な地位にあった哲学者。
†3 (Gabriel Marcel, 1889-1973) 主著『存在と所有』でキリスト教的実存主義を代表するカトリックの哲学者・劇作家。
†4 (Martin Buber, 1878-1965)『我と汝』で著名なオーストリア出身のユダヤ人哲学者。
†5 (Alexandre Kojève, 1902-1968) ヘーゲル『精神現象学』講義で有名なロシア生まれのフランス国籍の哲学者。

ーが後に編者となって公刊されたが、サルトル、カイヨワ、バタイユ、ラカンといった多様な人々の関心を惹いていた。主人と奴隷の間の弁証法的関係を論ずるヘーゲルの議論をマルクスやハイデガーへと展開していくその講義は何世代もの学生たちに影響を与えたはずであり、彼のセミナーは多くの人にとって一つの事件となったに違いない。そうした場にレヴィナスが居たということは、どれほど彼が、ダヴォス以降何年にもわたって、哲学界で何が生じているかを知ろうと努め、自らの思考を同時代の人々との接触の内で作り上げようとしていたかを示している。

結局レヴィナスはフランス哲学会の仕事にも関わるようになり、そこでジャン・ヴァールと度々交流することになった。異なる世代に属し、互いにはっきりと異なる二人の間に、固い友情が結ばれることになる。

イエズス会の神父で、パリ・カトリック学院とローマのグレゴリアン大学で教鞭を執ったグザヴィエ・ティリエットは、ジャン・ヴァールの指導の下でシェリングについての博士論文を書いたこともあって、ヴァールとレヴィナス双方と面識があった。ティリエットは、皮肉屋で味のある旧師の風貌を次のように描いている。「スカーフを首に巻きつけ、足下まであるコートを身に纏い、凹んだ帽子を被り、梟のような顔をしていました。まるでホームレスのようでした」。レヴィナスが何度も通った哲学コレージュでは、講義のために用意した原稿の紙束の上に屈み込んだまま、毒針を突き刺すスズメバチのようにいくつかのぶっきら棒な質問をし、返答を待たずに「へえ、ほほう、そうかな」とぶつぶつ言うヴァールの姿がよく見られた。

形而上学者兼詩人

ヴァールは哲学者であり哲学史家であり、気が向いたときには詩人であり、といった風ないささか型破りな人物で、フランスの大学において独特な位置を占めていた。実存主義が一世を風靡する中で、それからわずかに隔たっており、芸術家気質を備えていたヴァールは、シュールレアリスムの展覧会にも足繁く通い、フランス語と英語で詩を書いた。キルケゴールをフランスに紹介し、ハイデガーについての講義も行ない、ブランシュヴィックの後に、ソルボンヌの形而上学・哲学概論の講座を担当した。

ティリエットによると、「ヴァールとレヴィナスの友情は、一七もの年齢差があったにもかかわらず対等な関係であり、愛情に満ちたものだったと言える」。レヴィナスはヴァールに会いに、彼の家をかなり頻繁に訪れた。ティリエットは、ある時レヴィナスがヴァールにヘブライ語の講義をするかどうかが話題となったことを憶えている。「ヴァール夫人は、夫が何らかの宗教を実践することを強く望んでいました。カトリックやプロテスタントに成ることを望まないのであれば、仕方ありません。

ジャン・ヴァール。師の愛情。

だったら、善きユダヤ教徒に成ればよいというわけです。彼女はヴァールがヘブライ語を学ぶことを望んでいましたが、それはうまくいきませんでした。ヴァールは気難しがり屋だったのです」。ヴァール自身は多くの言語に通じていて、ギリシャ語原典でソフォクレスやアイスキュロスの悲劇を読んだり、英語やドイツ語で著述し、流暢に喋ったりすることができたのだが、要するに聖書の言語を学ぶことは性に合わなかったのである。

ヴァールのこうした奇抜さ、もっと言えば反抗的性格を何よりもよく示しているのは、彼の戦争体験だ。それ自体が一つの冒険譚をなしており、彼の奔放で無謀な性格を示している。まず、〔ナチスがユダヤ人に着用を義務づけた〕黄色の星章を着けることを拒んだ。強制的に退職させられ、大学から追い出されても、自分なりのやり方で教えるのをやめなかった。若い人たちをボザール通りのホテルの一室に集めていくつかのテクストを研究しようと企てたのだが、それらのテクストの中にはハイデガーのものも含まれていたのだ。

次に、一九四〇年の七月のある朝、危険も顧みずにゲシュタポ〔ナチス・ドイツの秘密警察〕に出頭した。長いこと待たされたのだが、それにひどく憤慨し、部屋に入っていって積まれていた本を挑発的なやり方で机の上に投げつけた。この挑発的なやり方のせいで直ちに逮捕され、ドランシー〔収容所〕に送られて、そこで数週間を過ごす羽目になった。

ソルボンヌでヴァールの同僚だったガンディヤックによると、ペタン元帥の内閣に一時《いっとき》入閣していた元哲学教授のジレという人物が仲介してくれたお蔭で、ヴァールは解放された。そして、この仲介の発端となった元学生ピエール・ブータンがモロッコで彼を匿い、その手助けでアメリカに向かったのだった。

一九四一年秋のドランシーからのこの解放の顚末について、ティリエットはジャンケレヴィッチから聞いたという次のような話をしてくれた。いくらかの労苦を経てヴァールを何とか収容所から救い出すことができ、ヴァールがアメリカに大急ぎで逃げようとしていた時のことだ。ヴァールの友人たちが、彼を囲んでお祝いをした。彼らの一人が感極まって、ヴァールにそっと言った。「先生、さぞお喜びでしょうね」。ヴァールの方はといえば、いたって平静で、ただ一言「まあ、どちらかと言えばね」と言ったというのだ。

ヴァールは戦争が終わるとすぐにアメリカから舞い戻ったが、もうその時には結婚もして、三人の娘に一人の息子を連れていた。帰国後彼は、中世の哲学および神秘主義の思想史家だったマリー＝マドレーヌ・ダヴィが戦争前に創設した研究会を引き継ぐ形で、一つの研究所を創設する。ダヴィは、カルティエ・ラタンのソルボンヌに面したキュジャス通りでいくつもの講演会を企画し、多くの若い人たちを受け容れていたのだ。

哲学コレージュで

ヴァールは、この集まりのための新たな名前と場所を見付けた。それが「哲学コレージュ」であり、場所はサン＝ジェルマン＝デ＝プレ教会の向かいにあった貸し部屋だった。ヴァールの考えは、哲学者や作家や芸術家たちが集まることのできる活気に満ちた場所を作り出すことにあった。その形式は、それほど独創的ではない。講演者が聴衆に向けて話すだけだ。ジャン・ヴァールが講演者を紹介するのだが、その仕方は断じて伝統的ではなく、細かい点にこだわり、一つの考えから別の考えに跳んだり、さまざまなジャンルを混ぜ込ぜにしたりするものだった。集まりは毎週開かれ、二時間続いた。ミシェル・ビュトールが、入り口で会費を集めた。最初の数年は、ガブリエル・マルセル、ジャン゠ポール・サルトル、アレクサンドル・コイレ、フランシス・ジャンソン、ウラディミール・ジャンケレヴィッチ、ジャック・ラカンといった人々が次々と姿を見せた。誰も来なかったり、聴衆が疎《まば》らだったりした時もあった。その一方で、サルトルが一九四六年に行なった講演「実存主義は人間主義《ヒューマニズム》である」の時のように、部屋がはちきれんばかりに満杯となることもあった。

レヴィナスはそこに招かれ、後に出版された『時間と他者』の元になる四つの講演を行なった。[*1] 連続講演を始めるにあたってレヴィナスが述べているように、「この講演の目的は、時間がただ一人の孤立した主体に関わる事柄ではなく、主体が他人と取り結ぶ関係そのものであることを示す点にある[*2]」。

この集まりの常連の一人だったティリエットは、次のように述懐している。「レヴィナスは知られてはいましたが、実際、彼があれほど重要な書物を書き、フランス哲学の中で名声を得る一人になろうとは誰も思いませんでした。フッサールにおける直観を論じた本はすでに出されていましたが、その書き方はとてもフランス的でとても明快であり、彼が後年採用するようになる書き方、とりわけ『存在するとは別の仕方で』においてとても凝ったものとなった書き方とは、まったく異なっていました。あまり大きな声では言えませんが当時レヴィナスは、大学の外にいたせいで、フランスの哲学者の中では言うなればいささか周縁的な存在でした。といっても、ブリス・パラン[†6]もそうだったし、モーリス・ブランショもそうだったのです」。

しかし、レヴィナスが大学での経歴を持たなかったことは、彼がある種の気高い孤独の内で成熟していったことを別の形で教えてくれていると考えることもできる。そこでは思考だけでなく言語が、経歴上の理由と共に哲学的な理由から、必然的に新たな形を探し求めることになったのである。

こうした事情ゆえに、レヴィナスの初めての連続講演がティリエットに消し難い思い出を残すことはなかった。「彼は柄の割には口が小さかったせいで発音が明瞭でなかったのですが、聴衆の関心を惹くことはできていました。一般的な意味では華々しい先生ではありませんでしたが、ただし終わりの方の会では、とりわけ私の友人たちが伝えてくれた死についての講義では別でした。この回は皆が彼の言葉に聴き入り、核心を突いた言い回しがいくつかあったのですが、それを十全に把握するのは困難でした。彼の言葉遣いは本当に興味深いものでしたが、いかんせん不自然でいささか現実離れしており、その背後にロシア語、ドイツ語、ヘブライ語が見え隠れしていました。いささかぶっきら棒である種もったいぶった表現が、びっくりするようなイントネーションで語られました。彼の書き方もかなり独特なもので、内輪にしか通じない「芸術的文体」[†7]とでも言えるようなものでした。しかし、私が考えるに、その生涯全体から見ても、彼が編み出したこの書き方は――それはブランショのものでは全くありません、ブランショは異なる仕方で書いています――、とても興味深いものです。その書き方は、彼の哲学と一体を成しています」。

博士論文から別離まで

ヴァールは哲学コレージュを二〇年にわたって牽引したが、レヴィナスの姿は六〇年代初頭にかけては

---

†6　（Brice Parain, 1897-1971）言語の問題に関心を寄せたフランスの哲学者・エッセイスト。

†7　ゴンクール兄弟が用いた、頻度の稀れな単語や凝った言い回しを連ねる文体。

あまり多く見られなくなった。

一九四七年以降、ヘーゲルの体系的読解と共に、出会った時にはすでに晩年を迎えていた師シュシャーニの下での原典の徹底的検討とタルムード研究を通じて、ユダヤ教がレヴィナスの主たる関心事となった。彼は書かなくなり、書いたとしてもほんのわずかだった。この時期こそ『全体性と無限』の熟成期間であり、ジャック・ロランはこの主著の雛形はまさしく『実存から実存者へ』と『時間と他者』の内に探し求めるべきだと考えている。

だが、そうした時期にあってもヴァールはレヴィナスを探し出し、国家博士論文の審査を受けさせた。レヴィナスの論文が、その当時多く見られた社会学的あるいはマルクス主義的な論文と一線を画すものだったため、この論文審査は一九六一年のソルボンヌにあって、一つの事件という様相を呈するものとなった。それだけでなく、思想上の「未踏の地」が顕わになりつつあるという予感さえあった。「私たちが審査することになった博士論文は、後にそれを主題としていくつもの博士論文が書かれることになるほどのものだった」とヴァールは後年述べている。ティリエットが言うには、「このことは、ヴァールの判断が正しかったことを示しています。彼は間違っていなかったのです」。哲学者のアンドレ・ジャコブは、オトゥイユ通りのレヴィナスの家の隣人であり、後にナンテールでレヴィナスの同僚となるのだが、彼もまたレヴィナスの審査に居合わせ、「これは単なる著作ではなく、傑作だ」という感想を持ったことを憶えている。

『全体性と無限』は、マルセルとジャン・ヴァールに捧げられている。出版されたのは一九六一年で、とりわけジャン・ラクロワの『ル・モンド』紙上のコラムでの賞賛に満ちた長大な論評で以って迎えられた。[*3]ラクロワは、たとえば次のように書いている。「この著作を読んでいる時に感じる異様さや違和感、文字通りの驚嘆の念は、おそらく、この著作が持つ現代的であると同時に伝統的な性格に由来している。全く以って宗教的な水脈が、着想源という形では至るところに張り巡らされているものの、そのものとしては顕わになっていない。それに加えて、デカルト的な考察およびカント的な考察がそれらの核心において捉えられ、実存という言葉で表現し直されている。実存の鮮やかな描写は、時に読者をうんざりさせる大仰な言い回しとなる恐れなしとしないが、とはいえ人間と超越的なものに向かう二重の情熱によって常に支えられ、活気付けられている。この哲学には一つの文体があるが、この文体は内容と形式の完全な合致を成している」。

ラクロワは一〇年後、『存在するとは別の仕方で』出版の際にもう一度筆を執るが、その時もまったく新たな語り方に直面しているという同じ確信を抱くことになる。

ヴァールは、それゆえ、レヴィナスの発見者であり、激励者であり、水先案内人だった。ヴァールは熱しやすく冷めやすい人として通っており、ある時など「自分がガブリエル・マルセルと仲がいいか、分からないんだ」と言っていたほどなのだが、レヴィナスの対極に位置するこの何とも分類し難い哲学者は、レヴィナスを自分のお気に入りにしていたのだ。なるほどガンディヤックは「ヴァールはおそらくレヴィナスを重視していたが、レヴィナスがヴァールを重視していたかどうかはわからない」と述べているが、こうした類の関係が一方的であった験《ため》しはない。年老いた師の愛情に、年少の哲学者はいつも感謝を以って応えることを心得ていたが、感謝とはまさにレヴィナス的な主題であり実践である。ヴァールは白内障の手術を拒否し、パジャマの上にゆったりしたコートを羽織った格好で部屋に閉じ籠《こも》って晩年を過ごしたが、死に臨んで彼は、自らの葬儀のために——それは一九七四年に訪れた——〔カトリックの〕司祭と〔プロテスタントの〕牧師と〔ユダヤ教の〕ラビが立ち合うことを望んだ。ラビは来なかったが、ヴァールの墓前で別れの言葉を述べたのはエマニュエル・レヴィナスだった。

そして二〇年後にも、年老いたレヴィナス夫妻はヴァールの娘ベアトリスの家に、亡くなった哲学者兼詩人に敬意を表わしに赴いた。これも、忠実さを表わすもう一つの実践である。

ホームレスにして預言者

ヴァールという哲学者からシュシャーニというタルムード学者に眼を移す時、私自身はどちらとも面識はなかったが、エマニュエル・レヴィナスの人生に大きな足跡を残すことになった二人の水先案内人の間にある種の外見上の類似点があったことに、いつも驚かされる。ぼさぼさの髪、曲がったネクタイ、皺になった帽子……、これだけ挙げればもう十分だろう。この二人はまったく別の世界に属していたが、にもかかわらず互いに、それもほぼ同じ時期に、重なり合っているのである。

シュシャーニについて話して貰おうと水を向けても、レヴィナスが冗舌になることはなかった。戦後すぐ、ネルソン博士の紹介でシュシャーニと知り合うと、レヴィナスは彼を自宅に迎え入れ、自分のアパルトマンの上階にある東方イスラエリット師範学校の一室を貸し与え、三年近くの間、彼の指導の下でタルムードを研究する夜を過ごした。

この人物について、大したことは知られていない。名前すら判らない——シュシャーニというのは、本名ではないのだ。出自、生まれた場所、育った環境、学んだ所も不明である。判っているのは、そして彼に出会ったり、たまたま目撃した人たちが口を揃えて言うのは、彼が類い稀れな記憶力に恵まれ、ユダヤ教とユダヤ教文献についてばかりでなく、数学、物理学、哲学、数々の言語、芸術についても該博な知識を持っていたということだ。シュシャーニは生涯にわたって決まった住まいを持たず、町から町へと放浪してホームレスのように生活し、ニューヨークからストラスブールへ、ストラスブールからパリへ、次いでイェルサレムへ移り、最後はウルグアイのモンテヴィデオで身元不詳のまま息を引き取った。彼の墓には、「生まれも生涯も秘密の内に織り上げられた」という碑文が刻まれている。

彼が行くところどこにでも、その周りに教え子の小さな集まりができ、寝食や時にはいくらかのお金をお返しに受け取りつつ、彼は聖書やタルムードの講義を惜しみなく行なった。そして世界中の弟子たち――その中には作家でノーベル平和賞受賞者のエリ・ヴィーゼルもいた――の下に、驚くべき学識と比類なき教えの思い出を残して立ち去った。

流れ星のように一生を生き、世界中に散らばった教え子たちによって今日でも、いわばユダヤ人版のピコ・デラ・ミランドラ[†8]のように描かれるこの愛すべき人物は、一体誰だったのか。

私は最近、ささやかな論考で、シュシャーニが自らの存在、出自、そして名前に至るまでを包み隠して悦に入っていた、その謎を追跡調査しようとした。イスラエルの哲学者シュムエル・ウィゴダは、私のその本がシュシャーニの教えよりもむしろこの人物の謎ばかりを強調した点を、そして私の調査が答えより

†8　(Giovanni Pico della Milandola, 1463-1494)　イタリア・ルネサンス期の哲学者。プラトンをギリシア語で、聖書をヘブライ語で読んだ博識の哲学者として知られる。

も疑問ばかりをもたらした点を批判している。[*4] 確かにそうだということは認めよう。唯一悲しいことと言えば、その本を出版することでさらなる証言が呼び起こされることを期待していたにもかかわらず、[*5]その期待が裏切られたと認めざるをえないことだ。何も起こらなかったのだ。いずれにせよ、この奇妙で、あらゆる意味で非凡な人物の見方を一変させるような類のものは、何もなかった。フランス、ベルギー、ウルグアイ、イスラエル、ギリシャ、さらには日本からも、何百通もの手紙を受け取ったが、それらは私が何度も聞いたことがある話を繰り返したり、謎をより一層深めたりするだけのものだった。ある人はEメールで長い便りを送ってくれ、〔フランス南西の町〕テラッソンで一九四二年にシュシャーニに出会ったこと、当時のヨーロッパ情勢に対して彼が極めて明晰だったこと、また芸術についてとても感興をそそる長い会話を交わしたことを伝えてくれた。他方、二〇歳の若い女性は、ヘンリー・ミラーの『プレクサス』〔一九五三年〕のある箇所に、シュシャーニと瓜二つの人物が描かれていることを教えてくれた。確かめに行ってみて、新たな間違った手がかりだったと判明したこともある。その人物像に関心を寄せてきた映画関係者もいた。筆跡鑑定を申し出てきたその道の専門家もいた。やり取りをした多くの人々が、指針を変えて調査をしたり、手法を変えたり、質問相手に違う質問をしたりするよう勧めてきた。

イスラエルでは、ヨラム・ブルノフスキが『ハーレツ』紙に、その本の長い書評を書いてくれ、いくらかの反響があった。ストラスブールに生まれ、現在はスデー・エリヤフというキブツ〔イスラエルの共同農場〕に住むアブラハム・オランが、このキブツの報告書にシュシャーニの思い出を書き残していた。彼は、次のように記している。「私たちの共同体のメンバーの中で、ある猛暑の夏真っ盛りの時期にやって来た変人を憶えている者は、わずかしかいない。キブツの運営委員長は彼のことを気にかけて、〔五〇年代）当時は一般的だった厳しい住宅事情の中で住まいを見付けてあげた。彼は汗びっしょりになりながら、仮小屋《バラック》の一つの内に腰を下ろし、何人かの聴き手たちから成る小さな集まりでトーラーを教えた。より幅広い聴衆に講義をしてほしいという要望に応えて、幾晩にもわたって文化センターで『マラキ書』を扱った講義もした。彼の生活の仕方は奇妙なものだった。食生活に大変気を遣い、聴衆に対してとても厳しい人だったが、彼の高みに昇ることができた人には忘れ難い体験となった。聖書、二つのタルムード[†9]、ミドラーシュ[†10]、ゾーハル[†11]、マイモニデス[†12]の著作等を完璧に読みこなすような人だったからだ……。

彼は、どのような議論であれタルムードの一篇を私たちが読むのを見守り、どの頁でも、記憶を頼りに、ラシーやトサフィスト〔中世のタルムードの註釈者〕たちのしかじかの註釈についての私たちの誤りを訂正することができた。短い期間の後、彼はやって来た時と同じように、急にいなくなった。彼は、ほかにもいくつかの勉強サークルをイスラエルのほかの場所、サアドやベエロート・イツハクといったキブツで作った。教育省の重職に就いて貰おうと考えた人たちもいた。しかしここでも、ほかの所でと同様に、彼は一か所に留まることを拒み、大陸を跨いだ放浪を続けたのだ。

彼の死まで、このシュシャーニなる人物が誰かを知ることができた者はいなかった。私は、彼が第二次

---

†9　四〇〇年頃編纂されたパレスチナ・タルムードと六―七世紀に完成したバビロニア・タルムード。一般にタルムードと言われるのは後者。

†10　モーセ五書や預言書等の註解書。

†11　トーラーの註解書でカバラーの中心となっている書物。

†12　本書八七頁側註参照。

大戦前にフランスのストラスブールに来た時のことを、まだ憶えている。ショアーの後、強制収容所からの難民を私たちが受け容れた時もまだ、彼は私たちのところにいた……。彼は、ヨーロッパのユダヤ人たちが使用していたさまざまな言語のほとんどすべてを話せた。文学や諸科学、とりわけ数学に関する彼の知識は、並外れたものだった」[*6]。

しかし、彼の教えの内容、ユダヤ教についての見方、テクストの読解法とは、どのようなものだったのだろうか。

謎が残した痕跡

シュシャーニの教えの痕跡を唯一留めているのは、レヴィナスの著作、彼の一連のタルムード講話、ラシー講義である。こうしたテクストこそ、シュシャーニの精神のさらなる展開なのだ。

レヴィナスはシュシャーニから、何を受け継いだのか。それは、レヴィナスがしばしば逆説的な形で述べている考え、すなわち、聖書はイスラエルに固有のものであるのに対して、タルムードこそユダヤが全世界にもたらした普遍的なものであるという考えだ。

レヴィナスはシュシャーニに、何を負っているのか。彼はフランソワ・ポワリエに、次のように打ち明けている。「私のユダヤ教の理解においては、ホロコーストの方がこの人との出会いよりもはるかに大きな役割を果たしました。ですが、この人と出会ったことによって、私は書物への信頼をもう一度取り戻すことができたのです」[*7]。

エマニュエル・レヴィナスは、ジャン・ヴァールの下を去ってモルデカイ・シュシャーニへと向かったのではなかった。彼は、両者に同時に会っていたのだ。しかし、それと同じくらい確かなことは、よそからやって来たこの男の下での研究、徹夜に及ぶこともしばしばだった発見に満ちた夜々を通じて、レヴィナスの人生と著作はそれまでとは異なる方向に向けられることになったということだ。ただしそれは、通常考えられてきたような形でではない。少なくとも、正確に一致する形でではない。人はよく、この時期にレヴィナスはユダヤ教に回帰したのだとみなしたがる。シュシャーニによってレヴィナスは自らの起源に立ち戻らされ、それまでの著作から身を翻し、世俗的な生活から身を退いたのだとする考えが流布してしまっている。こうした考えは、正確ではない。

レヴィナスは常に、自らのユダヤ性に関心を持っていた。「まさに自分自身を成しているものに関心を持つように」関心を持っていたと、後年述べている。そして、そこから離れたことなどなかったのだ。なるほど、ストラスブールにやって来た一九二三年から、彼にとって決定的であった一九三三年の間に、ユダヤ教からの遠ざかりのようなものを見て取ることができるかもしれない。この時期は、彼がユダヤ教についてほとんど読むことのなかった唯一の時期だが、それはフランス語を学び、哲学の修業をせねばならなかったからだ。しかし、このストラスブール滞在期間中も含めて、彼は毎年夏にリトアニアに帰省し、自らのルーツ、家族、両親の昔からの蔵書に何度も触れていたのだ。それゆえ、この時期彼はユダヤ教から何らか距離を取ってはいたが、それが距離以上のものとなることはまずなかった。「まさしく断絶と言うべきものもなければ、復帰と言うべきものも」なかったのだ[*8]。この切れ目のない時期の内に見出されるのは、ただ二つの衝撃、二つの激震、二つのゴングだけなのである。すなわち、ヒトラーが権力の座に就いた一九三三年と、シュシャーニに出会った一九四五年である。

その上、ジャック・ロランに言わせれば、この二つの出来事がエマニュエル・レヴィナスの人生と著作に与えた影響は、同じものではない。「一九三三年がレヴィナスにとって決定的だったことは間違いない。というのも、私は彼の生前からそう書いていたのだが、彼はほかの点では私に反論してきたのに、この点については反論してこなかったからだ。それは恐怖だった。ヒトラーが権力の座に就いたこと、このことがユダヤ人にとって意味していたのは、自分たちが、先立つ諸世紀にそうだったようにキリスト教の反ユダヤ主義に苛まれるばかりでなく、有無を言わせぬ仕方で自らのユダヤ性に釘付けにされるということでもあった。さらに、ハイデガーの裏切りがあった……それゆえ、ユダヤ教への回帰を言いたいのであれば、一九三三年にそれは生じたのだ。逆に、一九四五年から一九四六年にかけては、回帰が問題になっていたのではない。彼が自分自身およびほかの何人かに課していた課題、それはフランスのユダヤ教を精神的かつ知的な形で再構築することだった。私が考えるに、まさにこの時こそ、彼はタルムードに立ち戻る必要性を自覚したのだ。彼が幼少期や青年期に受けた聖書教育は、この課題の重大さに鑑みるなら、それに釣り合うだけの十分な重みをもはや有してはいなかった。ただし、彼のために付け加えておけば、『タルムード四講話』の二〇頁余りの序論で述べられている宣言がこの上なく明確に示しているように、タルムードによって提起されるさまざまな問題と哲学によって提起される問題の間に、重要さの点で違いはないのだ。タルムードおよび哲学双方の領域における知的厳密さは、まさしく同じ厳密さなのである」。

ヴァールとシュシャーニ。詩人と預言者。大学人と旅芸人。これらはおそらく、レヴィナス自身の二つの相貌なのだ。二つの誘惑と言ってもいいかもしれない。いずれにせよ、レヴィナスの人生においてきわめて重要な存在となる二人である。一方は、彼の大学での経歴の発端となった人物であるがゆえに。他方は、彼のヘブライの源泉に対する幼少期の眼差しを一変させ、新たな道を拓いてくれたがゆえに。このようにしてエマニュエル・レヴィナスは、非ユダヤ化したユダヤ人の姿と根を張ったユダヤ人の姿の間に、哲学者とタルムード学者との間に、自分自身の道を拓くよう誘われたのである。おそらくこの道は、これら二つの着想源を一つに統合するものとなるだろう。

第2章　悪しき天才——ハイデガー

「生まれて、研究して、亡くなった」。ある日ハイデガーは、アリストテレスの講義をこのように始めた。このフライブルクの哲学者は、ひょっとすると自分自身の生涯にもこの表現を当て嵌めてほしいと望んでいたのかもしれない。そして、フランスにおけるハイデガーの信奉者たちは、ある程度まで、この願いを叶えた。彼らはハイデガーの著作を讃え、持ち上げ、無闇に有り難がったが、彼の伝記上の「偶発事」にはまったく関心を示すことがなかった。ナチズムへの関与や、ナチス党員だったこと、総長時代の逸話だって？　そういったことは交通事故みたいなもので、一種のアクシデント、単なる気の迷い、ちょっとしたヘマだった、というわけだ。そもそも、ハイデガーがフライブルク大学の総長職にあったのは一九三三年から一九三四年にすぎないし、彼は自ら辞めたのだ。まさにこうした主張を土台として、ハイデガーの哲学がフランスで得た僥倖が打ち立てられていった。とはいえ、『存在と時間』の著者の政治関与についての議論はいつまでたっても幕引きとならず、年を追うごとに新たな展開を見せた。フランスにおけるハイデガーの受容史は、紛糾を極めている。問題を総括したドミニック・ジャニコーが二巻で一〇〇〇頁を超える大部の著書で示しているように、この受容史は苦楽の双方をもたらした[*1]。この受容史はまた、激しい情熱と誤解に満ちている。戦後ハイデガーには不信の眼が注がれ、ドイツで教職に就くことを禁じられた一方で、戦後すぐにフランスの知識人たちが彼の下を訪れ、彼はジャン・ボーフレやルネ・シャールと親交を結び、フランス各地（パリ、スリジー、エクサン・プロヴァンス、ル・トール）を何度も旅した。極め付けは八〇年代末のファリアス事件[†1]であり、哲学界に、さらには哲学界に留まらない大騒ぎを惹き起こすことになった。後にベルリン自由大学で教えることになるヴィクトル・ファリアスは、当時、若きチリ人大学教員でハイデガーの教え子でもあったのだが、ハイデガーについての調査を実施し、その結果はのっぴきならぬものだった。[*2] マルティン・ハイデガーのナチズムへの賛同は一時的なものではなく、また総長を辞任したのも抗議のためではなかった。彼は国家社会主義に、かなり前から執心していたのだ。

以前と以後

フランスに現象学を紹介するにあたって大きな役割を果たしたにもかかわらず、エマニュエル・レヴィナスが公認のハイデガー主義者の一員と成ることはなかった。ハイデガーが威光を放っていた時期の一つだった五〇年代、スリジー・ラ・サルにこのドイツ人哲学者が招かれた時も、レヴィナスは出席しなかった。一九六八年と六九年に開かれたル・トールでのセミナーにも、レヴィナスは居合わせることも、招かれることもなかった。レヴィナスがハイデガーの信奉者たちに数え入れられることはなかったし、彼は常にそうした人々を避けようとさえしていた。

　レヴィナスの弟子であり友人であったジャック・ロランは、ある日レヴィナスが、マルティン・ハイデガーについて「戦後すぐに彼に会っていたら、握手をすることはなかったでしょう」と語ったことを憶えている。ジャン＝リュック・マリオンは、レヴィナスから次のような発言を引き出している。「どうしろと言うのですか。ニヒリズムとはこのことです。今世紀の最も偉大な哲学者、それはハイデガーです。そのハイデガーが、ナチスの党員証を持っていたのです。これこそが、私たちが生きている時代なのです」。ポール・リクールに言わせれば、レヴィナスは「常にハイデガーと論争的な関係」にあった。[*3] 讃嘆と反発が混ざりあい、魅惑されつつ嫌悪し、かぎりなく近くにいながら絶対的に離縁しているというハイデガーとのこの逆説的な関係について、レヴィナスはしばしば説明して、まさにハイデガーであるがゆえにいっそう彼を許すことができなかった、と強調している。けれども、レヴィナスは当時知りうることのすべてを、非常に早い段階で直ちに知っていた。ヴィクトル・ファリアスの本が出版された時、人はレヴィナスの見解を尋ねたのだが、彼の返答は、「ファリアスの本が出て、いくつかの細部がより明確になったが、まったく聞いたことのないものは何もなかった」[*4] というものだった。『ヌーヴェル・オプセルヴァトゥール』誌上での対談では、ハイデガーの親ナチス的な態度を「ひょっとすると一九三三年以前からもう」知っていた、あるいは気付いていたことを強調している。[*5]

これも八〇年代の話だが、ジャック・ロランに連れられて、イタリアの哲学者ジョルジョ・アガンベンが土曜朝の聖書講義を聴きに来た。講義の終わりにレヴィナスとアガンベンの間に議論が生じ、レヴィナスはこの訪問者に次のように尋ねた。「ともあれアガンベンさん、あなたは一九六〇年代末にル・トールのセミナーに行っているのですよね。ハイデガーはどんな人でしたか」。アガンベンは、「私が見たことし

---

†1　ハイデガーが若い頃から一貫して親ナチス的であったことを実証的に明らかにしたチリ人の哲学者ヴィクトル・ファリアスの著作『ハイデガーとナチズム』（一九八七年）の出版によって巻き起こった騒動。

か言えないのですが、温和な人に見えました」と答えた。それに対してレヴィナスは、こう言った。「あなたもご存知のように、私が知っているのは一九二八年から一九二九年のハイデガーですが、彼は厳しい人に見えました。あなたが仰るのですから、あなたの言うことを信じざるをえません。けれども、あの人が温和でありえたということは、私にはどうしても納得できないのです」。後にアガンベンはロランのために、「二人の間の関係はそのようにして破綻した、と言わねばならない」と解説を付け加えている。

ハイデガーにとってと同様、レヴィナスにも「以前」と「以後」があったわけだが、それは国や体制の破綻ではなく、それよりもはるかに深刻な、あらゆる人間一人ひとりに関わるような、その意味で「普遍的な」と言ってもいい破綻である。魅惑的な恋愛を伴った〔ハイデガーと〕ハンナ・アーレントとの関係における破綻以上の破綻だ。レヴィナスは、ダヴォスでハイデガーに熱狂した学生時代から、収容所に捕らえられて過ごした不安な時期を経て、悲痛な確信を持って哲学的著作を次々と発表した円熟期に至るその全期間を通じて、存在忘却よりも重大な忘却に関してハイデガーを問い質すことで、ハイデガー自身の道にユダヤ人として立ち塞がったのである。ハイデガーとのこの関係には〔アーレントの場合と違って〕彼との再会も、手紙のやり取りも、さらには論戦もなかったのだが、このことはさして重要ではない。倫理の哲学者レヴィナスの眼差しは、彼がハイデガーにさまざまな哲学的構想を負っていることに鑑みても、いまだに大きな影響力を持つこの哲学上の天才を糾弾することしかできなかったはずだからだ。

怒り

この主題に関して、レヴィナスが激しい感情を示すのが目撃されたことはほとんどなかった。ただ一度の例外がある。今はボストン大学の哲学教授を務めるウィリアム・J・リチャードソンは、アドリアン・ペパーザックの主導の下、一九九三年五月二〇日から二三日にかけて〔シカゴの〕ロヨラ大学で開催された国際会議で、この例外について彼自身の経験を基に語ってくれた。[*6] 彼は、エマニュエル・レヴィナスとの出会いから語り始めた。それは一九六三年のことだった。リチャードソンはマルティヌス・ナイホフ社から、ベルギーのルーヴァン大学に提出した博士論文を手直しした『ハイデガー　現象学から思惟へ』という著作を公刊したばかりだった。[*7] その結果、彼は同大学から、フランスの国家博士やドイツの大学教授資格に相当する講師資格を申請するよう促された。そのためには、国際的な審査員の前で著作に関して公開の口頭試問を受ける必要があった。申請者自身が審査員候補を提案し、それが認められれば、大学機関の名で口頭試問への招聘状を送ることができた。エマニュエル・レヴィナスの名前は直ちに賛同を得た。

レヴィナスの家で最初に面会した時、このフランスの哲学者はとても丁重に迎えてくれ、リチャードソンに本を置いていってくれるよう頼み、読んだ上で返答を伝えると言ってくれた。

二回目の面会も同様に丁重なものだった。レヴィナスは審査員となることを受諾したが、自分はハイデガーの友人ではないので、遠慮なく話させて貰うことを知っておいてほしいと強調した。リチャードソンは、「だからこそ、あなたをお招きしたのです」とだけ返答した。

口頭試問は、然るべき厳かな雰囲気の中で開かれた。レヴィナスの番が回って来た時、彼は今回もまた——リチャードソン自身の言うところによれば——とても感じよく振る舞った。誰もが手厳しい攻撃を予想していたのだが、唯一の批判らしい批判は、問題となっているテクストについての「非常に教科書的」で、あまりにも「教育的な」性格のものだった。ただ、レヴィナスは疑問形で、どんな理由があって〔リチャードソンのような」信仰を持ったキリスト教徒が「これほどの時間をハイデガー研究にかける」ことができるのかが自分にはよく分からない、と付け加えたのだ。

口頭試問終了後、学長の邸宅で懇親会が催された。これもリチャードソンの言によれば、彼が一人ひとりの下に握手をして回っていたところ、突然誰かが背後に現われ、力強く彼の肩を叩いてきた。振り返るとレヴィナスだったことに気付き、手を差し出して、口頭試問への参加と数々の指摘への感謝の言葉をもう一度述べた。差し出された手を無視して、レヴィナスは彼の眼を真っ直ぐ見つめ、小声で次のように述べた。「ちょうどあなたの本について古い友人たちと話していて、彼らを笑わせていたんです。何で私たちが笑っていたか、お知りになりたいだろうと思いましてね。あなたは今、ご自分の本で、一九四三年は〔ハイデガーにとって〕非常に稔り豊かな一年だったと述べたのを、憶えていますか」。「はい、憶えておりますとも」とリチャードソンは答えた。「それでね、一九四三年に私の両親は強制収容所にいて、私は別の収容所にいたんです。何とも稔り豊かな一年だったわけです！」　そう言うと、レヴィナスは踵を返して立ち去った。

唖然としたリチャードソンが眼にしたのは、一時間前に、審査員を前にした自分の発表に敬意を以って耳を傾けていた礼儀正しい大学人とは全く異なる、怒れる人物だった。「こんな攻撃を食らわせたかったのなら、どうして口頭試問の時にやらなかったのでしょう。そうしたら、アカデミックな聴衆を前に本当の対決がなされたでしょうに！　そうしないで彼は、口頭試問が終わるのを待っていたのです」。この日、「不躾な」態度を取られたという印象を抱いたリチャードソンは、次のように問うている。「レヴィナスの思想のどこに、こんな残念な事件の余地があるでしょうか。それにどんな位置付けを与えたらいいのでしょう」。

今回、このかつての逸話について尋ねると、彼はほとんど同じ表現でもって振り返った。「時間が経っても、レヴィナスについての私の評価は変わりませんでした。素晴らしい人だったし、重要な思想家でした。私が思うに、この逸話は、彼の思想の中の一つの欠如、つまり人間という事象に付きものの無意識という要素を考慮に入れることがないという欠如だけを示しているのです。このテクストの基となった「ロヨラ大学での私の」講演は、この欠如を顕わにする機会を提供しただけなのです」。

何と奇妙な評価だろうか！　どんな無意識が問題だったのだろう。レヴィナスの無意識か。それともリチャードソンの無意識か。

とはいえ、ハイデガーの思惟の変遷を七〇〇頁にもわたって扱いながら、彼の政治的関与がどのようなものであったかについては、「稔り豊か」という滑稽な表現を除けば何一つ言及がない本を読むことは、レヴィナスにとって苦痛だっただろうことは容易に想像がつく。リチャードソンが精神分析およびそれについてのレヴィナスの立場に関する一般的な考察の方を好んでいるのだとしても、彼は、彼自身の好む表現を使えばおそらく「無意識的に」、口頭試問の際に咎められた自分の鈍感さを繰り返してしまっている。

以上が、稀れにしかないレヴィナスの「激怒」の一例である。慎重すぎることを咎められることもあったこの人が、つっけんどんな姿を見せることも時にはあったのだ。いずれにせよこの逸話が明らかにしてくれるのは、ある苦しみが常に生き続け、決して癒されることがなかったということである。

矛盾の結び目

フランスへのハイデガーの紹介者レヴィナスは、『存在と時間』の著者に抱いた讃嘆の念を撤回することはなかった。彼の眼には一つの記念碑であり続けたこの著作に、人間ハイデガーへの批判を逆流させることはなかった。同時に、フライブルクのかつての師に対するレヴィナスの何よりの批判は、おそらく、ハイデガーが自らの哲学と国家社会主義への賛同との結び付きをありえないもの、無効なもの、不適切なものとすることがまったくなかった点にある。実際、人間と著作とのこの錯綜こそ、レヴィナスが断じて許すことがなかったものなのだ。

ジャック・ロランによれば、「幸運にも、そしてある意味で不幸にも、人生で二人の天才に出会った、それはハイデガーとシュシャーニだ、とレヴィナスが常々考えていたことは確かです。彼は二人の天才と言っていました。彼がこの点を考え直すことはありませんでした。たとえ、そのことが彼を苦しめていたとしても、です」。さらにロランによれば、レヴィナスが最初にハイデガーについて書いた重要な論考で、後に『実存を発見しつつ』に再録された「マルティン・ハイデガーと存在論」が一九三二年に『哲学雑誌』に公刊された際、彼はハイデガーについての新たな著作を予告していた。一九三三年以降、彼に明白となったのは、この本がもはや可能ではないということだった。

一九三五年に「逃走について」という題の小論がまず、アレクサンドル・コイレ、アルベール・シュパイアー、ジャン・ヴァール、ガストン・バシュラールが編集を務める『哲学探究』誌上で発表されたが、ハイデガーの名前はそこに見当たらないにもかかわらず、彼との対決は密かに姿を現わしている。このことは、レヴィナスの一通の手紙と共に註記を付してこのテクストを出版したロランが示唆しているとおりである。

一九四七年にレヴィナスが彼固有の概念を展開した最初の独自の論考『実存から実存者へ』を出版した際、彼は自らの考察がハイデガーの哲学から着想を得ているとはっきり述べつつ、この考察が「この〔ハイデガーの〕哲学の風土と訣別しようとする深い欲求」[*8]に導かれていると付け加えてもいる。

次いで、フッサールとハイデガーについての論考を集めた『実存を発見しつつ』の序文でレヴィナスは、一九三九年から一九四五年に至る年月を経験した今となっては、これらの論考が「賢明さを常に担保してくれたわけではなかったある哲学」[*9]を何としてでも擁護しようとするものではないと強調している。

戦後間もなくして、フランスのいくつかの界隈でハイデガー主義が華々しく台頭してきたのを尻目に、レヴィナスは終生、相反する二つの立場を取り続けた。自分に何ができるかは弁えていたので、一つの世代全体に「存在するという動詞の響き」を教えてくれた人物に自分が多くを負っていると述べることを憚りはしなかったが、それゆえにこそ、まさしく「存在から脱出する」必要性が自分にあることを語ろうともしたのだ。

そういうわけで、フランスのユダヤ人向けの月刊誌『ラルシュ』上の対談で次のように明言することができた。「この哲学者に対する讃嘆の念を告白する時には、常に羞恥の念が伴います。ハイデガーが一九三三年にどのような者だったかは、たとえ短い期間だったとしても、また高く評価できる人物がたくさんいる彼の弟子たちには忘れられているとしても、周知のとおりです。私にとって、それは忘れえないことです。ヒトラー主義者以外の何にだって成れたはずです。不注意でヒトラー主義者と成ってしまった後でさえも、です」。ハイデガーの場合も、不注意からだったのだろうか。レヴィナスは次のように答えている。「不注意からだったかどうかを、私が言うことはできません。〔けれども〕ある種のゲルマン文化やある種の環境に見られる、私たちにとって根底的に異質で敵対的であるようなものに、ハイデガーがどの程度まで属していなかったと言えるでしょうか[*10]」。

思索者でありかつ戦闘員であるというこの矛盾は、それゆえ、前者に対する熱狂と後者に対する嫌悪を経験したレヴィナスにとって、明らかに悲痛をもたらすものだった。にもかかわらず彼は常に、ハイデガーを断じて正当化することなく、この挟間の内に身を置こうとしたのである。

死という未来

一九六一年、レヴィナスは、『ユダヤ通信』誌に、後年『困難な自由』に収められる「ハイデガー、ガガーリン、私たち」という論考を発表し、そこで宇宙に初めて行った人間となったソ連の宇宙飛行士の快挙を採り上げて、技術についての考察を展開した。これは、場所の守護霊、世界への根付き、聖なる木立やその他の形象についてさまざまな形で考察するための口実にすぎない。こうした形象の後ろには、〔黒い森《シュヴァルツヴァルト》の町〕トートナウベルクの隠遁者ハイデガーが透けて見える。

「技術は私たちをハイデガーのいう世界から、つまり〈場所〉への執着から抜け出させてくれる。そこに、ある好機が現われる。すなわち、住まっている状況の外で人間を見るという好機、人間の顔が剥き出しのまま輝いて来るようにするという好機である。ソクラテスは田園や木々よりも、人々に出会う町を好んだ。ユダヤ教は、このソクラテスのメッセージに連なる兄弟なのだ[*11]」。

レヴィナスは、技術についてのハイデガーの思索をいささか図式化してしまっていると批判することもできよう。しかしながら、プラトンの師の内にある種の頽廃を見て、ソクラテス以前の哲学者に与する思索家に対して、これ以上に厳しい応答も、これ以上の同盟も想像し難い。

まさに同じ年に主著『全体性と無限』が公刊されたが、そこではハイデガーからの離反が成し遂げられている。ドミニック・ジャニコーは、「実際、レヴィナスは生涯の最後に至るまで、ハイデガーに対する含みのある敬意と激烈な批判の間で揺れ動き続けた」と書いている。『全体性と無限』については、さらに次のように述べている。「同書においてレヴィナスがおのれの立場を鮮明にするにあたって、ハイデガーにあからさまに背を向けることが決定的な役割を演じた[*12]」。

一九七九年六月、リチャード・カーニーとジョゼフ・オレアリーがパリで「ハイデガーと神の問題」というシンポジウムを開催した。彼らはそこにジャン・ボーフレ、フランソワ・フェディエ、フランソワ・ヴザンといったハイデガーの信奉者たちを呼び集めたが、それとともに、レヴィナス、リクール、マリオン、デュピュイ、ブルトン、グレイシュも呼んだ。彼らの対決が為されたのは、パリのアイルランド学院である。張り詰めた緊張感が会場を包んでいた。主催者側はこの会合を、ヘブライズムとヘレニズムへの「二重の帰属」というテーマの下に位置付けた。

基本的な方向性を示したのは、リクールだった。「ハイデガーにおいてよく私を驚かせるのは、彼がヘブライの思想の総体と向き合うことを終始一貫して避けているように見えることです。彼が福音書やキリスト教神学から出発して考えることはあっても、その際ギリシア的な言説とはまったく異質なヘブライの大きな集積を常に避けており、倫理的な思想についても、レヴィナスが多くを語ってきた他者や正義との関係に関わる次元もろとも避けているのです」。

レヴィナスは自らの発表を同じ路線で行ない、「なぜ、何もないのではなく、何かがあるのか」という問いに替えて、次のような別の問いを立てることが必要ではないかと問うている。「自然に抗して、自然の自然性すなわち本性そのものに抗して、「存在することは正しいのか」と問わねばなりません。疚しさを感じる良心です。これは強く抑圧されてきた問いですが、存在の意味を探求する問いよりも古い問いなのです[*13]」。

実際、ここでリクールが問題提起しているのは、ハイデガーの沈黙に対してである。ハイデガーは数年前にスリジーで、リクールに応答するのを拒んでいたのだ。それは、哲学者でありプロテスタントの聖書解釈学者でもあるリクールが、聖書の神に関して次のような問いを敢えて提起した時のことだった。すなわち、なぜ神は、とりわけ『出エジプト記』で「我は在りて在る者である」と述べることによって、自らを存在の地平上で表明したのか。レヴィナスその人にとっても、まったく以って尤《もっと》もな問いである。

聖書の神と存在との出会いの更に向こうに、「存在を超えた」善《よさ》とのより緊迫した出会いがあったのではないか。〔リクールとレヴィナスは、こう問いかけたのだ。〕ベルンハルト・カスパーがオランダでシンポジウムを開催した時、レヴィナスはいつものように、ドイツを通らないようリエージュからマーストリヒトを経由する迂回路を通ってやって来た。この時レヴィナスと同行したジャン・グレイシュは、車内でレヴィナス夫妻と同じ客室《コンパートメント》だった。彼はこう語ってくれた。「まるで今日のことのように憶えています。レヴィナスは、無ではなく何かがあるということを前にした驚きが形而上学の根本的な出発点である——そのようにこれまでの思想家たちが思いなしてきたことこそが、彼にとっては驚きだったと言ってきたのです。それから彼は、次のように述べました。彼の眼には、私たちの大地のようにかくも残虐さに満ちた大地の上で、善良さが惹き起こす奇跡のようなものが現われえたということの方が、はるかに驚くに値することだ、と」。

矛盾に満ちたこの関係の最後の痕跡が見られるのは、一九八七年三月、ミゲル・アバンスールが国際哲学コレージュでハイデガーについて論じるようレヴィナスに依頼した時のことだ。レヴィナスはまず、若年の頃に感じ「今日でも抑え難い」讃嘆の念に言及し、あらためて「最も偉大で最も稀れな哲学的な知性の持ち主の一人」と敬意を表している。ただし、この賛辞に続いて直ちに、いつもそうするように、「どんな形でであったかは重要ではないが、いずれにしても何らかの形でこの天才的な人物が関与した国家社会主義に結び付いている覆しえない嫌悪感」について、述べている。

この発表を基にレヴィナスは、「〜のために死ぬこと」という題の論考を書き上げた。その中で、サウルとヨナタンの死に関する『サミュエル記下』の一節（一章二三節）「〔サウルもヨナタンも〕生きている間、愛すべき親切な人で、死によっても分かたれることがなかった。鷲よりも速く、獅子よりも力強かった」を引用し、これを次のように解釈した。ハイデガーの分析とは逆に、死は終着点ではなく、すべてを解消することはない。人はいつもただ一人で死ぬわけではなく、他者のために死ぬこともできる。そしてある意味では、人は常に他者のために死んでいるのだ。

人間の内には、生の動物的な運動を乗り越えるという、この可能性がある。そして論考は、この「愛の現在の内にある、死という未来」[*14]で結ばれている。

第3章　分身にして裏面——デリダ

一九六四年、後に『エクリチュールと差異』に収められるジャック・デリダの論考「暴力と形而上学——エマニュエル・レヴィナスの思想についての試論」が『形而上学・道徳雑誌』上で公刊された。[*1]鋭敏で、緻密で、厳密なこの論考は、『全体性と無限』についての最初の研究であり、哲学者レヴィナスの主著についての最初の大部の批判的読解でもあった。著者デリダは、広範な論の展開の中でレヴィナスの思想のあらゆる構成を篩いにかけ、その新しさ、大胆さ、文体を賞讃した。同時に彼は、同書で用いられた「他性」概念を詳細に分析し、その危うさを指摘した。彼の眼には、他人の絶対的で縮減しえない他性という考えは、問題を孕んだものだった。もしも他者が他我《アルター・エゴ》でないなら、つまり他者も一人の自我《エゴ》でないなら、他者は他者でもなければ、隣人でも異邦人でもなくなってしまう。デリダがフッサールを、彼自身の弟子レヴィナスに対置させるべく引き合いに出していることからも明らかなように、この批判は専門的なものだが、レヴィナスの企図の核心に触れるものであり、その上この批判のためにレヴィナスは、主体性についての自身の考察のいくつかの側面を変更するよう促されることになった。この批判は、『全体性と無限』から『存在するとは別の仕方で』へと導くことになるその後の展開を要求するほどのものとなるのだろうか。書かれたものでそれを証明するようなものは何もないし、レヴィナスもデリダもそのことを明確に述べたことは一度もないが、二つの著作を読むなら、そこにデリダの論考からの影響と考えられるものが認められるだろう。いずれにしても、この論考は決定的なものだった。この論考は、レヴィナスを哲学的な議論の場に見事な仕方で位置付け、彼の最初の主著に然るべき場所を与えることになったのだ。

待ち合わせ

以上のような事情のゆえに、私はずっと以前からジャック・デリダに会ってみたいと思っていた。彼は予定がぎっしり詰まっていて、いつもあちこちを旅行していた。ある時は、――ちょっぴりレヴィナスに似ているのだが――対談が不安で、テープレコーダーが苦手なのでという言い訳をしていた。またある時は、承諾はしてくれたが、ただし、彼が関心を持っている主題や彼の著書に関して質問事項を事前に文書で送ってくれたら姿を見せるという条件付きだった。そうすることは私の能力を超えている、あなたの著書はあまりにも多く、主題も多岐にわたるため、私は怖気付いてしまったなどと、どうして彼に言えただろうか。それから、エマニュエル・レヴィナスの墓前で若干のやり取りがあり、「別れの言葉＝神の御許に（A-Dieu）」として彼が戸外で朗読したテクストを聴いた時の感動があった。デリダを新たに読み直しもした。哲学の専門家としてよりも文筆家としてのデリダを発見すると、たちまち彼がずっと身近になった。脱線したり、一つに纏まっていなかったり、ばらばらに散乱したりしているこのエクリチュールの下で、読者は音の調べ、長いフレーズ、荒々しく打たれた句読点、力強いリズムに身を任せ、語られている内容をいつも理解しているというわけでもないのに自分が魅了されていることに気付く。憑かれたかのようなエクリチュール、まるでどんどん回転が早くなる中、眼をつぶって、その都度息継ぎの仕方を案出していくダンスを踊っているかのようなエクリチュールだ。言語を細かく砕いていくようなこの脱構築は、さまざまな語の力を再発見する一つの仕方でしかないのかもしれない。読者を証言台に立たせ、読者の襟首を摑み、読者の眼を逸らさせまいとするのだ。

もう一つ、より個人的な思い出もあった。割礼という主題は、私に付き纏って私を悩ませてきた主題である。ジェフリー・ベニントンがデリダの「ユダヤ教への」「帰属し難さ」[*2]と名付けているのがそれだ。こんなお話もあった。贖罪の日の前夜にラビによって生贄として殺される雌鶏と雄鶏が、頭を刎《は》ねられた後も走り続けるというのだ。こうした幼少期の思い出の数々は、同じものが共有され——ちびの私もしばしばそれらを夢に見た——、エクリチュールとして書き留められたお蔭で思い出された時には、感謝の気持ちのようなものを呼び起こすことになった。

ジャック・デリダ　深い愛情と相互間の敬意。

ほかにもなお、私を彼に向かわせたものがいくつかあった。それは、人を人として認めることの重視や固有名の尊重であり、いつも極限的なところに、誇張的な表現の内に身を置く思想もそうである。レヴィナスのいくつかの主題、例えば痕跡、死、歓待、赦しといった主題とデリダの主題の間の、完全に重ね合わせることはできないにせよ、年を追うごとにますますはっきりしてくる共通性もだ。さらに、レヴィナスに対してきわめて近いと同時にきわめて遠いという「非忠実的な忠実さ」という考えもそうである。

デリダに対する先入見は、徐々に霧散していった。フランスではジャック・デリダは、空疎で瑣末な議論をしている、自己陶酔的だ、などと始終非難されているが——しかも、最も難解とみなされている彼が、フランス人哲学者の中では最も翻訳され、最も有名であることを知るためには、アメリカ合衆国に行かねばならないほどだ——、こうしたフランスでの印象が完全に消えたわけではなかった。けれども、それ以来私は、デリダの読み方が分かったのだ。

彼は、待ち合わせの場所に指定したホテル・ルュテティアのバーに、社会科学高等研究院での金曜日の講義を終えてからやって来た。栗色の背広を着て、その上に彼の白髪が掛かり、やや蝋のような顔色をしていたが、逸話をいくつか不意に思い出していく内に、温かな微笑を浮かべて晴れやかな顔に成っていった。そして結局のところ、彼との会話でとりわけ印象に残ったのは、こうしたいくつもの逸話だった。

印象深い振る舞いとやり取り

そもそもデリダ自身は、エマニュエル・レヴィナスと哲学的なやり取りをしたことがほとんどなかった。「互いに深い愛情を抱いていた」と言った方がよい。デリダは言う。「哲学者の間で会話がないのはご存知でしょうし、私も認めるところです。哲学は語るものではありません。アルチュセールともそうでしたし、ラカンともそうでした。私が助手をしていたリクールとだって、そうでした」。レヴィナスとの間には、ただ愛情だけがあった。そして何度も、会った。一五回ほど、会うのはいつもレヴィナスの家でだ。「著作が出版された際には、手紙のやり取りも多くなりました。それから、パリではよくあることですが、著作が増えすぎてそうすることもなくなりました。ただし、著作はすべて献呈し合いましたし、献呈する機会が何かを伝えるのによい機会となったことも多かったのです」。数々のシンポジウムに共に参加するという形で会うことも、あった。たとえばストラスブールのシンポジウムでは、レヴィナスが神について語るにあたって、「今日では、神と言う時、「この表現を使うのをお許し下さい」と言わなくてはならないのですが」と述べて会場を笑わせたこともあった。

デリダの声は悲しみに満ちており、わざとらしいところがまったくなかった。「レヴィナスの葬儀でお会いしましたよね。もうどれくらい前になるんでしょう。四年も前になるんですか」。デリダが言うには、彼は大人になってからずっとレヴィナスの思想と歩みを共にしてきたので、レヴィナスを思い出すたびに、悲しみに襲われるのだ。

デリダはたくさんの思い出を持っていたが、その中でも彼がまず採り上げようとしたのは、レヴィナスの人となりをよく示してくれるような、彼の日常生活に由来する思い出である。ちょっとしたユーモアや好み、印象的な言動といったものだ。たとえば、ある日レヴィナスは、オトゥイユの自宅で、ありとあらゆる種類の書類が書斎に山積みになっているのに思い切って捨てることができないために、八方塞がりになっているとこぼした。「あなたは書類をどうしていますか。私はどうしたらいいか、分からないんです。ひょっとしたら焼き捨てることもできるのかもしれませんが、諦めてごみ箱に捨てることができないんです」。また別の日には、「デリダの方から、息子が物書きとなり、父親の姓を用いずにペンネームを使うと決めたこと、そのことが自分の悩みの種だ、とレヴィナスに語ったことがある。それに対してレヴィナスは、「でも私には逆に、そうした彼の振る舞いはとても高潔なものに思えます。これほど尊敬に値することはありません」と言った。「これには心を打たれました」とデリダは述べている。更にまた、時折電話でもやり取りをした。ただお喋りをするためだけだったり、助言を求めるためだったりだ。たとえば、レヴィナスがボルティモアのジョンズ・ホプキンズ大学での講演を依頼された時には、デリダに電話をかけてきて、その講演会がどのようなものか、何を準備すればよいのか、そしてとりわけ、息子ミカエルのピアノを持っていけるかどうかを尋ねてきたりした。

もともと、二人の関係が真に始まったのは一九六四年、論考「暴力と形而上学」が刊行されたことによってだった。この論考は、二部に分かれて公刊された。デリダは、レヴィナスに会いに行った時のことを次のように語ってくれた。「レヴィナスは言いました。「あなたは第一部で私に麻酔をかけ、次いで第二部で私に外科手術をされました」。それだけです。私たちが再びこのことについて話すことはありませんでした。ただ一度だけ、彼は何かのついでに、微笑みながらこの論考に触れたことがありました。「結局、あなたが批判なさったのは、帰り道にバスを使うように、私がギリシア的なロゴスを使ってしまった点なんですよね」」。デリダは更に、次のように述べている。「数年後に、レヴィナスへの献呈論文集に別の論考を載せた時は[†1]、彼はそれについて一言も語りませんでした。きっとそれは、その論考がとても変わった文体で書かれ、フィクションの要素が強かったためでしょう。彼には、それを読む時間がなかったのかもしれません」。

私には、あるシンポジウムの思い出がある。それはモンペリエで開催された精神分析とユダヤ教についてのシンポジウムで、そこにはすでに円熟期に入っていたレヴィナスも参加していた。昼食休憩の和やかな雰囲気の中、私たちはレヴィナスに献呈されたばかりの論集、その名も『レヴィナスのための論集』[*3]について、中でもとりわけデリダの論考について話していた。私はデリダの文体に慣れていなかったので、馬鹿正直にも「何一つ理解できなかった」と述べた。レヴィナスは言葉を継いで、やや社交儀礼的に、いや間違いなく社交辞令として「私もですよ」と述べたが、すぐさま言い直して、早口で何やらもぐもぐと言った。「本当を言うと、論集を受け取ったばかりで、熟読する時間がなかったのです」。

隔たりと裂け目

要するに、二人の間には愛情があったということか。それは間違いない。加えて、尊敬や愛着もあった。彼らとはとりわけ親しかったジャック・ロランは、「非常に大きな讃嘆の念」という言い方をしている。彼らを近付けるものは何か。もちろん、フッサールである。『声と現象』は、レヴィナスの大のお気に入りだった。彼は、デリダが書いたフッサールに関する論考をすべて読んでいた。言わば、フッサールを中心にした縁戚関係の強い絆があったわけだ。けれどもこの絆は、ハイデガーにまで伸びていたのだろうか。デリダは答えなかった。

そこで私は、ユダヤ教から着想を得ているのかと思い切って尋ねたのだが、白髪のこの男は、自分には

---

† 1 Jacques Derrida, « En ce moment même dans cet ouvrage me voici », in: *Psyché. Invention de l'autre*, Paris, Galilée, 1987.「この作品の、この瞬間に、我ここに」、『プシュケー――他なるものの発明Ⅰ』、藤本一勇訳、岩波書店、二〇一四年所収。

ユダヤ教のしっかりとした素養がないと打ち明けた。続けて彼は、「ただ、私には分からないのですが、自分が書く動機を、人は自覚しているのでしょうか」と述べた。私は、二〇世紀ポーランドのラビであるハゾン・イッシュの「ユダヤ教全体は、言葉の本当の意味を知るという点にのみ存する」という言葉を返した。彼はきっとした面持ちで、「そうでしょうが、それはどんな文化や文明にも言えますよ！」と言った。「おそらく、それを徹底して行なうこと、それこそハゾン・イッシュが言わんとしていたことです」と私が言うと、彼はいっそう激しく「それはつまり、ほかの文化や文明よりも優れているということですか」と言った。「いえ、でも徹底しているわけです」と私が言うと、彼は「では、やり過ぎというのがユダヤ的なことなのですね」と言った。そうして、二人して笑ったのだった。

もっと真面目なことを言えば、デリダとレヴィナスを分かつもの、デリダにとって問題だったものは、デリダがいくつかのテクストで述べているように、異性との関係、『全体性と無限』における女性に関する件《くだり》だった。それと同時に、イスラエルに対するレヴィナスの非常にシオニスト的な立場もそうだ。デリダはこれを、批判的な距離を取っていないものとみなしていた。さらに、レヴィナスのフランスに対する普段の態度もそうであり、デリダから見ればそれはあまりにも愛国的なものだったのだが、それをデリダは、フランスが自分を受け容れてくれたこと、戦争中自分を守ってくれたことにレヴィナスが感謝していた事実ゆえだ、と説明してくれた。「私としては、彼との間にいくつかの隔たりがあることは認めます」とデリダは述べ、彼自身の戦争体験を引き合いに出した。人種差別的な法のために学校から追い出された時期に、どれほど彼が人種差別的な悪口に極度に敏感になり、特定の共同体の内でのどんな囲い込みに対してても抗うようになったのか。排斥に対してどれほど抵抗し、無理矢理転入させられそうになったモーパス通りの学校――マイモニデス学校だったか――に行くのをどれほど拒んだのか。ここにもまた「非忠実な忠実さ」が現われているのだが、それはレヴィナスの言う「信仰なき忠実さ」に結び付けられうるものである。デリダはどこかで次のように書いていなかっただろうか。「常に一人以上の父、一人以上の母がいるのだ」と。

これもデリダとの会話での話なのだが、こうした思いから、彼の著作に見られる割礼という主題が自ずと生じて来る。デリダがはっきりと述べているように、彼は非常に若い頃からこの主題について一書を著わすことを夢見ていた。彼は、長い間この主題の周りをめぐり、いくつかの論考を纏め、資料を集めた。彼が取り組もうとしているのは、割礼というこの中心主題をめぐる一種の自伝的な著述であり、ある種の「〔信仰告白ならぬ〕割礼告白」(circonfession)である。次いで彼は、この種の本を一度も自分が書いたことがないこと、そのいくつかの筋は『弔鐘』や『郵便葉書』の最後に見出されるにもかかわらず、そうであることを認めた。最後に、父親レヴィナスに関してミカエルが用いた表現を使って[†2]、敢えて私は尋ねた。「あなた方は二人とも、裂け目、傷口のことを考えた哲学者なのでしょうか」。「そうです」とデリダは答えた。

ボーフレ事件

レヴィナスとデリダという二人の哲学者の関係は、また二〇世紀後半のフランス哲学史からもさまざま

---

†2　詳しくは、本書第II部9章を参照。

な影響を受けている。一九六七年にフランソワ・フェディエがジャン・ボーフレ献呈論文集を公刊しようとして、ジャック・デリダ、ロジェ・ラポルト、ミシェル・ドゥギー、ルネ・シャール、モーリス・ブランショらに声を掛けた。ある昼食時にデリダは、ラポルトからボーフレの反ユダヤ主義的言動を知らされた。それはクレルモン゠フェラン大学の教授任命に関するもので、ボーフレはもし自らが選ぶ立場にあるならユダヤ人に票を入れることはないと述べたというのだ。当のユダヤ人とは、レヴィナスだった。これを聞くと直ちにデリダは、献呈論文集に名を連ねることはできないと判断し、すでにフェディエに渡していた論考を取り下げた。仰天したフェディエは、これは陰謀だ、ボーフレに対する「新たな謀略」だと反論した。このことを知らされたモーリス・ブランショはデリダと連絡を取り、二人とも憤慨して、在宅中のレヴィナスの下を訪ねた。レヴィナスは二人を穏やかに迎え入れ、肩をすくめて軽く受け流した。彼には、そうしたことはまったく重要でなかったのだ。彼は大げさに騒ぎ立てることを望まなかった。書かれた論考たちは刊行させてあげねばならない、というわけだ。「私はとても驚きました。なぜってボーフレは反ユダヤ主義者だったわけですし、彼はレヴィナスをひどく傷付けたわけですから」とデリダは述べている。

ボーフレの死後、強制収容所のガス室否定論者のフランスにおけるリーダー格だったリヨンの歴史家ロベール・フォリッソンを彼が支持していたことが明るみに出た。ボーフレはハイデガーの追従者であり、ハイデガーを絶えず紹介し擁護し、ハイデガーの『ヒューマニズム書簡』を献呈されたその対話相手でもあったのだが、最後に見られた彼の修正主義はもはや病気の様相を呈している。いったいどうして、高等師範学校受験準備学級で若き学生時代を過ごし、哲学者でありドイツ思想の研究者として戦後の高等師範学校の教官を務め、さまざまな世代にわたる学生たちの指導者だった人物が、生涯を締め括るにあたって、身近な人々や彼の学生たちには理解し難いこのような愚かさに走りえたのだろうか。この問いに対する答えは、若きボーフレに影響を与えていたギリシア的、異教的な高揚の内に見出されるかもしれない。こうした高揚のためにボーフレは、ハイデガーの中にユダヤ・キリスト教に対抗する西洋のルネッサンスが完全に表現されているのを見て彼に無条件に追従し、このルネッサンスの政治的な形態を八〇年代末頃に出て来たこれまた異教的な「新右翼」に見出したのだろう。ただし、こうした仮説以上に、彼の病気の兆候は、ここでもまた沈黙の形を取ってだが、次の点に見て取ることができる。ボーフレの最も重要な業績が『マルティン・ハイデガーとの対話』であるのに、そこにはユダヤの問題への言及が一切見当たらないのだ。

ボーフレへの献呈論文集は、結局、『思惟の忍耐力——ジャン・ボーフレを讃えて』という題名で公刊されることになる[*4]。モーリス・ブランショの論考は取り下げられなかったが、次のような註記を添えてレヴィナスに捧げられることになった。「四〇年にわたって、私自身よりも身近に感じるような友情によって、すなわちユダヤ教との切り離しえない関係において結ばれているエマニュエル・レヴィナスへ」。

ブータンをめぐる逸話

ブータンをめぐる逸話は、ボーフレの場合とはまったく異なる相貌を見せる。一九七六年三月一九日、ソルボンヌ大学の評議会は、レヴィナスの後任として哲学者ピエール・ブータンを形而上学講座の教授に指名した。ジャック・デリダを含めた一〇〇人ほどの左翼系の研究者が、若い頃モーラス主義者だった[†3]ブータンの過去を理由に、この指名の破棄を求める要望書を公開した。デリダは、次のように述べている。「私はこの要望書に署名しましたし、署名を集めてもいたのですが、レヴィナスには迷惑を掛けたくないので署名を求めないと彼に伝えに行ったのです。彼は次のように答えました。「それは正しい判断でした。私は要望書には署名しなかったでしょう」。ところが、ブータンが忌まわしいものを書いたのは間違いないのですよ」。デリダは驚きを隠せなかった。

この事例は、おそらくより込み入ったものだった。一九一六年生まれのピエール・ブータンは、若い頃、戦前の高等師範学校を代表する人物の一人だった。ジャン・ヴァールは当時彼をヘルダーリンに準《なぞら》え、ジョルジュ・ポンピドゥーは『回想録』の中で才能迸《ほとばし》る人物と呼び、モーリス・クラヴェルはいかにして彼の〔高等師範学校学生寮の〕「同室者」がファシズムへの誘惑から彼を救い出したかを繰り返し語った。モーリス・ブランショやクロード・ロワのような転向者とは対照的に、ブータンはそもそも生粋の王政主義者であろうとし、それゆえ一九三九年の夏、当時二三歳だった彼は『アクション・フランセーズ』[†4]に寄稿したのだった。〔一九四〇年のドイツ軍による〕武装解除に接して、軍隊の士官だった彼は驚愕し、ヴィシー政府と〔ドイツ軍による〕占領という境遇を拒んだ。そうして、かなり早い段階で北アフリカに行き、ジロー将軍の政府のために尽力した後[†5]、解放軍に参加したのだ。

ピエール・ブータンの運命の糸が結ばれるのは、戦後フランスに帰国してからだ。若き頃の師シャルル・モーラスに対して留保なく忠実であろうとした彼にとって、モーラスの対独協力を裁く訴訟はあまりにも不公平なものと映ったため、この訴訟に激しく抗議した。アルジェでブータンの敵対相手だったド・ゴール派の人々は、大学から彼を追放するよう要求した。一九四七年から五四年の間ブータンは『アクション・フランセーズ』での活動のゆえに糾弾された人々と運命を共にしたのだが、モーラスが死ぬと、今度は彼らからも追い出されることになった。まさにこの時期に、論争と非難を最も集めることになったいくつかの論考が書かれたのであり、彼自身もそうした論考を後になって自己批判し、自らの非を認めている。

一九五四年に『フランス国民』誌を創刊することでブータンは、何よりもまず反ユダヤ主義とヴィシー政府の残像という右翼の亡霊から一切手を切ろうとする姿勢を明確にした。ブータンの庇護の下、この雑誌にはガブリエル・マルセル、ロジェ・ニミエ、アントワーヌ・ブロンダン、フィリップ・アリエス、画家のマチューが名を連ね、相次いでいくつもの転換が成し遂げられた。一九五八年にはド・ゴール将軍の政権への返り咲きを支持し、一九六二年にはアルジェリアの脱植民地化を受け容れ、一九六七年にはイスラエルの肩を持ってシオニズムの基本的権利を認めた。

けれども、この紆余曲折のある政治人生とは別に、哲学者、詩人、小説家、ブレイクの翻訳家、『秘密の存在論』の著者としてのブータンがいる。この著作は、彼にジョージ・スタイナーとの友好関係をもたらした。このケンブリッジの批評家は、彼のこの著作をプラトンやプロティノスのそれに匹敵するとみなしたのだ。そして最終的に、ブータンがソルボンヌにおけるレヴィナスの後任となったのは、彼が六〇年

†3 (Charles Maurras, 1868-1952) フランスの作家・詩人・文芸評論家。王党派右翼の政治団体「アクション・フランセーズ」を主宰。戦後、戦犯として告発され、終身禁固刑に処せられた。
†4 モーラスが立ち上げた政治団体「アクション・フランセーズ」の機関紙。
†5 当時、イギリスとアメリカの後ろ盾の下、フランスの軍人ジローがフランス領北アフリカを治めていた。

代から学び始めたラシーについて教えるためでもあった。

レヴィナスにとって、ハイデガーは許すことができなかったが、ブータンは許すことができた。彼はブータンのすべてを許した。というのも、ブータンは戦争中ジャン・ヴァールを助けたからであり、また彼は、自らの若気の過ちについて、自らの思想そのものの内で、聖書の側からと政治の側からの両面で〔ユダヤへの〕回帰を果たすことができたからだ。今日、イェルサレムで教授をしているミカエル・バル＝ツヴィは一九六八年のテュルゴーでブータンの下に学び、ブータンのお蔭でユダヤ教とアリーヤー〔イェルサレムへの上昇〕を見出したと述べているが、その彼にレヴィナスはある日、次のように打ち明けさえしたのだ。「あなたには、まさに師がいるのです」。

差異と近さ

以上が、デリダが記憶していたいくつかの場面であり、こうした場面は、両人が友情を分かち合っていた年月の節目節目に生き生きしたアクセントを与えている。この友情はデリダの著作によっても示されているが、それはレヴィナスの存在が次第に明確になってきた後期の著作に限られない。レヴィナスの姿は、ずっと以前から認められる。レヴィナスがデリダの博士論文口頭試問の審査員だったことを思い出すのは、無駄なことではない。またデリダは、ハイデガー、ブランショ、レヴィナスという三つの名前を、自らの拠り所として引き合いに出している。とはいえ、レヴィナスの存在がデリダ後期の著作においてほど、更には当然ながら追悼の論考においてほどはっきり見えるものはないというのも、確かなことである。

レヴィナス自身は、デリダについてほとんど書き残していない。デリダについて書かれたものが一つあるが、それは一九七三年『ラルク』誌に「全く別の仕方で」という題で最初に掲載され、後に『固有名』と題された献呈論文を集めた書物に再録された。この論考は、〔ヴィクトル・ユゴーがボードレールの詩について形容した表現である〕「新しい戦慄」について語る一方で、デリダが一九六四年の論考で述べていた「新しい、きわめて新しい」という言葉に反論するという二面性を持つものだ。「明日、それは今日である」という見出しが付いた非常に難解な一節では、〔第二次大戦におけるフランス軍の〕武装解除の際に兵士だったレヴィナスがパリとアランソンの間で出会った床屋を、デリダに準えている。この床屋は大声で「今日は髭剃り無料だよ」と誰彼となく声を掛け、「若造たち」を自分の露店に引き入れていた。これはデリダに対する手厳しい批判ではあるが、にもかかわらずこの論文は、次のような好意に満ちた挨拶で終わっている。「真の哲学者を「改善」させようなどという馬鹿げた野望は、本論の意図するところではない。道の途上でそのような者と擦れ違うことがすでによいことだし、これこそおそらく哲学における出会いの様態そのものだろう。デリダによって提起された数々の問いがきわめて重要であることを強調することで私たちが言いたかったのは、対照的なものが混じり合う時の核心にある接触の喜びである」[*5]。

レヴィナスは、デリダに丸ごと付いて行くということはない。彼は自分自身についてよくこう言っていたが、それぞれの哲学者は自分の「問題」を持っているからだ。レヴィナスはおそらく、デリダが多くのことを書いたと思っており、ひょっとすると書き過ぎたと思っているだろう。けれどもこのことによって、ジャック・ロランの表現によれば彼の「敬意と讃嘆の念」が妨げられることはなかった。ロランは、このような感情が示されたのを何度も目撃したと断言している。ただしこのことはまた、いくばくかの非難を排除することもなかった。ロランは、ある日レヴィナスが次のように語ったという裏話を聞かせてくれた。

「仕方がないことですよ。デリダは抽象画家のような人なので、はたして彼はリアルに描くことができるのか、といつも疑われてしまうのです」。

何がレヴィナスとデリダを遠ざけるのか。デリダにおける耽美的な側面とレヴィナスにおける宗教的な次元がそうだというのは、おそらくそのとおりだ。どんなことがあっても忠実であろうとするレヴィナスと、果てることなく疑いを抱こうとするデリダ。にもかかわらず、二人は共にある種の暴力性の内にいる。このことは、レヴィナスを悪く言う人たちが彼の思想の「甘ったるい」側面について何を言いうるとしても、変わりない。このことを、レヴィナスとデリダ二人の弟子であるフランソワ＝ダヴィッド・セバーは、[*6]レヴィナスの著作に見られる「住み付き難《にく》さ」と呼んでいる。

さらに、両者が出会う地点、受け渡し地点として、一九六四年に出たデリダの例の名高い論文（「暴力と形而上学」）がある。この（アドリアン・ペパーザックの表現では）「喇叭《らっぱ》の合図」は、（すべての人とは言えないにしても）多くの人に決定的な影響を与えることになった。それも単にレヴィナスの著作『全体性と無限』の受容という点だけでなく、この著作のその後の進展という点でも決定的な影響を与えたのだ。

確かにレヴィナスは、公的にも私的にも、デリダの批判から影響を受けたと断じて打ち明けることがなかったが、その影響の跡は明らかに見て取れる。少なくとも形としてはそうだ。二人のレヴィナス、つまり一九六一年に出た『全体性と無限』のレヴィナスと、一九七四年に出た『存在するとは別の仕方で』のレヴィナスがいるからだ。この二つの著書はどちらも互いの延長線上にあるのだが、女性性、母性、エロス、〈同〉、全体性といったいくつかの主題は放棄されたり、あまり見えなくなったりしているのに対し、隣人、身代わり、迫害、謎といったほかの主題が現われてくるようになる。

ジャック・ロランは次のように述べている。「〔二つの著作の間には〕企てという点では連続性があるのですが、書き方や論じ方、そして最後に論の争点という点では断絶があります。そして、この二つの著作に橋を架けた、ないし一方から他方への跳躍を生んだのはデリダの一九六四年の論文だということを、私は確信しています」。

レヴィナスの著作を誰よりもよく知っていた一人であり、イェルサレム大学で教鞭を執るドイツ思想の研究者ステファヌ・モーゼスもまた、「非常に早い段階で素早く〔レヴィナスの〕すべてを理解したのは、ただデリダだけです」と認めている。モーゼス自身がある日、レヴィナスに次のように問うたことがある。「二つのご著書の間で何が起きたのですか。あなたの人生の内で何があったのでしょうか」。この問いに対する返答を彼は貰ったのだが、この返答に彼は頭を悩ませ続けている。その返答とは、「私が良くなったということですよ！」というものだった。

確かに、『存在するとは別の仕方で』をデリダとの対決に縮減することはできない。この著作は、彼自身の洞察から生じてきたものだ。エマニュエル・レヴィナスの人生、経験、思想の内に深い根を張っているということだ。レヴィナス自身、問われた時に、どうやって彼がこの著作を書くことができたのか、自分自身もよく分からないと答えているのだ。

それでもやはり、この二人の人物、この二人の著作の間には、暗黙の内にではあっても、対話があった。分かち合われた友情に裏打ちされた対話であり、死を越えて、墓前で読まれたお別れの言葉によって締め括られた対話である。このお別れの言葉の中でデリダは、次のように感謝の気持ちを述べている。「この人の思想、友情、信頼、善良さは、非常に多くの方々にとってと同様、私にとっても、生きた源泉であり続けるでしょう。それがあまりにも生き生きとし、揺らぐことのない源泉なので、今日彼に何が起こったのか、私に何が起こったのかを考えることができないほどです。それはつまり、中断です。私が生きているかぎり、私にとって決して途絶えることのない応答の内に差し挟まれた、一つの無返答です」[*7]。

「言ってみれば」

言葉の尖端で観念に到来する神。人が呼ぶ時にのみ、居ます神、現われては消え、居ますと思ったら居ない、人がしっかり迎えようとした時にのみ不意に姿を現わす神。それは聖書の内で啓示される神であり、聖書を通じて私たちに語り掛けてくる神であり、私たちに忠実であるべく命じ、アブラハムとイサクとヤコブの神であるのに彼ら以降は救済を約すこともない神である。いわば何もしてくれないような善良さだ。それはマイモニデスの神である。つまり、認識することができず、ただ足跡を追っていくことしかできないような神だ。

それは『雅歌』の神である。つまり、扉を叩く音がしたと思ったが、誰が叩いたかも、本当にその音を聴いたのかさえも定かでないような、そうした卓絶したイマージュに包まれた神だ。

それはガオンのヴィルナの神である。つまり、「どんな方であるのかも、存在されるのかどうかさえも人間には知ることのできない」ような神だ。

そしてもちろん、彼の神でもある。

ある日私たちは、ユダヤ教の伝統において神が持つ様々な名前について話していた。レヴィナスはこの主題のために一回の講義を割き、それぞれの名（エロヒーム、ハッ＝シェーム、エル・シャッダイ……）に固有の意味を詳しく論じてくれた。[†6] 彼が知らない名が一つあった。それはカヴィアコール（Kavyakhol）という名で、私の父が何度か用いていたという話を彼に伝えた。数学者であり聖書解釈の愛好者でもあったハイーム・ブレジス[†7]が口頭でそれを教えてくれる以前から、この語はラビ文献の中に存在していたのだ。

字義通りには、この語が意味するのは「あまりに大きさが違うので、比べるのも何だが＝あらゆる類比を慎むとしても」であり、もしくは「（敢えて）言ってみれば」である。「言ってみれば」。「別の仕方で言えば＝言い換えれば」あるいは「そうであるのとは別の仕方で＝存在するとは別の仕方で」と言ってもよい。この表現がレヴィナスは気に入った。彼は「カヴィアコール、カヴィアコール」と何度も繰り返した。甘美にして香ぐわしきものが口に溶けてなくなっていくかのように。

†6　エロヒームは、「力」（エル）の複数形で、「無限の力をもつ唯一の神」の意味があるとされ、ハッ＝シェームには「主の光」、エル・シャッダイには「全能者」の意があるとされる。

†7　（Haïm Brezis, 1944-）フランスのユダヤ人数学者。

第4章　近さと遠さ——リクール

レヴィナスの歩みを辿り直すこと、それは、ほかの人々の眼差し、さまざまな人生の交差、レヴィナスの人生の行程に足跡を残し、著作を豊かにした数々の出会いを再現することでもある。哲学者にして信仰者、信仰者にして哲学者であり、レヴィナスと同様、哲学と信仰の混淆を避けつつも自らの思想の核心において哲学と信仰の対話を生きたポール・リクールとの出会いはこうした知的かつ人間的な交わりの一部を成しており、それについて証言せねばなるまい。リクールは、語のすべての意味でレヴィナスを「取り巻く」人々に捧げられた論集でレヴィナスが敬意を表した「固有名」の中には含まれていない。実際、リクールがレヴィナスの人生に現われたのは、だいぶ後になってからのことだった。

リクールは一九一三年にヴァランスに生まれたが、すぐさま孤児となった。生まれて数カ月で母親を亡くし、一九一四年には戦争で父親を失い、国家による保護を受ける戦災孤児となったのである。彼が自分の家を見出したのは書物の中であり、後年には書くことと教えることの内でだった。彼もまた、縁故があったガブリエル・マルセルの「金曜会」で鍛えられ、三〇年代初めにフッサールを読んで育ち、自由で常に醒めた精神の持ち主エマニュエル・ムーニエが創刊した『エスプリ』誌の同人となった。両大戦間に平和主義的な時期を経験した後、リクールはミュンヘンの〔ヒトラーによる〕一揆に対する批判を行なうようになる。一九三九年に動員され、ポメラニアの収容所でレヴィナスと同様捕虜となった。最初の数年間、ペタン派の誘惑に屈し、戦後そのことについて次のように釈明している。「実のところ私が申し上げねばならないのは、私が一九四一年まで、大量の宣伝活動のせいもあって、ほかの人々と同様ペタン派のいくつかの側面に魅かれていたということです。おそらく私は、共和国が曝《さら》け出した脆弱さへの反発を共和国にぶつけていたのです」[*1]。

二人の歩みは、何年かを隔ててではあるが、ストラスブールで交わっている。というのも、リクールはそこで戦後すぐ、教鞭を執ることになるからだ。そもそもリクールは、レヴィナスの元同窓生で『エスプリ』誌にも近かったマルクス主義哲学者レミ・ロンチェフスキと交友があったし、彼の学生の中でも若くして博識だったアレックス・デルジャンスキはユダヤ教に夢中になり、イディッシュ語[†1]を学ぶようになった。それはまた、プロテスタントの哲学者だった彼が、異なる宗派間の「聖書交流会」(carrefour biblique)に出入りしてアンドレ・ネヘルの知己を得た時期でもあり、ちょうどその時期、レヴィナスは東方イスラエリット師範学校で、土曜の朝に「聖書講義」を始めようとしていたのだった。

六〇年代初め、リクールはソルボンヌ大学の哲学教授職に就いたが、その一方でパリのプロテスタント神学部で教鞭を執ってもいた。そして、ナンテールにソルボンヌを補完する学部が開設された時、創設されたばかりの哲学科の長に任命された。一九六七年には学部長に任命され、教授陣を組織する必要に迫られた。彼は捕虜時代の仲間であり友人だったミケル・デュフレンヌ[†2]に声を掛け、彼をポワチエから呼び寄せると共に、さらに二人の候補者に就任を要請した。一人は、パリの国立高等中学校《リセ》で哲学の教授を務めていたシルヴァン・ザックである。彼はスピノザについての博士論文を提出したのだが、外国人に対する法律のせいで戦前の教授資格試験を受けることができなかった人物である。もう一人がエマニュエル・レヴィナスで、彼は国家博士論文を提出してから二年後にポワチエ大学に呼ばれ、当時デュフレンヌと同じくポワチエで教えていたのだった。

聖書をめぐって

パリ郊外シャトネ・マラブリの、とある公園の奥に、「白い城壁」(Murs blancs)という看板を掲げた建物がある。そこには、かつて一つの「共同体」を成していたものが保存されている。日差しが降り注ぐ大きなガラス窓があるにもかかわらず、建物全体は田舎の雰囲気を漂わせ、かつてその場所を占めていた人格主義者たちの一種の共同生活の名残を留めている。人格主義運動の創設者ムーニエは、今日リクールが住んでいるアパルトマンの真上に住んでいた。郵便受けには、『エスプリ』誌の編集長を長く務めたジャン゠マリー・ドムナックの名前がまだ残っている。

「私の周りの人々が、次々いなくなっていきます」と、リクールは述べた。私たちの会話が始まる前に、クラクフ〔ポーランド南部にある商工業都市〕のイエズス会の神父が亡くなったことを知らせる電話がかかってきたからだ。この神父は、ヴォイティワ枢機卿の、つまり私たちの会話で何度も名前が挙がった教皇

---

†1　本書二五頁側註参照。
†2　(Mikel Dufrenne, 1910-1995) 現象学的美学を提唱したフランスの哲学者。レヴィナスとはポワチエ大学、パリ第一〇大学で同僚だった。

ヨハネ＝パウロ二世の友人だった。

「正確なこと、日付や場所の名前といったことは期待しないで下さい。よく言われるように、私たちは若者たちよりも多くの思い出を持っているのですが、記憶力では劣ってしまうのですから」。

プロテスタントの哲学者にして聖書解釈学者でもあるポール・リクールは、エマニュエル・レヴィナスの同志であり、同僚であり、友人だった。彼らの最初の出会いは、直接的なものではなかった。レヴィナスのことを聞いたのは、リクールがまだストラスブールにいた時のことだった。若きレヴィナスがフッサールについて、いくつかの論文を書いていた時のことだ。ストラスブール大学神学部の新約聖書学の教授で、『宗教の現象学』の著者だったジャン・ヘーリンクが、レヴィナスのことを褒めていたのだ。

数年後リクールは、サン＝ジェルマン＝デ＝プレ広場に面したジャン・ヴァール主宰の哲学コレージュで行なわれたレヴィナスの最初の講演「時間と他者」に出席した。

「私はサルトルの名高い講演、実存主義とヒューマニズムについての講演を聴きました。その時は外にまで人が溢れていましたが、レヴィナスの時はもっと内輪の会でした」。けれども彼は、ヴァールが「あなたには才能があるのだから、書かなくてはなりませんよ」とレヴィナスに言い、講演者だったレヴィナスが含羞《はにか》み笑いを浮かべたことを憶えている。

「そこ、サン＝ジェルマン＝デ＝プレ広場で、ジャン・ヴァールの庇護の下に生じたこの誕生のようなものに、私は居合わせたのです。要するに、ヴァールこそがレヴィナスと私を関係付けたのですが、それは『全体性と無限』が出版され、その本に驚嘆するよりも前のことだったのです」。

個人的な関係が生じたのはさらに後のことであり、非常に遅かった。この関係は当初、よく言われるようにアカデミックな性質のものだった。

リクールは次のように述べている。「私は、彼をナンテールに引き抜いたことをとても誇りに思っていました。というのも、彼は哲学の教授資格試験を受けていませんでしたし、高等師範学校出身でもなかったからです。そもそも、私もそうだったのです。けれども、先入見を打ち破らねばなりませんでしたし、私は自分が持っていた小さな力を使ってそれを成し遂げたのです」。

この時期から彼らの個人的な親交、リクール曰く「彼にふさわしい近さと隔たりのようなもの」、つまり議論や面談、訪問といったことが始まった。リクールはかなり頻繁にオトゥイユ通りのイスラエリット師範学校に会いに行き、レヴィナスの家にも迎えられた。

「私はレヴィナス夫人とも知り合いになることができましたし、あの二人の親密さと愛情の深さがどのくらいかも知ることができました。レヴィナスは、夫人同伴でなければ講演に出かけることはありませんでした。だからこそ、彼女が亡くなった時の彼の苦しみがいかばかりだったかも、分かったのです。夫妻とのお付き合いを通して私は、家庭の重要さについて書かれた『全体性と無限』の見事な箇所すべてを、そして愛撫について書かれた美しい箇所を、真に評価し、理解することができました。デリダ以前には、彼しかこれらのことについてこのような仕方で語った人はいませんでした。レヴィナスのこうした側面は、いつも理解されているわけではありません。しかし、私はあの時期彼らの非常に近くにいたので、こうした親密さの実際をはっきりと見て取ることができたのです」。

一九六七年から一九七三年まで、この二人はナンテールで定期的に会っていた。ある時期リクールは、宗教哲学研究所を設置する計画を抱いていた。ユダヤ教にはレヴィナスを、カトリックにはアンリ・デュメリを、プロテスタントには自分自身を当てようと考えていた。残念なことに、六八年五月の出来事[†3]がこの計画を一掃してしまった。リクールの伝記の著者フランソワ・ドッスが言うには、このことがリクールをいたく落胆させたのだった。[*2]

プロテスタントの聖書解釈学者であり哲学者だったリクールは、このようにしてある意味ではジャン・ヴァールに続いて、レヴィナスを知識人や大学人と結ぶ橋渡しの役を担ったわけである。レヴィナスがこうした世界から身を退くのは、訳もないことだったからだ。

一九七三年、フランソワ・ヴァールは、レヴィナスをナイホフ社からスイユ社に移籍させるよう取り持ってほしいとリクールに頼んできた。一九七八年、彼は再度このことを頼んできた。しかし、移籍は為されなかった。レヴィナスは、彼の哲学的著作を出版してくれるオランダのナイホフ社に忠実であり続けたのだ。それはちょうど、言うところの「信仰告白的」著作を出版してくれるミニュイ社に忠実であったのと同様である。この愛着の内にも、レヴィナスの慎み深さがある形を取って姿を現わしていた。

教皇をめぐって

より後年には、レヴィナスとリクールはローマの「カステッリ・シンポジウム」や、さらにガンドルフォ城〔ローマ近郊にある教皇の夏の離宮〕でのシンポジウムで定期的に顔を合わせることになる。毎年一月初旬に、このローマでの会合で二人の同僚は再会していたわけだ。彼らは、そこでの友好的な対決や、いささか風変わりな貴族エンリコ・カステッリが司会を務める自由な議論を好んでいた。

ガンドルフォ城でのシンポジウムは、また違ったものだった。これはもともと、思想家を集めて世界の行く末について考えるという教皇ヨハネ゠パウロ二世の考えから生まれたものだった。

リクールは、このシンポジウムについて次のように語った。「私は、おそらく四回出席したはずです。教皇は一日に二度議論を聴きに来ましたが、まったくお話しにはなりませんでした。彼は、私たちを食事に呼んでくれました。その内の一回を私は憶えています。エマニュエル・レヴィナスと私が招待されたからです。レヴィナスは「あなたは教皇の右側に座って下さい。私は、左側に座ります」と言っていました。私は、「いや、逆でしょう」と言いました。〔法王の右側に座るという〕特典をめぐって小競り合いをしたわけですが、このことが何を意味するかということをそれぞれが理解していたのです」。

要するに、ユダヤ人哲学者とプロテスタントの哲学者が教皇を囲んだわけだ！　リクールはこう述べている。「ヨハネ゠パウロ二世の人柄は、私には謎めいたものの一つです。彼はカトリック教会の外部のさまざまな関係についてはきわめて驚くべき感性を備えていますが、カトリック教徒たちに対してはかなり厳格なのです。だからこそ、彼はしばしば抑圧的な人と受け取られているのですが、おそらく彼はこの地球の豊かさを最もよく理解しているのです。いずれにしても、彼は偉大な発信者です。彼のイスラエル訪問を見て下さい。この訪問は非の打ちどころのないものでしたし、嘆きの壁でのことがそうだったように、然るべき時にふさわしい振舞いをされました。私には、そうしたことは謎のままです。私自身はカトリックではありませんが、彼のこの寛大さの恩恵を受けています。そして、私が思うに、私以上にレヴィナスはこの寛大さに与かるにふさわしく、実際その徴《しるし》はさまざまなところに見られました」。

†3　五月革命。本書一八三頁側註参照。

ガンドルフォ城にて教皇ヨハネ＝パウロ２世を囲んで。この集まりにレヴィナスは、リクールと共にしばしば招かれた。

リクールが強調しているように、レヴィナスに対する教皇のこの高い評価には、哲学的な理由もある。「ヨハネ＝パウロ二世は、もともとスコラ〔教会の学校〕の教育を受けて育ったのではなく、フッサールに育てられたポーランド人ロマン・インガルデンの弟子でした。それゆえ、その後はいささか見え難《にく》くなってしまうのですが、彼にはフッサールの系譜が残っているのです。教皇とレヴィナスの間にはこうした深い親近性があり、いずれにしても多大な敬意ときわめて深い讃嘆の念があったのです」。

　リクールが参加したガンドルフォ城での最後のシンポジウムは、一九九四年秋に開催されたものだ。エマニュエル・レヴィナスは出席しなかった。ヨハネ＝パウロ二世はリクールを脇に呼び、言伝てを頼んだ。「私に代わって、レヴィナスに宜しくとお伝え下さい。そして私の敬意と讃嘆の念を」と。パリに戻るとすぐにリクールはレヴィナスに電話し、彼を訪ねた。

「彼は、夫人が亡くなって悲痛の極みにありました。彼は、私に皮肉っぽく次のように言いました。「要するに、カトリック教徒がユダヤ教徒に話すためには、プロテスタントが必要だったわけですね」。この種のユーモアは、私たちの間ではいつもウィンクしながら語られるものでした。私たちが何か言う時はいつも、そこで言われていないことが完璧に理解されていました」。彼は更に次のように述べた。「私たちの間で密かに為された競争めいたものがどのようなものだったか、お分かりになったでしょう。だからこそ、人が何度となく私たちを対立させようとしたにもかかわらず、私たちがそうした対立の内に閉じ籠もることは断じてなかったのです」。

善と名と忠実さ

レヴィナスの死の直後、リクールは、『改革』(Réforme)誌に一つの論考を寄せ、そこで日付の奇妙な一致を際立たせようとした。

「かつて私にとってクリスマスだった日は、エマニュエル・レヴィナスの命日となりました」[*3]。一か月後、ソルボンヌで開催された追悼の集いの中で、リクールは自分の発表の本質的な部分を誇張法の問題に割いた。誇張法というこの哲学的方法は常にレヴィナスの著述の中で働いており、強調、競り上げ、極端化を通じて進行する。「今日私が思うに、この方法はレヴィナスのロシア的側面です。「私は他の人々よりも罪がある」と彼が言う時、私見では、それはユダヤというよりもドストエフスキーであり、『カラマーゾフの兄弟』です。ご存知のように、レヴィナスはプーシキンを暗誦することができ、ロシアの大作家たちを読んで育ちました。私が考えるに、この影響は充分には指摘されていません。このことは、誇張法の使用に関する私とレヴィナスとのちょっとした論争のテーマの一つになっています。より少なく語るためにより多く語ることがレヴィナスの誇張法なのですが、それはドストエフスキー的な誇張法なのです」。ただしリクールは、自分が決してよく理解できなかった過剰な態度のようなものがそこにはあることも、吐露している。

「レヴィナスが「私は他人の人質である」と言う時、レヴィナスは誰の人質でもなかったということを見て取らねばなりません。誰も、レヴィナスを捉えて放さないということはなかったからです。「私がここに居る、それは私が他人の場所を奪ってしまっているということではないか」と彼が言う時、彼のことを知っている者なら、彼が自分の場所を穏やかに占めていることは分かっています。そこには、私にとって理解しえないものがあると言わざるをえません。パリ第一〇大学〔ナンテール〕、次いでソルボンヌに選ばれるという幸福に恵まれた大哲学者と、その著述のこうした辛辣さは、私には繋げ難いのです。私はこうしたことを整合的に理解するには至っていません」。

確かに、二人の道程、戦時中の捕虜体験、聖書、現象学、学問上の共通の系譜と聖書解釈への共通の関心、各々における自らの宗教的伝統を遵守しようという気遣い、また日常生活におけるある種の陽気さ、研ぎ澄まされたユーモアの感覚、こうしたことすべてがリクールとレヴィナスを結び付けている。しかし、二人ともそれぞれの道を歩んだ。行動の気風を持ち、左翼に根ざした政治的関与《アンガージュマン》を好んだリクールは、時代の要請すべてに応えていった。レヴィナスの場合はそうではなかった。彼はより控え目だったし、より慎重だったと言う者もあろう。哲学のアプローチの仕方や方向性に関しても、相違がなかったわけではない。レヴィナスにおいて他者に与えられる優位は、プロテスタントの哲学者リクールにとっては直ちに受け容れられるものではなかった。リクールは、次のように説明している。「人が私たちの間に打ち立てようとした、一見すると真正面からの対立に対して、私は次第に慎重になっていきました。次のように言われます。レヴィナスの場合、他者から始まりますが、あなたの場合はなお主体に、あるいは相互性に繋ぎ止められている、と。しかし、できるところから出発するのではありませんか！　どこから出発するかは、問題に取り組むための視角であって、そこから出発してどのように続けていくか、どのように他者と交わり、どこで他者と交わるかに、すべては懸かってくるのです。私の中では、他者と交わるのは相互性においてです。私がいつも疑問に思ってきたのは、レヴィナスの本の中で私はどこに位置付けられるのかということでした。私とは、「私」と発話する者のことなのでしょうか。それとも、「他者」の名の下に語られる者のことなのでしょうか。そして彼、レヴィナスはどこにいるのでしょうか。彼は「私」と発話するのでしょうか。それとも、彼はすでに「第三者」なのでしょうか。私にとっては、こうした点がなお問われねばならなかったのです。私たちはどのような場所に位置しているのでしょうか」。

結局のところ、レヴィナスに対するこうした関係を要約しつつ、リクール自身はそこに綻びを見ている。評判を通じてのみ知っていたストラスブールの学生時代から、その成熟期をまったく知らないまま、『全体性と無限』の突然の出現とほかの著作の輝きに遭遇し、数十年後、パリで頻繁に顔を合わせる大学の同僚と成るに至るまで、リクールは、彼の哲学から受けた衝撃は忘れえないにしても、レヴィナスのこのさまざまな相貌を一つに纏め上げることはできなかったわけだ。

「実際、私たちの出会いこそ、綻びを持ったものだったのです。その出会いは、言ってみればスタッカートのような〔連続的でない〕出会いでした。でも、そのようにして私は彼に、間違いなく出会ったのです」。

彼らを近付けたものは、何だったのか。彼らが出会ったのは、どのような空間においてだったのか。「それは二重のものでした。〔一方で〕フッサールが、つまり、哲学の徹底性がありましたが、それはレヴィナスにとっても私にとっても、ハイデガーによって不当に覆い隠されることになりました。次いで他方にユダヤ教がありましたが、それは私にとっては家族、「年長の兄弟」でした。キリスト教についての私の理解は、まさしくヘブライの聖書の上に打ち立てられたものでした。だから、私にはレヴィナスと二つの接点があったわけですが、それらはどちらも直接に繋がるものではなく、更にそれら、フッサールとトーラーがどのように連動していたのかも、私には判りません。そして、レヴィナス自身においても、こうしたことがどのように働いたのか、判りません。『全体性と無限』には、おそらく一度ないし二度しか聖書からの引用はありません。引用されているのはプラトンであり、デカルトです。そして、プラトンの内に「善のイデアは存在の彼方にある」ということを読み取る時、彼が考えているのはどう発音するのかも判らない神の名のことであるわけですが、そこで彼は、決してそうは言わないものの、ある種のショートカットをしているのです。発音することのできない名とプラトンの善が、それ自体もまた語りえないものであるような一地点で重なること、そのことにおいて私は、とても深くに埋め隠されているもの、まったく隠されているもの、常に間接的にしか語られないものに触れる思いがします。けれども、結局のところ私自身も、同じような問題を抱えているのです。ユダヤ教とキリスト教に対する私の哲学者としての関係、人と分け持つことができると同時に分かつことのできない関係も、同じような性質を持っています。レヴィナスは自身の哲学において、私が私のキリスト教に忠実であったのと同様に、ユダヤ教に忠実だったのです」。

とはいえ、レヴィナスは自分が宗教的な哲学者というカテゴリーに整理されるのを好まなかったし、自分にそのようなレッテルが貼られたり、あるいは自分がそのような地位に押し込められたりするのを好まなかった。そうしたレヴィナスに賛同して、リクールは次のように述べている。「私も、プロテスタントの哲学者と呼ばれることを好みません。哲学者であるか、そうでないかのどちらかなのです。私はこうした呼称に「抗議（プロテスト）」しました。私はキリスト教を哲学的に読解したのだ、と述べたことがあります。つまり、私には、哲学者のキリスト教があるのです。敢えて言えば、レヴィナスにあるのは、哲学者のユダヤ教です。私はこのことを、彼にとって名誉あることとして記しておきたいと思います。ユダヤ教哲学者ではなく、哲学者のユダヤ教を持った哲学者なのです。彼はユダヤ教という偉大な家系の一員ですが、フッサール主義者の眼差し、さらにハイデガーの対抗者の眼差しを持ってやって来るのです。彼は哲学の全体を伴って、ユダヤの広大な空間において生きるべく、やって来るということです。けれども、私の考えでは、彼はまったく以って哲学者なのです。『全体性と無限』で彼が語っているのは、哲学です。「全体性」と「無限」という、二つの哲学的カテゴリーなのです。さらに、「存在」と「本質」はトーラーに属す

ポール・リクール　遅かった出会い、共通の源泉。

る言葉ではありません。私自身もこのようにして、私たちをカタログ化すること、そしてそうすることで哲学の周縁に追いやることを拒否しているのです」。

けれども、まさに彼らが属するそれぞれの伝統の遺産によってこそ、彼らは二人とも哲学者として、それぞれの出自を成す共同体を越えて多くの反響を見出すことができたのではないか。

リクールの伝記を書いたフランソワ・ドッスは、このことについて次のように述べている。「まさに倫理的な問い掛けによって、レヴィナスもリクールも八〇年代半ばのフランスの知識人界の中心に再び位置付けられることになった。同世代の二人の間には、現象学に根差した共通かつ真正の血縁関係があり、さらに二人ともフッサールの教えに対して、もちろん異なる仕方でではあるが、共に距離を取ろうとした。彼らは、哲学的領域の特性を尊重しようとする同じ厳格な意志を有する一方で、共に自らの宗教的伝統に属するテクストについて探求し続けようとしたのだ」。ドッスはさらに、レヴィナスにおいてもリクールにおいても、「もし〔哲学と信仰の間の〕この裂け目をあまりにも強調するなら、境界線の両側でのさまざまな反響効果を置き去りにしてしまうことになる[*4]」と述べている。

ヨーロッパ

「フッサール主義者の眼差し、さらにハイデガーの対抗者の眼差し」とリクールは述べた。彼との会話の中で、『存在と時間』の著者とのこの矛盾を孕んだ関わりにも話が及んだ。リクールによれば、この関わりはレヴィナスの著作の主要部を成している。「公刊された最後の講義が死についての講義であったこと、そこでレヴィナスがなおハイデガーと向き合っていたことに気付かれましたか。彼は、一度もハイデガーと議論するのをやめなかったのです。というのも、ハイデガーは最も身近な異邦人だったからです。ハイデガーが倫理なき存在論であるのに対して、レヴィナスの問題とは、存在から脱出して倫理を第一哲学とすることだったからです。そのためには、言ってみれば、ハイデガー存在論の覇権要求を常に脱構築できるようになっていなければならなかったのです。彼はハイデガー存在論と断絶し切ることはありませんでした。ハイデガーの道徳的な人柄は、著作の高みには達していませんでした。これに対してカール・ヤスパースの人柄と著作の高みは同じでした。ヤスパースは、ヒトラーについて思い違いをすることはありませんでした。結局、ハイデガーとは、倫理を生み出しえなかった哲学なのです。この哲学的英雄には、いわば空き地しかありません。ヤスパースのように自分自身の思想の倫理的かつ政治的な尺度を生み出すことをしなかったので、残っているのは見捨てられた場所でしかなく、倫理‐道徳の場所が空っぽなのです。ある種の根本的な非‐道徳主義です。それゆえ彼は、ヒトラー主義の格好の餌食と成ってしまいました。それは認めざるをえない欠落であり、レヴィナスはそのことを完全に見抜いていたのです」。

ジャンケレヴィッチだけが唯一匹敵しうるドイツに対する反感や、リクールが非常に「ロシア的」とみなした根幹の部分についての話から、私たちの話はヨーロッパという問いに、レヴィナスが晩年ヨーロッパについて論じたいくつかの論考に行き着いた。

戦争以降、囚われの身となった国に行くことを拒んだレヴィナスは、逆説的にもヨーロッパを執拗に擁護し続けた者でもあった。彼はヨーロッパ議会でヨーロッパについて演説をしたことさえあったし、平和について演説をしたこともあった。彼は、市場の唯一的な力に対抗する、教養に基付くヨーロッパの感性を激賞したが、この感性は、ヨーロッパの現実の歴史とそのさまざまな危機によって育まれた感性でもあ

1979年まで教壇に立ったソルボンヌでの講義。

る。これこそ、レヴィナスがある時求められて雑誌に寄せた「ヨーロッパとは何か。それは聖書とギリシア人たちである」という定義の意味なのだ。この短い論考の中でレヴィナスは、上の定式化を述べたのだが、そこで彼は、ワシリー・グロスマンの『人生と運命』の末尾に描かれた一人の人間からもう一人の人間に向けられた「小さな善良さ」に言及して、論を閉じている。この善良さはレヴィナスにとって、ヨーロッパの本質における新しくかつ古い意識＝良心を証言するものなのである。*5

リクールは次のように述べている。「レヴィナスは、自分がリトアニア出身で、そして、再び足を踏み入れることは拒否しましたが、ドイツを跨いでやって来たという強烈な自負を持ち続けていたように思います。しかしまた彼は、ドイツの再統合にも敏感だったはずです。その点で彼は、ジャンケレヴィッチとは違います。

ジャンケレヴィッチは、ドイツ的なものすべてと縁を切ってしまいました。レヴィナスは、フッサールやハイデガーについて語ることに困難を覚えるということはありませんでした。彼ら二人のドイツとの断絶は、非常に異なったものだったのです。ジャンケレヴィッチの断絶は徹底的で克服されえないものでしたが、レヴィナスが行き来していたのは何よりもまずヨーロッパの書物の内でだったのです。ある意味で、ええ、彼はまったくのヨーロッパ人でした」。

リクールとの面談を終えて私は再び、それに先立って行なわれたデリダとの会話に連れ戻された。リクール、デリダ、レヴィナス。この三人は今日、ヨーロッパ、アメリカ、そしてそれ以外の国でおそらくは最も著名なフランスの哲学者であり、しばしば一つに結び付けられてその声価が定まっている。

リクールは、こうした事情を相対化してみるべきだとしている。戦後すぐに最も盛んだった運動は、マルクス主義、実存主義、人格主義だった。今日、これら三つの運動は姿を消した。その後に来た人々は、そこから何を引き取っているのか。誰が煉獄に行き、誰が栄光で包まれたのか。サルトルの場合を思い出すなら、彼は二〇年の忘却の後で再び人気を博している。リクールは、サルトルの小説、評論、演劇、哲学にわたる多才さを賞讃しながら、次のように述べる。「『アルトナの幽閉者』と『言葉』と『シチュアシオン』を同時に執筆するなんて、そんなことは彼にしかできません。この点で彼に張り合える人なんて、誰もいません」。

それでもやはり、彼が付け加えたように、上に挙げた三人を一つに取り纏めているのは、ひょっとすると、何よりも彼らが教師だったという点かもしれない。私とリクールの対談の前の週、彼は物語、記憶、歴史という考えについて、ソルボンヌで講義をしていた。教室は八〇〇人もの人で埋め尽くされ、通りにも人が溢れていた。リクールは次のように結論付けた。「ええ、おそらくそうなのかもしれません。レヴィナスは教えることが好きでしたし、デリダも教えることを愛しています。そして私も、そうなのです」。

第5章　文書管理人と先駆者たち——ビュルグヒュラーヴと紹介者たち

ベルギーのフランドル地方にあるルーヴァンは、中世風でどこか魔法に掛けられたような雰囲気のある小綺麗な町だ。石畳に覆われた中心街を持つこの町は、かつて神学と形而上学の研究の重要な拠点と成り、今日もなおそうである一つの大学を擁している。一九七二年から、つまり同大学の名誉博士号を授与されて以降、エマニュエル・レヴィナスは、この町に定期的に赴くようになった。もともとこの大学はフラマン系とワロン系[†1]という二重の性格を持つ大学だったが、一九六八年に学生たちの抗議行動が勃発し、その結果、二つの大学に分かれることになった。フラマン系の大学はその場に留まったが、より北の方に新たな学園都市が丸ごと一つ、ルーヴァン＝ラ＝ヌーヴという名の下に作られた。興味深いことにこのどちらもレヴィナスと関連があり、彼に対して崇拝と呼ぶにふさわしい思いを捧げ続けることになる。そうした者の一人が今日ではロジェ・ビュルグヒュラーヴであり、彼はこのフランスの哲学者に関して公刊された著作、註釈書、論文の網羅的な目録という正真正銘の労作[*1]の作者である。この目録は常時更新され、二〇

---

†1　フラマン語はベルギー北部で用いられるオランダ語の地域方言であり、ワロン語は南部で用いられるフランス語の地域方言。

○○年を目前にしてすでに二二二頁に及び、およそ二〇〇〇項目を数えるほどのものとなっている。
溌溂とし、情熱的で、表情豊かなビュルグヒュラーヴは大学の研究室に私を迎えてくれ、エマニュエル・レヴィナスとの出会いや長きにわたった友情について話してくれた。サレジオ会の司祭である彼は、一九六三年から一九六六年までローマに派遣された。それは第二ヴァチカン公会議[†2]の時期であり、カトリック教会は熱気に満ちていた。アルベール・ドンデーヌ[†3]が『信仰と現代の思想』を出版したばかりで、この本はカトリックの変革に影響を与えることになり、公会議に参加した多くの司教や神父たちにも読まれていた。ローマ滞在後にルーヴァンの神学部に赴任を命じられたビュルグヒュラーヴは、そのドンデーヌにレヴィナスの読解に取り組むよう薦められたのだ。「『全体性と無限』を買われたのですね。それはよい、それこそ進むべき道です！」それ以来、ビュルグヒュラーヴに取り憑いて離れない「知的憑依」が始まった。「彼の他者へのアプローチ、つまり語る何者かである他者によって私が律せられるというアプローチに、ある斬新なものを私は見て取りました。そしてレヴィナスによって、カトリック教徒である私は聖書を再発見したのです」。

ビュルグヒュラーヴには、一七歳の時、中等学校《コレージュ》〔小学校卒業後の五年制の教育課程〕での古典の授業の最終学年前年にギリシア語の才能溢れる先生がソフォクレスについて教えてくれ、彼の講義によって「蒙を啓かれた」思い出がある。ところが、この年配の男性教師はキリスト教も教えていたのだが、その講義は惨憺たるものだった。彼はなぜ、アンティゴネーに関してしてみせたことが、聖書に関してはできなかったのだろう。

聖書が哲学と対立しない世界に入っていけることを発見したのはレヴィナスによってだったと、ビュルグヒュラーヴは打ち明けてくれた。それればかりではない。テクストは聖典であるがゆえに価値を持つのではなく、普遍性に開かれているがゆえに聖典なのだということもだ。

一九七二年、ビュルグヒュラーヴはエマニュエル・レヴィナスについての博士論文を書き上げた。まさにこの年、このフランスの哲学者はルーヴァン大学の名誉博士となり、当地に招待された。式典の最後に、慣例に倣って、大学関係者が長蛇の列を成して町を端から端まで歩いた。ビュルグヒュラーヴはその時のことを、次のように語った。「通りで、私はレヴィナスに近寄りました。彼は立ち止って、列から抜け出してくれました。会話の最後に、パリに会いに来るよう招待してくれました」。

これを発端に、長く続くビュルグヒュラーヴのレヴィナス訪問が始まったのだが、その様子は変わることがなかった。ミケランジュ通り、小ぶりの白いテーブルクロスを敷いた机のある客間、親しい間柄になると戸棚から出されるコワントロー[†4]の小瓶だ。「いつもそうでした。コーヒーカップとコワントローの小瓶です。彼は寛いだ時にはいつも、ピリッとしたユーモアを利かせながら話しました。ハシディズムのラビの家のような〔禁欲的な〕場所で、真を突く問いがプラムのお酒スリヴォヴィッツから、つまりは神の機知から出てくるのです。時にはスリヴォヴィッツの助けを借りて、ということもありました」。

ドンデーヌ、ヘルマン・デ・ダイン[†5]、アドリアン・ペパーザック、ビュルグヒュラーヴのお蔭で、レヴ

---

†2　一九六二年開会。カトリック教会の近代化を主題とした。
†3　(Albert Dondeyne, 1901-1985) ベルギーのカトリック神学者。
†4　オレンジ風味の香り付けがされたリキュールの一種。
†5　(Hermann René de Dijn, 1943-) ベルギーの哲学者。

ィナスはルーヴァン大学に温かく迎え入れられた。そこで彼は多くの講演を、四回も五回も行なった。ある時レヴィナスは、こう述べた。「ここでは、我が家にいるようです」。

貨幣と大公

だが最も驚くべき訪問は、一九八六年、今度はブリュッセルへの訪問で、貯蓄銀行からの招きに応じたものだった。この話は物語るに値する。ベルギーの貯蓄銀行グループは創立二五周年を記念して、一連の催しを企画した。元財務大臣でベルギー銀行の名誉総裁でありながら哲学を愛し、レヴィナスの読者でもあったロベール・ファンデプッテ教授がアイディアを出した。それは、この記念日をいくつかの基調講演で祝い、とりわけ『全体性と無限』の著者をブリュッセルに招待し、「貨幣の哲学」について話して貰うというものだった。

ファンデプッテとビュルグヒュラーヴはパリに赴き、レヴィナスに講演を依頼した。彼は最初この依頼に面食らっていたが、説き伏せられて受諾した。けれども、彼はこの講演原稿を書くのに難渋し、旅行にあたっては更に一層の困難を抱えた。彼の妻は体調を悪くしていたので、パリに残らねばならなかったのだ。しかし結局彼は貯蓄銀行の招待に応じ、一九八六年一二月一〇日、首相も含む政界・経済界・大学界の聴衆を前に、依頼された講演を大会議場で行なった。

銀行グループの総裁は前置きで彼を「現代の最も偉大な哲学者の一人」と讃え、次のように述べた。「教授、あなたがこのシンポジウムに参加して下さったことで、貯蓄銀行の役割が単に資金を集めてそれを貸し付けるに留まるものではなく、より広い枠組みに位置付けられねばならないこと、人間の生活の全側面にわたることが証明されました」[*2]。

この講演でレヴィナスは、「貨幣が持つ社会的で経済的な現実性《リアリティ》」に足早に触れた後、「ヨーロッパの人間の良心の内で貨幣によって描き出され、穿たれ、顕わにされるさまざまな次元」の考察に向かう。貨幣と交換、利害と無私無欲、社会性と正義、こうした彼自身の思想の主題に立ち戻ったわけである。ちなみに、彼はこの講演の原稿の提出を延期して貰い、何度も手直しした後でようやくその公刊を許可したのだった。

ビュルグヒュラーヴは、レヴィナスがこの講演の謝礼を受け取ろうとしなかったことを憶えている。彼はまた、王宮へのよくお膳立てされた訪問のことも憶えている。ボードゥアン国王に迎えられた際、レヴィナスは国王を「大公殿下」と呼ぶことにこだわり、この君主が最初に妻の近況を尋ねてくれたことに感激して頬を赤らめた。

学生に冗談で〔レヴィナスに心酔するビュルグヒュラーヴをからかって〕「ビュルジナス」と呼ばれることもあったビュルグヒュラーヴにとって、レヴィナスは何よりもまず感受性の哲学者だった。レヴィナスは、倫理や責任を強調するがゆえに厳格な哲学者と受け取られるが、彼の著書の核心には、他者に向けて我が身を開く主体の感受性がある。ところで、レヴィナスという人も、感受性に富む人だった。彼は講演ではいつでも、初めに自分の妻を眼で探すのだ。「妻はどこですか。ああ、そこに居ました」。それからようやく彼は、話すことができるのだった。ただし彼は、何事にも気配りができる人でもあった。一九七六年に彼は、二つの講演、「真理と誠実さ」についてと「懐疑論と理性」についての講演をしにルーヴァンにやって来た。ビュルグヒュラーヴは、次のように語っている。「当時私は病気で、背中に問題を抱え、入院していました。彼は、二つ目の講演の後に、彼をよく知るサミュエル・ヘスリンクと一緒に私を見舞ってくれたのです。彼は一〇分、居てくれました。溢れんばかりの温かさを表に出すこともなく、いつもと同じように、控え目でありながら真の思い遣りを見せてくれました。ヘスリンクが出て行った時、レヴィナスは私の側に来て、手を取って言いました。「神の御加護がありますように！」

名声への階段

ルーヴァンを、いわゆるレヴィナス主義の拠点とみなすことができる。ビュルグヒュラーヴの書誌目録に眼を通せば分かるように、まさにそこで、おそらくはフランスに先立って、レヴィナスの名声は生まれたのだ。けれども、それ以外にも、彼の道行きの助けとなった場所や人物があった。中でも、オランダ生まれで今はシカゴのロヨラ大学教授を務めるアドリアン・ペパーザックは、選り抜きの場所を占めている。六〇年代初めにソルボンヌでヘーゲルについての博士論文を書き上げた頃、彼はルーヴァンで、出版されたばかりだった『全体性と無限』についての講演に居合わせた。まだ若かったペパーザックは一週間でこの本を読み、十分に理解することはできなかったが偉大な書であることを確信し、レヴィナスの著作に夢中になり、レヴィナスのほかの論考を求めてパリの国立図書館を探し回った。

そこでレヴィナスの哲学的論文やユダヤ人向けの雑誌に書かれた論文に出会ったペパーザックは、ある新聞に論評を出すことから始めた。[†6] この論評をレヴィナスに送ったところ、レヴィナスはとても丁寧な返信をくれた。そこで彼は更に進むことにし、オランダ語訳のレヴィナスの論集を出すことを提案した。

「その本には、私が選んだユダヤ教・宗教関連の小論が一〇篇と、私が編纂し註釈を付けた哲学的な論考がいくつか含まれています。それがレヴィナスとの関係の始まりで、これはやがて友情へと発展しました。ただし友情と言っても、彼の方が大先生で、私の方は教えを受けるという形での友情だったわけですが。この関係には、若干の変化がありました。私たちは、一緒にカステッリのシンポジウムに行って互いをよく知るようになり、私はこの大哲学者の若き同僚と成りました。まさにそこで、人間的な観点から、彼は私の人生において非常に重要な人と成ったということができます。それは、教条主義的な仕方ではなく、いわゆる実存的な仕方で哲学を実践する人間の経験でした。正統的なユダヤ教徒の態度という点で、彼は私のお手本でした。ただしそれは、彼をお手本にすることで私自身が変わらなければならないようなお手本だったのです」。

この本はオランダで、『人間の顔の哲学』という題で出版され、大方の予期に反して鮮やかな成功を収めた。七回も版を重ねたのだ。そして、哲学の狭い領域を越えて、例えば社会活動に関わる人々に読まれたのである。

「この成功が何に起因したものだったのか、私には判りません。人々の胸を打ったのは、おそらくその道徳的な側面か、少なくともそれが道徳を復権した仕方でしょう。オランダは間違いなく、非常に道徳を重んじる国であり、もっと言えば非常に説教じみた国でさえあり、皆がそのことにいささか辟易していた

†6　ペパーザック本人が本書英訳版に対する書評で述べているところによれば、こうした論評を当時彼が公表した事実はなく、そうしたものを書いてみたいという話を、自分が作成中のまだ不完全な文献表を基にレヴィナスとしたにすぎないという。Cf. *Continental Philosophical Review*, vol. 40, Berlin, Springer, 2007, pp. 349-352.

のです。この本は、現代であれば道徳についてこんな風に語ることもできるということを示して見せたのです」。

レヴィナスとの出会いは、カステッリのシンポジウムの後も、ナポリでマロッタ弁護士が催した哲学研究所でのセミナー、更にはオランダ国境の町でドイツ人ベルンハルト・カスパーが発案したシンポジウムまで、相次いだ。そうした状況の中で、ある時ペパーザックは、「キリスト教徒はレヴィナスから何を学ぶべきか」という主題で口頭発表するよう依頼された。

彼はその時の様子を、次のように述べている。「私は最善を尽くしました。発表の焦点をレヴィナスによる神秘思想に対する批判に絞り、次のことを示そうとしました。神秘思想は魔術とはまったく異なるものであること、神秘的な合一は慈愛を前提としていること、慈愛が欠けるなら、神秘思想は道を誤るということです。レヴィナスは、その場に居ました。そして私の発表が終わった時、彼は私に「もしあなたの仰るとおりなら、私たちはそんなに懸け離れているわけではありません。[†7]でも、あなたの考えは少し異端なのではないですか」と耳打ちしました。その点は、ひょっとしたら議論に値するかもしれませんね、と私は答えました。こうしたやり取りから、友情、関心の収斂、親近性がありながら、また相違もあった私たちの間の雰囲気がどのようなものだったか、お分かりいただけるでしょう。私たちは、互いに大きな敬意を払っていたのです」。別の時には、ローマで、ペパーザックは発表を始めるにあたって、自分がヘーゲル、十字架のヨハネ、レヴィナスに多くを負っていると述べた。するとレヴィナスは当惑で顔を紅潮させ、両腕を挙げて、「あぁ、あなたは私を粉々にしてしまうのですね」と言った。

それから、アメリカだ。そこにペパーザックは最終的に身を落ち着けた。レヴィナスの名前は、当時アメリカでほとんど知られていなかった。アルフォンソ・リンギスが『全体性と無限』と『存在するとは別の仕方で』をすでに訳していたが、反響は小さかった。状況が少しずつ変わり始めたのは、七〇年代に入ってからだ。

「証明するのはとても難しいことなのですが、レヴィナスがアメリカで有名になり始めたのは、デリダがレヴィナスを読むべきだと主張した時からではないかと思います。私がアメリカにやって来たとき、ここにはデリダしか居ないと思ったものです。私はデリダを、アメリカにおける大陸哲学の法王と呼んだこともあります。デリダが、批判すると同時に推奨もしていると受け取られた長大な論文（「暴力と形而上学」）を書いて以来、レヴィナスは知られた名前になったのです」。

ペパーザックは、更に次のように述べている。「ちなみに、ロバート・バーナスコーニ[†8]を筆頭に、レヴィナスとデリダを、あたかも一つの運動の二つの極であるかのように結び付けようとする傾向が見られました。実情に即しているとは言い難いのですが」。

ペパーザック自身、レヴィナスの著作をアメリカのさまざまな大学に導入することに少なからぬ貢献をした。一九七五年以降、彼はイェール大学とボストン大学で講義を行ない、あちこちで講演をし、エマニュエル・レヴィナスをロヨラ大学に二度招待した。[†9] シカゴにあるこの大学で、レヴィナスはハンナ・アー

---

†7　先の書評におけるペパーザックの指摘に基付き、原文に「もし……なら（Si…）」を補って訳出した。

†8　（Robert Bernasconi, 1950- ）ハイデガーとレヴィナスの研究、近年では人種問題についての研究でも知られるイギリス出身の哲学者。

レントに出会うことになる。「私が思うに、彼らが顔を合わせたのは、それが初めてでした。ただし、私には、彼らの間で気持ちが通じ合っているようには見えませんでした。彼らは、ユダヤ教やイスラエルについて話していました。ハイデガーについては話しませんでした。それはあまりにも微妙なことだったのです」。

キリスト教徒たち

ペパーザックは元フランシスコ会の修道士であるため、イエズス会の機関であるロヨラ大学で現在は教鞭を執っている。エマニュエル・レヴィナスへの関心は、カトリックの多様な宗派に及んでいる。レヴィナスはキリスト教の思想に何をもたらしたのか。それは、進むべき道というよりも、発想の源であり、考える上での参考である。ビュルグヒュラーヴの「レヴィナスのお蔭で、私はよりよいキリスト教徒と成った」という言葉を、ペパーザックも踏襲するのだろうか。彼は、微笑んで次のように答えた。「その考えも擁護できるでしょう。けれども、次のようにも言えると思います。もし私がより悪いキリスト教徒に成ったとしても、それは間違いなくレヴィナスのせいでなのだ、と。いずれにせよ私はキリスト教神学について、五年間の研究を通じてよりも、レヴィナスの下でより多くを学んだのです[†10]。神学に対していささか間違ったやり方かもしれませんが、私は実際にレヴィナスから、神学の諸前提を考え直す可能性を学んだのです。ですから、私がより信心深くなったのかは判りません。ひょっとすると、間接的にそうなったのかもしれません。というのもレヴィナスは、単に思考に関する師であっただけでなく、生き方のお手本でもあったからです。彼は道徳を説くような人ではありませんでしたし、私はそのような人の仰々しさが好きではありません。こうした仰々しさは、レヴィナスには一度も見られませんでした。彼にはユーモアがあり、皮肉がありました。私が学んだのは、おそらくは哲学的な取り組みの真剣さでしょう。彼が晩年述べていること、すなわち、哲学は単に知を愛することではなく、愛について知ることだという考えの内に、きわめて明快な形で私は自分のあるべき姿を見出したのです。ひょっとすると、それと共に、魔術の危険や偶像崇拝の危険を指摘することの内にも見出したかもしれません。それから、是非とも言っておきたいのは、私が学生の時は、たとえばタルムードを通じて、つまりユダヤ教の現代的な神学を通じて聖書を見る可能性はあまりなかったということです。そうした中でまさにレヴィナスこそが、この可能性へと眼を開かせてくれたのです。彼は私にとって一つの声、イスラエルからの声であり、その声によって私たちはイスラエルの歴史に対する私たちの態度を取り上げ直し、見直し、正しいものとし直すことを強いられた

---

†9　この件《くだり》に関して、ペパーザックは先の書評で正確には以下のとおりだったとしている。まず、アメリカでレヴィナスの名を知らしめるにあたって多大の貢献をしたのは、何よりもアルフォンソ・リンギス（Alphonso Lingis）の卓越した翻訳や紹介、エッセイだったこと、自分がレヴィナスについての講義を行なったのはボストン・カレッジとデュケイン大学（ピッツバーグ）においてであること、イェール大学で行なったのは講義ではなく一回の講演であること、一九七〇年にレヴィナス自身がロヨラ大学からの名誉博士号の授与にあたって同大学で講演をしたこと、レヴィナスがロヨラに招かれたのはこの一度だけであり、その招聘にペパーザックは関わっていないこと、後に（一九九三年）ロヨラで彼がレヴィナスについての国際シンポジウムを組織した時にはレヴィナスはすでに病篤《あつ》く、招聘は叶わなかったこと、以上である。

†10　ペパーザックは先の書評で、ここで自分が言いたかったのは正確には次のようなことだとしている。「私は、自分が学んだ神学の教科書〔強調ペパーザック〕からよりも彼（レヴィナス）から、神学の諸前提について再考することをより多く学んだのです」。

のでした」。

キリスト教社会におけるレヴィナスのこの影響は、それがとりわけ教皇ヨハネ＝パウロ二世を介してカトリック教会の最高の階層にまで及んだがゆえに、ペパーザックにとって一層看過しえないものである。「教皇はレヴィナスを読んでいましたし、私が思うに、ひょっとすると彼はレヴィナスを最良のユダヤ的思想家とみなしていたかもしれません。そのことを証明することはできませんし、おそらく教皇はほかのユダヤ人の著作にも眼を通していたことでしょう。けれども、教皇が書いたものを少しでも読んだら、彼にとってレヴィナスが偉大なユダヤ的思想家の範例だったことは疑いようがないと思います」。しかし、ペパーザックが続けて説明したように、頂上におけるこの出会いを越えて、オランダ、ベルギー、アメリカ、イタリア、南アメリカにおいてエマニュエル・レヴィナスの作品が哲学者やキリスト教神学者たちの中に多くの読者を、ひょっとすると最も重要な読者を得たということもまた、事実なのである。彼の作品は、厳密に言って最も哲学的な要素においてさえ、長くかつ揺るぎないユダヤ教の伝統に基付いているにもかかわらず、それが発する親しげな響きやそれが指し示す方向性やそれが課す要求を以って、数多くのキリスト教徒の心を打ったのだ。

この問題は依然として問われるべきものである。哲学者であり、ユダヤ人だったレヴィナスが、キリスト教の、より正確には西欧のキリスト教の只中で、同時代に読まれた。そこに見て取るべきは、レヴィナスの思想が普遍性を持っていることの徴だけでなく、敵対しているが共通の歴史が紡ぐさまざまな糸が撚り合わされると共に解きほぐされながら一つの結び目が結晶化していく過程なのかもしれない。そこで問題となっていた事柄は込み入っているが、その全体を把握するためには六〇年代のパリに立ち戻らねばならない。そこですべてが始まったのだ。ドミニコ会の司祭ベルナール・デュピュイは、フランスの司教会議において、長年、ユダヤ教との関係についての責任者だった。彼がレヴィナスを知ったのはルーヴァンにおいてではなく、元ドミニコ会修道士だったジャック・コレットを介してだった。コレットは、当時、ドミニコ会のソールショワールの研究センターでフッサールと現象学について講義をしていたのだが、講義にあたってレヴィナスの現象学解釈に重要な位置付けを与えていたのだ。『全体性と無限』が出版されたばかりの時だった。デュピュイは次のように語る。「私たちは、まだ実存主義の時代に居ました。サルトルの本をいつも持ち歩き、ジャン・ヴァールも健在でした。レヴィナスのような声を聴くことはかなり重要で、私たちドミニコ会の教育において歓迎されました。それはまず以ってユダヤ教の声でしたが、信者の声だったのです。たとえ、彼がフッサールについての研究論文ではそうした声を発しなかったにせよ、それは透明な声として聴き取られていました。私たちはこのようにして彼を読んだのですが、おそらくユダヤ人の多くの読者もそのようにアプローチしたに違いありません」。

デュピュイは、聖書解釈と聖書考証の講義をするよう任命され、ブーバー、ローゼンツヴァイク、レヴィナスの研究を始めた。そうした中、第二回ユダヤ人知識人会議で『贖いの星』の著者ローゼンツヴァイクについてレヴィナスが発表した論考を発見した。そこには、次のような重要な一節があった。「ユダヤ教は、存在の一つの範疇《カテゴリー》である」。さまざまな宗教の内の一つとして私たちの生に付け加えられるものが問題なのではなく、生の一つの範疇《カテゴリー》としてのユダヤ教が問題なのだ。この言葉は、デュピュイに衝撃を与えた。デュピュイは、次のように述べている。「こうした考えがキリスト教徒たちの耳に響くのは、当然ながら対話や対決や論争といった発想とは懸け離れたところでだと言わねばなりません。第一、キリスト教徒もそのように考えています。なぜかと言うと、同時期にキリスト教徒はいささか同型の批判をしており、この批判は、宗教を社会科学的に捉えようとする営みから当の宗教を解き放とうとするものだからです。ですから、それは繊細でかなり古典的な主題です。というのもユダヤ教徒が一般に主張するのは、自分たちは、キリスト教が宗教であるような意味で宗教ではない、ということだからです。相手もまさしく同じことをしているのに、それぞれが向こうの陣営こそ宗教だと批判しているわけです。キリスト教徒にとっての問題は、そもそもユダヤ教との関係についてのものではありません。それは、政治や自然、祖国や〔居住地への〕根付きという概念についての問題であり、なお人気を博していたバレスやその他のような、キリスト教の中の復興異教主義的な潮流[†11]すべてについての問題だったのです……。この時期以降、源泉としての聖書という考えがユダヤ教とキリスト教との関係において力を取り戻したというのは、驚くべきことではありません。たとえばブーバーの雑誌『ユダヤ人』(Der Jude)は、このような企図の下、意図してキリスト教の著者たちにも執筆して貰おうとしましたし、実際、そのようにしてこの雑誌に寄稿したキリスト教の著者たちも居ました。この雑誌は三年しか続かなかったので大きなことを為す時間はありませんでしたが、それにしてもそうした考えが時代の空気の中にあったのです」。

デュピュイはコルベイユの町の近くの神学部で教えていたが、そこからパリのイスティナ研究センターの所長に任命された。彼は、クロード＝ベルナール通りのヤブネ学校[†12]に登録して現代ヘブライ語の講義を受講し、ユダヤ人知識人会議のシンポジウムに参加して、そこでレヴィナスと知り合うことになる。そして、彼の許可を得て東方イスラエリット師範学校での安息日のラシー講義に出席するようになり、それは毎週欠かすことなく四年間に及んだ。そこでもまた、更なる出会いがあった。レヴィナスはデュピュイをたびたび自宅に招いた。ある時は、ゲルショム・ショーレムも一緒だった。

ショーレムの眼差し

「私はこの時のことを、よく憶えています。というのも、それは私にとっていささか苦い思い出だからです。ある安息日を前にして、その前日にレヴィナスが私に「ショーレムを昼食に呼ぶので、もしお出でになりたければ」と言ってくれたのです。お分かりでしょうが、私はとても光栄に思いました。というのも、ショーレムをパリで案内したのは私だからです。私が彼を迎えたのです。ショーレムには習慣があって、いつも同じホテルに泊まっていたのですが、私はいつも彼をそこまで、あまり乗り心地がよいとは言えない私の二輪駆動の車に乗せて連れ回しました。ある時、彼が資料調査のためナンテールの市役所に行きたいと言ったことがありました。そこまで気が回らなかったので、彼を夕方四時に迎えに行ったところ、渋滞につかまってしまいました。彼は文句を言い始めました。「無理だ。絶対辿り着かない。あそこで何をしろというんだ」。結局、彼は求めていた資料を得られず、私たちは手ぶらで帰ることになったのですが、帰りも相変わらずの渋滞でした。彼は毒づいていました。「こんなにひどい町は見たことがない。テル・アビブなら知っているがね……」」。

†11 前キリスト教的な自然崇拝や多神教などに立ち戻ろうとする運動。
†12 大ラビのヤコブ・カプランが一九四八年に創設したユダヤ教育のための高校。イェルサレム陥落後（七〇年頃）ユダヤ人の学校が作られた地中海沿岸の街ヤブネに由来する。

ジャン・ボラックとピエール・ブルデューとの鼎談をするゲルショム・ショーレム。彼らと別れた後、彼はレヴィナスを訪問する。

しかし、レヴィナス宅での昼食の誘いに、デュピュイは行くことができなかった。ショアーについての講演をしなければならなかったからだ。彼は、続けて次のように述べた。「行きますと言ってしまったのですが、すでに予定が入っており、取り消すことができず、困り果てました。そのことをレヴィナスに伝えたところ、「ショアーですって？ そのようなテーマで話す人なんて、誰も居ませんよ」と言われてしまいました。私は完全に追い詰められました。この昼食会に出られないのは私には辛いことでしたが、どうすることができたでしょう。それでも彼は、諦めずに誘ってきました」。思うに、それはレヴィナスがショーレムと二人きりにならないようにするためだったのではないか、と敢えて聞いてみた。デュピュイは感に堪えかねたかのように声を挙げて、言った。「きっとあなたは驚かれるでしょう！ レヴィナスはショーレムに対して、誰よりも尊敬の念を抱いていたのです。ところがショーレムの方は、レヴィナスとは誰かをほとんど知らなかったのです！」

私たちは、このイスラエルの学者のことを思い起こした。彼の気難しい性格、人をやり込める際のそのセンス、辛辣な批判、いささか忘れられかけているが印象深い著作、鋭い分析――とりわけシオニズム[†13]に関しては――といったものだ。デュピュイにとって「ショーレムがシオニズムについて持っていた考えは、それほど高尚なものではありませんでした。彼はシオニストでしたが、シオニズムの運動がユダヤ教の書物に一冊たりとも眼を通したことのない人々によって担われたのが残念でならなかったのです」。レヴィナスだったら、別の言い方をしただろうか。

私が別の所で紹介したように、[*3] ユダヤ教神秘主義の専門家ショーレムはイェルサレムのアブラバネル通りにある自宅で、ある時、レヴィナスについて次のように述べた。「彼は、彼が考えている以上にリトワック[†14]です」。この言葉は優しさと冷たさが混ざり合うようにして発せられたのだが、この二つの感情のどちらがより優勢だったのかは、定かでない。デュピュイも賛同して、次のように述べた。「ええ、確かに。私は、彼が本当にリトワック的だと判るまでに長い時間かかりました。とりわけ、ハシディズム[†15]との関係についてはそうです。その影響は、非常に強いものでした。レヴィナスは、ガオンのヴィルナ、ヴォロズィンのハイームが名を連ねる一つの伝統の内に居たのです。そして彼にとって、伝統とは堅固かつ明晰な考えのことでした。彼がヴォロズィンのハイームの『生命の魂』について語るようになるには長い時間がかかりましたが、[*4] この伝統は何らかの役割を果たしていたのです。レヴィナスは数々のテクストをそれほど読んでいたわけではありませんが、そのような生きた伝統を有していたのです。そして私の考えでは、『生命の魂』はドストエフスキーに対するユダヤ人の警戒の念を表明するものです。それが書かれたのは

---

† 13 本書二九頁側註参照。
† 14 リトアニアのユダヤ教。本書第Ⅰ部1章を参照。
† 15 本書第Ⅰ部1章を参照。

ドストエフスキーよりも前だと思いますから、より古いわけですが、ロシアの心性に対してユダヤ人たちは警戒の念を抱いたのです。にもかかわらず、レヴィナスはロシア的です。夫人とは、ロシア語で話していました。彼はロシア的な教養の塊りでしたし、自分がいくつかの点でこのロシア的世界に属していると認めていました。けれども、この種のロシア的な熱情は、こう言うのも何ですがハシディストたちにも見られるもので、それがレヴィナスを不愉快にさせたのです」。レヴィナスはいわば二つの顔を持ち、矛盾を抱えている。ドストエフスキーが彼を哲学に目覚めさせてくれたと一方で認めているにもかかわらず、だからといって『悪霊』〔仏訳タイトルでは『取り憑かれた人々』〕の作者が属する感情の上での風土を我が物とすることはなかったのだ。

いずれにせよ、ハシディズム的な敬虔主義に対して距離を取るばかりでなく警戒するレヴィナスのこの態度から、ショーレムがそれほど懸け離れた所に居たわけではない。デュピュイがかつて提起したような問い、たとえばハシディズムの信奉者における「義人」(tzaddik) というあり方こそがロシアの修道院における「聖人」を意味する「長老」(staretz) のあり方に影響を与えたのか、それともその逆なのかといった問いは、ショーレムを大いに苛立たせかねないものだったけれども、レヴィナスにおいて遥かにそうだった。レヴィナスは総じて、宗教や信仰や典礼上の表現における熱狂や熱情を警戒していた。デュピュイは述べている。「ほんの五分間でもハシディズムの集まりに彼を連れていったなら、彼が怒りに身を震わせるのを見ることができたでしょう。それは信じ難いほどでした。「ミトナグディム」、すなわち「合理主義者」が居るということは知っていましたが、ここまでの人を見たことはありませんでした。単に知的な側面からの拒絶であるだけでなく、彼にとってはそうした熱狂や熱情は本当に異端であり、ユダヤ性と相い容れないものだったのです。本当に徹底していました」。

この拒絶、この警戒は、レヴィナスの晩年に薄らいだのではないか。けれども、誰よりもレヴィナスのユダヤ的源泉を知っていたデュピュイは——この主題についての彼の蔵書は印象深いものである——、そうは考えていない。「歳を取ると誰にでも優しくなるといったようなことは、あったかもしれません。しかし、観念の領域においては、寸分たりとも変わりませんでした。この点に関して彼が晩年に考えを変えたことを示すようなテクストは、一つも見付けることができないでしょう。レヴィナスの偉大さは、彼の思想の揺るぎなさ、鮮明さにあります。その力ゆえにレヴィナスはかくも参照される人であり、これからもそうであり続けるでしょう。それはまさしく、彼の著作が厳密さと明晰さから生まれたということです。この哲学的な明晰さこそが、人の心を打つのです。というのも、何と言われようとも、彼は哲学者であろうとしたからです」。

願い

パリ、ルーヴァン、シカゴ。レヴィナスの足跡を追ってきたこの航路には、ほかの停泊地もあっただろう。ただし、戦争直後に彼が二度とその国境を越えないと誓った国、すなわちドイツは例外である。ところで、最晩年の著作の一つ『諸国民の時』が「教授であり神学者であり哲学者、広い心と気高い思惟を兼ね備えた友人へ」という献辞と共に捧げられたベルンハルト・カスパーは、ドイツ人である。彼もまた司祭であり、ローゼンツヴァイクの専門家だが、青い眼と銀髪のこの七〇歳の美丈夫は、初めアウグスブルクに、次いでフライブルクに、主としてリクールとレヴィナスを対象とするフランス現象学の研究センターを設立した。ドイツへの招待を受けて、レヴィナスはカスパーに次のように語ったことがある。「宗教上の願いがどのようなものか、ご存知でしょうか。それは私にとって、平穏な心でいることの可能性なのです」。「もちろん私は、この願いを尊重しました」と今日のカスパーは、打ち明けてくれた。

その結果、二人が出会うのはスイス国境やオランダ国境でだった。バーゼルで、ヴァールヴィラーで、また何度かはパリやストラスブールやエクス＝ラ＝シャペルで、ということもあった。このような事情からオランダの修道院で一九八六年五月に行なわれたのが、ユダヤ教とキリスト教をめぐってアーヘンの司教クラウス・ヘンマーレとの間で戦わされた名高い議論である。そこでレヴィナスは自らの思想の基盤を説明するにあたって、ある種の告白をしているが、そこで自らの変遷を語る際にローゼンツヴァイクの名前を欠かすことはなかった。彼はまず、リトアニアでの幼少期に異端審問や十字軍といったキリスト教の歴史に初めて触れたこと、福音書を読み、そこにアンチテーゼを見付けたことを語った。そして次のように続けた。「最も辛《つら》かったのは、異端審問や十字軍といった恐ろしいことがキリストの徴《しるし》である十字架と結び付いていることでした。これは理解し難いことのように思え、どうしてなのか説明して貰いたいと思ったものです。これに加えて、実を言えば、世界はキリストの犠牲によっても変わらなかったということがあります。まさにこの点が決定的なのです。キリスト教的ヨーロッパは、事態を立て直すために何もできなかったのです。キリスト教徒がキリスト教徒として為したことという点でも、キリスト教の名の下にいくつかの行為を人々に思い留まらせるべきだったという点でも、何もできなかったのです。これこそ、私が言わねばならない第一のことです。そしてこのことは、私の中でとても根強いものであり続けています。福音書の読解は、私の眼には——私たちの眼には——常に〈歴史〉の巻き添えになって損なわれていたのです」[*5]。レヴィナスはさらにショアーのことや、この惨劇に対する世界の無関心に言及する一方で、カトリックの聖職者が彼の妻と娘に避難所を提供してくれたことに言及した。彼は、『贖いの星』について語り、まだ戦前にローゼンツヴァイクによって開かれた可能性、すなわちユダヤ教的な形とキリスト教的な形という二つの形で、ただし互いにいかなる「妥協も裏切りもなく」与えられるものとして真理を考える可能性について語った。彼は締め括りに、ハンナ・アーレントが死の数年前にフランスのラジオ番組で語った次のような話を挙げた。アーレントはまだ子供の頃、生地のケーニヒスベルクで、彼女の宗教教育を担当していたラビに「お分かりでしょう、私は信仰を失ってしまったのです！」と打ち明けるに至った。ラビは答えて、「しかし、誰があなたに信仰を求めているのでしょう」と尋ねた。レヴィナスは、次のように結論付けている。「この答えは典型的なものです。重要なのは信仰ではなく、行為なのです。行為が意味しているのは、確かに道徳的な振る舞いですが、それはまた典礼でもあります。そもそも、信じることと行為することとは、異なることなのでしょうか。信じるとは何を意味しているのでしょうか。信仰は、何から成っているのでしょうか。言葉からでしょうか。観念からでしょうか。様々な信条からでしょうか。私たちは何で以って信じているのでしょうか。体全体からでしょうか。全部の骨からでしょうか（『詩篇』三五章一〇節）。このラビが言いたかったのは、「善き行ないこそ、信じるという行為そのものだ」ということです。それこそが、私の結論です」。

カスパーはカール・マルクスの生地でもあるトリーア[†16]出身で、フライブルクで学んでからローマで学ん

† 16　ライン川の支流モーゼル河畔に位置するドイツの古都。ルクセンブルクやフランスにも近い。

だ。「私の家族は、少しだけ、ほんの少しだけですが、レジスタンスに加わっていました。私の父はカトリックだったのですが、ベルリンでナチスがカトリック運動の指導者を殺すのを目撃していました。このことが、ユダヤ教の思想とのある種の親近感を作り出したのです」。ユダヤ教の思想の内で、カスパーは当初、五〇年代の若いドイツ人たちの間でよく読まれていたマルティン・ブーバーの『我と汝』の哲学に近付いた。ブーバーの著作を熱心に愛読した結果、彼はブーバーが魅力的なのは哲学的な面よりもむしろ文学的な面であると考えるようになり、ローゼンツヴァイクの方が遥かに確固としたものであり、ローゼンツヴァイクの著作には実際に、新しい観念、新しい方法や見方が含まれていると考えるようになった。レヴィナスがローゼンツヴァイクに負っているものとは何か。ある意味ではすべてであるし、また何も負っていないとも言える、とカスパーは上手に纏めている。「レヴィナスにとって、ローゼンツヴァイクは一つの新しい考え方でしたが、ただし一つの出発点にすぎませんでした。ある時レヴィナスは、私に次のように言いました。『贖いの星』には、あまりに多くのことがありすぎます。それは詰め込みすぎな、豊かすぎる本なのです」。

「ヨーロッパの哲学者たちにとって、今やローゼンツヴァイクはとてもよく知られています。対話の思想という表題の下に並べられる運動全体の、一つの源泉です」。そう言ってカスパーは、彼の見立てでは貴重書と言ってよいローゼンツヴァイクの博士論文『ヘーゲルと国家』の第二版を書斎に探しに行った。一九三七年の日付を持つものである。そこには数語、シャインマン＝ローゼンツヴァイク夫人による献辞が書き込まれ、「一九三九年、パレスチナ」と署名されている。それが、彼女が持って行くことのできたただ一部であり、ほかの部はすべてナチスの命令で焼かれたのだ。何という逆説だろう！　シオニズムからはとても隔たった立場にあったこの人物は、自分の妻、息子、娘がパレスチナに向けて出立するのを見ることはなかった。彼の息子ラファエル・ローゼンツヴァイクは、晩年をそこで過ごした。一九八二年にイスラエルを訪れたドイツのユダヤ教－キリスト教友好訪問団の引率も行なった。レヴィナスとカスパーもそこに居た。

こうした出会いから、ここでもまた二人の人物の関係が育まれていったわけである。一連のカステッリのシンポジウムもそうだった。そこでカスパーはある日「ハイデガーとレヴィナス」という発表を行なった。レヴィナスの方はと言えば、ハイデガーに関してはまったく手の施しようがなく、両手を挙げてこう言った。「どうしたらあなたは、象を蠅と比較することができるのですか」。カスパーはこう説明してくれた。「どうしようもありませんでした。レヴィナスは『存在と時間』のハイデガーしか知らなかったのですが、この著作は彼にとって、プラトンの『パルメニデス』、カントの『純粋理性批判』、ヘーゲルの『精神現象学』と肩を並べるものだったのです」。

イスラエルには別の機会に、一九七八年にも行っている。ベエルシェバでのマルティン・ブーバーについてのシンポジウムのためだ。聴衆はほとんど居なかった。レヴィナスは、自分のヘブライ語に自信があったのにフランス語で話すよう頼まれたため、ちょっぴり落胆していた。しかし、その後こんなことがあった。訪問団一行がベエルシェバ近郊のベドウィン族[†17]の入植地を訪れた時、ガイドが参加者たちをバスから降ろす前に、こう説明した。ベドウィン族は、石造りの建物を享受したければ自分たちのテントを焼き

---

†17　アラビア半島を中心に、ラクダや羊の遊牧や売買で生計を立てていたアラブ系の遊牧民。

払うよう命じられている、と。レヴィナスは「それでは植民地主義ではないか！」と悪態をつき、バスから降りなかった。

かくしてベルンハルト・カスパーは、レヴィナスがドイツに居るところを眼にすることはなかった。とはいえ、ミケランジュ通りの哲学者の自宅でバーデン・バーデンのテレビ局のために二人で対談を行なった時には、その撮影と録音はドイツ語で行なわれた。これは二度、放映された。一九八〇年代初頭以降、彼の著作のほとんどはドイツ語に翻訳された。ここでもまた、キリスト教界での彼の受容のされ方は際立ったものだった。カスパーはこう打ち明けてくれた。「私たちキリスト教徒は、聖書を解釈するにあたって従来とは別のアプローチを必要としていたということです。レヴィナスは彼自身の思考によって、信仰の真理への道を拓くことができるのです。さらに他方で、二〇世紀のキリスト教にとってホロコーストを防ぐことができなかったことに対する恥の感情は非常に強く、宗教的な面でユダヤ人との隣人関係へと私たちを導いてくれるような道を探しているのです」。

第6章　貴族と枢機卿——カステッリとヨハネ＝パウロ二世

カステッリのシンポジウムは、ある意味ではユダヤ人知識人会議のキリスト教版を体現するものだった。レヴィナスは一九六九年から、このシンポジウムに定期的に出席していた。彼はそこで、一九八六年までにおよそ一〇回の講演をした。このシンポジウムは人文主義研究国際センターとローマ哲学研究所が主催し、隔年で一月の初めにローマ大学で開催された。発起人となったのは、教皇パウロ六世に近い哲学者で『神学的実存主義』の著者エンリコ・カステッリである。トリノ出身のこのイタリア貴族は独学の人であり、家の財産を継ぎ、解釈学と宗教哲学という二つの事柄に関心を持っていた。好奇心の強い人で周りに流されることなく、むしろ挑発を好んだ。一九四二年から四三年頃、ムッソリーニに向けて次のように言うほどだった。「統領〔ムッソリーニの称号〕、あなたが知るべきなのは、ユダヤ人たちはずっとローマで私たちの眼の前に居たということです」。この逸話は、カステッリ自身から聞いたリクールが伝えるものだ。彼は数々の企画を実行に移すために必要な資金を集めるのに充分な交友関係を持ち、その点で彼に並ぶ者はなかった。

そういうわけで二年に一度、冬に、カステッリは哲学者や神学者や聖書解釈学者を招待し、四〜五日間同じホテルで皆一緒に過ごし、昼食休憩を挟んだ毎日六時間の講演に参加して貰った。レヴィナスはこの会合の常連であり、大抵の場合彼の妻を伴ってやって来て、そこに居ることを喜びながら、いつも温和で控え目に振る舞った。参加者は皆、シンポジウムが開催される哲学科の拠点が置かれたミラフィオーリ荘近くの同じホテル・セミックスで過ごし、食事を共にしたのだ。グザヴィエ・ティリエットは、次のように回顧している。「レヴィナスはユダヤ教の戒律を遵守する人で、彼が食べられないものも出されました。私たちは、彼を満足させようと精一杯努力したものです。ただ、彼は自分の要求をしつこく口にする人でもありませんでした。安息日は、ややこしいものでした。ある日彼に、宛名を書いてくれるよう頼まれたことを憶えています。というのも、〔安息日には〕書くことが許されなかったからです。けれども、彼はそうしたお願いをする時は、極端なまでに控え目でした。そして私はと言えば、いささか古風なカトリック信者であり、ブロンデル[†1]から字義通りであることの大切さを学んでもいたので、この願いが気に障ることもありませんでしたし、馬鹿げたものにも思いませんでした」。またある時、スタニスラス・ブルトンがレヴィナスに、ユダヤ教における清浄な食物と不浄な食物との区別を説明してほしいと言い、ブルトン自身きわめて複雑な一つの解釈を採ろうとしたことがあった。レヴィナスは彼の話を微笑みながら遮って、「この区別は、私たちに神とは理解しえないものだと理解させるためにあるのです！」と言った。エンリコ・カステッリが一九七七年三月一〇日に突如亡くなり、その後を引き継いだマルコ・オリヴェッティは、レヴィナスが「戒律遵守者」であることを知っていたため、彼が金曜日の夜や土曜日に旅行しなくていいように、あるいは発言しなくていいように気を遣ったことを憶えている。けれども、ある挑発的なイタリア人がレヴィナスに、どうして改宗しないのかと問い詰めたこともあった。ブルトンは、続けて次のように述べている。「レヴィナスがその人に説明しなければならなかったのは、もしかしたら聖書の内にイエスを収めることもできるかもしれないのだが、イエスの内に聖書を収めることはできない、ということでした」。

シンポジウムはフランス語で行なわれ、カステッリもフランス語で自分の考えを述べた。当時はフランスからの参加者の方が数も多く、ポール・リクールやレヴィナス、グザヴィエ・ティリエットのほかにも、クロード・ジェフレやジャン・グレイシュのような大学人も居た。カステッリの司会は、人のよさと饒舌が混ざり合ったものだった。彼による導入の話は、逆説を好む彼の話し振りのために、決まってやや不明瞭で異端的な雰囲気を醸し出した。ハイデガーの弟子で福音書の脱構築を企てた神学者ブルトマンが提起した「脱神話化」こそ、カステッリを虜にした主題《テーマ》だった。「今日、宗教とはいかなるものか。宗教は何を言わねばならないのか。宗教において生きているものは何か」。彼の学問的活動の特徴は、現象学的方法を通じて聖典を論じ、歴史や諸文化についての考え方の土台を〈啓示〉や〈智恵〉といった霊的直観と実存的な経験に置き、とりわけキリスト教とほかの諸宗教との対話に関心を寄せた点にある。

人材を発掘する「先見の明」に恵まれ、主催者としての力があったカステッリは、この会合に世界中の参加者が来られるよう奮闘した。レヴィナスとの接触は、シンポジウムが始まった当初からのものだ。カステッリが日記に記しているように、[*1] 一九六五年八月にはすでに、ジャンヌ・ドゥロムの家で、レヴィナス、ジャンケレヴィッチ、[†2] ブリュエール[†3]と昼食を共にしている。一九六五年一〇月には、同じくジャン

†1 (Maurice Blondel, 1861-1949) フランスのカトリック系哲学者。理性と信仰の調停を試みた独自の行為の哲学を展開した。

ヌ・ドゥロムの家で、レヴィナス、デュフレンヌ[†4]、ブリュエールとあらためて昼食会を催してもいる。

同じ日記には、一九六七年一一月二九日の日付で、「六九年一月には、スカイグッド〔Skygood不詳〕、グエルナ〔Guelna不詳〕、リクール、ハイデガー、ケレーニイ[†5]、ショーレム、レヴィナスを招待しなくてはならない」という一文を読むことができる。彼らを招待することで、後に有名となるシンポジウム「神学的言語の分析――神の名」が行なわれるはずだったのだ。このシンポジウムにハイデガーは出席しなかったが、レヴィナスは実際に出席し、「いくつかのタルムード読解による神の名」についての、これもまた名高い講演をすることになる。これが、私たちの知るところでは、レヴィナスがカステッリのシンポジウムで発表した最初のものとなった。それ以降レヴィナスは、二年に一度の講演を定期的に行なう。「カエサルの国とダヴィデの国」、「暴露としての真理と証言としての真理」、「解釈学とその彼方」といった講演がそれである。

レヴィナスの最後の発表は、一九八五年に行なわれることになった。カステッリはすでにこの世におらず、彼の親しい弟子オリヴェッティがその任にあたった。「ヘブライズム、ヘレニズム、キリスト教」という主題に関して、レヴィナスはユダヤ教におけるケノーシス〔神が人間へと身を下げること〕を採り上げた基調講演を行なった。これは、ヴォロズィンのラビ・ハイームの『生命の魂』についての長い言及と分析を伴うものだった。レヴィナスは自分にとって決定的だったテクストに立ち戻り、自分が引き継ぐ遺産、つまりユダヤ的伝統における神の謙遜という考えを、パウロ書簡においてきわめて重要な概念、すなわち人間を生かすために自分自身の力を空にする神という概念と突き合わせたのだ。

オリヴェッティにとって、これらのシンポジウムは一つの利点を持っていた。一度このシンポジウムに来た人々が継続してやって来るようになり、常連となったお蔭で、議論が何度も継続して行なわれたのだ。そしてこの知的な戦いにおいて、レヴィナスは「非常に重要な人物だった」。レヴィナスがこのシンポジウムに参加し始めた当初、彼はまだ無名の人だった――フランスにおいてさえ無名で、オランダでの方がまだ知られていた。「しかし、まさにカステッリがレヴィナスをイタリアに紹介したのです。これは疑いようのないことです」。こうした事情は、イタリアでのレヴィナス受容が特殊だった理由を、つまり哲学的であるよりも宗教的だった、それもひょっとするとキリスト教的かつカトリック的だった理由を、ある意味で説明してくれる。いずれにせよ、今日ローマ大学の宗教哲学科の学科長であり、これらのシンポジウムの成果を問い続けているオリヴェッティが結論付けているように、レヴィナスはこの会合をユダヤ的な次元に向けて開放することになった。ステファアヌ・モーゼス[†6]やポール・メンデス＝フロア[†7]といった人が、その後に続くことになったのだ。

---

†2　本書一七三頁側註参照。
†3　(Claude Bruaire, 1932-1986)　フランスのカトリック系哲学者。
†4　本書二五五頁側註参照。
†5　(Karl Kerenyi, 1897-1973)　ハンガリーの神話学者、宗教史学者。スイスに移住し、ユングとともにエラノス会議のメンバーとなり、ギリシア神話や古代宗教史に大きな足跡を残した。
†6　本書九一頁側註参照。
†7　(Paul Mendes-Flohr, 1941-)　アメリカの近現代ユダヤ思想史の研究者。

現象学的な枢機卿

これは、一九八〇年二月二三日にパリにおいて、カトリック作家協会が主催した「ヨハネ＝パウロ二世の哲学的思考」を主題とする会議で、エマニュエル・レヴィナスが教皇ヨハネ＝パウロ二世に言及するにあたって用いた表現である。レヴィナスはそこで、「現象学的な枢機卿」について語ったのだ。シンポジウムは元老院〔フランスの上院〕で開催され、このユダヤ人哲学者が招待されたのは、かつて行なわれたある対談に応じてのことだった。この対談は、ガンドルフォ城での一連の会合によって完成されることになる。レヴィナスは、いくつもの註記を次々に加えてゆくという進め方を選び、次のような前置きから始めた。「私は、ここでヨハネ＝パウロ二世聖下〔教皇の尊称〕のお言葉に関わる諸問題を採り上げることはできませんが、ヴォイティワ枢機卿猊下[†8]の哲学的思考についていくつかのコメントをさせていただきたいと思います[*2]」。

レヴィナスはまず、哲学的言説が則るべき規範に対する教皇の「極度の忠実さ」、「分析にあたっては厳密さを維持した言葉を用い、つまり自然の光の下に留まり、こういう言い方ができるなら、神学的な照明を警戒する語り方を頑なに守る姿勢」を強調した。そして、ユーモアを忘れることなく、次のように付け加えた。「私は同じ規範を尊重していますが、私のいくつかのささやかな論考においては、枢機卿よりも頻繁に聖句やその解釈に訴えていることを告白いたします」。

フッサールもまた、この二人の対談の中心だった。カロル・ヴォイティワはもともと哲学を専門とし、〔フッサールの高弟〕ロマン・インガルデンの指導の下、マックス・シェーラー[†9]についての博士論文を一九五三年に提出した。彼はルブリン大学で、フッサールとシェーラーについて教えていたのだ。一九七八年に教皇位に就く前、彼は現象学の数々の会合に参加していたが、その内の一つは、間接的にではあるがエマニュエル・レヴィナスとの最初の出会いのきっかけとなったがゆえに、ここで語られるに値する。両者の仲介役となったのは、アンナ＝テレサ・ティミニエツカだった。

ポーランド出身のアンナ＝テレサ・ティミニエツカは、フリブールで研究を行ない、現在は自身が設立した「現象学の先端研究と教育のための世界研究所」のあるマサチューセッツで生活している。彼女がレヴィナスを知ったのは、スイスのフリブールにおいてだ。レヴィナスはそこの神学部で、タルムードを教えていたのだ。彼女は、自身の研究所のヨーロッパにおける最初の講演会を開こうと計画し、レヴィナスがその司会を引き受けてくれたらと考えた。彼女は承諾を取りにレヴィナスに会いに行き、講演会は一九七五年四月にフリブールで行なわれた。二年後には、研究所の二回目の講演会がパリのシュヴルーズ通り四番地で開催されることになった。アンナ＝テレサ・ティミニエツカは、知り合いだったヴォイティワ枢機卿を招いた。未来の教皇は当時クラクフの大司教であり、スピーチをすることになっていたが、一身上の都合で共同討議には出席できなかった。レヴィナスは共同司会を務めていたため、枢機卿がタイプして送って来たテクストを彼が読むことになった。レヴィナスはこれを入念に行なったが、自慢と茶目っ気を交えてこのことを思い出すのが常だった。

†8　すでに本書でも言及されているように、彼は教皇就任以前にはこう呼ばれていた。
†9　(Max Scheler, 1874-1928) ドイツの哲学者。フッサールの影響の下、独自の哲学的人間学を展開した。

後年、一九八三年六月にポール・リクールの七〇歳を機縁に開かれたパリでの国際シンポジウムの際に、アンナ＝テレサ・ティミニエッカはこの逸話に触れて、哲学者と教皇との関係を話題にした。「パリ訪問中にレヴィナスと何度も話しましたが、ヴォイティワへの彼の関心は明白なものだと私には映りました。私の理解では、彼の関心の背後には、カロル・ヴォイティワの宗教観や権威への尊敬だけではなく、教皇就任当初から、人間存在を神的なものへの開けとみなすヴォイティワの考え方が、レヴィナスの「対面」に見られる道徳観と共鳴するものだったという点があったのです」。さらに彼女は、次のように述べている。「このような評価は、二人ともが互いに対して持っていたものだということが判りました。ヴォイティワ枢機卿も、彼が教皇に成る前の五年間、私としばしば会っていたのですが、その時私がレヴィナスについて話すのをよく聞いていました。彼は、レヴィナスが書いたものをいくつか読んでいました。だからこそ、レヴィナスは二年に一度八月にガンドルフォ城で開かれた教皇の哲学会議に呼ばれた最初の哲学者たちの一人に成ったのです*3」。

ガンドルフォ城で会う以前、パリで土曜の朝食を共にすることがあった。それは、ヨハネ＝パウロ二世が教皇位に就いてから最初のパリ訪問でのことだった。一九八〇年五月三一日、カトリック以外のキリスト教宗派の代表者を迎えるのに先立って、そしてジスカール・デスタン大統領が待つエリゼ宮に向かうのに先立って、ローマ教皇は一五人ほどの知識人を集めた。招待者のリストを作成したのは彼自身である。『ル・モンド』紙が伝えるところでは、「この会合は教皇の訪問先の予定には入っておらず、そこから司教団が招待者の選定に関われなかったことが伺える*4」とのことだ。そこに呼ばれたのは、ジェルメーヌ・ティヨン、ピエール・ショニュ、クリスティアン・カバニ、ジャン・デュシェーヌ、ジャン・フラスティエ、アンドレ・フロサール、ジュヌヴィエーヴ・アントニオス＝ド・ゴール、ルネ・ジラール、ジェローム・ルジューヌ、ジャン＝リュック・マリオンとコリーヌ・マリオン、ジョゼフ・リゴー、アニエス・カリノフスカ、そしてエマニュエル・レヴィナスだった。レヴィナスはこの日、きわめて稀なことに安息日のラシー講義を休み、東方イスラエリット師範学校から教皇大使公邸へ徒歩で向かったのだった。

ついでに指摘しておくと、ベルナール・デュピュイが述べるところでは、教皇の同じパリ訪問の際に、大ラビのカプランを中心とするフランスのユダヤ人共同体の代表団との会合が設定されていた。大ラビが代表団のメンバーを紹介し終えた時、ヨハネ＝パウロ二世が発した最初の一言は次のようなものだった。「フランスで、あなた方は幸運なことにエマニュエル・レヴィナスのような人物を抱えておられるのに、どうして彼はここに居ないのでしょうか」。全国長老会議の議長アラン・ド・ロートシルト、パリの長老会議の議長エミール・トゥアティ、そして大ラビは、この発言に茫然としたのだった。

結び付き

教皇大使公邸での朝食に、レヴィナスは一人で行ったわけではなかった。レヴィナスの教え子で教皇が名付け親でもあるアニエス・カリノフスカと一緒に行ったのだが、彼女はアンナ＝テレサ・ティィミニエツカ以上に、エマニュエル・レヴィナスとヨハネ＝パウロ二世の橋渡し役となった人物だった。彼女は、二人が出会ったそもそもの端緒の時に居合わせ、哲学者と教皇とのその後の関係においても重要な役割を果たしたのだ。

彼女の足跡を追うには長い時間が掛かり、私はだいぶ苦労した。彼女が有していた両者との関わりは豊かで並外れたものであり、非常に重要なものだったと私には感じられた。だが彼女はその関係を表に出さないようにしたいと思っており、彼女のその願いを周りの人たちが尊重していたことが、おそらくはその原因だったろう。彼女は、ある夏の晴れた日に、南仏にある田舎風の家で私を迎えてくれた。暖炉の上方には、十字架が懸かっていた。四〇代のまだ若い女性で、丸みを帯びた顔と澄んだ眼を持ち、髪には白いものが混じり、真心の込もった愛想のよい人だった。

アニエス・カリノフスカも、教皇と同じくポーランド出身だった。彼女の父ジェルズィー・カリノフスキは哲学者で、ルブリン大学哲学科の学科長だった。七〇年代、彼は「ヴォイティワ神父」――当時このように呼ばれていた――に、道徳の講義をしてくれるよう頼んだ。この講義をヴォイティワ神父は、ペテロの座に選ばれるまで〔教皇に成るまで〕変わることなく続けた。アニエス・カリノフスカは、同じ学部で博士論文を準備していた学生の愉快な思い出として、自分の指導教授が新たな教皇ヨハネ＝パウロ二世と成って、一夜にしてローマに行ってしまったことを憶えている。カロル・ヴォイティワは当の講義を頼まれて幸せだったが、正規の古典的な哲学教育を受けていないことを気にして、入念に講義の準備をしていた。戦時中、彼は学びながら工場で働かなければならなかったからだ。当時、本を片手に、担当だったボイラー室を見張る彼の姿があった。だから、彼が教皇に選ばれると、工場の工員の一人がテレビに向かって「彼が役立たずだったことはみんな知っている！」と言い放つのが聞こえたほどだ。

ヴォイティワは、ルブリンでは寄宿生だった。彼は部屋を一つ借りていたが、多くの時間を親交のあったカリノフスキの家で過ごした。彼は家族皆の友人に成り、関心を持ってアニエスの研究を見守り、後年にはパリでの生活をも見守ることになった。哲学を学んでいた彼女は、パリでイポカーニュ〔高等師範学校受験準備学級文科一年次〕、カーニュ〔二年次〕、高等師範学校と、人文学のエリートコースを進んだ。一九七五年に、父親に勧められてソルボンヌ大学でのレヴィナスのゼミに登録した。レヴィナスがソルボンヌで哲学を教えたこの最後の二年間にゼミで扱ったのは、ミシェル・アンリ[†10]の著作だった。そのゼミでアニエスは、アンリの主著『現出の本質』についての報告を担当した。彼女の打ち明けるところでは、「私は、これほど骨が折れるテクストについてのこれほど困難な課題への準備はできていなかったのですが、それに挑んだのです」。彼女が今日でもまだ、賞讃の言葉だったのか疑問に思っているレヴィナス教授からのコメントは、「カーニュなら素晴らしい報告ですね！」というものだった。

レヴィナスは、彼女のことを「気に懸け、好意的」だった。文通が一九七五年の夏の間続き、秋にはまず何度か会うようになり、それから定期的に会うことになった。

「私たちはソルボンヌで会って、近くのカフェで一杯やるのが常でした」。彼らのお喋りはあらゆることに及んだが、とりわけ好んで話題とされたのは、ロシアとポーランドにわたるスラヴ世界と、聖書のテクストの解釈という二つの話題だった。

会話が進むにつれ、レヴィナスの言い回しのいくつかを彼女は思い出した。「神を偶像のように崇めてはなりません」。あるいは「人間的なものを安売りしてはなりません。人間的なものから、人はすぐさま神に移行するのです。そもそも、それこそが受肉というものです」。別の時には、まさしくこの受肉が理解し難いと述べたドミニコ会の神父のことが話題となり、レヴィナスはそれに驚いて、上述の言い回しに

†10 (Michel Henry, 1922-2002) フランスの哲学者。生や情動に着目した独自の現象学を展開した。

適宜変更を加えて次のように説明した。「聖書では、神は言葉と成られました。あなたもご存知でしょう！ところが、言葉の方はと言えば、尿瓶《しびん》〔といった日常のごく下世話なこと〕について語るのです」。さらにまた、ソルボンヌへの散歩の途中に次のように言ったこともあった。「あなたが知らない道を教えてあげましょう」。最後に、こうした会話の中で出て来た言葉だと思われるが、「哲学は知を愛することではなく、愛を知ることなのです」というものもある。これは後年になって、彼自身が著作に書き留めることになる。

一九七七年、ヴォイティワ枢機卿はパリを訪問した。パリにいる名付け子と車でオルセーへ向かっている時、彼はレヴィナスの著作に対する感嘆の念を打ち明けた。「宗教的な圏域に属する二人の偉大な哲学者が居ます。レヴィナスとリクールです」。アニエスはこの言葉に意表を突かれ、かつ励まされた。実際、それは彼女がレヴィナスに対して感じていた感情でもあったのだ。

一年後、カロル・ヴォイティワはヨハネ＝パウロ二世と成った。そして一九八〇年パリ訪問での、あの有名な朝食だ。エマニュエル・レヴィナス自身が、ひょっとすると気後れしたからか、あるいはひょっとするとこの結び付きを紡いでくれた人物に参加して貰おうとしたからか、あるいはその双方の理由からか、ローマ教皇に招待された際に、アニエス・カリノフスカに付き添ってくれるよう頼んだのだ。「それは彼の純粋な優しさでしたし、私にとってとても稔り多いものでした」と彼女は語っている。彼女の記憶によれば、選び抜かれた名士たちから成る会合で皆いささか気圧されたのか、敢えて前面に出ようとする者はいなかったのだが、レヴィナスはすぐさま尋問台に召喚されることになった。

「聖父は、ご自身が多くを語らないことを常とされていました。彼は人が喋るのを好みました。聴くのを好まれたのです。不意に彼は、私に呼び掛けました。おそらく、出席者の中で彼が個人的に知っている唯一の者だったからでしょう。この時には、私はレヴィナスに厄介事を押し付けました。ジラール†11がそこに巻き込まれましたが、それはその時の話題が犠牲の概念だったからです。けれども私の印象では、ヨハネ＝パウロ二世とレヴィナスとの会話が朝食の大部分を占めていました」。

アニエス・カリノフスカが打ち明けるところでは、その後「いささか私抜きで話は進んでいきました。レヴィナスは、さまざまな結び付きが広がっていくに任せました。親しみを感じた、と言っていました。彼は、教皇と親しく交わることができたという点で満足しており、哲学的な点でも幸せそうでした。彼は前向きな人でした。本質的に前向きで、開かれていて、常に物事のよい側面を見る人でした」。

結婚した後、ソルボンヌでのこの元学生はメッツ大学の準教授に任命された。彼女は福音書の解釈の方に進み、ヘブライ語聖書の領野からは離れていった。レヴィナスとのやり取りは少なくなり、彼らの結び付きは弱まった。彼女は話し相手を失ってしまったが、何年もの間レヴィナスから多くのものを得ることができたことを幸せに感じている。そして懐かしそうな笑みを浮かべて、ミケランジュ通りのレヴィナス宅で、「ひび」という題の白と黒から成る抽象絵画が眼に入ったかと尋ねてきた。その絵は、彼女がレヴィナスのために画廊で買い求めプレゼントしたもので、レヴィナスがそれを応接間の壁に懸けてくれたことが彼女の自慢だったのだ。

---

†11　(René Girard, 1923-2015) フランスの人類学者、思想家、アカデミー・フランセーズ会員。アメリカで教鞭を執り、模倣や供儀についての人類学的考察を展開した。

るガンドルフォ城に招待された。

言葉なき懇願

教皇とは、継続して会うことになった。レヴィナスは何度も、教皇の夏の滞在先でローマ近郊に位置するガンドルフォ城に招待された。

この会合の構想は八〇年代初頭に生まれたが、その狙いは、当時鉄のカーテンによって隔てられたヨーロッパの二つの側に位置する研究者や哲学者たちを、ウィーンを拠点とする「人間諸科学研究所」の下で結び付ける点にあった。当初この研究所は、伝統的にソヴィエトと西洋との交流の場であったオーストリアの首都を経由して、とりわけポーランドの知識人たちの招聘を促進することを目指していた。だからこそそこには、ウィーンの研究所の長となるミヒャルスキ[†12]や、マルクス主義の歴史家レシェク・コワコフスキ[†13]の姿が頻繁に見られたのである。そこから、この集会の輪が広がっていった。研究所の学術委員会のフランス人メンバーには、ポール・リクールやエマニュエル・ルロワ＝ラデュリ、エマニュエル・レヴィナスが名を連ねていた。この計画に関わり、それへの支援を表明していたヨハネ＝パウロ二世は、二年に一度、八月にセミナーを主催し、参加者はあらかじめ選ばれた主題について自らの考察をそこで討議に委ねることが求められた。最初のセミナーは「現代の諸科学から見た人間のイメージ」を主題として、一九八三年に開催された。リクールが報告するところでは、ヨハネ＝パウロ二世は、プロテスタントの哲学者とユダヤ人の哲学者の間で食事を摂れて嬉しいという感想を述べることになる。

一度だけ、レヴィナスは教皇からの招待を辞退したことがある。アウシュヴィッツにおけるカルメル会の事件の時だ。収容所の跡地にカルメル会修道女のあるグループが十字架を懸け、キリスト教の祈りのための場所にすることに決めたのだ。哲学者はこの企画に反対し、『フィガロ』紙に「イスラエルの神秘」と題した密度の高い、胸を打つ論考を発表した。至るところに、彼の個人的な思い出が姿を現わすさまを見て取ることのできる論考だ。「国家社会主義が設けたいくつもの絶滅収容所における、そして鉄条網の外での数々の場所における、六〇〇万ものユダヤ人たちの苦しみと残忍さの内での殺害は、その途方もない甚大さにおいて人間の意識に一つの心象として宿ることはできないし、フランス語でそれに見合った表現も見当たらない。それは、意識の容量とは釣り合いの取れない出来事ないし経験だ。それが思い出という形で、無邪気に「心理状態」の内に入り込むことはありえない。あたかも、煙と共に立ち去ってしまった存在たち、それ以降ただ私たちによって考えられるだけの存在たちが主体の内面を引き裂くかのようであり、もう一度外部で死んでいくかのようなのだ。あるいは、私たちに慈悲を懇願する叫び声として、立ち現われて来るかのようなのだ――『創世記』四章一〇節の詩句によれば「神に対して懇願する血の叫び」だ。ユダヤ教とはすべて、アウシュヴィッツ以降、〈解放〉やイスラエル国家やメシア的な約束にもかかわらず、この叫び声が増大して止まないことなのではないか」。この「言葉なき懇願」が、「もはや沈黙してしまった神」の意に添わないものなのかは定かでないが、この「言葉なき懇願」の余地を残そうと

†12 （Krzysztof Michalski, 1948-2013）ポーランドの哲学者。東西冷戦下で西側と東側の思想対話や、異なる分野間での対話を試み、ＥＣ等への数多くの提言も行なった。

†13 （Leszek Kolakowski, 1927-2009）ポーランドの哲学者。スターリニズムをマルクス主義の必然的帰結として批判し、旧共産圏諸国の民主化に多大な影響を与えた。邦訳書に『哲学は何を問うてきたか』（藤田祐訳、みすず書房、二〇一四年）等がある。

しつつ、レヴィナスは更に次のように述べている。「慈悲へのこの懇願やこの苦しみを慈愛の別の形で置き換える前に、熟考しなければならない」。

そしてレヴィナスはこの論考を、彼のキリスト教徒の友人たちに向けた次のような言葉で締め括っている。「私は、フランスやヨーロッパのあらゆる国々で数多くのカトリックの人々に出会い、友好的に付き合うという恩恵と名誉に浴してきた。そうした人々には宗教関係者もそうでない人も、単なる信徒も教会組織に属する人も――それも相当高い地位に居る人まで――居たが、彼らはキリスト教がもたらす希望を全面的に信じ、「すべては成し遂げられた」[†14]という信仰によって開かれる慈愛を信じているように、私の眼には映った。私は、イスラエルの歴史が彼らに対して抱かせた宗教的な印象がいかなるものであるかを知った。私が考えるに、彼らの慈愛は、アウシュヴィッツの受難の在りようとは決して合致しない。たとえそれが、イスラエルの神秘から我が身を引き離した高貴な思惟において為されるとしても、である。まさに彼らのために、この文章は書かれた」[*5]。

この時、エマニュエル・レヴィナスが事態に直《じか》に介入したということはあったのだろうか。シカゴにいるアドリアン・ペパーザックは、次のように述べている。「私が知るところでは、レヴィナスはカルメル会の事件について教皇に手紙を書きました。教皇が個人的な返信をしたかどうかは、判りません。けれども、そのことが何らかの影響を与えたことは確かだと思います」。

ミケランジュ通りの彼の自宅でのことだ。レヴィナスは私を戸口で、ひどく興奮して迎えてくれた。彼は二頁目で折った『ル・モンド』紙を振り回していたが、そこには時流についてのフランスの社会学者のインタヴューが載っていた。「まだ読んではいないのですが、まさにここには一般的な風潮が浮き出ています」と彼はせわしくなく言った。

明らかに彼はインタヴューを読んでいなかったし、そのインタヴューはまったく取るに足りないものだった。彼の妻は、ロシアとジリノフスキー[†15]について話した。会話はこんがらがり、哲学者はジリノフスキーとフランスの社会学者をごっちゃにし、私は何がそんなに大事なのか、よく分からなかった。にもかかわらず、彼は私に対して一生懸命気を配ろうとし続けた。私の日常生活や何を読んでいるかについて、尋ねてきた。

ふと彼は、自分のタルムードの師、法外で謎めいた人物に言及した。この人物について流布していた伝説が当時すでに数多くあったことを、レヴィナスの妻は面白がった。「彼が信仰を持っていないことは、確かだ」と言う者もいたし、「いやいや、一度彼が祈っているのを私は確かに見た」と言う者もいた。こうした当てこすりが、家族ぐるみの友人であり、このタルムード学者の最も献身的な弟子でもあったネル

---

†14　十字架上のイエスの最後の言葉、『ヨハネ福音書』一九章三〇節。
†15　(Vladimir Vol'fovich Zhirinovskii, 1946-) 過激な言動で知られるロシアの右翼系の政治家。

ソン博士を、驚くほど苛立たせてしまう時もあった。

「ネルソン博士のことを話されているのですね」と、レヴィナスは尋ねた。彼の顔が、突如ぱっと輝いた。「彼は素晴らしい人でした！」

私たちはまた、作家でレヴィナスの友人だったモーリス・ブランショにも触れた。「彼に、『ル・モンド』紙のこの記事について話さないといけませんね」。彼は、ほかに重要なことが何もないかのように、自分が引っ掛かっているこの取るに足りない記事に始終立ち戻った。

私は、ブランショが病気であること、にもかかわらずレヴィナスとブランショが定期的に電話で連絡を取り続けていることを知った。

哲学者の妻は、戦時中ブランショが彼女を匿うためにパリ市内の彼の小部屋を提供してくれ、彼は自分の兄弟と一緒に生活することになったと話してくれた。「私は長くは滞在しませんでした。ほんの二週間程、そこに居ただけです。彼を巻き添えにしたくなかったのです」。そして彼女は打ち明け話をするかのように私の方に身を寄せ、こう言った。「彼が自分の顔を見られたくないということを、ご存知でしょう」。

私たちはまた、ヴァチカンとイスラエルのさまざまな関係についても、ヨハネ＝パウロ二世についても話した（イスラエル国家をローマ教皇庁が公認し、外交的な関係が結ばれたということが、ちょうど伝えられたばかりだった）。哲学者が言うには、「私から何かを求めたことはありませんが、私たちはいつも真心からの関係を結んできました」。

彼は、教皇が最近ガンドルフォ城に再び招待してくれたが、「このカルメル会の一件のせいで」行けなかったことに言及した。ヴァチカンとイスラエルの間で交わされた合意について、彼は次のように語った。

「それは重要なことです。一切の関係が変わりますよ。それに、教皇がイスラエルを旅されるというこの計画は、並外れたものです」。彼の顔が再び輝いた。

もう一度、あの謎めいたタルムード学者の話題に戻った。彼についての間違った手掛かりや、間違った書類や、彼をモロッコ出身と記載した偽造の出生証書などが話題になった。哲学者の妻は思い出して、「ええ、シュシャーニはアラブ人とみられることを好んでいました。戦争中は、そのようなものだったのです」と言った。

さらに哲学者がこう付け加えた。「私にとって、彼はヨーロッパ人、ガリツィア〔ポーランドの南部地方を指す〕かポーランド出身の人でした」。

私を戸口まで見送ってくれた時、興奮が再び彼を包んだ。「反ユダヤ主義の最後の一滴は、まだ飲み干されてはいません。そうは思いませんか」。

第7章　典礼と日常生活──娘シモーヌと孫ダヴィッド

家の中では夫、父、祖父だったレヴィナスの姿について語ることができるのは、彼の家族だけだ。住まうこと、家、子孫を産み・育てること〔繁殖性〕、父であることや子であることが考察の一部をなし、その思惟の運動を一つに纏め上げているいくつかのパッセージがレヴィナスの著作の中に存在するにしても、である。一般には馴染みのない使用域からやって来て日常的に使われるようになったほかのさまざまな語がそうであるのと同様、住まうことに関わるそれらの語はレヴィナスの語法の内にあらためて根を下ろし、彼独自のものとなって彼と共に哲学的言説の内に入っていく。他人は単によそ者、隣人、血縁者であるだけでなく、馴染みの人、兄弟でもある。他人はまた、「自我が自己自身から解放されつつ、そのことで以って自我であることとやめない関係[*1]」においては、息子や娘でもありうる。

まさしくシモーヌとミカエルの証言において人を驚かせずにおかないのは、彼ら二人がレヴィナスの人生と著作についての数々の逸話を代わる代わるに語る時、あたかもそれらの逸話が解きほぐせないほど縺れ合っているかのようであること、一方の逸話に言及すると直ちにもう一方の逸話にも言及せざるをえないほどだということだ。

優しいがヘマな父親

パリ病院連合の診療所長を務めた医師シモーヌは、レヴィナスの二人の子供の内の長女である。彼女は戦争が始まる直前に生まれたので、幼少期の最初の数年を過酷な状況の中で過ごしたが、その時のことは朧気《おぼろげ》にしか憶えていない。彼女が憶えているのは、戦争が始まると、まずエマニュエル・レヴィナスのストラスブール時代の友人スザンヌ・ポワリエの家に預けられたことだ。この女性は、通称「五人組」と呼ばれる有名な写真の中で、ステッキを握って物思いに耽っているモーリス・ブランショと一緒に車のボンネットに腰掛けて映っている人物である〔本書五二頁参照〕。スザンヌ・ポワリエはルーアンの薬剤師と結婚し、二人で田舎に暮らしていた。迫害が始まった時、レヴィナスは当時五歳だった小さな娘をそこに避難させようとしたのだ。〔ところが〕二週間ほどそこで過ごした後、家族はこの切り抜け策ではあまりにも危険であると考え、彼女を連れ戻さなくてはならなくなった。

そこで後を引き継いでくれたのが、モーリス・ブランショだった。彼は、パリ五区の中心部にある自分が使っていたアパルトマンの一室にレヴィナスの妻と娘を受け容れることを提案したのだ。彼女たちは、そこに一か月近く滞在した。その後ブランショは、彼女たちのためにロワレ県のオルレアン近郊にある修道院を見付けた。シモーヌはそこに預けられたが、母の方はパリに留まり、祖母と一緒に友人宅に居た。母親が首都パリを離れることになったのは、自分の母親が収容所に連れて行かれた時だ。その時の詳しい状況を彼女は決して明かさなかったが、それは彼女に痛恨の念を残すものだった。

祖母は、警察署から出頭を命じられた。二人を匿っていた家族は、祖母が出頭を拒んでいたにもかかわらず、出頭するよう執拗に求めた。その理由は、二人がフランス語をほとんど喋らず、二人の間ではロシア語を用いていたため、二人を匿ってくれていたこの善良な人々もついには厄介なことになるのを恐れたためでもあっただろうか。おそらくそうだったろうと、今になってシモーヌは考えている。いずれにしても、シモーヌの母にとっては、彼らを許すことはきわめて難しかった。祖母は警察署に行ったきり、帰って来なかった。彼女には、強制収容所に連行される前に駅から投函された葉書にわずかの言葉を走り書きする時間しかなかった。一九四三年冬のことである。ライッサ・レヴィナスは結局、ロワレで娘と落ち合い、二人で戦争が終わるまでそこに留まることになった。

今日シモーヌは、次のように述べている。「私は、ブランショに感謝しています。五区のアパルトマンに私たちを住まわせてくれ、修道院のあった城館を見付けてくれたのは彼であり、私たちはそこに避難することができたからです」。シモーヌは、聖ヴァンサン・ド・ポール修道院のはっきりとした記憶を持っていないようだった。ライッサ・レヴィナスは、夫と同様、いつも感激と感謝の気持ちを込めてこの修道院について語っていた。シモーヌが言うには、「これは私たちが当時知らずにいて、戦後になってから知ったことですが、この修道院はイギリスから来るレジスタンスの活動員が落下傘降下するための重要な基地の一つになっていました。そこに匿われていたのは、私たちだけではなかったのです。レジスタンスの組織が丸ごと一つ、そこにあったのです」。

ドイツで捕虜となっていた父親からは、ほとんど知らせが届かなかった。ごく稀れに、手紙が来るだけだった。

リトアニアに残った父方の祖父母については、語らないでおこう。彼らについては、何一つ知られていなかった。ようやく戦争が終わってから、彼らが自宅の戸口で検挙されたことが判った。祖父も祖母も、二人の叔父ボリスとアミナダブも、一家全体が根絶やしにされていた。このことについて、レヴィナスが口にすることは一度もなかった。著作の中でも、親しい人との会話の中でも、家族の中でも、口にすることはなかった。それは彼の奥底に口を開けたままの、深い傷だったのだ。「彼は、絶滅について語ることはありませんでした。ショアーは、彼が述べたこと、為したことすべての内に含まれています」。

さらにシモーヌが言うには、総じて、彼女の父親が過去を振り返ることは多くなかった。このことは、彼が過去に影響を受けなかったとか、それを意識していなかったということを意味しない。それは会話の話題でもなければ、考察の主題でもなかったということだ。その他の点に関しては、レヴィナスのフランスに対する賞讃、忠誠や献身が戦争によって損なわれることは決してなかった。シモーヌは次のように語っている。「私の母はよく、父がもしパリに居続けていたら、間違いなく強制収容所に送られただろうと言っていました。父にはフランスの美徳へのあの信頼がありましたから、フランスの警察を信じてしまったはずだというわけです。父にとってフランスの警察が悪事を為すなど、ありえないことでした。彼なら難なく、少しも用心することなく、出頭してしまったでしょう。彼はまた、体制に対して深い敬意を払っていました。例えば、高等師範学校《エコール・ノルマル》は何よりも高い位置を占めていました。私がその寄宿生に選ばれた時などは、彼にとって記念すべき日でしたし、喜びで顔を輝かせていたものです」。

レヴィナスの性格はどのようなものだったのか。毎日の生活の仕方はどうだったのか。怒りっぽかったと同時に、優しかった。彼はすぐにかっとなり、シモーヌが数学の問題を一向に理解しない時には、よく響く平手打ちをくらわせた。数学はレヴィナスにとって神聖なものであり、関心と敬意に値するものだったからだ。同時に、彼は陽気でよく笑い、冗談を言う人だった。機知に富んだ言葉、場面や物語を楽しむ術を心得ていた。たとえば、ある日ジャン・ヴァールとレストランで夕食を摂った際がそうだ。彼らにウエイターが、デザートにタルトレット〔小型のタルト〕を勧めてきた。ジャン・ヴァールは仰天して顔を上げ、突然真面目になって、不安そうに「何のタルトレットかね？」と尋ねた。これにレヴィナスは大笑いした。卓越した哲学者がタルトレットの中味にこれほどまでの関心を示せるということが、レヴィナスには滑稽極まりないことに映ったのだ。この逸話は彼だけでなく、彼の友人ネルソン博士をも大いに喜ばせた。

レヴィナスはまた、ヘマをやらかす人でもあったかもしれない。いずれにせよ、いくつかの方面で、彼はそのような定評を得ていた。シモーヌがジョルジュ・アンゼルと結婚しようとした時、この未来の夫の両親、彼を育て上げた両親は、新しく義理の家族になる人々について調べようとした。すると、エマニュエル・レヴィナスがありとあらゆる類《たぐい》の「ヘマ」をやたらと仕出かす人だと言われていることが、判明した。

シモーヌは、次のように述べている。「そのとおりです。ただ、彼はわざとやっていたのです。大抵は、意図したヘマだったのですよ」。

シモーヌにルーヴァンでのウィリアム・リチャードソンの博士論文口頭試問の際の逸話〔本書二二一―二二三頁参照〕を話したところ、彼女はこの話を知らなかったのだが、だからといって父親の行動に驚くことはなかった。「それはまったく典型的です。父は、彼や彼の業績を傷付けるつもりはなかったはずです。ただ彼が言うべきだったことを、手心を加えずに言ってしまったのでしょう」。

家族の遺産

疲れを知らず、夜遅くに床に就き、朝早く起床する働き者、このような父の姿もまた、娘のイメージの内に残っている。エマニュエル・レヴィナスは、毎夜六時間眠ると、夜明け早々全速力で階段を降りていくのだが、いざ仕事を一つ仕上げねばならない段になると山のような不安に襲われるのだった。シモーヌは、次のような話をしてくれた。「五〇年代、父はジャン・ヴァールの哲学コレージュで一年に一度講義をしていました。彼は準備に余念がなく、最後の最後まで削除したり、原稿を破り捨てたり、修正したりしていました。いつも「準備中」状態だったのです。私は、ある日起きた次のようなぞっとする出来事を憶えています。その時彼は論考を書き上げたのですが、それがよいものではないと考えて、絶望のあまり全速力で外へ飛び出し、エルランジェ通りを駆け下り出したのです。母は父を追い駆け、私も母を追い駆けました。母は何かしらを恐れていました。きっと、父がただただ原稿の出来に不満足だったがゆえに馬鹿なことを仕出かすのではないか、車に轢かれてしまうのではないか、と恐れたのでしょう！」

エマニュエルは、ライッサのことを「ラインカ」という愛称で呼んでいた。彼らは互いに対して優しく、いつも近くに居て、何も言わずとも分かり合っていた。何といっても、二人は幼い頃からの知り合いだったのだ。ライッサは、いつも目立たぬ形で生活していたが、彼女の生活を見るなら、彼女が家庭のことからその他のことまですべてを取り仕切っているという印象を受けた。そして、東方イスラエリット師範学校の運営にも、彼女は関わっていた。ある階に居たと思ったら別の階に現われ、会計に携わり、エマニュ

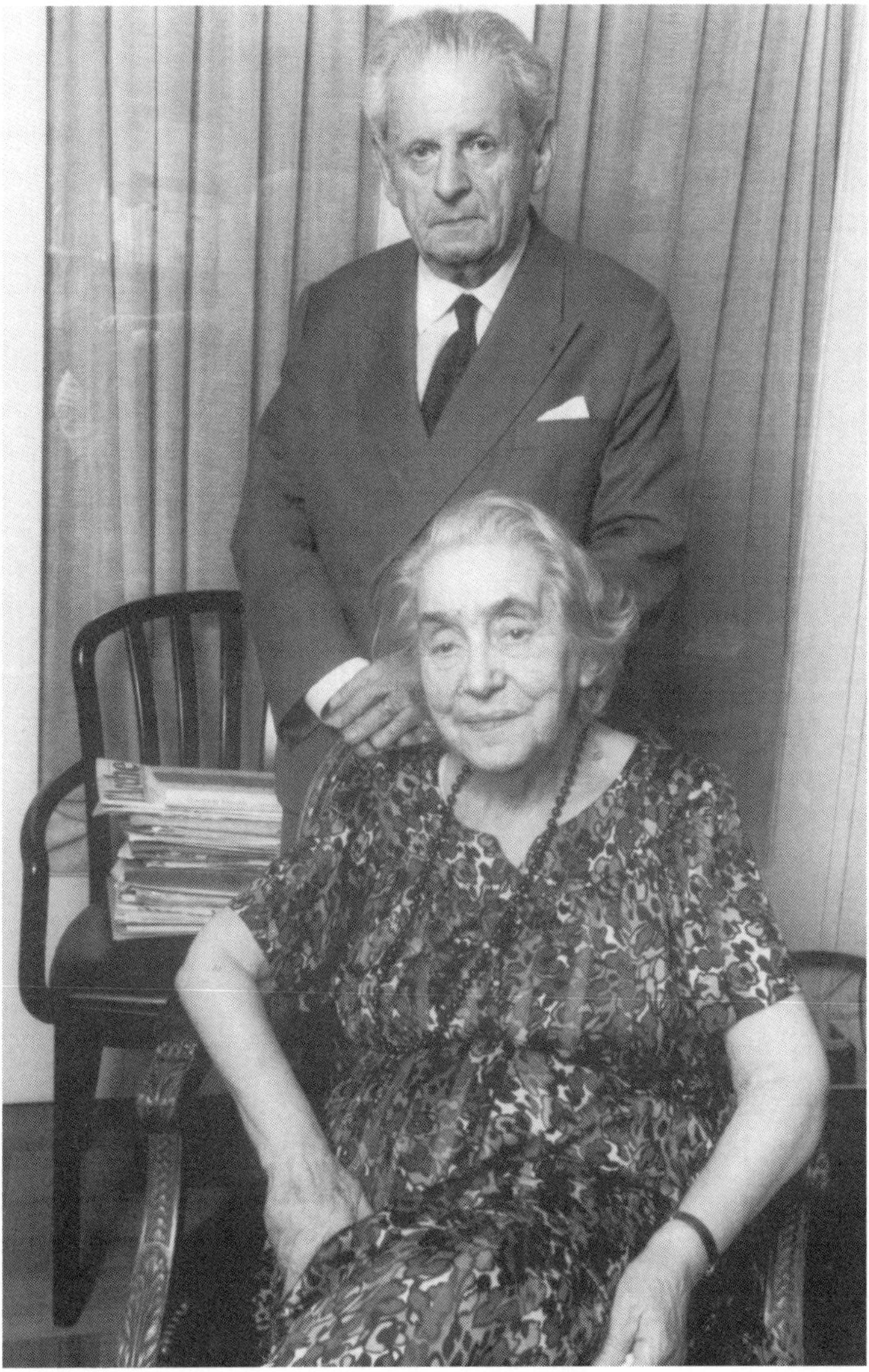

パリの自宅でのエマニュエルとライッサ。コヴノでの幼少期より、控え目ながらも生涯にわたって絶えず共に過ごした。

エルの行くところにはどこでも付いて行った。シモーヌとジョルジュの子供たちは冗談で「夫婦の内で真に聡明な人は彼女だった」と述べているが、これはまったくの冗談ではないかもしれない。彼女は数多くの本を読み、見ればいつも本を読んでいるかピアノの前に居るかだった。

　シモーヌが「シュシャーニさん」のことを憶えているのは、自然の成り行きだった。この謎めいた人物の姿は、幼少期の彼女に強い印象を残したからだ。オトゥイユ通りのアパルトマンの上階の部屋で、彼のためにベッドメーキングをしてあげたのは彼女自身だった。彼について彼女は、感動と感嘆に満ちた笑みを浮かべて語る。まるで、いくぶん風変わりであるが父が惚れ込んでしまった大叔父について話すように、彼の振る舞い、怒り狂って出て行ったり冗談を言ったりしたことを正確に話してくれた。いやしかし、この二人の男が対極的であったというのは正しくない。二人は別々の世界に属していたにもかかわらず、二人を深く結び付ける何かがあった。シュシャーニは移り気で予測しえず、捉えどころのない面を有していた。アパルトマンの端から端まで響く彼の大笑いが聞こえたものだった。そして、彼らが互いに合致しないものがあるとすれば、それは実のところ、シュシャーニが誰とも似ていないという点、彼が他に類のない唯一の人だった点にある。シモーヌはまた、この風変わりな人物が遠くに――ウルグアイのどこかと言われていた――旅立ってしまった直後、日曜の夜に家で大きな集まりが何回かあったことを憶えている。そこには、テオ・ドレフュス、ベルナール・ピカール、ダニー・ブロッホといった何人かの信奉者や、たまたま週一回のタルムード講義に参加していただけの人たちも居た。ネルソン博士が会を司り、父レヴィナスも参加した。そうして、そこでシュシャーニの精神を引き継ごうとしたのだ。

　エマニュエル・レヴィナスは、同じくこの集まりに参加していた娘婿のジョルジュ・アンゼルに「シュシャーニから私が学んだのは、方法です」と打ち明けたそうである。ジョルジュ・アンゼルが更に言うには、ひょっとすると彼がシュシャーニと共有していたのは、月並みさに対する嫌悪だったのかもしれない。「読解の仕方も含めて、さまざまな出会いにおいて彼は、そこから新たな次元が切り拓かれることになるような切っ先を常に求めていました。そしてしばしば、彼はこの切っ先ゆえにその残りの部分を賞揚することもありました。しかし、彼らを近付けていたのは、実際にこの方法なのです。つまり、タルムードをあらゆる側面から見て、一つの学説ではなく、さまざまな可能性への開口部とみなすという方法です」。

しかし、家族の遺産、エマニュエル・レヴィナスが彼らに遺した最大のものは、彼の存在感だ。アンゼル家の孫ダヴィッドには幼少時の思い出として、毎日の生活の中で道徳的な厳格さが強く求められたという記憶が残っている。まったく取るに足りない事柄やきわめて些細な事柄の中に、こうした厳格さが求められたのだ。たとえばある時には、休暇を過ごすブルターニュの家で、彼はこっぴどく叱られた。そのわけは、長く外を歩いて帰ってきた後に彼が冷蔵庫に駆け寄り、誰かほかに欲しい人がいないかを気に掛けずに、瓶に残ったリンゴジュースを一気に飲み干してしまったからだ。微笑みながら、ダヴィッドは次のように語った。今日、彼自身の子供たちは、お皿に残った最後の一切れを取る人にならないよう、食卓で闘っている。そして子供たちの一

シュシャーニさん。知の冒険者。

人が最後の一切れを取ると、皆が「ああ、この子はお祖父ちゃんの哲学を実行していないぞ！」と声を上げるのだ。あるいはまた、ある講演のためにスイスのフリブールに旅行した時のことだ。こうした旅行の際はよくしていたように、朝に買い物をした——オトゥイユ通りでレヴィナスが買い物をすることなど、断じてなかった。靴を一足買うために、孫は祖父と一緒にお店に行った。ただ、どの靴も彼の足に合わなかった。靴を試し履きしたのに買うことができなかった場合、どうやってそのお店から出たらいいだろうか。この問題は、彼にあっては並外れた重みを持つものだった。

「それは些細なことでしたが、始終そうした問題が繰り返されました。こうしたことこそ、子どもにはしっかりと残るものなのです」。確かにこれこそが生きている倫理の継承だが、ではユダヤ教の継承はどうだっただろうか。ネルソンとの友情とシュシャーニとの出会い、周知のとおりこれら二つはレヴィナスにおいてしっかりと結び付いていたが、それらは彼がユダヤ教の学びへと「回帰する」にあたって、重要な役割を果たした。けれども、レヴィナスは常に、幼少期から途絶えることなく根っからのユダヤ教徒だった。たとえ、シモーヌの記憶によれば、戦争直後に一家がユダヤの飲食律で定められたものを家で食べていなかったとしても、である。「ハムが手に入った時があったのですが、いかんせんとっても美味しかったのです！」こうしたことがあったとはいえ、日常生活におけるユダヤ教への忠実さと規律、典礼へのこだわり、また周囲の環境からいっても、エマニュエル・レヴィナスは異論の余地なく実践的なユダヤ教徒だった。

実践的であって、宗教的ではない。孫のダヴィッドはこの区別を大いに強調している。

「これこそ、祖父が私たちに伝えた第一の教えかもしれません。彼には、宗教的か非宗教的か、信仰者か非信仰者かという二分法はありませんでした。こうした分け方は、ユダヤ教を実践する際に問題となるものではないのです。私の父においても母においても、兄弟においても姉妹においても、このことがすべての土台になっています。ひょっとするとすべてのユダヤ教徒がそのように考えているわけではないかもしれませんし、このことを説明するのはとても難しいのです。神の観念は奇妙なものだ、などと言っているわけではありません。しかし、信仰がなければ始まらないというものではないのです。第一に考えるべきものは、他人に対する責任、義務、責務、戒律です。このような主題こそが祖父によって展開されたものですし、私たちに多大な影響を与えたものなのです」。

遺産の中でも、著作の継承はどうだろうか。四人いるシモーヌの子供たちの長男ダヴィッドは理数系の教育を受け、物理学者として国立科学研究所（CNRS）の研究員となり、パリ、イスラエル、アメリカ合衆国を股に掛けて活躍している。そしてここ六年来イェルサレムで、高等師範学校《ノルマリエンヌ》出身の哲学教授である妻のジョエル——彼女は、レヴィナスについてイスラエルで開かれた最初の国際学会の主宰者だった——や法律家の友人と毎週土曜午後に集まって、祖父のテクストを研究している。このグループは『倫理と無限』から読み始め、『全体性と無限』に進み、それから『時間と他者』を読んだ。法律家の友人がイスラエル人でフランス語を解さないため、彼らはヘブライ語訳か英訳でレヴィナスを研究している。「主としてこのような環境の中で、誰もが知っている通りきわめて難解なこれらのテクストを読んでいるのです。祖父の哲学に対する私の関心の一つは、あなたには意外なものに映ることでしょう。というのも、この哲学を他のテクスト、とりわけ偉大なカバラー主義者[†1]であり、ハシディスト〔ハシディズムの信奉者〕であったラビ・イェフダ・ハレヴィ・アシュラグ[†2]のテクストを介して読んでいるからです。彼は、ラブ・

クックとラブ・シュムエル・エリアシヴと並んで二〇世紀を代表する三人のカバラー主義者の一人です。そして彼は、イサーク・ルリア[†3]の伝統全体の完全な読み直しを展開したのです。カバラーについてのこの解釈から一つの哲学を取り出すなら、祖父の哲学が持ついくつかの側面と信じられないほど一致している点が複数見つかります。もちろん、一方を他方に還元したいのではないということは、はっきり述べておきたいと思います。しかし、ミツヴォート、つまり他人との関わりにおいて配慮すべき戒律の内に、ユダヤ教の本質を見て取る点において、両者には特異な一致が見出されるのです」。

自由と責務

ダヴィッドは、次のように続ける。「あまり知られてはいませんが、ユダヤ教について書かれた最初のテクストは、あるいはきわめて初期のテクストの中の一つは、一九三七年に出ています」。これはかなり短いテクストであり、『フランス文化《キュルチュール》』局の「聞け、イスラエルよ」というラジオ番組で読み上げられたもので、ユダヤの典礼について──忠実さとしての典礼について──論じている。他者を気遣うこととしての戒律、責務としての自由についてである。更には、生命体としての自らの自発性を統御することとしての宗教的な実践についても、論じている。すべてが、すでに非常に早くから語られていたわけだ。

「典礼は、至るところで私たちと現実の間に割って入る。典礼は、さまざまな対象とのやり取りに明け暮れる私たちの生きる営みを宙吊りにする。食糧は単に腹を満たすだけのものではなく、「飲食律に従った清浄なもの〔カシェル〕」であるか「飲食律に従わない汚れたもの〔タレフ〕」か、である。宗教的感情を言葉にする前に、ユダヤ人は祈禱書の内に言葉を探す。言葉は自然に浮かんだからといって、祈禱書とまったく同じ効力を持つとはかぎらない。七日目はほかの曜日と同じように昇って来るのではなく、平日の気苦労に左右されないままであり続ける。かくも基本的な食べるという営みを為す前に、ユダヤ人は感謝を述べるために間を置く。家に入る前に、メズザー[†4]に接吻するために立ち止まる。まるでユダヤ人は、自らに与えられた世界に直ちに入ることがないかのようだ。さまざまな技術のお蔭で私たちが難なく通ることができるよう道が拓かれた世界で、典礼は絶えず一時停止を指示するかのようであり、私たちを絶えずさまざまな物に結び付けている流れを一時《いっとき》中断するかのようなのだ。結局、実践的なユダヤ人には、世界は決して自然なものとして現われることがないということだ。ほかの人々は世界に居ることを直ちに我が家に居るように感じ、すぐさま寛いだ気持ちになる。彼らが生きている環境は、もはやそれを感じることがないほど、彼らにとって慣れ親しんだ居心地のよいものなのだ。彼らの反応は、本能的なものである。さまざまな事物は常に彼らが昔から見知っているものであり、馴染みのもので、日常的なもので、世俗的なものなのだ。逆に、ユダヤ人にとっては、すっかり馴染みのもの、すっかり世俗的なものは何もない。

†1　本書三一一頁側註参照。
†2　(Rabbi Yehuda Halévy Ashlag, 1885-1954)。カバラーについての教本『十個のセフィロートの研究』(Talmud Eser Seflot) で知られるポートランド出身のカバリスト。
†3　(Isaac Luria Ashkenazi, 1534-1572) トーラーの註解書であるゾーハルの思想を発展させ、ユダヤ教カバラーの主流派となったルリア派カバラーを立ち上げ、後世のカバラー思想に多大な影響を与えた。
†4　玄関と各部屋の入り口の右側にある側柱に取り付けられ、部屋に入る度に祈るための聖句を記した羊皮紙の巻物が入っている容器。

さまざまな事物の存在は、ユダヤ人にはきわめて驚くべきものなのだ。それは、あたかも奇跡であるかのようにユダヤ人を驚かせる。ユダヤ人は、世界がそこにあるというこれほど単純な事実、にもかかわらずこれほど並外れた事実を前にして、絶え間のない驚嘆を感じるのだ」[*2]。

このテクストは、人を驚かせずにはおかない。このテクストは、レヴィナスのユダヤ教およびユダヤ的実践への「回帰」が――この回帰の時期を特定することができ、更にはそもそも回帰というものがあると言えるなら――戦争直後に位置付けられるべきだと考える人すべてに対する強力な反証を成すからだ。

ダヴィッドは、早くに書かれたこの一節にしばしば立ち戻って、祖父のあるがままの姿を見出す。レヴィナスの作品を読もうとするダヴィッド自身の努力は、サルトルの元秘書で現在はイェルサレムに住むベニー・レヴィの次のような言葉に帰着する。「ミシュナー[*3]を読むように、『全体性と無限』の著者を読まねばならないだろう」。ダヴィッドは同意している。「ええ、実際レヴィナスを読むにはグループで、「ベート・ハミドラッシュ〔学びの家[*4]〕」で読まねばならないでしょう。それは、レヴィナスのテクスト研究を発展させる一つの方法でしょう。そうした環境は学術的なものには属さないかもしれませんが、ユダヤ教学院にはある意味でふさわしいものでしょう」。だからといって、レヴィナスをイェシヴァー〔タルムードを学ぶ神学校[*5]〕の内に移し、箱に収めて、古典の地位へと引き上げねばならないということではない。誰にも増して彼自身が、ミイラ化を最も恐れていたのだから。哲学者であると同時にユダヤ人、敬虔な人、世俗の人だったレヴィナスは、彼からすればどれも体制に属しているこうしたラベルのいずれにも当て嵌まらないのではないか。ダヴィッドは言う。「現代のユダヤ教を生きるには、端《はな》から矛盾しているとされた〔聖と俗という〕二つの生の様態を総合したつもりになって、この総合にユダヤ教を基付ける必要はありません。彼は総合を好みませんでした。祖父から父が聞き、父が私に教えてくれた言葉があります。彼は、パリで流行となっていたある哲学者について言ったのでした。「ええ、彼女は総合の内にあります。いやむしろ、彼女は総合に留まっています」。彼が神秘主義に反対していたことは、よく知られています。神秘思想においては、このような総合の探求がよく見られるのです。一方に正義があり、他方に同情があり、人がその中間にいる時、総合が為されます。彼にとって重要だったのは、こうしたことではなかったのです」。

ダヴィッドは幼少期の思い出、訪問、旅行や休暇を振り返っては、何度も、二つの本質的なイメージに立ち戻った。第一のイメージは、シモーヌに倣って言うなら、祖父の驚異的な仕事力、彼の内にあった絶え間ない緊張、明け方の起床と仕事に明け暮れる夜――「書いている時は、絶えず立ち上がっていました。一五分と座ったままでいることができなかったのです」――、ものすごい活動力というイメージである。このようにして、数々の本、論文、講演、講義、演習が休む間もなく生み出されたのだ。第二のイメージは、完全にライッサとその存在感に由来するものだ。「祖父と祖母を引き離すことは、できませんでした。祖母が亡くなった時、祖父は埋葬に来ませんでした。そうしない方がよいと、医者が言ったのです。葬儀の後に、東方イスラエリット師範学校で祈りの会が行なわれました。そこに祖父は来て、私は隣に座ったのです。彼はすでに、とても病んでいました。ハシュカヴァ[*6]が唱えられた時、彼は私の方を向いたのですが、その眼差しは心揺さぶるものでした。ええ、確かに、彼は数回彼女に「ラインカ」と呼び掛けたのです。この呼び掛けには、計り知れない優しさが込められていました」。

第8章　モンテーニュとラ・ボエシー――ネルソン博士

レヴィナスは人との出会いを好み、ほかの人々の作品に共感を以って接することを好み、著者への感謝を表わすのを常としていた。彼の思考を育んでくれた著者たちに対しては、その後疎遠になってしまってからも、そうだった。レヴィナスが同時代の人々に捧げた数多くのテクストが、このことを証言している。その中には、彼が大哲学者へと成長してゆく途上で出会った人々も居れば、ただただ彼が友情の徴として名を記した無名の人々も含まれている。彼には、友情のセンスがあった。アンリ・ネルソン博士との間に紡がれた友情は、それについて彼が語る必要がないほど類い稀れなものだったと言える。この友情は、誰の眼にも明らかだったからだ。

隣人としての付き合いから献辞を捧げられる者へ

この二人の人物は、およそあらゆる点で違っていた。一方は社交的で、お喋りで、怒りっぽく、他方は穏やかで、口数が少なく、控え目だった。とりわけ学校の構内で、二人で居るところがよく見かけられた。エマニュエル・レヴィナスの隣でネルソン博士はいつも立っており、決して腰掛けることなく、地味で飾らず、目立たない様子だった。東方イスラエリット師範学校の学生たちにとって彼は学校関係者で、校長補佐のようなものだった。実際は、彼には本業があった。ストラスブール出身の彼は医学博士で、婦人科医だった。二人が知り合ったのは四〇年代の末で、最初はオトゥイユ通りの隣近所という関係から始まった。レヴィナス夫人は一九四六年に、困難な妊娠の結果、シモーヌとミカエルの間の娘を一人失った——この話題については語られたことがなく、翌年出版された著作『実存から実存者へ』に記された「PAE」という三文字の謎めいた献辞だけが、この痛ましい出来事を記憶に留めている。ネルソン博士が選ばれたのはいささか偶然だったが、隣人に満足と安心を与えたのだ。因みに、正統派のユダヤ教徒である彼はお勤めとして安息日と週に数回、彼の家のすぐ近くだった東方イスラエリット師範学校が開くミニヤーン——集団的礼拝に必要な参加者の数のこと——に祈りに来ていた。

二人の違いを除けば残るのは知的な点でのさまざまな近さだったが、これは伝説となるシュシャーニの指導の下でたちまちの内に完全に明らかになった。一九五八年、『困難な自由』が公刊される際、この著作には「友人であるネルソン博士に、この友情を高める教えの思い出に」という献辞が付された。ここで言及されている教えはネルソン博士からのものではなく、ネルソンがレヴィナスに紹介した流浪のタルムード学者の教えだったにもかかわらず、である。つまり、この友情は同じ師の影響の下で堅固なものと成ったのだ。かつての学生がモンテーニュとラ・ボエシーの間のそれに準えるほど堅く深く親密だったこの友情は、ただし決してあからさまなものではなかった。二人は、互いをファーストネームで呼び合うことがなかった。君、僕と親称で呼び合うこともなかった。彼らが感情を顕わにすることは、ほとんどなかったのだ。とはいえ、彼らの近さはこの上ないものだった。

ネルソン博士の娘エヴリーヌ・メロンは金髪で大柄、優雅で真心溢れる女性であり、シュシャーニについて語らせると尽きることがないが、彼女はきっかけとなった出来事を記憶している。

「レヴィナスにシュシャーニのことを教えたのは、私の父だったと思います。それは戦争が終わって間もない頃で、私がまだとても小さい時でした。シュシャーニとレヴィナスは共に類い稀れな知性を備えていましたから、当然のように両者が強い関心を示して頻繁に会うようになりました。ある日父は私に、いささかの棘《とげ》もない口調で、こう言いました。シュシャーニは自ら精神が並外れた高みに昇ってしまったがゆえの孤独に途方もなく苛まれなければならなかったが、レヴィナスだけがただ一人、シュシャーニの教えをほんのわずか理解することができたのだ、と。父自身も、どちらかといえば平均以上に知性的な人だったと言っておくべきでしょうか。しかし、レヴィナスの場合、さらにシュシャーニの場合はいっそうそうなのですが、まったく特別だったのです。シュシャーニがフランスで暮らしていた間、彼は東方イスラエリット師範学校の教員のためにレヴィナス家に設けられた広い部屋で寝泊まりしていました。私の母なら絶対に彼を受け容れなかったでしょうが、レヴィナス夫人は受け容れたのです！　そのため父は、師に会いにレヴィナス宅に頻繁に行っていました。そもそもシュシャーニが教えていた場所も、そこだったからです。後年、シュシャーニがウルグアイに旅立った後、父とレヴィナスはほかの話題の合間に彼について話しては、大いに楽しんでいました。父は当時、何度も、レヴィナスにとって防護柵の役目を果たしました。道徳など流行らず、ポワチエ大学でレヴィナスが最初に教えた学生たちがかくも甘ったるい関心事を前に顔を顰めるような時代にあって、父はレヴィナスを倫理という道に押し留めたのです。父はレヴィナスに、道徳哲学に拠り所を求めることはよいことだと、念を押したのです」。

エヴリーヌ・メロンがとりわけよく憶えているのは、シュシャーニがさまざまな議論や論争の中心に居て、矛盾に満ちたありようをしていたということだ。ある時、彼女の父が、この不思議な男の褒め言葉——それは父にとって絶対的な参照項だった——について、彼女に話してくれたことがある。「私はこの褒め言葉が遠回しのものだったことに戸惑ったけれども、でも満足した」。彼女によると、同じ師の講義に出たことによってレヴィナスとネルソンは、よく似た考え方をするようになった。合理主義、「熱情的なものの彼方に」身を置こうと切望すること、「神よりもトーラーを愛す」べきだという確信、世界の内でありきたりではありえないものに心を開くこともそうだ。にもかかわらず、二人の間には二つの重要な相違があったため、彼らがお互いを補い合い、お互いを必要とし合うということがありえた。レヴィナスがきわめて精妙でこの世のものとは思われない抽象的概念の間を難なく動き回っていたのに対して、ネルソンは宗教的実践や道徳的な行動という確固とした大地を理解し、さらには評価していた。レヴィナスは輝きに満ち、冗舌で、よく笑ったのに対して、ネルソンはよく聴き、話すことはほとんどなかったが、何食わぬ顔で発せられる意表を突いたユーモアの持ち主だった。

共通のものに惹き付けられ結び合わされた婦人科医と哲学者は、やがて、互いに不可欠な間柄となった。ネルソン博士はレヴィナスのラシー講義に定期的に出席し、時折口を出すこともあった。レヴィナスも、彼が来てくれることを必要とした。彼は、ネルソン博士の賛同を求めた。土曜の午後には、二人はお喋りのために、あるいは東方イスラエリット師範学校の生徒に向けた講演で、再会した。平日にも、週一回のタルムード講義でネルソンの姿が見られた。そして時には師範学校の応接間で、『ル・モンド』紙上のマックス・ファヴァレッリ考案のクロスワードパズルに取り組む彼の姿が見受けられた。彼はこのパズルが大好きだったのだが、それについてレヴィナスと彼は時折、些細な言い争いをすることもあったのだった。

家族付き合い

二人の家族は、数え切れないほど会った。ペサハーやスコットといったユダヤの祭日を一緒に過ごしたこともあったし、同じ保養地でヴァカンスを共にしたことも二、三回あった。エヴリーヌは次のように話している。「これほど途切れることのない付き合いのゆえに、父は多大な影響を及ぼすことができたのです。まだ小さかったミカエル（エマニュエルとライッサの息子）は、彼のことをほとんど畏敬に近い尊敬の念で見詰めていました。たとえば、四歳の誕生日にミカエルは親指をしゃぶるのを止めようと大変な努力をしたのですが、それは私の父が少年にふさわしくないと言って彼の癖を叱ったからなのです。ミカエルの両親はこのことをそれほど喜んだわけではなく、小さな子のこのような意志による努力が無駄になってしまったり、さらにはトラウマになってしまうのをいつも心配していました」。彼女は、さらにこう述べている。「いずれにせよレヴィナスは父に、哲学的な諸概念も含め、毎日考え付いたことをすべて、それらが形を成すに応じて語っていました。それだけでなく、彼は自らの考えを父で試してみて、父からの最初の論評を期待していたのです。私が思うに、父の賛同はレヴィナスにとってとても重要なものだったのでしょう。それでも、意見の相違はありました。父は「他人は権利しか持たず、私は義務しか持たない」というレヴィナスの大原則を、極端なものとみなしていました。つまり、父が哲学において評価していたのは、ひとえにそれを実行に移すことだったのです」。

両家の子供たちは一緒に、同じように育てられた。エヴリーヌの女友達で、彼女と同じバル＝イラン大学でフランス語を教えるフランシーヌ・レヴィは東方イスラエリット師範学校で数年を過ごしたが、この大家族のことを思い出して次のように言っている。「ネルソン家でも、生活はエヴリーヌを中心に回っていました。彼女が天才だったというわけではありません。いずれにせよ、ミカエルほどだったわけではありません。しかし、彼女も負けてはいませんでした。彼女はとっても優秀だ、と褒めそやされたものです。生まれつき、素晴らしい学業成績を収めることが約束されていました。そして、とても賢い子でした。「知的なパリ在住ユダヤ人」という部類のお手本のような少女でした。その上、少女の頃の彼女はとっても小柄で、赤毛でしたが、髪型さえ地味にしていなければさぞ華やかだったことでしょう。彼女の父親とその友人が学問的な話をしながら校庭の大きなマロニエの木立の下を行ったり来たりする後を、彼女はわずかでも聴き逃すまいと耳をそばだてて、おとなしく付いて回っていました。その周囲では学生たちが笑ったり、ふざけたり、追い駆けっこしたり、恋の真似事をしたりしていました。そうした事柄にはまったく眼もくれることなく、彼女は蜂が蜜を蓄えるように知識を蓄えることに忙しかったのです」[*1]。

ハヴァ

エヴリーヌは変わっていなかった。イェルサレムの小綺麗なアパルトマンで、大きな猫たちに囲まれて、彼女はこういう打ち明け話を語ってくれた。彼女にとってレヴィナスは、ある種父のような存在で、半ば叔父、半ば先生のような人だった。「彼は徹底的なエリート主義者で、世界を天才たちと……その他大勢とに分けていました。彼の話の中では、多少知性的な程度の人々は、お呼びでありませんでした。彼は、私の従姉妹の一人のような若い女性が数学でせっかくよい学位を取った後にイスラエルに移住し、キブツに加わって……保育士のような仕事をするなんて、自分には理解できない、と言っていたのです！　彼は自分の息子にも厳しく、本当に幼い時から毎日長い時間ピアノに向かうことを強い、よそ様に対しても得てして皮肉たっぷりの厳しい批判をしていましたが、そんな彼は親しい人にもちょっとした冷たい仕打ちをすることすらありました。たとえば、私に対してそうでした」。

そうして彼女は、まだ記憶に残っている次の二つの思い出話を語ってくれた。「私が六歳か七歳の頃、両親と一緒にレヴィナス家での過越祭（ペサハー）[†1]前日のお食事に招かれました。それは師範学校ででではなく、彼のアパルトマンで摂る私的なお食事でした。私は前年の同じ食事がとても豪華なものだったことを憶えていたため、デザートが出てくるのを見た時、とてもほどほどのものだったことに少しがっかりして、小さな声で、ちょっとした発音間違いを冒しつつ「今日はあんまりソス〔ソース〕がないのね」と言いました。ムッシュー・レヴィナスはものすごく気を悪くして、この言葉を毎年同じ日の同じ時間に、決まって私に繰り返したのです。「エヴリーヌ、今日はあんまりソスがないかね」。一六歳か一七歳の時には、私は彼を窓から放り投げられたらと思いました……二三歳頃には、それを微笑ましいと思えるようになりましたが。二つ目の擦れ違いは、これよりも目立たないものでしたが、私には大きなショックでした。私が一六歳の時、高等中学《リセ》の第一学年になり、レヴィナス一家からお祝いに、美しい装丁のヴォルテール『哲学コント集成』を貰いました。この本を私は授業で簡単に学んでいたのですが、読みたいなと夢見ていたのです。大喜びして、私は心の底から「ちょうど欲しかった本なんです」と感謝を述べました。しか

†1　出エジプトに際して、神が遣わした災いがユダヤ人の家だけを過ぎ越してエジプトの民だけに訪れたことに由来する祭。

し彼は、この言葉をぎこちない儀礼的な表現と受け取ってしまったのです。その後、何かにつけて彼は、「そうでしょう、エヴリーヌ。ちょうど欲しかった本なんですよね」と繰り返し言ってくるようになりました。それは「エヴリーヌ、君は行儀のよい優しい少女ですよ」という意味だったのです」。

道路標識

更に彼女は、こういうことも憶えている。レヴィナスは精神分析を好まず、リラックスすることよりもむしろ抑圧の方を好んだが、それはおそらくネルソンとシュシャーニが相伴って与えた影響のせいだ。彼はあらゆるものを熱心に見聞きし、関心を寄せることができた。彼が語る話は、さまざまな教えの宝庫だった。流行に流されることはなかった。日常生活においては、彼は頭だけで生きているように見え、現実世界のさまざまな束縛を引き受けることが苦手で、生きるのが難しい人だった。

ある時、彼は放言めかして次のように述べた。「哲学者とは道路標識です。哲学者は向かう方向を示しますが、自分自身がそこに行くことはないのです」。この原則は、道徳的な実践の人だった彼女の父を驚かせるものだった。

またある時、神について話し合っていた際、彼は、信仰に疑いを抱いていた彼女に向けて、Credo quia absurdum というラテン語の格言の正確な意味を説明するよう求めた。教父テルトゥリアヌス[†2]のこの有名な格言が意味するのは本当に、「不合理であるがゆえに、私は信じる」ということなのか。むしろ「たとえそれが不合理であったとしても、私は信じる」ということではないのかと言って来たのだ。エヴリーヌは、ラテン語では quia は「ゆえに」であると断言せざるをえなかったが、このことが哲学者の眼にはまったく奇妙なことに見えたのだった。

エヴリーヌ・メロンの幼少期の思い出は、レヴィナスの家族と結び付いている。そして彼女がその時期に関して抱いているイメージはすべて、この哲学者に行き着く。「彼はどれくらいそれが痛みをもたらすか考えることもなく、私にちょっとした棘のある言葉を投げ掛けて来たのですが、にもかかわらず、幼い私に彼はとても優しかったので、私は彼のことを心の底から好きになってしまいました。彼は、私のことを私のユダヤのファーストネーム「ハヴァ」で呼んでくれるただ一人の人でした。この音節は、二人の間だけの親密で心揺さぶる呼び名となっていたのです。彼は、歳を取った両親の一人娘だった私が寂しさを紛らわせるために想像の中で作り上げた妹「ペルネル」について、話すようにしてくれました。ムッシュー・レヴィナスが、この想像上の妹に束の間のリアリティーを与えてくれたのです。ある時応接間で、彼は私とクロッケー〔木槌で木の球を打ち、弓形の小門を潜らせる球戯〕のゲームをしました。私は散々な仕方で負けて、かつてないほどに態度を悪くし、ひどく泣いてしまいました。彼はゲームを中断し、私に紅茶を一杯飲ませて私の機嫌を取り、別のことについて話し、最後に、ゲームを終わらせようと提案しました。「運がどっちに傾くかは、誰も判らないからね」と。私は提案を受け入れ、そして奇妙なことに私が勝ったのです。私は笑みを取り戻し、人生への信頼を取り戻したのです。数年後、私はこのことを思い返し、レヴィナスが私に勝たせてくれたのだということに突然気が付きました。このような思い遣りは素晴らしいものだと思います。もっと後のことですが、私が思うに、彼の奥さんと彼に私の命を救って貰った

---

†2 (Tertullianus, c.160-c.220) キリスト論や三位一体論を論じたラテン教父。

こともありました。当時私はすでに四人の子供の母親と成ってパリに滞在しており、体調を崩してしまったのですが、深刻な腹膜炎を患っていることにまったく気付いていませんでした。レヴィナス夫妻は、私に医者を変えるよう文字通りひっきりなしに言って来ました。私は結局根負けして、そうすることにしました。お互いに困難なこの時期に、ムッシュー・レヴィナスはひどく気兼ねしながら、差し出がましくなることを心配しつつ、もしお金のせいで私がよい医者に掛かることを躊躇しているのであれば、金銭面での援助をしたいと申し出てくれました。お金の必要はなかったのですが、しかしこの申し出には本当に心を打たれました。このような類い稀れな人が私の父を彼の経験や思想の弛まざる相談相手とみなし、生まれつつあった彼の哲学を道徳的な点で試してくれる試金石とみなしていた時、私は彼の話を聴いていたものでした。一〇歳の時も、一五歳の時も、二〇歳の時も、です。それはとっても素晴らしい時間でした。私はレヴィナスのことが大好きだったのです。彼が居なかったとしたら、それらの時間がずっと劣ったものだっただろうことは間違いありません」。

イェルサレムの自宅のテーブルの上に、エヴリーヌはジッドの従妹だった自分の母親——「私がジッドを完全に再発見したのは、ここ数年のことです」と彼女は打ち明けてくれた——の一枚の写真と、父親の二枚の写真を大事に取り置いている。一枚はパリでの写真で、細い顔をし、厚い眼鏡の奥にとても青くとても暖かい眼差しをした父、東方イスラエリット師範学校のかつての学生たちが皆知っている父の姿が映っている。もう一枚はまったく異なるもので、長い口髭を蓄え、頭には黒く大きなカロ〔庇のない帽子〕を被っている。この二つの写真の間に、哲学者レヴィナスの人生と作品の一部を成す友情を与え、共に歩んでくれた人の人生の痕跡があるわけだ。

ネルソン博士が晩年にイスラエルに住むようになってからも、二人は手紙で連絡を取り合い、互いを訪ね合った。ネルソン博士の死後、レヴィナスはユダヤ系出版社の雑誌で彼の思い出をこう讃えることになる。「彼のユダヤ教は、厳格に忠実なものでありながら、完全に自由なものだった」[*2]。そして、フランソワ・ポワリエとの対談の中では、彼について次のように述べている。「彼は、人間という種の感嘆すべき成功例です。彼の内では道徳的な偉大さと単純さが、広い教養、判断の明晰さ、精神の気高さと合致していたのです」[*3]。

第9章　ゴーゴリの鼻——息子ミカエル

「父性とは、他人である一方で私でもあるような異邦人との関係、私が自己と持つ、ただし私ではない自己と持つ関係なのだ」[*1]。『全体性と無限』の終わりの数頁はこのような逆説を含んだ人間的な出来事を記述することに割かれており、この出来事においては、父であるという平凡な事柄そのものの内に驚くべきことが隠されている。自分自身の知を伝え、存在することを教える相手であると共に、新たに始め直す機会を呈示し、多様な可能性を開く者の出現である。「子を産み育てること〔＝繁殖性〕で、歴史は老いることなく引き継がれてゆく。無限な時間は、老いてゆく者に永遠の生をもたらしはしない。この時間が「よりよい」のは世代間の非連続性を通じてであり、子供の尽きることない若さによって拍動を与えられているからだ」[*2]。こうした箇所は、それがよちよち歩きを始めた息子の近くで書かれたことが知られる時初めて、より大きな意味を持ってくる。

レヴィナスの同僚や弟子たちで、私と知り合いだった人も、初めて会った人も、彼の息子ミカエルほど上手にエマニュエル・レヴィナスについて話してくれた者はいない。

ごく幼少の頃母親からピアノの手ほどきを受けて以来、この音楽家の辿った軌跡は理想的な設計図に見紛うものだ。パリのコンセルヴァトワール〔国立高等音楽院〕に入学し、数々のコンクールで賞を授けられ、オリヴィエ・メシアン、シュトックハウゼン、クセナキス、ヴラド・ペルルミュテール、イヴォンヌ・ルフェビュールといった師に出会い、ヴィラ・メディチ〔在ローマ・フランス・アカデミー〕に滞在した。[†1] こうした経歴はいずれも、一流の演奏家かつ作曲家のキャリアを形成する重要な段階を成すことになるが、それらは家族の只中で、父の眼差しの下で育まれたものだった。

ミカエルは語る。「父の存在は、特別に大きなものでした。その理由は、まず以って彼がリスクを負ってくれたことにあります。このリスクがどれほどのものか、彼はよく分かっていましたし、今日私自身もどれほどのものか分かります。そしてまた彼は、私が音楽の勉強をとても早くに始めた時から、私を支えてくれました。私が居た頃はコンセルヴァトワールに一〇歳の子どもが半ズボン姿で入学していたのですが、これは今では考えられないことです。そして、一〇歳でコンセルヴァトワールに入ると、当然ながら子どもたちがコンクールを終えて、さらには日々の授業を終えて出てくるのを両親がロビーで待ち構えているのです。ですから私は、文化的にはもちろんですが、音楽的にも非常に恵まれた家庭に生まれたわけです。当時、父は母と一緒に私の先生全員に会いに行って、その都度肝心要《かな》めとなる問い、すなわち「この子に音楽をやらせるべきでしょうか」という問いを繰り返し尋ねました。父もコンセルヴァトワールのロビーに居た大勢の親たちと同じであり、一〇歳の子どもにはより重くのしかかっていた不安を感じていたのです。今では、コンセルヴァトワールの平均年齢はおよそ二〇歳です。お分かりのように、これはかなり昔のことです」。

とはいえエマニュエル・レヴィナスは、彼自身が音楽好きと定評があったわけではない。彼自身は、自分は音楽に関して何の知識もなく——「息子の音楽だけは別ですが」と急いで付け加えていたが——、音感がなく、音楽を聴いても何にも分からなかったと言っている。

ミカエルは次のように述べている。「確かに彼は音楽家ではありませんでしたが、それは彼が自らに課す要求が厳しいものだったからです。私が思うに、彼には音楽好きという概念がなかったのです。音楽好きでないというのは、おそらく文化そのものに、芸術や美的なものに関して彼の育った環境に、由来するものです。モーリス・ブランショと一緒に勉強していた際、彼は皮膚に浸透したこの感受性をブランショの内で分かち合い、そのために美的なものの領域にはとても慎重になったのです。彼は、自分が近付く術を持たない芸術に対しては、極端なまでに慎ましやかでした。しかしそれでも、一二、三歳にまで至る私の幼少期を通じて、私が試験のためのピアノ練習をしていたのと同じ部屋に居続けた人——実際、『全体性と無限』は私のピアノからほとんど一メートルのところで書かれたのです——のことを音楽が分からない人だというのは、やはり難しいのです。他方、私が作曲に取り組みだすや、つまり五歳から持っていた作曲への生来の本能的な関わり——というのも、私はごく小さい時からさまざまな表現様式を即興で編み出したり、手を加え直したりしており、このことが父の［コンセルヴァトワールに入れようという］決断にとっては重要だったわけですが——を越えて作曲に取り組みだすや、そして壮年期にオリヴィエ・メシアンのクラスに戻って曲を書くことに取り組みだすや、美的な要求を導き、書くことと関わり、書くことに

†1　芸術を専攻する学生の中から特に優秀な者が選ばれて、ヴィラ・メディチでイタリア芸術を勉学するための奨学金制度（ローマ賞）が一六六三年に創設され、制度自体は一九六八年に廃止されたが、現在も奨学金給付生が一八カ月ないし二年間ヴィラ・メディチに滞在することが認められている。

対する不安と関わる者としての父の存在は、とても意義深いものと成りました。その時私は、音楽家としての人生における書くことや創造することに対するこの不安が、いわばかなり若い頃からすでに私の身近にあったことに気付いたのです。同じ部屋、音楽の作業が行なわれるのと同じ居間に、ものを書く人、哲学者が居たこと、破かれた紙片や行き詰ったまま一日が終わってしまうことへの恐怖、こういったことはすべて、当然ながら音楽的にも重要だったのです。そしてまた、幼児期以来彼から私に伝えられたものとして、私が作っていたさまざまな作品に対する「並外れた」という形容詞があります。つまり、「並ではない」人々がおり、「並ではない」創り手がいるということです。このようないささかロマン主義的な天才のイメージを、父は私に伝えたのです」。

散らばった紙片

ミカエルは、私よりも数カ月年長だった。私が憶えている彼の姿は、私が東方イスラエリット師範学校に居た頃のものだ。金髪の巻き毛。いつも眠そうな顔。当時から赤かったマフラー。青年期のぎこちない態度。女の子たちとふざけあっている姿。何人もの同級生に駄洒落を飛ばしながら、ぼさぼさ頭のままで歩く姿。そして、彼の父がかつてないほど誇らしげに、ジュール・ブランシュヴィックに電話で吉報を知らせているのが聞こえた時のことだ。「ミカエルがコンセルヴァトワールで一等賞を取ったんですよ。……いやいや、長老会《コンシストワール》ではなく、コンセルヴァトワールです！」これは師範学校でのちょっとした出来事であり、こっそりと伝わっていったのだが、その際、重大な結果をもたらしかねない世界イスラエリット連盟議長の聞き間違いも併せて伝えられたので、それは馬鹿笑いを巻き起こしもしたのだ。

「私は東方イスラエリット師範学校で育ったのですが、そこには家庭におけるさまざまな苦しみの多くをいわば埋め合わせてくれる雰囲気がありました。家庭における苦しみというのは、私はホロコーストを生き延びた者の家庭に生まれたのですが、多くのアシュケナジー[†2]の家庭と同じで、家族が居なかったからです。姉が居て、母が居て、それだけでした。幸いなことに、師範学校が環境を作ってくれていました。そのお蔭で、こう言っていいか判りませんが、父は自らを立て直すことができたのです。師範学校は、この面で重要な役割を果たしました。けれども、先の話に戻りますが、この共同体の中でも父は私にたくさんのことを、ものを書く際のたくさんの不安やたくさんの困難を、私を怖がらせた本当に恐ろしいある種の苦しみを、体験させてくれました。それから、いくつかの発見もありました。私は一つのテクストが構築されたり、解体されたり、一つの出発点にも成りうるもののようにして生まれて来たりするさまを、実地に体験しました。ある哲学的な企図についての構想が初めにあって、それが一つのテクストを生み出すに至るというわけではないのです。初めにあるのはある種の空白、眩暈であり、次いでばらばらに散らばったいくつもの要素や下書きや概念が、名刺や結婚式の招待状の裏に書かれて形を成していったのです。それは、紙とのとても独特な関わり方でした。白紙を前に悩む、などといったことはありません。というのも、白紙があったのではなく、紙片をひっくり返して用いていたからです。父の下書きを見ると、貼り付けられたものや削除の跡が見られるだけでなく、五〇年代の社会生活を再構成することができるでしょう。結婚式の招待状、子供の誕生報告、バル・ミツヴァー〔ユダヤ教の成人式〕への招待状が裏返されて、

†2　本書二一五頁側註参照。

草稿と成っているからです。そして実際に、『全体性と無限』においてであれ『存在するとは別の仕方で』においてであれ、今日ではよく知られるようになったいくつかの概念が練り上げられていくさまを目撃しましたし、それらが苦しみや、時には驚きや啓示の内で練り上げられていくさまをこの眼で見たのです。私には何もかもが、惜しげもなく見せられたのです」。

エマニュエル・レヴィナスが執筆する際のさまざまな苦労、書くことを前にした不安についての証言は尽きることがない。それに比して知られていないのは、レヴィナスの長年にわたる孤独感である。それについてミカエルは、次のように証言している。「父の生活にはとても独特な孤独があり、それは外から推し測るのが難しいものでした。この孤独はリトアニアから出て来た人の、そして今の私には分かりますが、きわめて特別な文化環境にあった人の孤独でした。ただし、ご存じのように、日常生活においては、物事はこのような仕方で体験されるわけではありませんが。父は、制度に守られた人間として著作業を行なっていたわけではありません。彼はユダヤ人学校の校長でした。もちろん、その中で特別な出会いがあったり、しばしば訪問者があって彼らと話しをすることはありましたが。私が話しているのは彼が大学教授だった頃のことではなく、彼の書く営みの根底にあったもののことであり、『全体性と無限』が書かれ、一つの思想が形作られた五〇年代のことです。その時彼は、大学教員ではありませんでした。彼は、ジャン・ヴァールの哲学コレージュに講演をしに行っていました。この講演原稿は今日ではいわば不朽のものとみなされていますが、当時はいつも講演を取り止めそうなほど極度の苦しみの下で書かれたのです。父は、制度に組み入れられて安んじていられたわけではないのです。ですから、日曜、月曜、火曜……といった日常の日々を、私は彼の傍らで過ごしたのです。異様なまでに活動的な父親でしたが、結局は一人ぼっちの人で、何らかの制度の側から電話で要請を受けると、それが一種の麻薬のように、彼に自信を取り戻させたのです。こうしたことを思うと、書くことの絶望ということがいつも語られますが、まったく評価されないもの、何の役にも立たないとされるもの、誰かさんが書いたありふれたものとしかみなされないものを書いて生きていくといったこともありうるのです。ええ、父の人生には、こうした月並みな悲しみというものがあったのです」。

再度この点にこだわりたいのだが、書くことはどのようにして成し遂げられるのか。作品の核心には何らかの直観があって、それが作品を開花させるのだろうか。それともむしろ、レヴィナスがある時ジャック・ロランに打ち明けた考えに従うなら、彼は「長編」よりも「短編」を好んだのだが、こうした一連の直観が最終的に一つに成ったということなのか。「いえ、ジャック・ロランの言うことは、結局のところ真の著作家たちに共通して言えることです。何が問題となっているのでしょう。ここで私が音楽家として、自分自身の経験から出発して語ることを許して下さい。大がかりな形式、展開、あなたが言われたような「長編」という概念は、大論文や、二〇〇頁にも及ぶ小説や、二時間続く交響曲、四時間にもわたるオペラについてならそう言うことができるものですが、それらはすでに予測不可能な次元に属するものなのです。つまり、哲学的な次元に話を戻せば、体系ないし体系の練り上げといったものは、計画に沿った小旅行ではないのです。それは、頭を搾って考えられたいくつもの挿入節から成り、それらがたまたま何かを形作っているのです。音楽において、このことは明白です。おそらくワーグナーの晩年のいくつかのオペラやシュトックハウゼンの長大なオペラを除けば、さまざまな形式や時間の長大化が事前の熟慮の上での意志に基付くものであることはないと思います。そうした形式や長大化は、いくつもの挿入節の結果なのです。私が思うに、『全体性と無限』と『存在するとは別の仕方で』は実際に、先ほどの表現を用いるなら長編です。これらは数多くの講演や論文、偶発事から練り上げられたものです。『存在するとは別の仕方で』を書き上げた時、父は自分の仕事を多少とも成し遂げたと言ったように記憶しています。彼が実際にそう言ったのか、そう言ってほしいと私が思ったのか、そう言うだろうと私が予感していたのか、いずれにせよ体系を生み出すことを可能にした息づかいは、いくつもの挿入節から成っていたのです。けれども私が思うに、このことは父だけに見られる特殊な性格ではなく、書くことに関わる問題の一つであり、大掛かりな形式や長編の発生そのものを成しているのです」。

息子と父

ミカエルが父親の著作を読んだのは、かなり後年になってからのことだ。彼が哲学に初めて触れたのは、一七歳の時だった。父親が彼に読ませたのは、グラニエの『ニーチェ』だった。その後、彼は『タルムード講話』と『困難な自由』を見付けた。『全体性と無限』に手を伸ばしたのは、もっと遅くなってからだ。その代わり、ミカエルは数多くの旅行を父と共にした。通常の学校には通っていなかったし、もっと後にそうなるように大学の伝統的なカリキュラムを義務付けられてもいなかったため、父が世界中至るところで講演するのに付いて行くことができたのだ。オランダ、イタリア、アメリカ合衆国、モロッコにも行った。

「私は祭りに加わったのです。ということはまた、これらの経験一つひとつに伴った困難に加わったのです。父と一緒に、ジョンズ・ホプキンズ大学に行きました。ローマに最初に行けたのも、父のお蔭でした。イランへの旅行もしましたが、それはいささか奇妙なものでした。この国は、父に問題を生じさせました。シャア〔イラン＝ペルシャ国王の称号〕のいわば「魅惑的な」国だったのですが、サヴァク〔イランの秘密警察〕の完全な監視下に置かれた奢侈なホテルで居心地の悪い思いをしたものです。父は、皇后に挨拶をしませんでした。一見すると父よりも進歩的だった多くの大学関係者は挨拶をしていましたが。マシュハドのモスク内を見学に訪れた際、そこにはすでに原理主義が、ある種の熱狂的な信仰が行き着く先が見られたのですが、父はこうした熱狂的な信仰が惹き起こしかねないあらゆる類の暴力ゆえに、そうした信仰に対しては完全に反対の立場でした。こうしたことすべてを、私は彼と一緒に体験したのです。その上、私たちは二人とも病気になり、ひどい熱を出し、ロッシュ・ハシャナ〔ユダヤ教の新年祭〕を高熱の中で過ごす破目になったのですが、私の考えではこれはマシュハドのモスクに衝撃を受けたせいでした」。

どこかに招待されると、哲学者はしばしば息子のためにピアノを用意して貰えるかどうか尋ねた。モロッコのトゥムリリン[†3]の時も、そうだった。「私が八歳の時で、当時のムーレイ・ハッサン皇太子がエキュメニズム[†4]について話すのを聞いた憶えがあります。彼は、異なる宗教同士が争う理由が理解できないと言

---

†3　一九五二年、ベネディクト修道会の一団によって、モロッコのアズルー郊外に建てられた修道院。一九五六年から共通主題をめぐる国際会議が開催され、一九五七年の第二回会議の際に、レヴィナスは後に「成年者の宗教」と改題され『困難な自由』に収められる講演を行なった。詳細については、藤岡俊博「レヴィナスと「場所」の倫理」（東京大学出版会、二〇一四年、三二―三三頁）、馬場智一「儒教、ユダヤ教、哲学――一九五七年ティウムリリンヌ会議における今道友信とエマニュエル・レヴィナス」（『現代思想』、青土社、二〇一四年三月号所収）を参照。

モロッコにて。60年代のトゥムリリンでの国際会議に際して。

っていました。子どもだった私は、次のように言いました。「彼は嘘を付いているよ。ナポレオンみたいだ」。とはいえ、あなたが知りたいのは、父が私の音楽生活の世話をしたかどうかということでしたね。ええ、父は出発前に、モロッコ中部のアトラス山脈にピアノがあるか尋ねてくれました。そこにピアノはありませんでした。自分よりも息子の方が大事だったので、旅行を取り止《や》めようとしました。彼はそこで、私が師事していたラザール・レヴィに、私が一〇日間ピアノを弾かなくてもよいかを速達で尋ねたところ、許可が出たのです。そしてこの許可を以って、モロッコに出発しました。私の音楽生活に関する大きな不安ないし大きな罪責感という問題に戻って来ましたね。哲学的領域においても芸術的領域においても、一つの仕事に身を捧げる理由と成りうるのはただ類い稀れな才能だけだという考えを、父はこれほどまでに強く持っていました。私にそのような才能があるかどうかは判りませんが、父は生涯にわたり何度も、私の先生たちに、私に音楽をやらせることが正しいことなのかを問い合わせていました。そして、このことが後年になるまで続いたので、私の両親はしばしば非常に風変わりな両親とみなされたものです」。

ドイツに旅したことも何度かあったが、そこにはミカエルが父の代理として、父抜きで行った。一九八三年、エマニュエル・レヴィナスはハイデルベルク大学からカール・ヤスパース賞を授与された。ジャンヌ・エルシュがレヴィナスに賞を授ける予定だったのだが、ミカエルが現地での賞の受領者となった。彼は大学の大講堂で、ヘーゲルが立った教壇の高みから、非常に熱心な大学関係者の聴衆を前にして、父が準備した講演原稿を読み上げたのだ。戦時中五年もの捕囚生活を耐えた地であるドイツには二度と戻らないというエマニュエル・レヴィナスの決意について今さら説明の必要はなかったが、それは彼の子どもたちの間でもそうだった。「実際、父がこのことに関して私に与えようとした情報がいくつかあります。彼は、自分がフランスの軍服のお蔭で助かったと考えていました。当時父は森林伐採要員だったわけですが、その時の体験は消え去ることがなく、私が思うに、彼が人生を生き抜くのに非常に大きな力を与えたのです。このように言ってしまうのは恐ろしいことですが、しかしそうだったのです。彼はこの五年間の捕囚生活を、ユダヤ人としての仲間意識を持って過ごしました。彼は、直ちに自分がユダヤ人であることを明かしました。ある収容所で彼はエリック・ヴェイユ[†5]に会ったのですが、ヴェイユはユダヤ人であることを

†4　二〇世紀初頭に起こった、キリスト教の教派を越えた結束を目指す運動を指すが、より広くキリスト教を含む諸宗教間の対話と協力を目指す運動を指すこともある。

息子ミカエル・レヴィナス。1949年生まれの作曲家・ピアニスト。

明かさない方を選び、デュボワと名乗っていました。父は、嘘を付くことは考えられないとみなしており、私に語ってくれたところでは、この五年間の捕囚生活を実際には強制収容所行きの前段階だとはっきり自覚して過ごしていたのです。父たちは毎朝五時に起こされ、木を切り倒しに行き、彼らを率いていた森林伐採班のリーダーから、毎日のように「お前たちが親衛隊の手に落ちたらどうなるか、分かっているだろう」と言われていたのです。そのほかにも、彼の人生に付けられたこのひどい爪痕について私が知っているところでは、実際には彼や彼の仲間たちは定期的に手紙を受け取っていて、彼らの家族の誰それが逮捕され、強制収容所送りとなったことを互いに伝え合っており、その際には「私たちは結婚式に行く」という隠喩がしばしば用いられたということです。それゆえ、彼は〔母方の〕祖母が強制収容所送りとなったことを知らされていたのです。父の両親や兄弟たちが殺された身の毛もよだつ状況については、戦争が終わって初めて知ったのだと思います。しかし私が思うに、彼自身は、彼がその後語ってくれたところでは、結局のところ自分も死ぬのだということ、ユダヤ人が強制収容所から逃れようとしてもまったく無駄だということを、ある種の宿命として受け容れていたのです。最終的には、いずれにせよ銃殺によって終わりが来るということです」。

ミカエルはさらに、次のように述べている。「次のことも言っておかねばなりません。生前の父とのやり取りの中で私が見て取ることができたのは、フランスへの非常に深い愛です。これは、おそらく今日ではヨーロッパ人の考えの内に存在しなくなってしまったものですが、正真正銘の愛国心、他方で何人かの偉大なフランス人に対する友愛です。私の念頭にあるのは、名もない人々、母を救ってくれた友人たち、スザンヌ・ポワリエという名の婦人やその夫などです。もちろん、モーリス・ブランショもそうです。そこには、ナチスの恐怖に対してフランスが取った態度の特殊性が関係しているのですが、私の言うことを時代錯誤的と解さないで下さい。特殊性と言いましたが、それは何か並外れたものであり、それがために父は〔外国に依存しないフランスの独自性を信条とする〕ド・ゴール派だったのです。こうしたド・ゴールに対する関係の系譜を辿ると、それはポグロム〔帝政ロシアにおけるユダヤ人の大虐殺〕の時期のロシアにおいて、ナポレオンのフランスに対して抱かれたイメージ〔ナポレオンは、ユダヤ人解放政策を取った〕に遡るものかもしれません。そして私が思うにこのことは、私の音楽上のキャリアのことを別にすれば、死ぬまでフランスに留まるという彼の決断に大きな影響を与えたに違いありません」。

この捕囚期間の強烈な印象が消えることは決してなかったが、彼はそれに著作の中で言及することは一度もなく、ただごく親しい人々に打ち明けただけだった。彼が拘留された収容所はベルゲン・ベルゼン強

---

†5　(Eric Weil, 1904-1977) フランスに帰化したドイツ系ユダヤ人の哲学者。レヴィナスは論考「倫理と精神」(一九五二年、『困難な自由』所収) 等で、ヴェイユの主著『哲学の論理』(一九五〇年) からの影響を認めている。

制収容所にとても近いところにあり、強制収容された人々の人影を眼にすることもあった。森の中で収容所の人々の列と擦れ違った時は、そこに表われているあらゆる身体的な悲惨さゆえに、恐怖を覚えたのだ。

世俗的なものの裂け目

以前ミカエルが私に言った、彼の父は亀裂の哲学者であるという言葉を彼に思い出してもらった。この表現を私は即座に、深くかつ正しいものだと思い、長い間熟考することになったのだが、この表現でどこまで言えるかを決めかねていたのだ。

「私が思うに、この表現は、書くという行為の脆さ、父の仕事の非制度的な性格について私たちが述べたことに通じます。彼が手ほどきを受けたユダヤ教の知的教育と純粋に哲学的な教育――「純粋に哲学的」という表現を彼が受け容れるかは判りませんが――の狭間での彼の問い掛けもそうですし、私に音楽の面で多大な影響を与えた彼の息切れもそうです――録音されたものを聞けば分かることですが、彼の話はしばしば文として完成されておらず、「ですよね？《ネスパ》」が付いて回るものでした。これは、彼の母語がフランス語ではなかったことだけに起因するわけではありません。概念を練り上げていく際の一種の不安定さ、概念を取り扱う際の、ほとんどタルムード的と言っていいような極度の変わりやすさ、それが概念に走った亀裂をまさに表わしているのです。こうしたことは弁証法的な性格をはるかに越えて、裂け目の域に達しています。概念が今まさに生まれんとしており、まさに言い表わされようとしているその時に、問い直されるのです。私が言いたかったのは、このことの結果として喘ぎながら語るような文体が生まれたということです。この文体は、私の音楽に多くの着想を与えてくれました。ほとんど厚かましいこの関連付けを許して下さい。しかし、私の音楽の中にある喘ぐような息づかい、私の音への取り組みに孕まれた恐れ、羽ばたきが立てる微かな音のようなもの、響きや音の中にある不安、こうしたものは、父の仕事の美的な次元と彼の語り口に由来するのです。そして私の考えでは、仕事を進める上で削除が果たす役割は偶然的なものではないと言えます。これはとても興味深いことです。というのも、このことは父においてしばしば話題とされながら、常に強調されているとは限らない一側面を伴っているからです。この側面が強調されない理由は、当然ながら父が、何よりも美を論じる哲学者とはみなされていないからですが。しかし父は、私が作曲に行き詰まったり、書くことができなくなってしまった時、最終的には未完成を受け容れねばならないのだと私に言って来るような人でした。私は二〇歳の時この言葉を、何かをやり損なうことに対する父からの許しと受け取りましたが、単にそのようなものとしてのみ受け取ったわけではありません。彼は私にこう言いました。「物事が未完成なまま、満ち足りていることもある」。彼は更に、ジャン・ヴァール宅での哲学コレージュで出会ったシャルル・ラピックという画家の作品を見に行くべきだと付け加えました。この人の作品の特徴は、絵のさまざまな未完成な状態を呈示する点にあったからです。父が亡くなった年に、たまたま私は抹消線について、ミシェル・レリスに関して書かれた彼の文章に出会いました。実に父は、間接的にかつきわめて巧みに私を彼の時代の問題系に、つまり戦後の、芸術作品やエクリチュールの問題系に導いてくれたのです。ここで問題となる芸術作品やエクリチュールは、制度化されて型に嵌まったものと成ることなく、逆にそれに対して巨大な疑問符が付けられたり、未完成ゆえに並外れた眩暈をもたらすものなのです。実のところ、この点に関して見なければならなかったのはラピックではなく、ジャコメッティだったかもしれません。私は父の思想に走る亀裂と、根底では彼の同時代人であるジャコメッティにおいてさまざまなシルエットが削ぎ落とされ息切れしたように現われる仕方を、いくらか関連付けたことがあります。そうしたシルエットが先に述べたような姿を喚起しうるといっても、表現主義の立場を取ることになるわけではありません。彼らがそもそも表現しようとしたのは、人間、あるいは身体、あるいは身体の羞恥なのです。結局のところ父が顔と呼んだのは、このことです。亀裂とは、顔なのです」。

　レヴィナスはどのようにして自らの時間を、哲学に割く時間とユダヤ教のテクストに捧げる時間とに配分したのだろうか。彼の考察や研究や著作の中では、こうしたことはすべて混じり合っているのか、それとも混じり合ってはいないのか。ミカエルは言う。「このことに関しては、一度もはっきりと意識したことがありません。ただ一つだけ申し上げておきたいのは、一九四七年から一九五二年にかけてシュシャーニを家に受け容れていた時には、彼は哲学的な仕事を一切止《や》めていたということです。このことは、彼がそう言っていたのですから明らかです。シュシャーニから教えを受ける分だけ逆に、国家博士論文『全体性と無限』を書くのは遅くなったと言っていました。その他の点については、つまり著述にどれくらいの時間を割いたかについては、どのようだったかをお伝えすることはできません。それは朝の五時に始まり、終わるのは夜中の一二時になってからだったのですから。私が子供の頃は、学校のある二階に降りて行って、そこで事務仕事をこなしていました。銘記すべきことですが、「教えることと書くことの両立はできない」などと言う人には注意しなくてはいけません。彼の人生におけるこの無名時代、孤独についてはお話ししましたが、そこにはまた、仕事をする者としての生活を順守するという、私には壮大にも思えたものがあったのです。忘れてならないのは、戦前、父が世界イスラエリット連盟のしがない事務員だっかけて行って、モロッコの世界イスラエリット連盟の学校に宛てた手紙を出していたということです。彼がこのようなことを、劣った仕事だとみなしたことはありませんでした。私も、このようにして日常生活を受け容れることが非常に大切だったと思います。それから、朝の祈りの時間がありました。呼び鈴が鳴らない時には、彼は床板を手で叩いて、七時半にはシナゴーグに居なくてはならない寄宿舎の学生たちを起こしたものです。生涯にわたって、彼は七時半には朝の礼拝に出ていました。次いで、深夜まで続く著述の時間がありました。講義の後、師範学校の後に、彼は仕事をしていたのです。こうしたことは、お分かりのように、非常にありきたりなことです。同時に、土曜朝のラシー講義のための準備もしなければなりませんでした。ネルソン博士と日常的に会ってのやり取りもありました。火曜の夜には東方イスラエリット師範学校の生徒向けの講義をし、日曜夜には自宅でユダヤ人共同体のさまざまな人々向けの講義をしました。シュシャーニが旅立った後、日曜にネルソンとほかの数人のためだけのタルムード講義をしました。それから、さまざまなテクストに、常に絶え間なく慣れ親しんでいました。このようにして、時間は過ぎていったのです。東方イスラエリット師範学校で若者たちに教えることは、父の元来の生活様式だったものを重要な形で引き継ぐものだったと私は本気で思っています。ホルつまり「世俗的な」ものを外部に留め置いていた、いずれにせよ東ヨーロッパの小さなユダヤ人共同体においてそうだった生活様式です。この点は、生涯変わることがありませんでした。父は常に、制度にも世俗的な生活にも、ほんの少しだけ馴染めなかったのです」。

なるほど教育に関わる気遣いが彼の頭から離れることはなかったにしても、それが思想家にとって、つまり本質についての熟考や解釈の集成に対して、どれほどの価値を持っただろうか。「私が思うに、父は教育に関わる真の使命感を持ち、学生に対する愛情を持っていました。彼が進むべき進路を見出してあげた東方イスラエリット師範学校の生徒に対しても、セミナーの学生に対しても、さらには彼に草稿を見せに来た人に対してもそうだったのです。そのように、一九七六年から、彼のお蔭で私はパスカル・キニャール[†6]の名を、将来偉くなる人物として知っていたのです。ジャック・デリダが将来実際にそうなる前からすでに、父はデリダが重要な哲学者たちの系譜に名を連ねることを確信していました。後には、ジャック・ロランやほかの何人かの場合もそうでした。一つの逸話を更に付け加えることをお許し下さい。父の机上に、音楽学と美学に関する匿名のタイプ原稿が置かれていたことがあります。彼は感動した面持ちで、私に言いました。「このテクストには、本物の文筆と際立った詩的感覚が表われている」。それは、父の義理の娘となり、彼と深い関係を結ぶことになるダニエル・コーエン=レヴィナスのテクストだったのです」。

引き裂かれた草稿

ミカエルに教えて貰った強烈で意外な場面がもう一つある。それはレヴィナスの人生と仕事の中でも重要な時となる『全体性と無限』の出版に関わるものだ。この本こそ、彼の名を世に知らしめ、彼の大学での経歴《キャリア》の端緒と成ったのだが、この本はもう少しで日の眼を見ずに終わるところだったのだ。危うく廃棄されるところだった。『『全体性と無限』は、一九五五年、エヴィアンの小さな家で書き始められました。当時の写真を今でも持っています。草稿は実際に、危うく引き裂かれるところでした。その理由は、言うのも気が引けるのですが、ガリマール社できわめて重要な役を担っていたブリス・パランがある日「悪い知らせです」と電話で出版を断って来たからです。その日私たちは、本の原稿を切り刻もうとする父の手からそれを引き剝がしました。そうしなければ、この本は人の眼に触れることはなかったでしょう。それから、ファン・ブレダ神父[†7]が来て、この著作を出版するために持ち帰っていきました。まさにそんな時、ある朝ジャン・ヴァールから電話があり、「出版するのをすぐ止《と》めて下さい。博士論文として提出しなければなりません」と言って来たのです。そして、あの例外的な公開審査が行なわれました。私は当時一〇歳でしたが、その会場に居ました。ブランショも来ていました。ジャンケレヴィッチ、ガブリエル・マルセル、ヴァール、ブランを始めとした豪華な審査員団でした。このことが、結局、父の大学への就職を決定付けたのです。父が述べていたように、大学へのこの就職は、若者のように待ち焦がれた果てに生じたのではありません。一九六一年に父は五五か、五六歳でしたから、そんなに早咲きの経歴ではなかったのです」。

以上のように、レヴィナスの名を高めたこの本を彼は大変な苦労をして書き上げた後で、引き裂こうとしたのだ。そしてこのことは、彼のこの本に対する関係をまた別の仕方でも照らし出してくれる。一方では、昇華という関係がある。つまり、『全体性と無限』は、自分がどれほどあらゆる類の偉大な書物から霊感を受けたかについて、そうした書物に対してどれほど信頼を寄せているかについて、書きうることの

---

†6 (Pascal Quignard, 1948-) アカデミー・フランセーズ賞やゴンクール賞等を受賞したフランスの作家。

†7 (Herman Van Breda, 1911-1974) ベルギーのフランシスコ会修道士で哲学者。フッサール現象学研究で博士号を取得し、フッサールの死後、ナチス支配下のフライブルクからフッサールの大量の遺稿をルーヴァンに持ち出し、ルーヴァン大学のフッサール文庫を創設した。

すべてを書いたものであり、本人が明確に意識していることよりも内奥にあって、深い広がりを持つ書物なのだ。それは、ユダヤ人の一つの世代全体をそれらの書物へと開くためのすべてを為したものでもある。しかし、諸々の書物には歴史があり、生がある。そして、それらの書物が価値を持つのは、こうした歴史や、その内に置かれるこの生によってのみなのだ。したがって、今述べたような『全体性と無限』の理想化がある一方で、この本の驚くべき脱神話化が見られる。以前に、一九四七年から一九五二年にかけて書くことを止《や》めた決断と同様、本を破棄しようとするこの決断から分かるのは、書物がもしかしたら空しいものかもしれないという意識である。レヴィナスは、ローゼンツヴァイクの論考「新しい思考」の中の次のような言葉を採り上げたことがある。「書物とは、到達された目標でも、目指される目的でもない。書物は自足したり、同じジャンルに属するほかの書物によって支えられたりする代わりに、自らを正当化せねばならず、自らの存在を証し立てねばならない。この正当化は、日々の生活の中で起こる」[*3]。書物は生を正当化しなければならないが、書物を正当化すべきなのは生なのだ。書物を書き上げたらすぐに、書物に別れを告げてしまえばよいのではない。反対に、書き上げた後にこそ、仕事が始まる。書物を支え、書物の後に続き、書物を正当化しなくてはならないのである。

三年後、レヴィナスはポワチエ大学に、それからナンテールへ、そしてソルボンヌに任命された。ミカエルは次のように語っている。「父には、私が以前には決して知ることがなかったところがありました。ある種の哲学的な多幸症《ユーフォリア》、つまり哲学をすることで与えられる幸福にともすれば身を委ねてしまうところがあったのです。政治の場面で「砂漠からの脱出」と呼ばれているものです。『存在するとは別の仕方で』の内に、それが作動しているのを見ることができます。確かに父は、『存在するとは別の仕方で』

を書くにあたって、同じことを延々と言い換えているにすぎないという不安に苛まれつつ、同時に『全体性と無限』では手を着けただけだったことを最後までやり遂げる必要に迫られていました。しかし、私が考えるに、『存在するとは別の仕方で』には表現に向けての果敢さと、おそらくは顔についての理論をいっそう洗練させていく過程があったのです。こうした過程は、『全体性と無限』にあったはずの慎重さから抜け出すものでした。この慎重さゆえに、『全体性と無限』においてはいくつかのユダヤ的ないしタルムード的な起源が覆い隠されてしまったのかもしれません。もっともこの隠蔽は、ある意味では、博士論文審査の際にガブリエル・マルセルが父に向けて発した驚くべき一言によって明らかにされていました。その一言とは、「どうしていつも、他人という語を使われるのでしょうか。結局のところ聖書の伝統には隣人という語があるのをご存知でしょうに」というものです。そして、このような要素、抑制とは言えませんが、一方の『困難な自由』の精神と、他方の宗教的伝統から解放された哲学の精神の狭間に身を置く彼の仕事の地政学的に込み入った状況〔つまり、両者を隔てる垣根〕は、『存在するとは別の仕方で』では以前以上に取り払われているのです」。

哲学者。ユダヤ人。哲学者でありかつユダヤ教徒。ユダヤ教哲学者とも言えるだろうか。よく知られているように、この表現はエマニュエル・レヴィナスの好むところではなかった。彼はこのように規定されるのを拒み、そのことを繰り返し述べている。ミカエルも、次のようにこのことを裏付けている。

「伝記的な事柄や、父とユダヤ教関連の機関との間にあったはずの非常に重要であると同時に込み入った関係の数々は、脇に置いておきましょう。それはよくある話でしょうし、それを語るべきは私ではないでしょうから。出自から説明されるようなアイデンティティについて、話すべきでしょうか。私が考えるに、父は自分の仕事の中でユダヤ教と哲学とのこのような緊張関係を非常に生産的かつ根源的な仕方で体験していました。結局のところ、この緊張関係こそが重要なのだと私は思いますし、「ユダヤ教哲学者」と言ってしまうと、この緊張関係が取り払われてしまいます。そのように言うことで一つの思想が説明されるのですが、問題なのは、説明することではなく、思想をどちらか一方に縮減してしまうことです。私たちは、ユダヤ教と〔哲学の〕普遍主義を馬鹿げた仕方で対立させたりはしません。しばしばなされているように、ギリシアと聖書を対立させることもありません。これらは、雑文的とでも言うべき表現です。そうしてしまうのは誤りだと、私は思います。結局のところ、私が父に見たもの、父の作品に見たものは、奇妙なもの、奇妙で非常に不安にさせるようなものだったのです。私があなたにお話ししたのは、朝起きて、祈り、テフィリン〔ユダヤ教の祈りの道具〕を巻き、師範学校の生徒たちを呼んで叱り付けたり励ましたりし、採点し、食べ、本を引き裂こうとするのを私がこの眼で見た人についてですが、こうしたことすべてから完全に逃れて行ってしまうような作品も一つあります。それはつまり、疑いなくユダヤ的な作品であり、端から端までユダヤ的な生活のことです。私が憶えているのは、亡くなった年に父がカロ〔縁のない帽子〕[†8]に心の底から執着していたことです。父はそれを、息を引き取るまで着けていました。父はハヌカーの八日目に亡くなりました。それは朝のことで、父の気分が悪かったのです。一一時になって、私がハヌカーの最後の蝋燭に火を着けると、父は〔祈りの〕本を手に取り、本に接吻し、私の手に接吻しました。私たちは病院に向かい、数時間後に父は息を引き取りました。最後まで父はカロを取りませんでしたが、無意識にそうしたわけではありません。そうとは考えられません。父はそれまでカロを着けたことが一度もなかったのですが、最後の年にはずっとそれを着けていたのです。こうした要素は議論の余地なくユダヤ的なもので、もっともそれはイスラエルへの執着についてもまったく同様です。レイモン・アロンの言葉を用いるなら、もしこの国が消え去るのを目撃しなければならなくなったら、父は生きる気力を失っていたでしょう」。

ミカエルは続けて次のように述べている。「しかし同時に、哲学的な作品もまた、こうしたことすべてから逃れてしまいます。私には、それが今後どのようなものに成っていくのか、正確なところはよく分かりません。哲学的作品には、それ固有の生があるのでしょう。私が眼にしたのは、根本的には非常にゴーゴリ的なものです。ゴーゴリによる鼻の話を、父はいつも身体が反逆することと解釈していました。私は父の作品が私の鼻であるとか、誰かの鼻であるとか考えているわけではありません。単に、ふとした時作品はもうその出発点には戻って来なくなってしまうのだということです。作品は〔ゴーゴリの描く鼻のように〕制服を纏って、馬車に乗って彷徨うことになるのです。このことは、つまり作品がそれ固有の特異な途を歩むということは、受け容れねばなりません。もちろん、このことは人を不安にさせます。というのも、作品を書いた著者はその時――亀裂の話に戻ることになりますが――自分が何を書いたかを本当に知っているでしょうか。それを知ることは有益なのでしょうか。著者は作品を書きましたが、作品は生きており、作品が歪められることがないという条件で、誰であれそれを欲する人のものになるのです。まさ

†8　「奉献」の祭りの意。紀元前一六五年、エルサレムの神殿をセレウコス朝シリアから取り戻したことを記念する祭りで、神殿奉献の際に八日間火を灯し続けた油壷に因んで、一日一本ずつ増やして八日間で八本の蝋燭に火を灯していく。

にこのような経験こそ私が、父の作品が私のまったく知らない人の作品と成るのを見る時に、実際に体験しているものです。それは、私があなたに説明し切ることができないようなことですが、きっと父でさえあなたに説明することはできないはずです」。

紅茶

レヴィナス夫妻。二人は私に紅茶を勧めてくれた。彼らはよく、紅茶を勧めてきた。このことについて、アラン・ダヴィッドは面白い逸話を憶えている。彼が応接間に居た時、戸を叩く音がした。レヴィナス夫人の運動療法士だった。彼は皆に挨拶した。哲学者は、一杯の紅茶（thé）を彼に勧めた。「あなたもお召し上がりになるなら、私も頂きます」と彼は言った。哲学者は、満面に笑みを浮かべて答えた。「いえ、私はもうすでに一杯頂きました。私は一神教徒（monothéiste）ですので」。

私は、レヴィナスとの会話が大好きだった。夫妻は共に歳を取り、変わっていった。けれども、ユーモアに富んだ性格は変わらず、一つひとつの話題のふとした折にユーモアが出てきた。

音楽も、変わらず常にあった。夫人が、お決まりの言葉を繰り返すのだ。「あなたは決して音楽を好きにならないわね。一度も理解しようとしてみないのだもの。分かっているでしょう。耳が悪いわけではなくって、意固地になっているのよ」。それから現代音楽について、彼女は更にこう言うのだった。「私は好きではありません。でも、私は理解しようとはしているんですよ」。

電話が鳴った。ミッテラン大統領がテレビに出ていることを、誰かが彼らに知らせてくれたのだ。私たちは三人とも吹き出して、二人はテレビをつけた。フランソワ・ミッテランが経済を論じていた。「彼はよく分かっている。的確だね」と哲学者は感激した。この時判ったことだが、彼はミッテランをいつも評価していたわけではないし、ミッテランのことをずる賢い人だと言っていた時もあったのだそうだ。

私はこの時間を共にできたこと、彼らとテレビを見られたことを幸せに感じながら、別れの挨拶をした。

帰宅するや否や、彼からの電話を受け取った。「あなたと一緒に過ごせて幸せでしたよ！」と彼は言った。「私もです」と返答したが、その人と会ったり会話したりすることが、講義や著作の内に見い出すのと同じ歓喜を——これが適切な表現かどうか判らないが——育んでくれるような人を、私は知らない。紅茶やコワントローを頂きながら彼と会うという特権に恵まれた人なら誰もが、これと同じような思い出を持っている。私が手紙でやり取りしている遥か遠い日本にいる友人は、毎年同じ日、〈レヴィナスの亡くなった〉一二月二五日に、友人と京都に集まって哲学者の好きだったリキュールを一杯飲むのだという。

第10章　世間からの認知

エマニュエル・レヴィナスの著作は、ゆっくりと定着していった。近しい人々、講義の常連を除くと、時代に見合うには時間を要した。彼独特の語り口が難しかったのだろうか。彼の書き方、とりわけ使われる言葉が通常の意味から引き離されて別のものになるそのプロセスが、特異だったのか。結局のところ、暴力的だったのか。人を魅入らせると同時に、人をそこに留まり続けさせることもできなかったということか。新奇さもあったろうか。

自らの哲学の中核に「顔」を置き、倫理的なものの唐突な侵入を動揺、災禍、受難として描き、宗教的なものを哲学的なものの核心で甦らせ、ユダヤ教の最も深いところで全く新たな途を辿る……。このような思考は、いくつもの点で読む者の調子を狂わせる。それはたくさんのカリカチュアを産み出し、追随者《エピゴーネン》を出現させ、とはいえ多くの場合には無視され、あるいは片隅の信徒たちの下に止め置かれたままだった。

転機

したがって、レヴィナスが世間に認知されたのは、遅かった。フランスでエマニュエル・レヴィナスの著作に本格的な関心が持たれたのは、その晩年になってから、実質的には、退職してソルボンヌを去ってからのことだった。一九七〇年代初頭、『マガジーヌ・リテレール』誌がフランスで最も偉大な二〇人の哲学者という特集を組んだことがあったが、レヴィナスの名はそこにない。[*1] 七〇年代の終わりに、ヴァンサン・デコンブが「同と他」という表題で――この場合はアリストテレス、ヘーゲル、認識論、精神分析などにおける意味で用いられたのだが、レヴィナス的な意味にも成りえたはずのものだ――、一九三三年から一九七八年までのフランス哲学四五年間の総覧を作成した。[*2] 彼は同書で、三人のH――ヘーゲル、フッサール、ハイデガー――から、三人の「疑いの名手」――マルクス、ニーチェ、フロイト――への移行があったと説明しているが、前者の影の下にも、後者の航跡の中にも、レヴィナスへの言及は一切ない。

六八年五月、[†1] レヴィナスはお呼びでない、その他大勢の一人にすぎなかった。ナンテールでの元学生の一人が語るには、レヴィナスは自分の講義の内容を情宣ビラの裏紙にメモしていたが、時折紙をひっくり返しては「何かね、このごちゃごちゃしたものは」と言っていたそうだ。想像するに、大学側が採った姑息な手段を告発する学生たちのアジテーション文のことを指しているのだろう。当時の学生で、その後レヴィナスの友人かつ最も忠実な弟子となったカトリーヌ・シャリエによれば、彼はこの時期「CRS－SS！」[†2] という張り紙を見るとそのたびに講義を敢えて中断し、激怒していたとのことだ。ジャン＝ルイ・シュレーゲルが言うように、その当時は、人を笑わせるには宗教の話をし、関心を持って貰うには政治の話をする時代だった。それから二〇年、いささか事情は逆になったが、この逆転こそがレヴィナスの名声の始まりを画することになったわけだ。

一九八〇年、『エマニュエル・レヴィナスのための論集』と題された論集が公刊された。[*3] 寄稿者はモーリス・ブランショ、ジャン・デロム、ジャック・デリダ、ミケル・デュフレンヌ、ジャン・アルプラン、エドモン・ジャベス、フランソワ・ラリュエル、ジャン＝フランソワ・リオタール、アンドレ・ネヘル、アドリアン・ペパーザック、ポール・リクール、エディス・ウィショグロドである。フィリップ・ネモは、『フランス文化《キュルチュール》』局でレヴィナスに一連のインタヴューを行ない、これを一冊の単行本とした[*4]。ベルナール＝アンリ・レヴィは、公然とレヴィナスを後ろ盾にした著書『神の遺言』を公刊した[*5]。アラン＝フィンケルクロートは熱の込もった讃辞を書き、それはシャルル・シュラクマン[†3]のデッサンと共に『ル・モンド』紙の文芸部門増刊号の一面に掲載された。その讃辞が視野に収めている範囲がどれほどのものかは、次の一節からだけでも充分に看て取ることができる。「レヴィナスは、世界のあらゆる政治を超えたところに人間的なるものの定義を置いた」。一九八二年、同紙は夏季特集号に、一二名のフランス哲学者に原稿を依頼した。各人が一頁、使えることになっていた。そこにはジャック・デリダ、ヴァンサン・デコンブ、ミシェル・セール、ジャン＝トゥーサン・ドゥサンティ、クレマン・ロッセ、エリザベット・ドゥ・フォントゥネーがいたが、エマニュエル・レヴィナスも初めて、その分け前に与った[*6]。

この間に、何があったのか。ジャン＝リュック・マリオンによれば、レヴィナスが大学でのキャリアを始めたのは遅く、六〇年代に入ってからだった。もう五〇歳代に成ってからのことだ。「レヴィナスの人柄に対して、あるいは哲学者としてのレヴィナスに対して、抵抗があったとは思いません。もっと事態は

†1　五月革命。一八三頁側註参照。
†2　フランスの機動隊（ＣＲＳ）とナチス・ドイツの親衛隊（ＳＳ）を掛け合わせたもの。第Ｉ部６章も参照。
†3　（Charles Szlakmann, 1946-）『ル・モンド』紙等の肖像画で有名なデザイン作家。

単純で、ある意味ではもっと深刻なのですが、誰も彼が言っていることを理解できなかったのです。彼の哲学はとても難解なものと思われていました。現象学をその端緒から知っていた者による、純粋状態の現象学だったからです。彼は「他人」についての思想家でしたが、孤独な思想家でもありました。ある意味では弟子を持たなかったし、持とうとしてもいませんでした。彼は自分の考えを広めることに気を配るような人ではなく、知的なアクセスを得ることが難しい人でした。しかし、この点ははっきりさせておかねばなりませんが、一つの独創的な哲学が遅ればせにしか公認されないということを、あなたはお望みになるでしょうか」。

マリオンにとって、この哲学は独創的であるばかりではない。それは、風景全体を変えた、そして今も変え続けている哲学である。「レヴィナスがどれほどのスケールの哲学者だったのかを、憶えておかねばなりません。彼が亡くなった時私が言ったことは、間違っていないと思っています。彼は、ベルクソンと並んで今世紀のフランスで最も偉大な哲学者です。偉大な哲学者とは、新たな分析を導入し、新たなアプローチを案出し、諸々の概念を根底から変えた人、つまり、その人以降哲学的な語彙がもはや同じものではなく、言葉の使い方が異なるようになった人のことです。最初にそれを為したのがベルクソンで、二番目に為したのがレヴィナスです。その他の哲学者たちも――いかに彼らが重要であっても――、もし彼らがそれを書かなかったら哲学の全般的な流れが貧しいものになってしまったかもしれないような素晴らしいものを書くことはできます。でもその場合には、哲学の流れ自体は変わりません。哲学が向かう方向は同じままです。フランスでこの次元に達したのは、二人しかいません。ベルクソンはしなやかさが眼を惹き、レヴィナスにはスタイルに厳格さと荒々しさを認めることができますが、この二人によって大河の流れが変わることになりました。倫理が哲学の究極の地平だと宣言することで、潮流がひっくり返されたのです」。

レヴィナスの思想が今なお生きているとマリオンが考えるのは、そのためだ。それどころか、まだその思想は全貌を明らかにしていない。「レヴィナスの中に、煉獄のような試練はないと思います。彼の思想を真剣に捉える緒に就いただけなのだと思います。なぜ「緒」かと言うと、レヴィナスの重要性を真に見積もるためには、まずフッサールをもっと知る必要がありますし――しかもフッサールのすべてが公刊されているわけでも、すべてがよく理解されているわけでもなく、フッサールが「他人」の問題や「間‐主観性」について行なった考察に関しては、とりわけそうです――、ハイデガーのことも消化吸収する必要があるからです。その時になって初めて、レヴィナスの仕事をよりよく理解できるようになるでしょう。レヴィナスの思想は充分濃密で、また力強く、まるで稼働し始めた原子炉のように、そのエネルギーの放出は終わっていません。終わっていないどころではないのです」。

いくつかの矛盾

デュディィエ・フランクはナンテール〔パリ第一〇大学〕で教鞭を執っている。彼はレヴィナスについて、苦い思い出を持っている。一九八九年のことだ。カトリーヌ・シャリエとミゲル・アバンスールが『カイエ・ドゥ・レルヌ』誌のレヴィナス特集号を公刊したばかりだった。同誌はリヨンで、この号の公刊を祝う夕べを催した。この号に寄稿しなかった人を探し、そうしてディディエ・フランクが招待を受けたのだ。大学の大講堂には、四〇〇人もの人が押し寄せた。

この記念すべき夕べの催しで講演会の司会を務めたのは、ダヴィッド・ケスレルである。そしてレヴィナスも出席していたが、そこで謎めいた事件が起こることになった。レヴィナスはすでに高齢であり、同じ場所にずっと座っているのは困難になっていた。ディディエ・フランクに与えられた発表時間は、一時間だった。彼は、『実存から実存者へ』について話すことにした。講演が始まってほどなく、皆が祝いに集ったこの哲学者が突然荒々しく怒り出し、あっけにとられた聴衆を前にして、「こんなに理解されなかったことはない」と叫んで、部屋から急に出ていってしまったのだ。

講演の場に居たカトリーヌ・シャリエは、この退席の理由をレヴィナスの体調不良のためだとした。ディディエ・フランクの方は、この怒りは完全に自覚的で、意図的なものだと考えている。「数日後、レヴィナスはカトリーヌ・シャリエを通じてお詫びを伝えて来ましたが、私もお人好しではありません。彼のものの見方はとても繊細です。私はその時ほとんど何も言っていなかったのですが、彼はその後に批判が続くだろうと分かったのでしょう」。

フランクは、レヴィナスは暴力的だったかもしれないと言っている。しばしばほとんど放心状態になることもあり、また進んで不愉快な態度を取ることもあった。そしてこうした暴力性が、作品の内にあったのだという。「存在が悪であると言うこと、あなたは存在することで有責なのだと言うこと、それは途方もないことです。ちなみに、それは聖書的なことでもありません。創造は善なのですから。こうした主張をどうやって肯定してよいのか、私には分かりません。と同時に、こうした主張が彼の下ではすべてを支えていることは、紛れもありません」。

とはいえフランクは、レヴィナスに魅了されてその足跡を追ってきたのだ。一九七四年、彼はナンテールにフッサールについての博士論文を提出した。レヴィナスはジャック・コレット[†4]を通して、ソルボンヌで話をするようフランクに要請し、彼を自宅に招待してくれたのだ。

「レヴィナスが長い間日の当たらないところにいたことは、とてもよいことだったと思っています。初めの内は確かに彼は孤立し、誰も彼の言うことを理解せず、誰も見向きもしませんでした。その間に彼は、ほかの人々よりも前に進む充分な時間を持てたのです」。その後、一九八〇年代の初頭には、時代の流れに乗ったさまざまな動きがあったと、彼は指摘している。差異への権利、レイシズムに対する戦い、人権、ユダヤ人共同体――それまではどうにか同化されていたのが、再発見された――、カトリック世界――ある種の源泉回帰や再活性化を求めていた――、これらの動きがレヴィナスの内に、代弁者というよりもむしろ象徴的かつ価値を高めてくれる典拠を見出したのだ。フランクによれば、この時期、レヴィナスはこうしたさまざまな現象を結晶化する存在だった。とはいえ、彼はすぐさまこうも付け加えている。「信仰告白的な読解がレヴィナスの栄光を高めてくれたわけですが、しかしそうした読解は誤りです。大事なのは、哲学的なものなのですから」。

社会学的な説明は確かにできるが、充分ではないということだ。レヴィナスは、あらゆるイデオロギーが失墜する時期に反イデオロギーの哲学者として、この世紀が残した瓦礫の上に倫理が回帰する時期に倫理の哲学者として、公認されることになった。だが、彼が世間に認知されるようになった社会情勢によって、一個の本物の思想がどのような出来事を表わしているかが説明し尽くされるわけではない。とはいえ、

---

†4　(Jacques Colette, 1929-)　フランスの哲学研究者。パリ第一大学で哲学を教える。

別の問いは残る。信仰告白的な読解とは何なのか。哲学的な読解とは何なのか。確かなことは、レヴィナスがこの二つの境界線も含めて、万人に対しさまざまな境界線を引き直したということだ。彼は、自分が「ユダヤ人哲学者」に分類されようとする時にはいつも表情をこわばらせていたが、とはいえ彼の生涯において哲学とユダヤ教は混じり合っていたし、その著作においてもこの点に変わりはない。彼の教育者としての経歴も、ユダヤ人に関わりのあるものが最も長かったし、彼が書いたものの最も多くの部分がユダヤ教に関するものだ。だからどうだというのか。しなければならないのは、この交錯を安直ではない形で思考すること、つまり、二つの側面を分断するのか、それとも逆に混ぜ合わせるのかのどちらかしかないと信じ込むのを止《や》めることだ。一方を他方に投影することも、両者を区別することも拒むこと。自分自身の意向に反してすらも、自分は極限まで——つまり自らの「信仰告白的」なテクストにおいてまで——「哲学者」であると認めること。そして極限まで——つまり自らの「哲学的」なテクストにおいてまで——「ユダヤ人」であると認めることである。哲学とユダヤ教のこうした終わりなき対話こそがレヴィナスの著作を形作り、それに普遍的な力を授けている。彼のこうした独自のアプローチゆえに、その哲学は——ユダヤ教に浸っているがゆえに——特有の調子を帯びており、また同時にそのユダヤ教は——哲学に浸っているがゆえに——特殊な内容を有している。これら二つの世界は、混ぜ合わされることなく互いに触れ合い、互いに育み合っているのである。

「私は、自分がユダヤ的な枠組みの内に居るとは思っていません」。驚くべきことに、レヴィナスはある日、ビュルグヒュラーヴにこう述べた[*7]。それに劣らず確かなのは、ジャン・アルプランが言うように、エマニュエル・レヴィナスはユダヤ教世界においてまだ然るべき位置を有していないということだ。アルプランはこう述べている。「レヴィナスのことは皆、聞いたことも読んだこともあると思います。『困難な自由』や『タルムード講話』は、それなりの反響をもたらしました。しかし思想家レヴィナスは、まだそれに見合うほどの真剣さや注意を以って迎えられてはいないのです。逆説的なことですが、私はしばしば、ユダヤ教世界の内部におけるよりは非ユダヤ教世界においての方が、レヴィナスの思想にいっそうの注意が払われているという印象を受けます……レヴィナスは今日では、ユダヤ人であろうとなかろうと深くものを考えようとする人々にとって、責任とは何か、各人にとって自由とは何を意味するのかといったことを最もよく理解させてくれる人物でしょう。これらの語は濫用されていますが、しかし実のところは、強靭な思想や解釈を担っているものです。こうした語を、紋切り型の文句として扱ってはいけません。私が思うに、責任および自由とは、自らの人間の条件にふさわしくありたいと思い、この世界において何か言うべき、為すべき、成し遂げるべきことがあるような人間にとっての挑戦、呼び掛けです。レヴィナスの著作は、ほかのいくつかの哲学が実際そうであるのと同様しばしば抽象的な印象を与えるものであるにもかかわらず、実のところは常に一つの行為へと行き着く、あるいは行き着こうとしているという点、まさにこの点こそが彼の著作の中で私の胸を打つものなのです。その思想は、決して何の得にもならないものではないのです。そして、レヴィナスが私たちに警戒を怠らないよう促していたのは、私たちがベラハー・レバターラと呼んでいるもの、つまり空疎ないし空虚な祝福に対してです。私たちが発する祈りの言葉、私たちが行なう講義は、意味のあるものでなければならず、人を行為へと差し向けるものでなければなりません。そうでなければ、それは言語の濫用になりましょう」。

先祖たちと後裔

レヴィナス以前に、哲学とユダヤ教との間には三つの重要な出会いがあった。一つはキリスト教暦で一世紀の、アレクサンドリアにおけるフィロンとの出会い。もう一つは中世のコルドバの近郊でのマイモニデス、イェフダー・ハレヴィ、イブン・ガビーロールとの出会い。そして三つ目は二〇世紀初頭の、ベルリンを起点にしたヘルマン・コーエンとフランツ・ローゼンツヴァイクとの出会いだ。

この観点からすれば、レヴィナスとアレクサンドリアのフィロンを結び付けてみることができる。フィロンの願望はまさしく、プラトンを尺度に聖書を測り、啓示をイデアの言語に翻訳することで、あえて危険を冒してでも、その普遍的性格を肯定することだった。コーエンとの、そしてとりわけローゼンツヴァイクとの繋がりも、明白である。だが運命の近しさという点では、ユダヤ教の典礼全体を育んで来た、そして現在もなお育んでいるテクストを著わした詩人にして哲学者であるソロモン・イブン・ガビーロールが最も近い。彼の著『生命の泉』は、『フォンス・ウィタエ（Fons Vitae）』という表題でラテン語に訳されるという僥倖を得たが、アヴィケブロンのものとされた同著は、サロモン・ムンク[†5]がその謎を解くまで、長らくキリスト教およびイスラム教に起源を有するものと考えられてきた。ドゥンス・スコトゥスや多くのスコラの神学者たちが、同書から影響を受けた。哲学的な著作をユダヤ的な著作から区別するという意志があったにせよ、レヴィナスが、多くの点で類似を見せているこの新プラトン主義的思想家について何も書いていないというのは——しかも、マイモニデスについては多くを書いているにもかかわらず——、奇妙にも思える。[*8] ガビーロールにあっては、一方で、伝統とは明白な関係を持たずむしろ普遍性を指向した信仰および宗教的理想についての考察があり、他方で、自らの源泉にしっかりと根を下ろした天才的な詩的作品においては、同じ伝統の賞揚がある。

イブン・ガビーロールの主著『生命の泉』はもともとはアラビア語で書かれていたが、ラテン語版のみが保存され、再発見されたのは一九世紀になってからのことだった。彼のまさしくユダヤ的なテクストの方は輝かしい栄光を誇ることになるのに対し、同じ著者の主著の方はユダヤ思想に対し全く影響を与えなかったか、あるいはせいぜいのところきわめて周縁的な影響しか与えず、逆に彼がキリスト教の思想に組み込まれることになったのだから、奇異な道を辿ったわけだ！　ユダヤ人の後裔たちは、レヴィナスに対し同じ運命をあてがうのだろうか。『タルムード講話』と『困難な自由』を保存して、『存在するとは別の仕方で』はカトリックの大学やポスト・モダンの哲学者たちに委ねておくのだろうか。

ストラスブールの大ラビであるルネ・ギュットマンは、同じ収容所の仲間だった父を通じてレヴィナスを知ったのだが、彼はこうした問いを避けるつもりはない。「私は彼の哲学、そのヒューマニズムの教えにとても惹き付けられました。彼の著作に馴染もうと試みても来ました。私にとって彼の著作はいつも着想の源であり、私の生にとってもラビとしての経験にとっても多くの影響を与えてくれました」。

とはいえ彼は、レヴィナスと宗教界との間には常に誤解があったと打ち明けている。しかも、両方の側にだ。レヴィナスの方はラビ制度のことが話に上るととかく皮肉を述べたし、宗教としてのユダヤ教の方も彼の著作を理解することができなかった。「レヴィナスがある仕方で自分自身のユダヤ的アイデンティ

---

†5　(Salomon Munk, 1803-1867)　一九世紀のフランスで活躍した文献学者。マイモニデスの仏訳で知られる。

ティを消去してしまうことなく進んでいった地点に、宗教的ユダヤ教が歩み寄ることは難しいのです。精神的かつ知的な大胆さというものが必要になりますが、それを有している者は多くありません。「人質」や「身代わり」というレヴィナスの考え方は、通りが悪いのです。認められて来た伝統的な規範に依拠していると自認するユダヤ人にとって、自らのアイデンティティは異論の余地のないものですから、自己自身から身を引き離すとか、他者から自己自身たるべく任命されるといった考え方、自分は自由に振る舞うことができないという考え方は、哲学的には大胆なことですが、こうした他者への曝け出しを許容しない議論に慣れたユダヤ人にとっては、分かり難《にく》いものかもしれません。私に命令を下す顔、他者へのこうした曝け出し、これは決定的な選択に関わります」。

もちろん今日、レヴィナスを引用するラビはほとんどいない。だが、生前、ラビ派の会議での講演に招かれたことのなかった彼が、フランスのイスラエリット・セミネール[†6]で自分の著作が教えられていないこと、ユダヤ人学校では彼のテクストの選集もないことを聞いて、驚くだろうか。

とはいえ、レヴィナスの著作に情熱を注ぐルネ・ギュットマンによれば、その著作にはまさしくユダヤの伝統に根差した思想が息づいており、そしておそらくそのことは充分可能なことなのだ。「トーラーにおける人間的なものの観念は、どんな差異にも先立ちます。人間同士の関係は、ある仕方で律法以前に書き込まれています。私というのは、誰かが私に義務を負わせる前に、他人に恩義がある者です。レヴィナスの思想は、『創世記』の「主の御名を呼び始めたのは、この時代のことである」を参照させます[*9]。カインの死後のことです。アダムからはセトが、セトからはエノシュが生まれました。そしてこの節はエノシュの誕生の後に出てくるのですが、エノシュというのはヘブライ語で「人間的なるもの」を意味しているのです。『創世記』における人間性は、そこから始まるのです」。そしてギュットマンは次のように結論付けている。「私は『他者のヒューマニズム』を何度も読み返しています。これは私の座右の書で、いつも持ち歩いているものです。同書は、いつも私に着想を与えてくれます。それを引用しなくとも――難しい言葉で書かれていますが――、それが私の参照先にあります。ユダヤ教とキリスト教の関係という次元でも、そうです。私のものの見方はむしろローゼンツヴァイクの影響を受けていますが、しかし二人は繋がっています。二人とも、似たような仕方でユダヤ教とキリスト教の関係を理解していました」。

終わりなき読解

一生の内に蓄積された書類のすべてを、どのようにしたらよいか。レヴィナスの言葉を使えば、これらの「モノ」のすべてはどうなるのか。しばしば難渋しながらやっとの思いで書き付けたにもかかわらず、著作に至ることなく終わった「モノ」たち、下書きやメモ、「後悔」や失敗の状態に留まった「モノ」たち。こうした問いに、彼は苛まれていた。講義で何度も触れることがあったが、彼は律法の書かれた石版の破砕についてラシーが行なった解釈を好んでいた。それによれば、モーセに命じられたのは、至聖所で第一の石版の破片を第二の石版の破片の傍らに保存することだった。あたかも第一の石版の内容が第二の石版のそれの一部を成し、また第一の石版が「崩落」したら第二の石版から何かが欠けてしまうかのように、である。

---

†6　一八二〇年に設立されたフランスのラビ養成機関。

レヴィナスは多くのものを書き、自分が書いたものの多くを公刊した。本質的なものはまさにそこ、つまり彼の著作の内にある。彼のスピーチ、講演、参加した会議やシンポジウムでの発言は著作のそこかしこに認められるし、しばしば彼自身がそれらをまとめて一書にもした。言いたくないことは言わなかったし、言わずに留めておいたことはおそらく意図的にそうしたのだろう。

彼の著作は一貫している。彼の生涯もだ。両者はそれぞれ、それだけで充足している。その他に、彼のイメージを修正する質《たち》のものが、何か見付けられるだろうか。両者の間に「亀裂」でも見つかれば、話はまた別だが。それとも、そこを起点に全体を見渡すことができるようなアルキメデスの点でも見付かるだろうか。

レヴィナスは、死後に多くの資料を残した。講義ノート、スケッチ、書き込みしたテクスト、手稿、読書ノート、さまざまな哲学的な論の展開、セミナーの計画、そして作家、思想家、哲学者、神学者、翻訳者、編集者らと交わした書簡などである。*10 こうした資料の目録を作るだけでも、多くのことが明らかになるだろう。そこには著作を貫く赤い糸、いつもの目印、お馴染みの参照先など、哲学者でありユダヤ人思想家であり教育者だった彼の生涯においてその都度道標《みちしるべ》となったあらゆるものを見出すことができるだろう。

未公刊資料、思いがけない発見、未知のテクストは、どうだろうか。ついでに指摘しておけば、次のようなものが見付かっている。マイモニデスについてのたくさんのテクスト。ハシディズムやアグノン†7についての講義ノート。戦争捕虜についての昔書かれたテクスト。七冊のノートに書き留められた捕囚手帳。ユダ・ハレヴィについての講義ノート。マイモニデスについての講義ノート。マルティン・ブーバーとの間で交わされた書簡。ハイデガーについての手書きの講義ノート。『雅歌』の読解および翻訳の後に付けた手書きのテクスト。エロスを主題とするフィクション。ヨーロッパ、平和、ヨーロッパ的人間を主題としたヨーロッパ議会でのスピーチ原稿の数々。一九五一年の統一ユダヤ社会基金での新たな雑誌の創刊計画——その名前は「新たな架け橋《ポン・ヌフ》」となるはずだった。[†8] デリダとの間で交わされた書簡。それには、一つのテクストとデリダの博士論文公開審査についてのメモが添えられている。結局実現はしなかったが、講演のため一九九〇年にポルトガル大統領マリオ・ソアレスと交わした書簡。

一九五六年、モーツァルト生誕二〇〇年の日に、ハイデガーは弟子に対し、この作曲家がどのように創作したかをモーツァルト自身が説明している一通の手紙を読み聞かせた。[*11] 散歩をしながら、旅の道すがら、あるいは眠れない夜に、さまざまな断片が頭の中で形を成す。そして、次のような「甘美な瞬間」が、すなわち「一目で見渡し」、「すべてを同時に聴き取る」ことのできる時が到来する、というのだ。

哲学作品は交響曲ではないし、レヴィナスはモーツァルトではない。だが、彼の著作が結晶化するようなある瞬間があったのではないか。レヴィナスが自らの著作の全体を一望の下に収める時があったのではないか。『全体性と無限』独語版への序文で、彼は自身の三つの主著——『全体性と無限』、『存在するとは別の仕方で』、『観念に到来する神について』——について、「二五年前に始まった、一つの全体を成す

---

†7 (Shmuel Yosef Agnon, 1888-1970) ヘブライ文学作家。ノーベル文学賞を受賞。

†8 統一ユダヤ社会基金は一九五〇年に設立されたフランスのユダヤ人共同体に向けた教育や文化事業などを担う社会団体で、ここが発行する雑誌は結局『ラルシュ (*L'Arche*)』と題された。フランス語の arche には、「橋《アーチ》」の意と（モーセに与えられた律法を収めた）「契約の櫃《ひつ》」の意がある。

言説」であると言及してはいなかっただろうか。さらにフランソワ・ポワリエに対しては、一九三五年に書かれた彼の最初の論考の一つである「逃走について」に関して、「私は、何か特異なものに苛まれているという感覚を持っていたのかもしれません。そして、それに今もって苛まれているのです」と述べてはいなかったか。*12

彼の著作の堅固な中核を成すこうした部分は、どこにあるのか。彼の著作の全体を聴き取り、見渡す瞬間は、どこにあるのか。一九三三年のナチズムの台頭か。一九三五年のローゼンツヴァイクの発見か。一九四〇年の捕囚生活の始まりか。一九七四年に『存在するとは別の仕方で』が完成し、すでにすべてが語られたという感覚を持った時か。

これこそ、彼の著作の奥底にある秘密である。そして、もしかするとそれのみが、彼の著作を開いたままにしておく唯一のものかもしれない。

フランソワ＝ダヴィッド・セバーは、レヴィナスを範とする思想家の中で最も若い一人だ。コンピエーニュ大学で教鞭を執り、国際哲学コレージュのプログラム・リーダーを務める彼は、レヴィナス、デリダ、ミシェル・アンリについての博士論文を執筆した。セバーは生前のレヴィナスのことはほとんど知らず、講義にも一度か二度出席しただけで、彼の弟子だとは思っていない。しかし彼は、後の自身の著作で採り上げ直す着想がすでにいくつか見られる論考「レヴィナスを読み、全く別様に思考する」の中で、レヴィナスの追随者たちの受容がどのようなものか、「甘い」読解と「恭しい」読解がどのようなものか――レヴィナス自身が「倫理は常に愚かしさすれすれのところにある」*13と言って用心していたのがそれだ――、さらに調子を狂わせ、攪乱することを旨とする彼の思想を固定化しようとする読み方がどのようなものかを、問い直している。彼によれば、その思想とは次のような性質のものだ。

「厳密な意味で、手に負えない言説だ。もはやすでに自らを支えることもせず、そしてそれゆえにこそ、絶えず戻って来て、私たちをどこにも安住させない言説、すでに設立済みの〈語られたこと〉の内には安住させない言説だ。どのような思想家も、そこに、自らの思想にとって台座となりうる堅固さも、住まいとなりうる安楽さも見出すことはないだろう。そのテクストは、厳密な意味で、自らをそこに住むことのできないものとしている*14」。

ジャン・グレーシュも証言していることだが、レヴィナス自身が自らの著作との論争を好み、誰かが自分の思想や主題を横取りして何らかのスローガンに仕立て上げてしまわないよう気を配っていた。それは実際、住むことのできない思想だ。極め付けの言葉のない、何も決定的とはならない、何も固定化しない、まったく安らぎをもたらさない思想だ。もし彼の著作が、まったくただ、解釈に無限の材料を供するためにのみあるのだとしたら、解釈者が山々をもひっくり返すほどの力を持ちうることを証言するためにのみあるのだとしたら、どうだろうか。

第11章　イェルサレムのレヴィナス

二〇〇二年五月、イェルサレム・ヘブライ大学で、エマニュエル・レヴィナスについての初めての国際シンポジウムが「哲学的解釈と宗教的展望」と題して開催された。この会議はフランス館の講堂で行なわれ、英語、フランス語、ヘブライ語での発表が為された。世界中から専門家、翻訳者、伝記作家たちが集まった。フランスからはグザヴィエ・ティリエット、ジャン＝フランソワ・レイ、ロベール・ルデケール、ドミニク・ブレル、ダヴィッド・バノン、マリー＝アンヌ・レスクーレ、ジェフリー・バラシュ、ジョルジュ・アンゼル、エンゾ・ネッピ、アメリカからはリチャード・コーエン、アネット・アロノヴィッチ、ピーター・アタートン、エディス・ウィショグロド、イギリスからはサイモン・クリッチリー、ベルギーからはフランソワーズ・ミース、フランソワ・コパン、オランダからはテオドア・デ・ベーア、バルト三国からはイゴル・デュカン、イスラエルからはダニエル・エプスタイン、エフライム・メイール、アヴィエゼル・ラヴィスツキー、モシェ・ハルベルタル、シュムエル・ヴィゴダ、ガブリエル・モッキンらが参加した。

シンポジウムに集った聴衆は、さまざまだった。聖職者も世俗の者も、若者もあまり若くない者も、学生も大学教員も、あるいは単なる自由聴講者も居れば、移住したフランス人も、イスラエル生まれの者も居た。さらには、教育界で宗教を実践する者たちのほかにも、長い髭を生やした正統派ユダヤ教徒や、宗教的シオニズム運動の「ブネイ・アキバ」から来た鉤針編みの頭蓋帽を被ったグループ、遠くのキブツから来た者、あるいは入植地に住む者も居た。

スコプス山講堂で「人間レヴィナス」を思い起こすために一般聴衆にも開放されて行なわれた夕方のパーティには一〇〇〇人近くが押し寄せたが、その群衆にも同じような万華鏡模様が見出されることになった。フランス大使は、「さまざまな遺産の全体を全く別の次元へと開き、そこに凝縮させることを為しえただけに、どれほど広いカテゴリーを以ってしてもその中に押し留めるのが不可能な思想家」だと祝辞を述べたし、労働党所属の国会議員コレット・アヴィタル女史は、「イスラエルの文化が世界に誇る気高い人物」と成ったこの思想家を熱烈に讃えた。

イェルサレムでは、レヴィナスはどのように遇されたのだろうか。イスラエルの知識人社会で高い評価を受けている左派系日刊紙の『ハアレツ』紙は週に一度の付録号で「レヴィナス流行」という表題の下に四頁にわたる特集を組んだのだが、同紙にこのような特集を組ませるほどのこの突然の、遅ればせの熱狂は、どこから来たのか。驚くべき急転だ！　レヴィナスの方は愛着を抱いていたとはいえ、彼の生前、さらには死後になっても彼を常に煙たがっていたこの国が、この哲学者のために突然に祝宴を開くことになった。彼に讃辞を送るのも不承不承で、時には招待もしたけれども、がらがらの聴衆の前で講演をさせていた各大学が、これ以降彼を讃えることになったのだ。

本棚

イスラエル文化に見られるアングロ・サクソン的な方向性や、「離散《ディアスポラ》」の思想家たちに対する当然の不信感――ただし、レヴィナスの場合はそうではなかったが、ブーバーやショーレムのようにヘブライ国家に自らの運命を預け、そのリスクを自らも分かち持つことを選び取った者は別だ――、あるいはイスラエルにおける、儚《はかな》い栄光に対するいささか田舎じみた嗜好を知っている者にとっては、状況の変化は特筆すべきものだった。

長い間、この聖なる土地のあちこちでは、レヴィナスの名が関心を惹いたとしても、ぼんやりとした、多かれ少なかれ社交辞令的なものにすぎなかった。八〇年代の初頭にはレヴィナスの名声はヨーロッパで轟き始めていたが、イスラエルの大学内での読者数はきわめて限られたものだった。アメリカでレヴィナスを英訳し、彼について多くの論考を著しているリチャード・コーエンが語るところによれば、当時、彼の著作がロンドンで公刊された時に、編集者が裏表紙に「フランスとイスラエルに次いで、レヴィナスがイギリスでも」と書いたので、彼はレヴィナスがイスラエルでは翻訳されてもいないし知られてもいないということの説明に乗り出さなければならなかったとのことだ。また当時ヘブライ大学哲学科の主任だったマルセル・デュボワ神父がこのフランスの哲学者を招待しようと提案したところ、「ここではイデオロギーは不要です！」という返事が同僚たちからあったという。デュボワが説明するに、「宗教的とみなされうるものはイデオロギーの棚に入れられ、敬して遠ざけられていた」のだ。

とはいえ、レヴィナスは何度か夏にヘブライ大学でセミナーを持つよう招かれたこともあった。ただし、聴衆は疎《まば》らだった。何人かの宗教的なユダヤ人学生が物珍しさからそこにやって来て、最初、講師が異国情緒を醸し出すリトアニア風のヘブライ語で話そうと努めていた間は留まっていたが、彼がフランス語で話し始めると、この少人数のグループも消えていった。当時はまた、慮って名は明かされなかったが、この同じヘブライ大学のユダヤ思想学科の大御所の一人から、こういう言葉が漏れ伝わって来たとのことだ。

「レヴィナスだって？　冗談もほどほどにしてくれ！」

　一九九五年、フィリップ・ネモとの対談書である『倫理と無限』が、エフライム・メイールのヘブライ語訳で公刊された。初めてこのフランス人哲学者の著作が、イスラエルの図書館に収められることになったのだ。当時は、レヴィナスにとって大切な主題であるユダヤ教のヒューマニズム的なメッセージ、その普遍的な射程、その道徳的要請などが、ユダヤ人社会が共同で検討すべき問題の中核にあった。だがそれは、首相イツハク・ラビンがオスロ合意[†1]に反対する宗教的な保守主義を奉じる若者によって暗殺されたばかりの時でもあった。この翻訳書が人目を惹くことはなかったのだ。その二年後、ハイファ大学の哲学教授で左翼シオニズム運動「ハショメル・ハツァイル」のキブツに住むゼエヴ・レヴィがレヴィナスについての最初の伝記的な小著を出したのだが、これもまたほとんど成功しなかった。とはいえ、いくつかの大学では――おそらくアメリカでの流行もそれに無縁ではあるまい――レヴィナスの名が広まり始め、イェルサレムではシャロム・ローゼンベルクが、ハイファではゼエヴ・レヴィが、バル・イラン大学ではエフライム・メイールがレヴィナスの著作を授業で教えるようになった。同時期に、かつてジャン＝ポール・サルトルの秘書を務めていたベニ・レヴィがユダヤ的源泉への「回帰」を果たし、まずはストラスブールのイェシヴァ、つまりタルムード学校に、その後イェルサレムに移り、そこに定住することになった。当地で彼は――アラン・フィンケルクロートおよびベルナール＝アンリ・レヴィの助力を得て――「レヴィナス研究所」を設立し、セミナーを開催したり雑誌を公刊したりするようになった。

こうしたイスラエル社会の変化の起源がどこにあるかを見定めるには、もう少し時代を遡る必要がある。おそらく、一九七三年のキプール戦争〔第四次中東戦争〕にまで遡る必要があるだろう。その時、戦争によって深い心の傷を負った祈りの民は、唐突に自らの脆弱さを知り、もはや自らの拠って立つところを左翼や右翼に探し求めるのではなく、根源的な場所に立ち戻り、イスラエル人とユダヤ人とを結び合わせようと試みたのだ。そうした問い掛けは、イツハク・ラビンの暗殺によっていっそう激しさを増すことになる。いくつもの学習サークルが生まれ、ほとんど国の至るところに広まった。当時「本棚」と呼ばれていたものを囲んで一般信徒も聖職者も共同で探求を行なう、ベイト・ミドラッシュ〔もともとはタルムードを学ぶ学校〕だ。「本棚」とは、ある世代全体にわたって見られたもので、開拓者たちの時代にはほったらかしになったり、場合によって蔑ろにされたりもしていた、父や祖父の残した蔵書に拠り所を求めることだった。そこを拠り所とすることになったといっても、そこに懐古趣味的な呟きや古《いにしえ》の香りを見出すためではなく、そこに新たな視線を注ぎ、新たに歩むべき道を見付けるためだ。シオニズムはユダヤ人の変革を欲したが、ある程度まではそれに成功したわけだ。もしかするとシオニズムは、同じ運動で以って、ユダヤ教をも変革しなければならなかったのかもしれない。運動の創設者たちの中にはそのことを意識していた者も居たが、そうする術を持っていなかったし、そう欲しもしなかった。つまり、結局のところそうすることができなかったのだ。彼らのエネルギーは、別のところに注がれた。それが今や、ユダヤ教に

†1　一九九三年にイスラエルとパレスチナ解放戦線（PLO）との間で結ばれた要諦で、PLOがパレスチナにおける自治政府として承認された。

歴史が追い付くことになったのだ。国中のそこかしこで、若者たちが、更にはさほど若くない者たちも、かつて学校で歴史書として、あるいは心打つ遺物として学習した聖書との失われた絆を復興しようとし始め、信仰心や正統的な宗教実践をまったく失っていた伝統に再び力を注入しようとし始めたのである。このような「信仰なき忠誠心」が、戦争から生まれ、戦争を背にしながら、セーヌ川のほとりで書かれた作品と出会ったということ、ユダヤ教の諸々の真理を一般の人々と分かち合うという古くかつ新しい欲求を持った、馴染み深い息吹に貫かれた作品と出会ったということに、驚くべきことなどあろうか。一度もアーリヤ、つまりイスラエルへの「回帰」を考えることがなかったとはいえ、このリトアニア生まれのフランスの哲学者が、生涯にわたってイスラエル国家に対し、またこの国家の再生、その存在する権利、それに与えられるべき保護に対し、理屈抜きで、心からの愛着を示し続けていたのであってみれば、尚更である。

シオニズム

「私は、コヴノはなくなったと思っていました。今にして分かるのは、コヴノは永遠だということです」。アレックス・デルザンスキが伝えるところによれば、レヴィナスは一九五二年の初めてのイスラエル訪問の際に、こう述べたとされる。

すでにイスラエル建国の一年後、「言葉が流浪から戻る時」と題された情感溢れるテクストの中で、レヴィナスはこう書いていた。「イスラエルの建国が離散《ディアスポラ》の終わりに相当するかどうかは、判らない。しかしすでに、それは言葉の流浪の終わりを記すものである。度を越えて私の心を揺さぶるのは、ヘブライ語の再生のことではない。ミシュナーの用語でサンドウィッチを注文すること、イザヤの言語で市場で罵り合うこと、新しい習俗の中に古い言葉を見出すこと——そうしたことは慣用の問題であり、辞書の問題である。文献学者にとっての出来事である。しかし、自らが指している事柄を見失っていた古き言葉がこうした古き事柄を解き放ち、埋もれていた思想とその力を不意に取り戻すということ、このことは奇跡に近い」。[*1]このテクストは、『世界イスラエリット連盟手帖』に掲載された。レヴィナスはここで「復活」について語り、開拓者の営為に讃辞を送り、預言者たちの教えを引き合いに出し、シオニズム的な言葉を口にし始めている。とはいえ、それまでこの哲学者は、世界イスラエリット連盟がシオニズム運動に関して当初示していた躊躇《ためら》いを共有していたように思われる。ここに至るまでの彼の歩みがどれほどのものだったのかを推し量るには、このテクストをもう一度読み直し、彼が戦前に同じ機関の冊子に「甘受としての離散《ディアスポラ》」について書きえたことと読み比べてみなければなるまい。[*2]

戦後、一九四五年にすでに、世界イスラエリット連盟の宣言が一つの転回を記していた。[*3]それを起草したのは、エドモン・フレッグである。このマニフェストは連盟の創設者たちの呼び掛けと肩を並べるものたらんとして書かれたのだが、そこでは次のように強調されているのだ。「世界イスラエリット連盟は、国際連合の庇護の下、またパレスチナに対するユダヤ機関の責任の下、希望するユダヤ人たち皆がパレスチナに入国する権利を断固として要求する。彼らがそこに見出すのは一介の避難場所以上のもの、精神的な温もりの宿る場所であろう。それは彼らを待ちかねていた唯一の現世、おそらくいつの日にかこの地上でもう一度イスラエルの真理が輝くことになる唯一の現世であろう」。エマニュエル・レヴィナスの方は、ユダヤ教では東方イスラエリット師範学校の開校式でこう宣言している。「東方ではすべてが変わった。ユダヤ教ではすべてが変わった。世界ではすべてが変わったのです[*4]」。

イスラエルへの最初の旅行から戻ったレヴィナスは、次のように書いている。「ユダヤ人が西洋の近代的な大国に与する時、あるいは父祖伝来の土地に正しい国家を建立する時、ユダヤ人はあらためて、思想の真の伝統の内に入ってゆくのだ[*5]」。一九六五年、「約束の地、許された地」をめぐってユダヤ人知識人会議が開催された際、レヴィナスはタルムード講話で、探索者、すなわちイスラエルの子らに約束されたカナンの地を探し求めるようモーセによって遣わされた人々を採り上げているが、そこで次のような社会に言及している。それは、「キブツの最初の建立者たちが欲していたような社会である——というのも、彼らはその多くが天に対し嫌悪を感じていたにもかかわらず、天へと昇る階梯を作っていたのだから[*6]」。

一九六七年、彼にとっても、多くのユダヤ人知識人にとっても、六日間戦争〔第三次中東戦争〕は恐怖と意気消沈の経験だった。アラブ諸国の軍はイスラエルを包囲し、〔当時のフランス大統領の〕ド・ゴール将軍はヘブライ国家への武器の輸出禁止を宣言したのだ。フランスのユダヤ人たちは、パリの街頭でイスラエルへの連帯を表明してデモを行なった。彼らは初めて、居心地の悪さを感じることになったのだ。新聞では、「二重の忠誠〔二重国籍〕」を非難する記事も現われた。レヴィナスは、『エスプリ』誌に熱情溢れる稿を寄せ、そこで、「ありえようとも思われないほどの極度のノスタルジーに由来し、創造の源泉そのものに遡り、最も気高い期待に呼応するシオニズムの夢」を讃えつつも、心を打つ口調でこの種のあらゆる忠誠〔国籍〕を拒んでいた。「フランス人であること、それは——ユークリッド空間の手前で——ただ一つの次元だけに身を置くことでしかないのか[*7]」。

一九七三年のキプール戦争は、彼を同様の困惑に陥れた。エジプト軍は、ユダヤ教の暦で最も聖なる日とされ、「恐るべき」日と言われる日〔贖罪の日（ヨム・キプール）〕に、スエズ運河を横切って侵攻して来た。兵役年齢のイスラエル市民はシナゴーグで徴用され、前線に赴くために礼拝用のショールを軍服に取り替えねばならなかった。フランス語圏ユダヤ知識人会議はその翌年、伝統ある会議の主題を「イスラエルの孤立」にした。レヴィナスは討論会で、次のように発言した。「こうして私たちは、振り出しに連れ戻されたわけです。しかし、私たちの最も内奥にある思惟にとって――常に若々しいと同時に、最も確かで最も検証可能な原則に基づいて最善の形で論証された、私たちの最古の真理にとって――、このようにして外部からのあらゆる承認を失うということ、確信を得るための外的な指標をこのようにして突然欠くこと、つまり私たちに対する世界中からのこのような否定を、私たちはおそらくこれまで一度も体験したことがないのではないでしょうか*8」。

五年後、エジプトの大統領アンワール・エル＝サダトは、世界を驚かせることになる。ベン＝グリオン空港に飛行機を着陸させ、クネセト〔イスラエル議会〕で演説し、当時のイスラエル首相のメナヘム・ベギンと握手をするという決断を下し、イスラエルの国民に向かって公式に戦争を停止することを約束したのだ。エマニュエル・レヴィナスも、これに心を動かされた。この時、自らの感動を表わすために彼が選んだのは、ジャン＝ポール・サルトルの雑誌『レ・タン・モデルヌ』である。その依頼をしたのは、ベニ・レヴィだ。レヴィは、それまで何回かしか出会ったことのなかったこの二人を近付ける好機だと思ったのだ。二人は、戦前にすでに、トゥルノン通りのガブリエル・マルセル宅での金曜の会合で出会っていた。またある朝、パリのイスラエル大使館でも出会っている。サルトルがイェルサレム大学の名誉博士号を授与される式典でのことだ。さらに一九六〇年代には、ノーベル賞の授与をめぐって手紙のやり取りもあった。レヴィナスは、サルトルの「覚醒した」——きわめてフランス的な——在り方に感嘆を隠せず、この受賞予定者に手紙を送り、名誉——それが何であれ——を「拒否」したというそのことこそが、彼に発言権を与えるのだと書いている。さらにそれに続けて、エジプトのナセル大統領に会いに行くように求め、「あなたこそ、ナセルが耳を傾ける唯一の人物です！」と書き送っている。こうした手紙を受け取って、サルトルは取り巻きにこう尋ねたとされている。「しかし、このレヴィナスというのは何者だね」。

ともあれ、「政治は後で」と題されたレヴィナスのテクストは、『レ・タン・モデルヌ』のパレスチナ問題を特集した号に掲載された。この哲学者はそこで、「一生の内で二度と同時代に居合わせることはないほどの、例外的な訪問」を讃えている。彼によれば、こうした平和は「そこへ至る行程において政治的な手段の貢献がいかほどのものであれ、そうした政治的な手段よりもいっそう遠いところからやって来て、いっそう高いところへと導くような一つの道から来る」のだ。[*9]

サブラー・シャティーラ

一九八二年九月一四日、レバノン内戦の最中に、バシール・ジェマイエルの居た東ベイルートの建物が爆撃された。当時のレバノン大統領だったジェマイエルは爆撃を受け、三六名の側近と共に殺害された。その翌日、キリスト教の民兵組織ファランジュ党がサブラー・シャティーラのパレスチナ人キャンプに侵入し、虐殺を行なった。西ベイルートを占領していたイスラエル軍が、これを止《と》めるために介入することはなかった。犠牲者は数百人を数えた。世論は衝撃を受け、調査委員会の設立が求められた。抗議の意を表わすため、一〇万人のイスラエル国民が街頭でデモを行なった。

それから二週間後、エマニュエル・レヴィナスは、若いフランス知識人アラン・フィンケルクロートから、パリのユダヤ系ラジオ放送に招かれた。フィンケルクロートは、彼がかつて「無垢の誘惑」と述べたものについての講演を「ユダヤ人殉教者記念館」で行なったばかりだった。両者の対談は、とある夏の日の午後、オトゥイユ通りのレヴィナスの自宅で収録された。二人の哲学者の内、年長の方は緊張しており、手作りの立派なオブジェが置かれたテーブルにテープレコーダーがあるのを前にして、びくびくしっ放しだった。若い方は感激して、指を捻《よじ》らせていた。エマニュエル・レヴィナスはこの年下の哲学者を「フィンケルクロートさん」と呼び、いつものようにできるかぎりの心遣いを見せていた。レヴィナスは、自分に咎のないことにさえ責任を負っているという点を強調し、すぐさま焦点となっている問題に移った。「もしかするとイスラエルで現在起きていることは、倫理的なものと政治的なものの対立が生じる場、それらの限界が探《さぐ》られる場と成っているのかもしれません。道徳と政治の間に働いているような二律背反は、残念ながら哲学者の省察だけで解決できるものではありません[*10]」。とはいえ彼は、「無垢」という問いを避けはしなかった。「神がどんな状況においても私たちと共にあると言うために「ホロコースト」を引き合いに出すのは、〔ナチスの〕死刑執行人のベルトに書かれた「神は我らと共に（Gott Mit Uns）」と同じくらい、おぞましいことです」。フィンケルクロートは、「美しき魂の反映、歴史の窮地を免れた純粋な意識の奢侈[†2]」に言及し、レヴィナスからこういう言葉を引き出した。「美しき魂に成ることを恐れてばかりいると、

†2　現実の歴史から身を退いて、おのれの魂の純粋さを守ろうとする「美しき魂」の身勝手を揶揄するヘーゲルの言葉。

醜い心に成ってしまいます」。

これは、レヴィナスが同時代の出来事に自らを従わせ、それに対して熱っぽく反応することを受け容れた数少ないテクストの一つである。レヴィナスは、現在的な話題について公的に意見を表明するよう要請される際には最小限のコメントだけに留めておくことを常としていたのだが、このテクストではそうして身を守るようなことはしていない。イスラエルとパレスチナの間の抗争について言及するのを避けないばかりか、彼に提起された問い、すなわち「イスラエル人にとっての他者とは、まず以ってパレスチナ人ではないか」という単刀直入な問いを避けることもしなかった。レヴィナスは言う。「他者、それは隣人のことです。それは必ずしも近親の者である必要はありませんが、近親の者もそうなのです。その意味では、他者のためにあることは、隣人のためにあることです。しかし、あなたの隣人がまた別の隣人を攻撃したり、その人に対し不正を働く時、あなたは何を為すことができるでしょうか。そこでは、他性がもう一つの性格を帯びます。そこでは、他性の内に敵が現われることがあるのです。あるいは少なくともそこでは、誰が正しく誰が間違っているか、誰が正義で誰が不正義かという問題が提起されます。間違っている人々がいるのです」。彼は、それ以上は言わなかった。

この議論について、人によってはレヴィナスをあれこれの陣営に引き入れる口実をテクスト中に見出すだろうし、そうせずにはいられない向きもあろう。イスラエルにおけるレヴィナスの受容史では遅まきの、驚嘆すべき関心が示されたわけだが、それもまたこの点についてと同様、意見の不一致なしでは済まないだろう。

古きものと新しきもの

二〇〇二年初頭、ショッケン社より、ラビのダニエル・エプスタ〔イ〕ン[†3]の編纂および翻訳で『タルムード九講話』が公刊された。これは、アメリカ版と同様、レヴィナスのさまざまな著作から抜粋した選集を読者に提供しようとしたものである。同書はすぐさま、飛ぶように売れた。続く四か月の間最も売れた書籍リストの一位となり、四版を重ねたのだ。編集者のレイチェリ・エーデルマンはこう言う。「この種の書籍ではきわめて例外的なことでした。ここ数年の間、ユダヤ教に対して世俗的な関心が寄せられるという流行がありました。世俗的な読者にはタルムードは概して理解し難《にく》いものですが、レヴィナスの著作は普遍的な読解を目指すことで、それを理解させてくれるものだったのです。他方で、他の宗教にも開けた関心を持つ宗教的な読者からの反応も、もちろんありました」。

とはいえこの公刊は、『ハアレツ』紙上でかなり激しい論争を惹き起こすことになる。某批評家は、「豆腐」を持ち出して皮肉を述べた。豆腐というのは、ヴェジタリアンのレストランなどで出される大豆を原料とした練り物で、ステーキ、薄切り肉、チーズといったあらゆる外観を取ることができ、ほとんどあらゆる味に対応できるものだ……つまり、レヴィナスの解釈は、それ自体はいかに刺激的で魅惑的なものであれ、あらかじめ用意しておいたものしかテクストの内に発見させない、というのだ。同じ批評家は、厳

---

†3　本書一一三八頁のラビ・エプスタンと同一人物。

粛な二つ折り頁の表紙の下にきわめて軽薄な読み物を隠し持つイェシヴォート〔タルムードを学ぶ学校〕の若い学生を引き合いに出して、悦に入っていた。[*11]

また別の某氏は、レヴィナスの内にユダヤ教に対するあまりにキリスト教的なアプローチを見抜いたと信じている。これには、シャロム・ローゼンベルクが次のように応じている。「レヴィナスがキリスト教的なアプローチを取っているという考えは、馬鹿げたものだ。キリスト教は恩寵と愛を表わしていると主張するが、ユダヤ教が象徴するのは正義だ。だが、まさしくそう述べたのは誰だったか[*12]」。

こうしたいくつかの論争的なやり取りは別にして、インティファーダ[†4]の真っ最中に、「警戒」中の国で公刊されたこの『タルムード九講話』は、いくつかの本質的な問い掛けを呼び覚ました。エフライム・メイールは誤っていなかった。「この国で宗教が、その狭隘さと閉鎖性を脱却し、レヴィナスのこの『講話』を読むことで、私たちの現代世界のための挑戦へと変容するようなチャンスがあるだろうか……おそらくは、ユダヤ思想の内に哲学が看過していた深い要素があるだろうし、おそらくはまた、ユダヤ教の古いメッセージを哲学的で普遍的な用語で以って述べることでユダヤ教を豊かにすることも可能だろう！」彼は更にこう述べている。「哲学とユダヤ教の出会いは、プラトン、フッサール、ハイデガー、スピノザ、フロイトやマルクスを知らないイェシヴォートの学生の興味をそそるだろうか。他方で、この出会いは、アバイエ[†5]やラッバ[†6]を知らない哲学者たちの興味をそそるだろうか。タルムードに詳しい歴史家や文献学者たちは、この書物にまったく異なったアプローチの挑戦を、「ユダヤ教学」よりも豊かな解釈学的アプローチを見付けるだろうか。イェシヴォートの生徒たちは、そこに単なる護教論から彼らを解放してくれる素材を見出すだろうか。レヴィナスは、広大な地平を有したユダヤ人だった。彼の受容、彼の著作の受容は、概して、読者がどれほど開かれているかに結び付いている」[*13]。

ラビのダニエル・エプスタインは「マタン」という名の女性向けの「ベイト・ハミドラッシュ」〔ユダヤ教の学習所〕でレヴィナスを教えているが、彼が言うには、レヴィナスの革命的な貢献、彼のみが為しえた寄与がくっきりと姿を現わすにはもう少し時間がかかるだろう。そうした貢献は、彼の著作の全体が一貫した形で、また必要な形でアクセス可能になる日に、いっそう眼に見えるものとなるだろう。「ユダヤ教は、その最も奥深くにある要請に背くことなく、万人に共通の言語を話すことができるし、また普遍的な思想〔哲学〕も、ホレブ山から来る声に対し必ずしも耳を塞がなくともよい。ユダヤ教と普遍的な思想の出会いの場とは、およそ何らかの尺度で以って測ることのできるような場から私たちを引き離す場そのものにほかならない。それはすなわち、自らの内に〈創造者〉の形跡を留める他者の顔のことである」[*14]。

†4　イスラエルに対するパレスチナの民衆蜂起で、ここでは二〇〇〇年から続くいわゆる第二次インティファーダを指す。
†5　四世紀（第三世代）のバビロニアのタルムード学者。
†6　四世紀（第四世代）のバビロニアのタルムード学者。

キプール

学校でのキプール〈ユダヤ教最大の祭日とされる贖罪の日〉。その場はシナゴーグではない。ラビはいない。広いホールがシナゴーグの代わりだ。

大きな祭日の時、とりわけキプールの時には、礼拝が二つある。一つが上の図書館ホールで、もう一つは下の地下室で行なわれ、信徒たちは類縁関係やその時の都合に応じて分かれる。レヴィナスは、下でお祈りをするのが習わしだ。古くからの伝統なのだ。だからまったく自然な流れで、土曜講義の常連たちは彼の側に集うことになる。

彼は毎年、息子を脇に従えて一列目に居た。起立する時はいつも真っ直ぐに立ち、ほかの信徒のように前後ろに体を揺すったりはしなかった。典礼の歌をセファルディ[†7]風に口ずさんでいた。非常に遠い伝統の下に育った彼だったが、久しく以前からこの地方のメロディーに慣れるようになっていたのだ。司祭が彼に譲歩したのは、コル・ニドライ――キプールの日の中心的な祈り――くらいだ。レヴィナスはこれをアシュケナジー[†8]風に、躊躇いがちだが心を揺さぶられたような声で、ほとんど諳んじて歌っていた。

ほとんどの場合、彼は自分の手元にある本に釘付けになっており、まるでアンダルシア期の詩人イブン・ガビーロールやイェフダー・ハレヴィの〈大いなる赦し〉の祈りを彩るテクストを味わっているかのように感じられた。

その年、彼の妻はいなかった。そして彼自身も、一時間もしない内に退席した。午前の祈りの終わりに、息子が彼を連れて行った。彼がタッリート〈礼拝時に用いる肩に掛ける布〉を拡げ、それを肩のところに斜《はす》に掛けているのが見えた。次いで各人は彼の姿を眼で追おうとしたが、彼はもう居なかった。誰も、彼の席に座ろうとはしなかった。その席は、丸められた礼拝用のショールとその上に置かれた本があるだけで、空いたままだった。

トーラーの朗読に続くヨナの預言の節は、彼が大いに気に入っていたものだったが、以前と同じ味わいはもはや持っていなかった。

ネイラーと呼ばれる最後の祈りの時、会衆の内に身震いが走った。あたかも、「閉幕」の前の最後の瞬間に、各々が最後の裁きに先立ってもう一度深く、ますます熱を込めて祈りを捧げるかのようだった。そして、上と下とを行き来する信徒エドモン・シキュレルが毎年と同様に先唱を務め、ショファー〔礼拝で用いられる角でできた楽器〕が鳴り響いた。しっかりとした息遣いで、短い区切りやスタッカートを入れつつ、長い一繋がりの楽節だった。

長い年月の中で初めて、彼の席は空だった。

---

†7　原義はヘブライ語でスペインを意味し、主として地中海地方のユダヤ人を指す。
†8　本書二二五頁側註参照。

訳者解説

本書はSalomon Malka, *Emmanuel Lévinas, La vie et la trace*, Paris, Jean-Claude Lattès, 2002の邦訳である。同書は二〇〇五年にアルバン・ミシェル社（Albin Michel）からポケット版が出され（地名・人名などにわずかな修正が加えられているが、大きな変更はない）、ほかに独訳（*EMMANUEL LÉVINAS, Eine Biographie*, München, C. H. Beck, 2003. Frank Miething訳。主として第I部7章に大幅な省略がある）と英訳（*EMMANUEL LEVINAS : His Life and Legacy*, Pitsburgh, Duquesne University Press, 2006. Michael Kigel, Sonja M. Embree訳。Philippe Nemoによる序文と、訳者の一人Kigelによる「イントロダクション」（Translator's Notes）が付加されている）がある。邦訳にあたってはいずれをも参照したが、二〇〇二年の初版を底本とし、必要と思われる修正は訳者の判断で行なった。この作業に関して、とりわけ独訳から有益な情報を得ることができた。

著者サロモン・マルカは、レヴィナスが長らく校長を務めたパリの東方イスラエリット師範学校の教え子であり、現在は作家・ジャーナリストとして活躍している。著書には次のようなものがある。

『レヴィナスを読む』（*Lire Lévinas*, Paris, Le Cerf, 1984）（内田樹訳、国文社、一九九六年）
『ムッシュー・シュシャーニ』（*Monsieur Chouchani*, Paris, Jean-Claude Lattès, 1994）

『ラビ・シャローム』（ヴィクトール・マルカ Victor Malka との共著）（*Shalom Rabin*, Paris, Ramsay, 1996）
『仲間となったイエス』（*Jésus rendu aux siens*, Paris, Albin Michel, 1999）
小説『タンギール』（*Tinghir*, roman, Paris, Jean-Claude Lattès, 2000）
『フランツ・ローゼンツヴァイク　啓示の讃歌』（*Franz Rozenzweig, le cantique de la Révelation*, Paris, Le Cerf, 2005）

見られるとおり、直接レヴィナスに関わるものとして、すでに『レヴィナスを読む』を公刊している。レヴィナスについてのこの最初の著書の刊行からほぼ一五年を経て、あらためて五年の歳月をかけて出来上がったのが本書である。

なぜ、五年もの準備期間を必要としたのか。マルカは前著で、そのタイトルからも明らかなように、哲学としての、思想としてのレヴィナスの読解を試みた。しかし、先にも触れたように、マルカ自身は文筆家ではあっても専門の哲学者ではない。一介の市井の読者としてレヴィナスの著作に触れ、その中でユダヤ教が現代に甦るさまを目の当たりにして衝撃を受けて以来、その愛読者となった人物である（その時のエピソードは、本書でも触れられている）。そして、そのようなスタンスからのレヴィナスへの導入として、前著は小振りながらも好ましいものだった。

だが、著者にとってのレヴィナスは、それだけでは終わることのできない人物だった。単にその著作が重要な示唆に富んでいるというばかりではなく、その著作で語られていることを自ら生きるレヴィナス自身の姿が著者を惹き付けてやまなかったのだ。若き日に身近で接した師範学校校長としてのレヴィナス――ロシア語訛りのフランス語を生徒たちにからかわれる、小言の多い校長――と、『困難な自由』や

『全体性と無限』でユダヤ思想に現代的ないし厳密に哲学的な表現を与える思想家にして哲学者レヴィナス、この二人のレヴィナスの間に横たわる一見したところのギャップないし亀裂が、著者を惹き付けたと言ってもよい。「本当にそれは同じ人物なのか」（本書七頁）。マルカは次のように述べている。「こうして、生と痕跡が問題となっていった。哲学的生はどのように形成されるのか。哲学者の生とは、何に似たものなのか。私はもっと知りたいと思〔った〕」（本書八頁）。

かくしてマルカは、あらためてレヴィナスへのアプローチを再開するのだが、今回彼がとったやり方は、敢えてレヴィナスの著作からの引用は極力避け、さまざまな資料や記録、他者たちの証言を以ってレヴィナスの人物像を浮かび上がらせるというものだった。そのためマルカは、レヴィナスにゆかりのある土地――カウナス（コヴノ）、ストラスブール、フライブルク、テル・アヴィヴ……――に実際に赴き、そこに残されているさまざまな資料や文書に当たり、当時を知る人たちにインタヴューを重ねる（こうして本書第Ⅰ部「さまざまな場所」は成った）。次いで、レヴィナスと密接な関係にあった人々――リクール、デリダ、娘シモーヌ、息子ミカエル、孫ダヴィド……――に直接会い、彼について話して貰う（こうして第Ⅱ部「さまざまな顔」は成った）。こうした作業に、五年の歳月を要したのだ。実際、マルカが本書執筆のために集めた資料や文書、話を聞いた人物の数は膨大なものである（本書原本は巻末に、そうした作業を遂行するにあたって世話になった人々の名前を謝辞と共に列挙しているが、その数があまりに多いので日本の読者には煩瑣になると判断し、本訳書では省略したほどである）。

本書でのマルカのこうしたアプローチは、レヴィナスが自らの哲学をどのように生きたのかを生き生きと甦らせた点で、成功したと言ってよいように思われる。というのも、レヴィナスにあっては、その哲学が「日常を生きる」こと、「生活すること」と密接不可分な関係にあるからだ。東方イスラエリット師範学校で唯一の事務員として壮年期の校長レヴィナスと同室で(ほかに部屋がなかったのだ!)奮闘した「テレーズ夫人」によれば、彼は「毎日の生活の中で自分の哲学を生きるような人」だった(本書、一四三頁)。哲学と日々の生活が単に密接であるというよりも、本質的な繋がりがあるのだ。どういうことか。

レヴィナスはユダヤ教の中に一つの哲学的洞察を認め、それを自ら生きた。では、その哲学的考察の核心はどこにあるのか。彼と同じくユダヤの出自を持ち、ハイデガーに師事した点でもレヴィナスと同様の経歴を持つハンナ・アーレントが晩年にあるインタヴューに答えて語ったところについて、レヴィナスが述べたコメントが示唆を与えてくれる。子どもの頃、ユダヤ教の信仰を失ってしまったと告白する彼女に、あるラビは次のように言ったという。「しかし、誰があなたに信仰を求めているでしょうか」。この発言の内に、レヴィナスはユダヤ教の核心を見る。彼曰く、「重要なのは信仰ではなく、行為なのです」(本書、二九一頁)。つまり、行為することと別に信仰があるわけではないのだ。では、その「行為すること」とは、具体的には何をすることなのか。

レヴィナスに愛情深くも厳しく躾けられ、現在はフランス国立科学研究所(CNRS)の研究員として世界を股に掛けて活躍しつつ、イェルサレムで定期的に祖父の著作を仲間たちと研究している孫のダヴィッドは言う。「[祖父の哲学は、]他人との関わりにおいて配慮すべき戒律の内に、ユダヤ教の本質を見て取る」(本書、三二六頁)。つまり、日々「他者のために(pour l'autre)」行為すること、ユダヤ教はこのことに尽きるというのだ。自然の一部を成す生命体の一員として、自己とその血統の維持と再生産を至上命令とする私たち人間に、その動向を根底から転覆するような「他者のために」生きる可能性が到来するなどということは、「反自然的」な一つの奇跡ないし恩寵なのである。

より具体的には、レヴィナスの場合このことは、戦後すぐに校長として施設の確保・維持から食料の調達まで妻ライッサと共に奔走し、最晩年に至るまで密接な関係を保ち続けた東方イスラエリット師範学校でアラブ出身の若きユダヤ人学徒のために毎日の大半を費やすことだった。学校の維持・管理に関わるあらゆる煩瑣な仕事を日々精力的にこなし続けたレヴィナスが、この仕事を卑しいものとして低く見ることは決してなかったという。事実、五〇歳代後半に遅咲きの大学教授となった後も、長らく同校の実質上の校長としての仕事に当たり続けた。彼自身に限らず、ユダヤの戒律を毎日倦むことなく反復しながら生きるユダヤ教徒の日常を、彼は「崇高な凡庸さ」と形容したこともあった（本書、一七一頁）。この意味で、「ユダヤ教は、存在の一つの範疇《カテゴリー》」、つまり人間の生き方そのものなのである（本書、二八三頁）。哲学者は単に人々に進むべき方向を指し示す「道路標識」にすぎず、「自分自身がそこに行くことはない」と述べる時にも（本書、三三八頁）、このような「範疇」すなわち生き方を完全には実行し切れていない自分を揶揄しているような趣が感じられる。

このように言うと、レヴィナスは謹厳実直なユダヤ教徒であったように聞こえるかもしれない。しかし、そうではなかった。そのあたりの事情を、先のダヴィッドは次のように表現している。彼レヴィナスは「実践的であって、宗教的ではな」かった、というのだ（本書、三二四頁）。たとえば、戦後の厳しい食糧事情の中では、ユダヤの飲食律に反するものも家族と分かち合って口にした。娘のシモーヌ曰く、「ハムが手に入った時があったのですが、いかんせんとっても美味しかったのです！」（本書、三二四頁）。宗教的典礼を欠かすことはなかったが、常にそれからある種の距離を取る彼の姿が師範学校の生徒たちからも報告されている。生徒たちが定められた典礼を熱心に執り行なっている間、校長は彼らの後ろでタルムードや哲学書の研究に余念がなかったというのだ。宗教的熱情には与さず、さまざまな宗教上の典礼を、私たちが日常生活に没入して生きること（すなわち「自然に」生きること）から絶えず隔たりを取って自らの日常を見詰め直す契機と捉えていたのである。

性格も基本的に陽気で快活、お喋りであって、ユーモアを欠かすことがなかった。生徒たちがお祭りの行事を行なう際には、アトラクションとして教師たちを茶化す「物真似」を必ずおねだりした。自分がその対象となった時でも、最前列で笑い転げていた。客人に紅茶（thé）を勧める際に、自分はすでに一杯飲んだのでもう要らないと言うために「私は一神教徒（mono*thé*ist）ですから」と述べるに至っては、駄洒落を垂れ流す「しょうもないおじさん」である。自らヘマをやらかして人を笑わせることも、一度ならずあった。与えられた人生を楽しむ術も、心得ていたのだ。

マルカは本書でレヴィナスを、徒《いたずら》に「立派な人物」に祀り上げることをしない。家族ぐるみの親しい付き合いがあり、師範学校の運営にも陰に陽に貢献のあったネルソン博士の娘イヴリーヌが幼い時に冒したちょっとした無作法を長年にわたってからかい続けるレヴィナスは「意地悪おやじ」以外の何者でもないし、晩年に催された彼への献呈論文集の出版を祝う会に招かれた講演者ディディエ・フランクに対する突然の怒りの爆発など、高齢のせいにでもしなければ不可解な行動だが、当のフランクはそれを意図的なものだったと見ている。これらの点を含めて等身大のレヴィナスを描き出すことで本書は、「他者の哲学」を身を以って生きた彼にあってすら、それがいかに困難な試みであるかを私たちに再認識させてくれる。

そのような彼が、その著作においてデカルトとパスカルの言語としてのフランス語に、すなわち哲学の言語に、ユダヤ教の遺産が持つ閃き、響き、色彩を以って「いっそうの輝き」を与えたのである（本書、七九頁）。ジャン゠リュック・マリオンが述べているように、レヴィナスはベルクソンと並んで二〇世紀フランス哲学の光景を一変させるほどの圧倒的な影響力を持つに至ったのだ（本書、三七二頁）。おそらく、その影響が及ぶ範囲は、単に二〇世紀フランス哲学に留まるものではない。本書でマルカも述べているように、哲学とユダヤ思想との長きにわたる交流と交錯の歴史の中で、「一世紀の、アレクサンドリアにおけるフィロンとの出会い、……中世のコルドバの近郊でのマイモニデス、イェフダー・ハレヴィ、イブン・ガビーロールとの出会い、……二〇世紀初頭の、ベルリンを起点にしたヘルマン・コーエンとフランツ・ローゼンツヴァイクとの出会い」（本書、三七八頁）にも比すべき位置をレヴィナスが占めることになるかもしれないのだ。もちろん、レヴィナスの仕事はいまだその評価が定まったものではない。歴史が下すべきその評価に対して、彼の著作群と共にその人物像を、つまりはその哲学と本質的に切り離すことのできない彼の「生」そのものを、開いたままにして差し出すことが本書の目指すところなのである。

終わりにあたって、もう一点だけ付け加えておきたいことがある。それは、現実の政治的動きに対しては終始抑制的な対応に留まることを自らに課していたレヴィナスが見せた、わずかな例外に関してである。イスラエルの建国に際しては強くそれを支持し、晩年に至ってはシオニズム的な傾向が顕著になったようにすら見えるレヴィナスだが、度重なる中東戦争を初めとして対アラブ政策においてイスラエルが堅持し続けた（し続けている）いわゆる「強面《こわもて》」の対応に関して、当のユダヤ人サイドから再考を促したと受け止めることのできる発言を本書は紹介している。

一つは、キプール戦争（第四次中東戦争）の翌年あたる一九七四年に開かれたフランス語圏ユダヤ知識人会議で、「イスラエルの孤立」の主題の下に行なわれた討議における発言である（同会議における主題の設定そのものにレヴィナスが深く関わっていたことも、本書は報告している）。「私たち〔ユダヤ人〕の最も内奥にある思惟にとって——常に若々しいと同時に、最も確かで最も検証可能な原則に基づいて最善の形で論証された、私たちの最古の真理にとって——、このようにして外部からのあらゆる承認を失うということ、確信を得るための外的な指標をこのようにして突然欠くこと、つまり私たちに対する世界中からのこのような否定を、私たちはおそらくこれまで一度も体験したことがないのではないでしょうか」（本書、三九五頁）。

もう一つは、一九八二年、レバノンのサブラーとシャティーラのパレスチナ難民キャンプで起こった虐殺（レバノンのキリスト教系民兵組織ファランジュ党が惹き起こしたこの事件に、近くに侵攻していたイスラエル軍は介入しなかったばかりか、間接的にそれを幇助した）の直後に行なわれたアラン・フィンケルクロートとのラジオ対談における発言である。「神がどんな状況においても私たちと共にあると言うために「ホロコースト」を引き合いに出すのは、〔ナチスの〕死刑執行人のベルトに書かれた「神は我らと共に（Gott Mit Uns）」と同じくらい、おぞましいことです」（本書、三九七頁）。

これらはいずれも何らかの媒体の下ですでに公にされていたものであるが、ここであらためて紹介されたことの意義は決して少なくない。

本書の邦訳作業は、以下のような手順で行なわれた。まず、第Ⅰ部のすべての章と、第Ⅱ部の一〇章、一一章、ならびに原註を渡名喜が、第Ⅱ部の残りの章を小手川が訳出した。この初訳稿を斎藤が原文と照合し、必要な修正を加えると共に文体の統一を図った。この第二稿を訳者三名であらためて検討し、ここでも必要な修正を加えた。最終的な調整には、斎藤があたった。訳註はそれぞれの箇所の担当者が初訳時に作成し、その後統合と統一を図った。訳出に当たっては誤りのないよう万全を期したつもりだが、なお誤りが残っているかもしれない。お気付きの節は、お知らせいただければ幸いである。

本書邦訳の件は、初めにみすず書房の川崎万里さんから訳者の一人斎藤にお話があったのだが、諸般の事情で最終的に慶應義塾大学出版会から出版されることになった。この間に、筑摩書房の町田さおりさん、慶應義塾大学出版会の及川健治さんにもお世話になった。実際の編集にあたっては、同出版会の上村和馬さんにこまごまとしたすべてのことを担っていただいた。以上の方々に、心より御礼申し上げる。

二〇一五年一一月　レヴィナス没後二〇年の晩秋に　訳者を代表して

斎藤慶典

評伝レヴィナス
――生と痕跡

2016年2月15日　初版第1刷発行

著　者――――サロモン・マルカ
訳　者――――斎藤慶典・渡名喜庸哲・小手川正二郎
発行者――――坂上　弘
発行所――――慶應義塾大学出版会株式会社
〒108-8346　東京都港区三田2-19-30
TEL〔編集部〕03-3451-0931
〔営業部〕03-3451-3584〈ご注文〉
〔　〃　〕03-3451-6926
FAX〔営業部〕03-3451-3122
振替　00190-8-155497
http://www.keio-up.co.jp/
装　丁――――阿部卓也
組　版――――株式会社キャップス
印刷・製本――中央精版印刷株式会社
カバー印刷――株式会社太平印刷社

Printed in Japan ISBN 978-4-7664-2287-0

［著者］
サロモン・マルカ Salomon Malka
1949年モロッコ生まれ。フランスで活躍するユダヤ人作家・ジャーナリスト。東方イスラエリット師範学校ではレヴィナスに直接学ぶ。ユダヤ人コミュニティ向けの総合誌『ラルシュ』誌編集長を務めたほか、『マガジン・リテレール』誌をはじめとする文化・学術雑誌に多く寄稿する。エマニュエル・レヴィナス、フランツ・ローゼンツヴァイクなどのユダヤ人哲学者の伝記や概説書など多くの著作がある。

［訳者］
斎藤慶典（さいとう よしみち）
慶應義塾大学文学部教授。
1957年生まれ。慶應義塾大学大学院文学研究科博士課程単位取得退学。博士（哲学）。専門は現象学、西洋近現代哲学。主な著書に、『生命と自由　現象学、生命科学そして形而上学』（東京大学出版会、2014年）、『「実在」の形而上学』（岩波書店、2011年）、『レヴィナス　無起源からの思考』（講談社選書メチエ、2005年）、『力と他者　レヴィナスに』（勁草書房、2000年）などがある。

渡名喜庸哲（となき ようてつ）
慶應義塾大学商学部専任講師。
1980年生まれ。東京大学大学院総合文化研究科博士課程単位取得退学。パリ第7大学社会科学部博士課程修了。博士（政治哲学）。専門はフランス哲学、社会思想史。共著に『カタストロフからの哲学』（以文社、2015年）、*Arrachement et évasion:Levinas et Arendt face à l'histoire*（Vrin, 2013）、訳書に『レヴィナス著作集』第1巻（法政大学出版局、2014年）、ナンシー『フクシマの後で』（以文社、2012年）などがある。

小手川正二郎（こてがわ しょうじろう）
國學院大學文学部哲学科助教。
1983年生まれ。慶應義塾大学大学院文学研究科博士課程単位取得退学。博士（哲学）。専門は現象学、フランス哲学。主な著書に、『甦るレヴィナス――『全体性と無限』読解』（水声社、2015年）、共著に『顔とその彼方――レヴィナス『全体性と無限』のプリズム』（知泉書館、2014年）、『新プラトン主義を学ぶ人のために』（世界思想社、2014年）などがある。

原　註

I　さまざまな場所

第1章　カウナス

＊1　Haïm Cohen, *L'enfance des grands*, Paris, Plon, 1995, p. 95.

＊2　Marguerite Lena, *Honneur aux maîtres*, Paris, Criterion, 1991.

＊3　ハスカラーは、18世紀以降ユダヤ人共同体で生じた「啓蒙」運動であり、モーゼス・メンデルスゾーンによって創始された。Cf. Moses Mendelssohn, *Jérusalem*, trad. par Dominique Bourel, préface par Emmanuel Lévinas, Paris, Les Presses d'Aujourd'hui, 1982.

＊4　Henri Minszeles, *Histoire générale du Bund, un mouvement révolutionnaire juif*, Paris, Austral, 1995を参照。また、同著者の *Vilna, Wilno, Vilnius, la Jérusalem de Lituanie*, Paris, La Découverte, 1993および『別の仕方で（*Autrement*）』誌の「リトアニアのユダヤ教、1918年－1940年」特集号（1996年）も参照。

＊5　前掲『別の仕方で（*Autrement*）』誌、66頁。

＊6　Zev Birger, *Survivant de l'holocauste*, Paris, Odile Jacob, 1997, p. 37.

＊7　Dov Lévin, *Lita, pinkas hakehilot*, Jérusalem, Yad Vashem, 1996, p. 523.

＊8　*Ibid.*, p. 517.

＊9　Immanuel Etkes, *Rabbi Israel Salanter and the Moussar Movement. Seeking the Torah of Truth*, Philadelphia, The Jewish Publication Society, 1993.

＊10　Hillel Goldberg, *Israel Salanter : Text, Structure, Idea. The Ethics and Theology of an Early Psychologist of the Unconscious*, New York, Ktav, 1982.

第2章　ストラスブール

＊1　François Poirié, *Emmanuel Lévinas, qui êtes-vous*, Lyon, La Manufacture, 1987, p. 69.〔エマニュエル・レヴィナス『暴力と聖性――レヴィナスは語る』内田樹訳、国文社、1997年、85-86頁〕

＊2　*Les Nouveaux Cahiers*, automne 1985, nº 82に収められたミリアム・アニシモフとの対談。

＊3　Maurice Pradine, *Le Beau Voyage, itinéraire de Paris aux frontières de Jérusalem*, Paris, Le Cerf, 1982.

＊4　Dr. Charles Blondel, *La Psychanalyse*, Paris, Librairie Félix Alcan, 1924, p. 9.

＊5　François Poirié, *Emmanuel Lévinas, qui êtes-vous, op. cit.*, p. 79.〔『暴力と聖性

——レヴィナスは語る』、前掲邦訳書、100頁〕

＊6 *Revue philosophique de la France et de l'étranger*, 1941, p. 136.

＊7 François Poirié, *Emmanuel Lévinas, qui êtes-vous, op. cit.*, p. 71.〔『暴力と聖性——レヴィナスは語る』、前掲邦訳書、88頁〕

＊8 モーリス・ブランショから著者への手紙。以下に掲載された。Maurice Blanchot, « N'oubliez pas », *L'Arche*, nº 373, mai 1988.

＊9 1981年11月4日の著者への手紙。

＊10 *Textes pour Emmanuel Lévinas*, Paris, Jean-Michel Place, 1980, p. 80.

＊11 *Esprit*, nº 26, novembre 1981.

＊12 Christophe Bident, *Maurice Blanchot, partenaire invisible*, Seyssel, Champ Vallon, 1988, p. 97.

＊13 Maurice Blanchot, « N'oubliez pas », *op. cit.*

＊14 Georges Bataille, « De l'existentialisme au primat de l'économie », 1947, *OC*, tome XI, p. 293.〔ジョルジュ・バタイユ「実存主義から経済の優位へ」山本功訳、『戦争／政治／実存　社会学論集I』、二見書房、1972年、256頁〕

＊15 Christophe Bident, *op. cit.*, p. 47.

＊16 Marie-Anne Lescourret, *Emmanuel Lévinas*, Paris, Flammarion, 1994, p. 67.

第3章　フライブルク・イム・ブライスガウ

＊1 以下に引用されている。Jean-Luc Marion (dir.), *Positivité et transcendance*, Paris, PUF, 2000, p. 52.

＊2 Emmanuel Leévinas, « Souvenirs de jeunesse auprès de Husserl », in *Positivité et transcendance, op. cit.*, p. 3

＊3 Jean-François Lavigne, « Lévinas avant Lévinas », in *Positivité et transcendance, op. cit.*, p. 53.

＊4 エマニュエル・レヴィナス「表象の没落」。これはまず、フッサール生誕100周年を記念する論集 *Edmund Husserl, 1859-1959*, Hague, Nijhoff, 1959に収められ、次いで Emmanuel Lévinas, *En découvrant l'existence avec Husserl et Heidegger*, Paris, Vrin, 1967, p. 195〔エマニュエル・レヴィナス『実存の発見』佐藤真理人ほか訳、法政大学出版局、1996年、48頁〕に収められた。

＊5 Rüdiger Safranski, *Heidegger et son temps*, Paris, Grasset, 1994, p. 120を参照。〔リュディガー・ザフランスキー『ハイデガー——ドイツの生んだ巨匠とその時代』山本尤訳、法政大学出版局、1996年、161頁〕

＊6 Marlène Zarader, *La Dette impensée*, Paris, Le Seuil, 1990.〔マルレーヌ・ザラデル『ハイデガーとヘブライの遺産』合田正人訳、法政大学出版局、1995年〕

＊7 これを再録することは今なお禁じられているが、もともとは次の形で公

刊された。« E. Cassirer / M. Heidegger, Débat sur le kantisme et la philosophie de Davos, mars 29 », Beauchesne.

＊8 Toni Cassirer, *Mein Leben mit Ernst Cassirer*, New York, 1950.

＊9 Maurice de Gandillac, *Le siècle traversé*, Paris, Albin Michel, 1998, p. 134.

＊10 このことは間接的に為されることになるだろう。レヴィナスが私に語ってくれたことだが、戦後数年してから、ローマである友人に会ったところ、この友人がチューリッヒでカッシーラー夫人に会った時に、彼女がこのダヴォスでの夕べの催しにはとても苦い思い出を持っていたと伝えたとのことである。レヴィナスはこの友人に、自分がそのことを後悔していると夫人に伝えてくれるよう、頼んだ。レヴィナスがこの友人ともう少し後に、あらためてローマで出会った時、この友人は彼に、カッシーラー夫人が夫の死去の前にこの後悔の言葉を知ったと伝えた。「私はずっと、このローマへの2回の訪問が無駄ではなかったと思っています」、とレヴィナスは説明している。

＊11 Stéphane Moses, *Système et révélation*, Paris, Le Seuil, 1982.

第4章 パリ

＊1 Emmanuel Lévinas, *Difficile Liberté*, Paris, Albin Michel, 1963, p. 373.〔エマニュエル・レヴィナス『困難な自由』合田正人監訳、法政大学出版局、2008年、387頁〕

＊2 国籍取得に関わる書類は、フランス国立文書館で閲覧できる（série BB11, dossier nº 24900X30）。

＊3 世界イスラエリット連盟の機関紙である *Paix et droit*, avril 1935 を参照。

＊4 *Paix et droit*, octobre 1935.

＊5 *Paix et droit*, octobre 1936.

＊6 *Paix et droit*, mai 1938.

＊7 *Paix et droit*, « Un moment de la conscience humaine », mars 1939.

＊8 Emmanuel Lévinas, *Totalité et infini*, La Haye, Martinus Nijhoff, p. XVI.〔エマニュエル・レヴィナス『全体性と無限』合田正人訳、国文社、2006年（改訂版）、25頁〕

＊9 同書は1982年に、アレックス・デルザンスキとジャン＝ルイ・シュレーゲルによってスイユ社から仏訳が公刊されることになる。

第5章 捕囚生活

＊1 Yves Durand, *La captivité. Histoire des prisonniers de guerre français 1939-1945*, édité par la Fédération nationale des combattants prisonniers de guerre et combattants d'Algérie, Tunisie, Maroc, 1981, p. 119.

＊2 *Ibid.*, p. 192.

＊ 3　Emmanuel Lévinas, *Difficile Liberté, op. cit.*, p. 201.「ある犬の名前、あるいは自然権」の章。〔『困難な自由』、前掲邦訳書、204 頁〕

＊ 4　*Ibid.*, p. 202.〔前掲邦訳書、205 頁〕

＊ 5　*Ibid.*, p. 27.「悲壮さを超えて」〔「成年者の宗教」〕の章。〔前掲邦訳書、16 頁〕

＊ 6　シャレット（Charrette）という通名を持ったミシェル・カイヨー（Michel Caillau）の *Histoire du MRPGD ou d'un vrai mouvement de résistance 1941-1945* を参照（著者による編集）。

＊ 7　1945 年秋、フランス・イスラエリット・セミネールで行なわれた最初の新学期始業式でのエルネスト・グッゲンハイムの式辞。彼は同機関のタルムードおよびラビ法の教授に任命されたばかりであり、その後その所長となる（テクストは、彼の息子の大ラビ、ミシェル・グッゲンハイムから伝えられたものである）。

＊ 8　『詩篇』113 篇〔『第 1 サムエル記』2 章 8 節〕。

＊ 9　Emmanuel Lévinas, *Autrement qu'être ou au-delà de l'essence*, La Haye, Martinus Nijhoff, 1974.〔エマニュエル・レヴィナス『存在の彼方へ』合田正人訳、講談社現代文庫、1999 年〕

＊ 10　Yves Durand, *La Captivité, op. cit.*, p .531.

＊ 11　Vaclav Havel, *Lettres à Olga*, La Tour-d'Aigues, Aube, 1990, p. 348.〔ヴァーツラフ・ハヴェル『プラハ獄中記――妻オルガへの手紙』飯島周訳、恒文社、1995 年、496-497 頁〕

＊ 12　*Ibid.*

＊ 13　Emmanuel Lévinas, *Noms propres*, Montpellier, Fata Morgana, 1974, pp. 177-182.「無名」の章。〔エマニュエル・レヴィナス『固有名』合田正人訳、みすず書房、1994 年、190 頁〕

第 6 章　東方イスラエリット師範学校の日々

＊ 1　『ソター篇』40A。

＊ 2　ハッザーンとは、祭式を執り行なう聖職者のことである。

＊ 3　セフェル・トーラーとは、モーセ五書の巻物のことである。

＊ 4　ミンハーは、文字どおりには捧げ物を意味するが、午後の祈りのことである。アルビートは、夕方を意味するエレヴを語源とし、辺りが薄暗くなってから行なわれる祈りのことである。

第 8 章　タルムード講話

＊ 1　タルムードの一章、一頁ないし一考察の全体のこと。

＊ 2　Emmanuel Lévinas, *Du sacré au saint*, Paris, Minuit, 1977, p. 116.〔エマニュエル・レヴィナス『タルムード新五講話』内田樹訳、国文社、1990 年、

163頁〕

＊3　Emmanuel Lévinas, *Quatre lectures talmudiques*, Paris, Minuit, 1968, p. 25.〔エマニュエル・レヴィナス『タルムード四講話』内田樹訳、国文社、1987年、24頁〕

＊4　Emmanuel Lévinas, *Nouvelles lectures talmudiques*, Paris, Minuit, 1996, p. 40.

＊5　文字どおりには「こう述べる者がいる」を意味する表現だが、これは伝統的にはタルムードにおいて、矛盾した考えを開陳する時に用いられる。

＊6　Emmanuel Lévinas, *Quatre lectures talmudiques, op. cit.*, p. 31.〔『タルムード四講話』、前掲邦訳書、35頁〕

＊7　ユダヤ法およびその解釈を包括した集成。

＊8　『サンヘドリン篇』36B-37A。*Quatre lectures talmudiques, op. cit.*, p. 151に引用。〔『タルムード四講話』、前掲邦訳書、179頁〕

＊9　ミシュナーとは戒律や判決からなる法律書。ゲマラーは、賢者たちの議論や討論を集めたものである。ミシュナーとゲマラーを合わせた全体がタルムードを成す。

＊10　Emmanuel Lévinas, *L'Au-delà du verset*, Paris, Minuit, 1982, p. 29.〔エマニュエル・レヴィナス『聖句の彼方』合田正人訳、法政大学出版局、1996年、29頁〕

＊11　『シャバト篇』88A-88B。*Quatre lectures talmudiques, op. cit.*, p. 67に引用。〔『タルムード四講話』、前掲邦訳書、77頁〕

＊12　『ババ・メツィア篇』83A-83B。*Cinq nouvelles lectures talmudiques, op. cit.*, p. 11に引用。〔『タルムード新五講話』、前掲邦訳書、15頁〕

＊13　『ババ・カマ篇』60A-60B。*Cinq nouvelles lectures talmudiques, op. cit.*, p. 149に引用。〔『タルムード新五講話』、前掲邦訳書、221頁〕

II　さまざまな顔

第1章　水先案内人と流れ星――ヴァールとシュシャーニ

＊1　この4つの講演の内の2つはまず、ジャン・ヴァールが編集した論集『選択、世界、実存』（*Le choix, le monde, l'existence*, Grenoble/Paris, Arthaud, 1947, pp. 125-129）に、ジャンヌ・エルシュ、アルフォンス・ド・ヴェーレンスおよびジャン・ヴァールの論考と共に掲載された。その後、序文を付して、ファタ・モルガナ社から単行本として公刊された（Montpellier, 1979）。

＊2　Emmanuel Lévinas, *Le Temps et l'Autre*, Montpellier, Fata Morgana, 1979, p. 17.〔エマニュエル・レヴィナス「時間と他なるもの」合田正人訳、『レヴィナス・コレクション』ちくま学芸文庫、1999年、232頁〕

＊3　Jean Lacroix, « Autrui et la séparation », *Le Monde*, 19 janvier 1961.

＊4　Shmuel Wygoda, « A Phenomenological Outlook on the Talmud, Levinas as a Reader of the Talmud », in *Phenomenological inquiry*, Anna-Teresa Tyminiecka (ed.), World Institute for Advanced Phenomenological Research and Learning, volume 24, Massachusetts, Belmont, October 2000, p.117.

＊5　Salomon Malka, *Monsieur Chouchani*, Paris, Jean-Claude Lattès, 1994.

＊6　スデ・エリヤフのキブツの会報497号。以下に引用。Zeev Lévy, *Haaher vehaahrayout*, Magnès, Université hébraïque de Jérusalem, 1996, p. 17.

＊7　François Poirié, *Emmanuel Lévinas, qui êtes-vous ?, op. cit.*, p. 130.〔『暴力と聖性——レヴィナスは語る』、前掲邦訳書、175-176頁〕

＊8　*Ibid.*, p. 80.〔同書、101頁〕

第2章　悪しき天才——ハイデガー

＊1　Dominique Janicaud, *Heidegger en France*, Paris, Albin Michel, 2001.

＊2　Victor Farias, *Heidegger et le nazisme*, Paris, Verdier, 1987.〔ヴィクトル・ファリアス『ハイデガーとナチズム』山本尤訳、名古屋大学出版会、1990年〕

＊3　*Réforme*, 6 janvier 1996.

＊4　*Autrement*, n° 102, novembre 1988.

＊5　Emmanuel Lévinas, « Comme un consentement à l'horrible », *Le Nouvel Observateur*, 22 janvier 1988.

＊6　Adriaan Peperzak, *Ethics As First Philosophy*, London, Routledge, 1995, pp. 123-131.

＊7　William J. Richardson, *Through Phenomenology to Thought*, La Haye, Martinus Nijhoff, 1963.

＊8　Emmanuel Lévinas, *De l'existence à l'existant*, Paris, Vrin, 1977, p. 19.〔エマニュエル・レヴィナス『実存から実存者へ』西谷修訳、ちくま学芸文庫、2005年、26頁〕

＊9　Emmanuel Lévinas, *En découvrant l'existence avec Husserl et Heidegger, op. cit.*, 1974.〔『実存の発見』、前掲邦訳書、2頁〕

＊10　*L'Arche*, novembre 1981.

＊11　Emmanuel Lévinas, *Difficile liberté, op. cit.*, p. 301.〔『困難な自由』、前掲邦訳書、310頁〕

＊12　Dominique Janicaud, *Heidegger en France*, Paris, Albin Michel, 2001, p. 202.

＊13　Richard Kearney et Joseph Stephen O'Leary (dir.), *Heidegger et la question de Dieu*, Paris, Grasset, 1980, p. 239.

＊14　パリで1987年3月に行なわれたシンポジウム記録である *Heidegger, question ouvertes*, Paris, Osiris, 1988を参照。レヴィナスのテクストは以下で

ある。Emmanuel Lévinas, *Entre nous*, Paris, Grasset, 1991, p. 219.〔エマニュエル・レヴィナス『われわれのあいだで』合田正人訳、法政大学出版局、1993 年、288 頁〕

第 3 章　分身にして裏面――デリダ

＊ 1　*Revue de la métaphysique et de la morale*, 1964, n° 3 et n° 4. 以下に再録。Jacques Derrida, « Violence et métaphysique », in *L'Écriture et la différence*, Paris, Seuil, 1967 p. 117.〔ジャック・デリダ『エクリチュールと差異』合田正人・谷口博史訳、法政大学出版局、2013 年、153 頁〕

＊ 2　Geoffrey Bennington et Jacques Derrida, *Jacques Derrida*, Paris, Seuil, 1991.

＊ 3　*Textes pour Emmanuel Lévinas*, Paris, Jean-Michel Place, 1980. デリダの論文のタイトルは「この作品の、この瞬間に、我ここに」である（同著 21 頁）。〔邦訳は、ジャック・デリダ『プシュケー　他なるものの発明 I』藤本一勇訳、岩波書店、2014 年所収〕

＊ 4　*L'Endurance de la pensée, pour saluer Jean Baufret*, Paris, Plon, 1968.

＊ 5　Emmanuel Lévinas, *Noms propres, op. cit.*〔『固有名』、前掲邦訳書〕

＊ 6　François-David Sebbah, *Lévinas*, Paris, Les Belles Lettres, 2000.

＊ 7　Jacques Derrida, *Adieu à Emmanuel Lévinas*, Paris, Galilée, 1997, p. 16.〔ジャック・デリダ『アデュー　エマニュエル・レヴィナスへ』藤本一勇訳、岩波書店、2004 年、8-9 頁〕

第 4 章　近さと遠さ――リクール

＊ 1　フランソワ・アズーヴィおよびマルク・ド・ローネイとの対談。*La critique et la conviction*, Paris, Calmann-Lévy, 1995, p. 31.

＊ 2　François Dosse, *Paul Ricoeur, le sens d'une vie*, Paris, La Découverte, 2001, p. 443.

＊ 3　*Réforme*, 6 janvier 1996.

＊ 4　François Dosse, *Paul Ricoeur, le sens d'une vie, op. cit.*, p. 750.

＊ 5　このテクストはまず « Cosmopolitiques », n° 4, février 1986 に掲載され、その後 *À l'heure des nations*, Paris, Minuit, 1988, p. 155 に掲載された。〔エマニュエル・レヴィナス『諸国民の時に』合田正人訳、法政大学出版局、1993 年、221 頁〕

第 5 章　文書管理人と先駆者たち――ビュルグヒュラーヴと紹介者たち

＊ 1　Roger Burggraeve, *Emmanuel Lévinas, une bibliographie primaire et secondaire (1929-1985)*, Louvain, Peeters, 1986.

＊ 2　1987 年にベルギーの貯蓄銀行グループの会長が行なったスピーチ。同グループ設立 25 周年を記念に公刊された社内報に掲載されている。Roger Burggraeve, *Emmanuel Levinas et la socialité de l'argent*, Louvain, Peeters, 1997 も

参照。〔エマニュエル・レヴィナス、ロジェ・ビュルグヒュラーヴ『貨幣の哲学』合田正人・三浦直希訳、法政大学出版局、2014年〕

＊3　Salomon Malka, *Lire Lévinas*, Paris, Le Cerf, 1986.〔サロモン・マルカ『レヴィナスを読む』内田樹訳、国文社、1996年〕

＊4　Rabbi Hayyim de Volozhin, *L'âme de la vie, Nefesh Hahayyim*, Paris, Verdier, 1986. エマニュエル・レヴィナスが序文を寄せている。

＊5　Emmanuel Lévinas, « Judaïsme "et" christianisme », in *Zeitgewium*, Frankfurt am Main, Joseph Knecht Verlag, 1987. その後 *A l'heure des nations, op. cit.*, pp. 189-195 に掲載された。〔『諸国民の時に』、前掲邦訳書、269-278頁〕

第6章　貴族と枢機卿――カステッリとヨハネ＝パウロ二世

＊1　Enrico Castelli, *Diari*, Roma, L'Instituto di Studi Filosofici Enrico Castelli, 1997, pp. 535-536.

＊2　Emmanuel Lévinas, « Notes sur la pensée philosophique du cardinal Wojtyla », in *Communio*, nº 1, juillet-août 1980.

＊3　Anna-Teresa Tyminiecka, « A Tribute to the Memory of Emmanuel Levinas, a great thinker and a friend », in *Phenomenological Enquiry*, Massachusetts, Belmont, vol. 24, October 2000, pp. 15-17.

＊4　『ル・モンド』紙、1980年6月1-2日。

＊5　『フィガロ』紙、1986年4月14日。

第7章　典礼と日常生活――娘シモーヌと孫ダヴィッド

＊1　Emmanuel Lévinas, *Totalité et infini, op. cit.*, p. 255.〔『全体性と無限』、前掲邦訳書、412頁〕

＊2　「宗教的実践の意義」は、1937年4月9日に『フランス文化』局の「聞け、イスラエルよ（*Écoute Israël*）」の中で放送され、その後『イスラエリットの世界（*Univers israélite*）』誌に掲載され、1999年12月に『ユダヤ教手帳（*Les Cahiers du judaïsme*）』に収められた。

＊3　タルムードの導入部を成す法律を扱う篇（タルムードは戒律や判決を集めた「ミシュナー」と、賢者たちの議論や討論を集めた「ゲマラー」から成る）。

＊4　字義どおりには、「註釈の家」を指す。ユダヤ教を学ぶ施設。

＊5　教師やラビを養成するタルムード学院。

＊6　死者のための祈り。

第8章　モンテーニュとラ・ボエシー――ネルソン博士

＊1　Francine Lévy, *Le porte-clés ou la réminiscence*, Paris, L'Harmattan, 1997, p. 95.

＊2　*Le Journal des communautés*, mai 1980.

＊3　François Poirié, *Emmanuel Lévinas, qui êtes-vous ?, op. cit.*, pp. 163-165.〔『暴力と聖性——レヴィナスは語る』、前掲邦訳書、217 頁〕

第 9 章　ゴーゴリの鼻——息子ミカエル

＊1　Emmanuel Lévinas, *Totalité et infini, op. cit.*, p. 254.〔『全体性と無限』、前掲邦訳書、411 頁〕

＊2　*Ibid.*, p. 246.〔前掲邦訳書、397 頁〕

＊3　Franz Rosenzweig, « La pensée nouvelle, remarques additionnelles à *l'Étoile de la Rédemption* », in *Foi et savoir, autour de l'Étoile de la Rédemption*, Paris, Vrin, 2001, p. 169.〔「新しい思考　『救済の星』に対するいくつかの補足的な覚書」合田正人・佐藤貴史訳、『思想』2008 年 10 月号〕

第 10 章　世間からの認知

＊1　« 20 ans de philosophie en France », in *Le Magazine littéraire*, nº 127-128, septembre 1977.

＊2　Vincent Descombes, *Le même et l'autre, quarante-cinq ans de philosophie française (1933-1978)*, Paris, Minuit, 1979.〔ヴァンサン・デコンブ『知の最前線——現代フランスの哲学』高橋允昭訳、TBS ブリタニカ、1983 年〕

＊3　*Textes pour Emmanuel Lévinas, op. cit.*

＊4　Emmanuel Lévinas, *Éthique et Infini, entretiens avec Philoppe Némo*, Paris, Fayard et France-Culture, 1982.〔エマニュエル・レヴィナス『倫理と無限——フィリップ・ネモとの対話』西山雄二訳、ちくま学芸文庫、2010 年〕

＊5　Bernard-Henri Lévy, *Le Testament de Dieu*, Paris, Grasset, 1979.

＊6　« Religion et idée de l'infini », in *Le Monde*, 6 septembre 1982.

＊7　Roger Burggraeve, *Emmanuel Levinas et la socialité de l'argent, op. cit.*, p. 96.〔『貨幣の哲学』、前掲邦訳書、138 頁〕

＊8　イブン・ガビーロールからの唯一の引用は、以下を参照。この節は、人間が「神の下で神から逃れる」という詩人のテクストから来ている。*Sur Maurice Blanchot*, Montpellier, Fata Morgana, 1975, p. 13.〔エマニュエル・レヴィナス『モーリス・ブランショ』内田樹訳、国文社、1992 年、17 頁〕

＊9　『創世記』4 章 26 節。

＊10　保存されている文書は現在、閲覧できない。〔保存された資料のうち、捕囚期に書かれたノート、『全体性と無限』執筆期のメモなどは『レヴィナス著作集』第 1 巻に（邦訳は法政大学出版局）、哲学コレージュでの講義ノートは第 2 巻に（未邦訳）、「エロス」をテーマにした未完小説は第 3 巻（未邦訳）に収録されている〕

＊11　Sophie Foltz, « Heidegger et la curiosité biographique », in *Le Magazine littéraire*,

novembre 1986.

＊12　François Poirié, *Emmanuel Lévinas, qui êtes-vous ?, op. cit.*, p. 89.〔『暴力と聖性——レヴィナスは語る』、前掲邦訳書、113-114 頁〕

＊13　Emmanuel Lévinas, *Autrement qu'être ou au-delà de l'essence, op. cit.*, p. 201.〔『存在の彼方へ』、前掲邦訳書。ただし、同著には引用箇所は見あたらない〕

＊14　François-David Sebbah, « Lire Lévinas et penser tout autrement », in *Esprit*, juillet 1997 ; repris in *Lévinas, ambiguïtés de l'éthique*, Paris, Les Belles Lettres, 2000.

第 11 章　イェルサレムのレヴィナス

＊1　*Les Cahiers de l'Alliance Israélite Universelle*, n° 32, avril 1949, p. 4.

＊2　Emmanuel Lévinas, « L'inspiration religieuse de l'Alliance », in *Paix et Droit*, n° 8, octobre 1935, p. 4.

＊3　André Chouraqui, *Cent ans d'histoire, l'Alliance Israélite Universelle et la renaissance juive contemporaine (1860-1960)*, Paris, PUF, 1965, p. 493.

＊4　« La réouverture de l'École Normale », in *Les Cahiers de l'Alliance Israélite Universelle*, décembre-janvier 1946-1947, p. 23.

＊5　*Évidences*, n° 28, novembre 1952, p. 36.

＊6　Emmanuel Lévinas, *Quatre lectures talmudiques, op. cit.*, pp. 111-148.〔『タルムード四講話』、前掲邦訳書、131-176 頁〕

＊7　Esprit, avril 1968. *Difficile liberté, op. cit.*, pp. 332-339 に再録。〔『困難な自由』、前掲邦訳書、343-351 頁〕

＊8　*Solitude d'Israël*, Actes du colloque des intellectuels juifs de France, Paris, PUF, 1975, pp. 9-11.

＊9　Emmanuel Lévinas, « Politique après », in *Les Temps Modernes*, n° 398, septembre 1979, pp. 521-528. *L'au-delà du verset, op. cit.*, pp. 221-228 に再録。〔『聖句の彼方』、前掲邦訳書、301-311 頁〕

＊10　1982 年 9 月 28 日にラジオ・コミュノテで放送されたエマニュエル・レヴィナスの発言。「イスラエル　倫理と政治」というタイトルで以下に再録された（« Israël : éthique et politique », in *Les Nouveaux Cahiers*, n° 71, hiver 1982-1983, pp. 1-8）。

＊11　『ハアレツ』紙 2002 年 3 月 22 日号におけるヤイル・オロンの発言。

＊12　『ハアレツ』紙 2002 年 5 月 16 日号付録の記事「レヴィナス流行」。

＊13　『ハアレツ』紙 2002 年 3 月 22 日号におけるエフライム・メイールの発言。

＊14　ラビ、ダニエル・エプスタンがヘブライ語の論集（*Haacher*, Haïm Deutsch et Menachem Ben-Sasson (eds.), Yedioth Aharonoth, 2001）に寄せた「忘れられた隣人の痕跡について：エマニュエル・レヴィナスの思想についての考察」。

参考文献

レヴィナスによる著作およびレヴィナスに関する著作は多岐にわたっているために、一つ註記をしておかねばならない。ここに収めたのは、この哲学者の主要著作のみであり、網羅的なものについてはロジェ・ビュルグヒュラーヴ作成の文献一覧をご覧いただきたい。それ以外については、本書で参照した著作の内のいくつかを掲載しておくが、当然ながら包括的な一覧だと主張するつもりはない。

エマニュエル・レヴィナスの著作

Théorie de l'intuition dans la phénoménologie de Husserl, Paris, Alcan, 1930.〔『フッサール現象学の直観理論』佐藤真理人・桑野耕三訳、法政大学出版局、1991年〕

De l'évasion, introduit et annoté par Jacques Rolland, Montpellier, Fata Morgana, 1982（論文のかたちでの初出は1935年）〔「逃走論」合田正人訳、『レヴィナス・コレクション』ちくま学芸文庫、1999年〕

Le Temps et l'autre, Montpellier, Fata Morgana, 1970 (Artaud, 1947).〔「時間と他なるもの」合田正人訳、『レヴィナス・コレクション』ちくま学芸文庫、1999年〕

De l'Existence à l'existant, Paris, Vrin, 1986 (La revue Fontaine, 1947).〔『実存から実存者へ』西谷修訳、ちくま学芸文庫、2005年〕

En découvrant l'existence avec Husserl et Heidegger, Paris, Vrin, 1949.〔『実存の発見』佐藤真理人ほか訳、法政大学出版局、1996年〕

Totalité et infini. Essai sur l'extériorité, La Haye, Martinus Nijhoff, 1961.〔『全体性と無限』合田正人訳、国文社、2006年（改訂版）〕

Difficile liberté. Essai sur le judaïsme, Paris, Albin Michel, 1963.〔『困難な自由』合田正人・三浦直希訳、法政大学出版局、2008年〕

Quatre lectures talmudiques, Paris, Minuit, 1968.〔『タルムード四講話』内田樹訳、国文社、1987年〕

Humanisme de l'autre homme, Montpellier, Fata Morgana, 1972.〔『他者のユマニスム』小林康夫訳、書肆風の薔薇、1990年〕

Autrement qu'être ou au-delà de l'essence, La Haye, Martinus Nijhoff, 1974.〔『存在の彼方へ』合田正人訳、講談社現代文庫、1999年〕

Noms propres, Montpellier, Fata Morgana, 1975.〔『固有名』合田正人訳、みすず書房、1994年〕

Sur Maurice Blanchot, Montpellier, Fata Morgana, 1976.〔『モーリス・ブランショ』

内田樹訳、国文社、1992年〕
Du sacré au saint. Cinq lectures talmudiques, Paris, Minuit, 1977.〔『タルムード新五講話』内田樹訳、国文社、1990年〕
L'Au-delà du verset. Lectures et discours talmudiques, Paris, Minuit, 1982.〔『聖句の彼方』合田正人訳、法政大学出版局、1996年〕
De Dieu qui vient à l'idée, Paris, Vrin, 1982.〔『観念に到来する神について』内田樹訳、国文社、1998年〕
Éthique et Infini, Paris, Fayard, 1982.〔『倫理と無限――フィリップ・ネモとの対話』西山雄二訳、ちくま学芸文庫、2010年〕
Transcendance et intelligibilité, Genève, Labor et Fides, 1084.〔『超越と知解可能性』中山元訳、彩流社、1996年〕
Hors sujet, Montpellier, Fata Morgana, 1987.〔『外の主体』合田正人訳、みすず書房、1997年〕
À l'Heure des nations, Paris, Minuit, 1987.〔『諸国民の時に』合田正人訳、法政大学出版局、1993年〕
Entre nous. Essai sur le penser-à-l'autre, Paris, Grasset, 1991.〔『われわれのあいだで』合田正人訳、法政大学出版局、1993年〕

その他の著作

Georgio Agamben, *Ce qui reste d'Auschwitz,* Paris, Rivages, 1999.〔ジョルジョ・アガンベン『アウシュヴィッツの残りのもの』上村忠男・広石正和訳、月曜社、2001年〕
Pierre Aubenque, *Ernst Cassirer/Martin Heidegger, débat sur la philosophie et le kantisme,* Paris, Beauchesne, 1972.
David Banon, *La lecture infinie. Les voies de l'interprétation midrachique,* avec une préface d' Emmanuel Lévinas, Paris, Seuil, 1987.
Maurice Blanchot, *L'Entretien infini,* Paris, Gallimard, 1969.
――――, *L'Amitié,* Paris, Gallimard, 1971.
――――, *L'Écriture du désastre,* Paris, Gallimard, 1980.
――――, *La Communauté inavouable,* Paris, Minuit, 1983.〔モーリス・ブランショ『明かしえぬ共同体』西谷修訳、ちくま学芸文庫、1997年〕
――――, « Paix au lointain et au proche », in *De la Bible à nos jours,* catalogue d'une exposition au Grand Palais, organisée par la Société des artistes indépendants, Paris, juin-juillet, 1989.〔「平和を、遥かな人そして間近な人に平和を」西谷修訳，『エピステーメー』3号、1986年〕
Geoffrey Bennington et Jacques Derrida, *Jacques Derrida,* Paris, Seuil, 1991.
Robert Bernasconi et Simon Critchley, *Re-reading Levinas,* London, Champ Vallon, 1998.
Zev Birger, *Survivant de l'holocauste,* Paris, Odile Jacob, 1997.

Charles Blondel, *La Psychanalayse,* Paris, Félix Alcan, 1924.
Martin Buber, *Judaïsme,* Lagrasse, Verdier, 1982.
————, *Deux types de fois,* Paris, Cerf, 1991.
Roger BURGGRAEVE, *Emmanuel Lévinas, une bibliographie sommaire et secondaire* (1929-1985), Louvain, Peeters, 1986.
————, *Emmanuel Lévinas et la socialité de l'argent,* Louvain, Peeters, 1997.〔エマニュエル・レヴィナス、ロジェ・ビュルグヒュラーヴ『貨幣の哲学』合田正人・三浦直希訳、法政大学出版局、2014 年〕
Enrico CASTELLI, *Le Temps invertébré,* Paris, Aubier, 1970.
Catherine CHALIER, *Figures du féminin. Lecture d'Emmanuel Lévinas,* Paris, Cerf, 1982.
————, *Judaïsme et altérité,* Lagrasse, Verdier, 1982.
————, *L'Utopie de l'humain,* Paris, Albin Michel, 1993.
Haïm COHEN, *L'Enfance des grands,* Paris, Plon, 1995.
Richard COHEN, *Elevations. The Heights of The Good in Rosenzweig and Levinas.* The University of Chicago Press, 1994.
Françoise COLLIN, *Maurice Blanchot et la question de l'écriture,* Paris, Gallimard, 197I.
Colin DAVIS, *Levinas, an introduction,* Cambridge, Polity Press, 1988.〔コリン・デイヴィス『レヴィナス序説』内田樹訳、国文社、2000 年〕
Jacques DERRIDA, *L'Écriture et la Différence,* Paris, Seuil, 1967.〔ジャック・デリダ『エクリチュールと差異』合田正人・谷口博史訳、法政大学出版局、2013 年〕
————, *Adieu à Emmanuel Lévinas,* Paris, Galilée, 1999.〔ジャック・デリダ『アデュー　エマニュエル・レヴィナスへ』藤本一勇訳、岩波書店、2004 年〕
Vincent DESCOMBES, *Le Même et l'autre,* Paris, Minuit, 1979.〔ヴァンサン・デコンブ『知の最前線——現代フランスの哲学』高橋允昭訳、TBS ブリタニカ、1983 年〕
Haïm DEUTSH et Menahem BEN-SASSON, *Haacher,* Jérusalem, Yedioth Aharonoth, 2001.
François DOSSE, *Paul Ricoeur, le sens d'une vie,* Paris, La Découverte, 2001.
Yves DURAND, *La captivité, histoire des prisonniers de guerre français 1939-1945,* édité par la Fédération Nationale des combattants prisonniers de guerre, 1981.
Immanuel ETKES, *Rabbi Israel Salanter and the mussar movement. Seeking the Torah of truth,* Philadelphia, The Jewish Publication Society, 1993.
Victor FARIAS, *Heidegger et le nazisme,* Lagrasse, Verdier, 1987.〔ヴィクトル・ファリアス『ハイデガーとナチズム』山本尤訳、名古屋大学出版会、1990 年〕
Alain FINKIELKRAUT, *La Sagesse de l'amour,* Paris, Gallimard, 1984.
————, *La Défaite de la pensée,* Paris, Gallimard, 1987.〔アラン・フィンケルクロート『思考の敗北あるいは文化のパラドクス』西谷修訳、河出書房新社、1988 年〕

Bernard FORTHOMME, *Une philosophie de la transcendance. La métaphysique d'Emmanuel Lévinas,* Paris, Vrin, 1979.

Nathalie FROGNEUX et Françoise MIES, *Emmanuel Lévinas et l'histoire,* Paris, Cerf, 1998.

Maurice de GANDILLAC, *Le Siècle traversé,* Paris, Albin Michel, 1998.

Claude GEFFRE, *Profession théologien,* Paris, Albin Michel, 1999.

Robert GIBBS, *Correlations in Rosenzweig and Levinas,* New Jersey, Princeton University Press, 1992.

Hillel GOLDBERG, *Israel Salanter, Text, Structure, Idea. The Ethics and Theology of an Early Psychologist of the Unconscious,* Ktav, 1982.

Irving GREENBERG, *La Nuée et le feu,* Paris, Cerf, 2000.

Vassili GROSSMAN, *Vie et Destin,* l'Âge d'Homme, 1980.〔ワシーリー・グロスマン『人生と運命』齋藤紘一訳、みすず書房、3 巻、2012 年〕

Vaclav HAVEL, *Lettres à Olga,* Éditions de l'Aube, 1990.〔ヴァーツラフ・ハヴェル『プラハ獄中記――妻オルガへの手紙』飯島周訳、恒文社、1995 年〕

Jeanne HERSCH, Xavier TILLIETTE, Emmanuel LÉVINAS, *Jean Wahl et Gabriel Marcel,* Paris, Beauchesne, 1976.

Dominique JANICAUD, *Le tournant théologique de la phénoménologie française,* Combas, Editions de l'Eclat, 1990.〔ドミニク・ジャニコー『現代フランス現象学――その神学的転回』北村晋ほか訳、文化書房博文社、1994 年〕

———, *Heidegger en France* (en deux tomes), Paris, Albin Michel, 2001.

Dov KATZ, *Tenouat Hamoussar,* Jérusalem, Édition Weiss, 1969.

Richard KEARNEY et Joseph Stephen O'LEARY, *Heidegger et la question de Dieu,* Paris, Grasset, 1980.

Roger LAPORTE, *Maurice Blanchot. L'ancien, l'effroyablement ancien,* Montpellier, Fata Morgana, 1987.

Marguerite LENA, *Honneur aux maîtres,* Paris, Criterion, 1991.

Marie-Anne LESCOURRET, *Emmanuel Lévinas,* Paris, Flammarion, 1994.

Dov LEVIN, *Lita, Pinkas Hakehilot,* Jérusalem, Yad Vashem, 1996.

Benny LEVY, *Le logos et la lettre,* Lagrasse, Verdier, 1988.

Bernard-Henri LEVY. *Le Testament de Dieu,* Paris, Grasset, 1980.

———, *Le Siècle de Sartre.* Paris, Grasset, 2000.〔ベルナール・アンリ＝レヴィ『サルトルの世紀』石崎晴己ほか訳、藤原書店、2005 年〕

Francine LEVY, *Le porte-clés ou la réminiscence,* L'Harmattan, 1997.

Zeev LEVY, *Haacher vehaachrayout, hiyounim bapilosophia shel Emmanuel Lévinas,* Jérusalem, Magnes Press, 1997.

Jean-Luc MARION, *Positivité et transcendance,* Paris, PUF, 2000.

Ephraïm MEIR, *Kochav Miyaacov,* Jérusalem, Magnès Press, 1994.

Moses MENDELSSOHN, *Jérusalem,* traduit par Dominique Bourel et préfacé par Emmanuel Lévinas, Paris, Les Presses d'Aujourd'hui, 1982.

Henri MINCZELES, *Vilna, Wilno, Vilnius, la Jérusalem de Lituanie,* La Découverte, 1993.

————, *Histoire générale du Bund,* Austral, 1995.

Olivier MONGIN, *Paul Ricoeur,* Paris, Seuil, 1994.〔オリヴィエ・モンジャン『ポール・リクールの哲学』久米博訳、新曜社、2000 年〕

Stephane MOSES, *Système et révélation,* Paris, Seuil, 1982.

Adriaan PEPERZAK, *Ethics as First Philosophy,* Nex York et London, Routledge, 1995.

François POIRIÉ, *Emmanuel Lévinas, qui êtes-vous ?,* Lyon, La Manufacture, 1987.〔エマニュエル・レヴィナス、フランソワ・ポワリエ『暴力と聖性――レヴィナスは語る』内田樹訳、国文社、1997 年〕

Maurice PRADINES, *Le Beau Voyage. Itinéraire de Paris aux frontières de Jérusalem,* Paris, Cerf, 1982.

Jean-François REY, *La mesure de l'homme. l'idée d'humanité dans la philosophie d'Emmanuel Lévinas,* Paris, Michalon, 2001.〔ジャン＝フランソワ・レイ『レヴィナスと政治哲学』合田正人・荒金直人訳、法政大学出版局、2006 年〕

Paul RICŒUR, *Temps et Récit*（tomes 1 et 2）, Paris, Seuil, 1989.〔『時間と物語』久米博訳、新曜社、〈1〉および〈2〉、2004 年〕

————, *Lectures I.* Paris, Seuil, 1991.〔ポール・リクール『レクチュール――政治的なものをめぐって』合田正人訳、みすず書房、2009 年〕

————, *Lectures III.* Paris, Seuil, 1992.

Jill ROBINS, *Altered Reading,* The University of Chicago Press, 1999.

Franz ROSENZWEIG, *L'Étoile de la Rédemption,* traduit par Jean-Louis Schlegel et Alex Derczanski, Paris, Seuil, 1982.〔フランツ・ローゼンツヴァイク『救済の星』村岡晋一ほか訳、みすず書房、2009 年〕

————, *Foi et Savoir, autour de l'Étoile de la Rédemption,* Paris, Vrin, 2001.

Rüdiger SAFRANSKI, *Heidegger et son temps,* Paris, Grasset, 1966.

Jean-Michel SALANSKI, *Heidegger,* Paris, Les Belles Lettres, 1997.

François-David SEBBAH, *Emmanuel Lévinas, ambiguités de l'éthique,* Paris, Les Belles Lettres, 2000.

————, *L'Épreuve de la limite,* Paris, PUF, 2001.〔フランソワ＝ダヴィッド・セバー『限界の試練――デリダ、アンリ、レヴィナスと現象学』合田正人訳、法政大学出版局、2013 年〕

Jean SEIDENGART, *Ernst Cassirer, de Marbourg à New York,* Paris, Cerf, 1990.

Ira F. STONE, *Reading Levinas/Reading Talmud,* Philadelphia, The Jewish Publication Society, 1998.

Frederic de TOWARNICKI, *Martin Heidegger. Souvenirs et chroniques,* Paris, Payot-Rivages, 1999.

Rabbi Hayyim de VOLOZHIN, *L'Âme de la vie,* traduit et annoté par Benjamin Gross, avec une préface d'Emmanuel Lévinas, Lagrasse, Verdier, 1986.

Thomas Carl WALL, *Levinas, Blanchot and Agamben,* State University Press, 1999.

Marlène ZARADER, *La Dette impensée. Heidegger et l'héritage hébraïque,* Paris, Seuil, 1990.〔マルレーヌ・ザラデル『ハイデガーとヘブライの遺産』合田正人訳、法政大学出版局、1995 年〕

写真出典

p.32 ©H. Minczeles/ p.44, 141, 198 S. et G. Hansel/ p.58 Hermann Hahn/ p.64 ©Le Seuil/ p.68 ©Artephot/ p.70, 201 ©J.-L. Charmet/ p.86, 108 L. Jakubovitz/ p.124 T. Goldstein/ p.233 ©Hannah/Opale/ p.260 ©L'Osservatore Romano/ p.265 ©J. Foley/Opale/ p.268 J.-L. Olivie/ p.286 ©Daniel Franck/ p.321 ©D. Mordzinski/ p.354 ©T. Martinot

その他の写真は著者撮影。